파탄잘리 요가 수트라
Yoga Sutras of
PATANJALI

파탄잘리 요가 수트라

발행일	2023년 7월 26일			
지은이	파탄잘리Patañjali		역해	베스 림Beth Lim
펴낸이	손형국			
펴낸곳	(주)북랩			
편집인	선일영		편집	정두철, 윤용민, 배진용, 김부경, 김다빈
디자인	이현수, 김민하, 김영주, 안유경		제작	박기성, 구성우, 변성주, 배상진
마케팅	김회란, 박진관			
출판등록	2004. 12. 1(제2012-000051호)			
주소	서울특별시 금천구 가산디지털 1로 168, 우림라이온스밸리 B동 B113~114호, C동 B101호			
홈페이지	www.book.co.kr			
전화번호	(02)2026-5777		팩스	(02)3159-9637
ISBN	979-11-6836-788-3 93150 (종이책)		979-11-6836-253-6 95150 (전자책)	

잘못된 책은 구입한 곳에서 교환해드립니다.
이 책은 저작권법에 따라 보호받는 저작물이므로 무단 전재와 복제를 금합니다.
이 책은 (주)북랩이 보유한 리코 장비로 인쇄되었습니다.

(주)북랩 성공출판의 파트너

북랩 홈페이지와 패밀리 사이트에서 다양한 출판 솔루션을 만나 보세요!

홈페이지 book.co.kr • **블로그** blog.naver.com/essaybook • **출판문의** book@book.co.kr

작가 연락처 문의 ▸ ask.book.co.kr

작가 연락처는 개인정보이므로 북랩에서 알려드릴 수 없습니다.

파탄잘리 요가 수트라

Yoga Sutras of
PATANJALI

깨달음과 영혼의 승천을 위한 수행의 지침서

◆ 파탄잘리 저 | 베스 림 역해 ◆

북랩

깨달음과 영혼의 승천을 위한
위대한 지식을 전수해 주신
성자 파탄잘리와 모든 스승님들께
성심으로 은혜를 봉헌합니다!

Jai Guru Dev!

일곱 차크라의 이미지와 성자 파탄잘리

차례

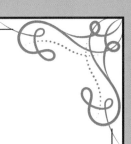

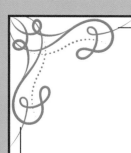

제2부

파탄잘리 요가 수트라

깨달음과 영혼의 승천昇天을 위한 수행의 지침서

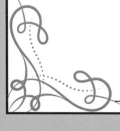

제 2장
사다나 파다(Sadhana Pada) 수행의 장場 ─ 246

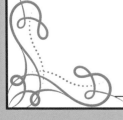

가루다(Garuda)-디바인 독수리의 만달라

- 독수리의 변형과 비상飛上 -

지난 몇 년 동안, "새로이 태어난 독수리의 비상"에 대한 유명한 스토리가 인터넷상에 퍼지면서 많은 인기를 끌고 있었다. 독수리의 삶에 대한 강한 의지와 변형을 두려워하지 않는 숭고한 용기에 관한 내용이었는데, 세월의 무게로 인해 퇴화와 진화의 기로에 선 독수리는 엄청난 인내력과 대범함으로 자신의 모습을 새로이 변형시킨 후 위대한 비상飛上을 한다는 스토리였다. 비록 생물학적으로 정확한 사실은 아니었지만, 실질적인 우리들 삶의 여정과 과정을 그대로 반영해주고 있었기 때문에 많은 사람들에게 영감과 감동을 불어넣어 주고, 큰 사랑과 관심도 받았다:

"독수리에 대한 이야기를 해주겠다.

독수리는 조류들 중에서 가장 오래 산다.

최대 70세까지 살 수 있다.

하지만 이 나이까지 살 수 있기 위해선, 독수리는 아주 어려운 결정을 내려야 한다.

40세가 되었을 때, 독수리의 길고 유연한 발톱은 더 이상 먹이를 잡아챌 수 없을 만큼 약해지게 된다. 길고 예리하던 부리도 구부정하니 구부러진다.

나이가 들면서 무거워진 날개의 두터운 깃털들은 가슴에 엉겨 붙어서, 제대로 날기 어렵게 만든다.

그러면, 독수리에게는 두 가지 방법만 남게 된다:
죽든지, 아니면, 아주 고통스러운 변형의 과정을 지나든지!

변형하기 위해선, 먼저, 높은 산 꼭대기로 날아가서, 둥지에 자리를 잡아야 한다.

그런 다음에 부리가 빠져나올 때까지 바위에 대고 찍어야 한다. 그리고는 새로운 부리가 자랄 때까지 기다리는 것이다.

새 부리가 자라면, 다시 새 부리로 늙고 약해진 발톱들을 일일이 뽑아내야 한다. 그리고는 새 발톱들이 자랄 때까지 기다리는 것이다.

새 발톱들이 자라면, 다시 새 발톱으로 늙고 무거워진 깃털들을 일일이 뽑아내기 시작한다. 그리고는 새로운 깃털들이 자랄 때까지 기다리는 것이다.

이러한 과정들을 다 지나고, 마침내 새로이 태어난 독수리는 유명한 독수리의 비상飛上으로 하늘을 나르며 앞으로 30년을 더 살게 된다!"

위의 스토리를 처음 접하고 개인적으로도 깊은 감동과 영향을 받게 되었다. 당시에 나는, 20여 년 동안 강한 믿음과 의지로 헌신하며 재가수행자로서 공부와 수련의 수단으로 삼았던 베딕 점성학(사이더리얼 조디액 시스템)을 마침내 그만두기로 결심을 하고서 한동안 믿음의 괴리와 정체성의 혼란에서 오는 후유증으로 고통스럽게 허우적거리고 있을 때였기 때문이다. 1997년 여름부터 말레이시아라는 뜨거운 열대기후와 낯선 언어문화의 외지에 느닷없이 안착하게 되면서, 현지인들을 상대로 요가명상을 가르치고 점성학 상담도 겸하는 요가센터를 오랫동안 운영하게 되었다. 당시만 해도 아직 요가가 요즘처럼 잘 알려져 있지 않던 시절이었는데, 다행히 어려움에 봉착할수록 더욱 강인해지는 한국인만의 근성으로 열심히 가르치다 보니 나름 성공적인 결과들을 즐길 수 있었다. 그러나 쉽지만은 않았던 오랜 외국생활에 정신적, 영적 지주 역할을 하던 점성학을 포기할 즈음에는 그동안 너무 혹독하게 무리를 하였던 탓에 심신의 건강도 바람 앞의 등불처럼 불안정적이고 위태로운 상태에 처하게 되었다. 그래서 어두운 방 안에 혼자 칩거하며 은둔적인 시간들을 보내고 있었는데, 우연히 인터넷에서 발견한 "독수리의 변형과 비상飛上" 스토리 영상을 접하고 등골이 오싹해지는 느낌을 받게 되었다. 동시에 다시 털고 일어날 수 있는 용기와 영감도 얻을 수 있었다. 그 후 얼마 지나지 않아 새로운 연구와 천문학적 지식으로 보강된 베딕 점성학(트로피컬 조디액 시스템)을 만날 수 있었으며, 그리하여 독수리가 새로운 삶을 살기 위해 약해진 부리와 발톱, 묵은 깃털들을 일일이 뽑아내는 처절한 심정과 각오로 다시 공부하고 연구 집중하면서 써 내려간 책들이 총 5권의 베딕 점성학 관련 저서들이기도 하다.

돌이켜보면, 나는 삶에서 이렇게 크고 작은 어려움이나 시련, 혹은 예상하지 못한 절망적인 난관에 부딪힐 때마다 일단 모든 것을 멈추고 내면으로 들어가서 안에서 들려오는 소리에 귀를 기울이는 습관이 항상 배어 있었다. 그래서 아무리 심각한 문제나 장애물이라 하더라도 남들 눈에는 참 쉽게 보일 정도로 금방 회복하고 해결책을 찾아내곤 했었다. 복잡하고 어려울 때일수록 더욱 안으로 들어가 내면의 목소리에 귀를 기울이면서 평정심으로 답을 찾아내는 비법은 아주 오래전에 자의 반 타의 반으로 요가 명상의 길에 처음 입문할 때부터 나도 모르게 터득하게 된 영혼의 기술이었다.

독수리 요가 자세의 가루다(Garuda)-비슈누 신의 디바인 독수리

파탄잘리 요가 수트라

◆ 인생은 나의 계획이 아닌, 신의 계획대로 흘러가는 것

"오~ 너는 계획이 다 있구나!" 2019년의 유명한 영화 〈기생충〉에 나오는 명대사이다. 우리네 인생도 마찬가지로 애초에 우리가 계획 하고 기대하는 대로 되는 경우가 극히 드물다. 삶에서 일어나는 모 든 작용과 현상들 이면에 존재하고 있는 어떤 거대한 힘, 자연법칙, 신神이 우리를 위한 모든 계획을 세우고 실행하고 있기 때문이다. 이 러한 신神의 오묘하고 철두철미한 큰 계획들을 우리네 인간이 가진 작은 비전과 한계 의식으로 모두 파악하고 이해할 수 있기는 거의 불가능하다. 그러므로 우리가 할 수 있는 최상의 계획은 그저 생명 의 힘을 믿고 내맡김을 하면서 의식의 자연스러운 흐름을 따라 같이 흘러가는 것이 언제나 최고로 훌륭하고 충족된 결말로 이어진다는 깨달음의 행운을, 나는 30여 년 전에 무지無知라는 귀한 재산이 있었 기에 배울 수 있었다.

1893년 9월11일, 스와미 비베카난다의 유명한 시카고 연설을 계 기로, 서양에서부터 힌두이즘과 뉴에이지 영성운동의 불이 급격하 게 불기 시작하였다. 특히 인도의 신비주의 철학과 명상운동의 대표 적인 티처들이었던 오쇼 라즈니쉬(Osho Rajneesh)와 지두 크리슈나 무르티(Jiddu Krishnamuriti)는 2차대전 전후에 태어난 베이비붐(Baby-boom) 세대의 히피 지성인들에게 가히 폭발적 인기와 영향력을 전 세 계적으로 미치고 있었다. 한국의 베이비붐 세대에 속했던 나 역시도 그들에게 받은 영감이 인생의 기로를 바꾸는 전환점으로 작용하였다. 한국인으로서는 무용가 홍신자가 오쇼 라즈니쉬의 최초 제자로 알려져 있었는데, 1980년대에 그녀가 만삭의 몸으로 무대에서 춤을 추는 흑백사진 1장을 처음 보았을 때 무어라 말로 표현할 수 없는 깊은 감동과 전율에 사로잡히게 되었다. 당시만 해도 힌두이즘에 대한 책이나 자료들은 거의 전무하던 시절이었다. 하지만 서점들을 누비며 어렵게 찾아낸 번역된 책들을 통해 두 티처들의 가르침을 접한 이후, 어릴 때부터 막연하게 느끼고 있던 영혼의 갈증을 채워줄 수 있는 길을 찾은 것 같은 희미한 믿음과 목적의식을 가지게 되었다. 그래서 나도 인도에 가서 오쇼 라즈니쉬의 제자가 되기 위해 영어 공부를 그때부터 본격적으로 하기 시작했다. 자금을 모으기 위해 낮에는 직장을 다니고, 밤에는 부지런히 도서관과 영어학원을 다니는 주경야독의 시간을 보내며, 인도로 가기 위한 꿈을 몇 년 동안 착실하게 키워 나갔다.

그런데 인생이란 우리가 계획한 대로가 아닌, 신이 계획한 대로 흘러간다는 법칙을 마치 증명이라도 하듯이, 1990년1월19일, 오쇼 라즈니쉬가 사망했다는 소식을 듣게 되었다. 하늘이 무너지는 느낌이었다. 한순간에 영혼의 미아가 된 듯한 기분이었다. 몇 년 동안 열심히 준비하고 목표하던 것이 갑자기 사라지니, 그다음에는 어떻게 해야 될지 알 수가 없었다. 그래서 방황을 하고 있던 중, 직장상사로부터 초월명상 개인지도 코스가 3월중에 열린다는 소식을 듣게 되었다. 그분은 몇 년 전에 초월명상을 배운 이후 열렬 명상가가 되어,

파탄잘리 요가 수트라

주변 사람들에게 명상에 대한 좋은 점과 효능들을 수시로 설교하고 전파하고 있었다. 나도 예외가 아니어서 직장에서 얼굴만 마주치면 명상을 배울 것을 꾸준하게 종용하시곤 했는데, 내심 인도로 가서 오쇼 라즈니쉬의 제자가 될 계획을 이미 하고 있던 나는, 상사와 부딪치지 않기 위해 말로만 '네, 네.' 하면서 가능한 피해 다니고 있었다. 하지만 이제, 인도를 향한 계획과 목표도 오쇼 라즈니쉬와 함께 허공으로 먼지처럼 흩어졌기에 다른 방도를 찾아야만 했다. 초월명상이 뭔지는 몰라도 아무튼 인도에서 유래된 명상법이라고 하니, 썩 내키지는 않았지만 일단 배워 보기로 했다.

초월명상 교사는 한국 남자분이었는데, 30여 년이 지난 지금도 마찬가지이지만, 당시만 해도 한국에서 잘 알려지지 않은 초월명상법을 공식적으로 지도할 수 있는 자격을 갖춘 교사는 전국을 통틀어 다섯 손가락 안에 꼽을 정도로 아주 희귀하던 시절이었다. 그래서 아무리 초월명상을 배우고 싶다고 하더라도 언제 어디서 코스가 열릴지, 과연 배움이 가능할지 여부조차도 불확실했다. 더군다나 대구에 사는 선생님이, 부산까지 내려와서 초월명상 개인지도를 한다는 것은 당시의 여건으로는 배움을 더욱 어렵게 만드는 악조건들이었다. 하지만, 열혈 명상가였던 상사의 노력으로, 나를 포함한 몇몇 인원들이 모아져서 멤버 중의 한 사람이 대표로 있던 회사의 회의실을 빌려 1주일에 걸친 초월명상 코스와 개인지도가 가능할 수 있었다.

그렇게 우여곡절 끝에 1990년 3월 초, 첫날의 소개 강의에 이어 두 번째 날에는 정식으로 초월명상 개인지도 입문식을 받게 되었다. 안내를 받고 개인지도를 받기 위한 방 안으로 들어가니, 창문에는 커튼이 내려져 적당하게 어두운 방에는 흰 천으로 덮인 테이블이 중앙에 놓여 있었다. 테이블 위에는 그때까지만 해도 누구인지 잘 몰랐던 어떤 수염 난 인도 스승님(구루데브)의 초상화가 가운데에 있고, 양 옆으로 흰 촛불이 켜져 있고, 처음 보는 이상한 작은 구리 그릇들이 오밀조밀 정렬되어 있었다(푸우자에 사용하는 그릇들). 무엇보다도 인상적이었던 것은, 방 안에 들어갔을 때 풍기던 강한 백단향(Sandalwood) 냄새였다. 제사상이나 절에서 사용하는 향냄새와는 다른 독특한 향이었는데, 처음으로 맡아보는 향냄새였지만 왠지 아주 익숙하고 평온한 느낌이 들었다. 마치, 객지에서 오랫동안 떠돌다가 돌아온 고향마을의 입구에서 맡는 그리움의 냄새와 같았다. 명상개인지도를 하기 전에 간단한 예식을 올리는 선생님 옆에 서서, 그분이 부르는 푸우쟈 찬팅과 의식과정을 지켜보고 있었는데, 까닭 모를 뭉클함과 감동이 가슴 속으로 전해져 왔다. 이후에 한 시간 남짓 동안 명상개인지도를 받게 되었는데, 방 안으로 들어가기 전, 그리고 이후의 순간들이 얼마나 나의 인생을 획기적으로 가르는 전환점이 되었는지 세월이 한참 흐른 뒤에야 깨달을 수 있었다.

그렇게 염원하던 요가명상의 길에 애초의 계획과는 조금 다른 방식으로 입문을 한 후, 일 년이 조금 넘는 지난 시간 동안 나의 인생에는 많은 급격한 변화들이 내외적으로 일어나게 되었다. 무엇보다도, 영성과 지식의 배움에 대한 갈증이 시간이 지날수록 더욱 커지고

파탄잘리 요가 수트라

확고해졌다. 오랜 지병으로 생명의 마지막 문턱에서 고생하시던 엄마를 볼 때마다 구도의 길을 향한 내면의 의지는 더욱 깊어져 갔다. 그러던 중, 1991년 3월, 아직 찬바람이 생생하던 초봄의 아침에 엄마는 마침내 기나긴 고통에서 벗어나 훨훨 자유로이 저세상으로 떠나셨다. 그리고 나는 미국에 있는 마하리쉬 국제대학교에 유학을 가기 위한 준비를 시작했다.

그러던 중 어느 날, 홍콩에서 초월명상 교사코스(TTC, Transcendental Meditation Teacher Training Course)가 열린다는 소식을 접하게 되었다. 하지만 이미 유학 허가를 받았기 때문에 군이 홍콩에서 열리는 TTC에 참가하고 싶은 생각은 들지 않았다. 코스참가비용도 만만치 않았다. 그런데 지금 기회를 놓치면 평생 다시 기회가 없을 수도 있다는 으름장 비슷한 권유를 주변에서 하는 것이었다. 한국의 초월명상 원조 멤버였던 직장 상사의 노력으로, 다른 열렬 명상가들이 부산에도 제법 모이게 되었는데, 그들의 입장에선 부산에도 상주하는 초월명상 교사가 한 명 정도는 있었으면 하는 바람 들을 가지고 있던 차에 내가 가장 적합한 적임자로 보였던 것이다. 그리하여 미국행을 잠시 미루고 홍콩으로 먼저 가게 되었다. 그리고 남은 평생의 위대한 정신적, 영적 스승이 될 파탄잘리 요가 수트라를 그곳에서 처음 만나게 되었다.

◆ 파탄잘리 요가 수트라
— 카이발얌, 영원한 신성의 자리, 지상의 천국을 향한 영혼의 비상

　　1991년 8월 초, 난생 처음으로 타보는 비행기 안에 앉아서 몇 시간 후면 도착하게 될 홍콩에서의 낯선 외국 생활에 대한 막연한 두려움과 설레는 마음으로 창밖을 내다보고 있었다. 이런 시절부디 올려다보기를 좋아하던 하얀 뭉게구름들이 손을 뻗치면 바로 닿을 듯 가까이 있었다. 땅이 아니라 하늘에 더 가까이 있다는 것을 분명히 체감할 수 있었다.

　　마치 무엇에 떠밀리듯이 알 수 없는 어떤 힘에 이끌려 무의식적으로 따라가다 보니, 평소의 나와는 전혀 다른 내가 되어 계획하던 인도도 미국도 아닌, 홍콩행의 비행기 안에까지 앉아 있게 되었던 것이다. 태어나서 처음으로 타보는 비행기였고, 처음으로 나가보는 외국이었다. TTC가 도대체 뭐하는 것인지, 무엇을 배우고, 어디서 어떻게 하게 될지 등등 아무런 구체적인 사전정보와 지식도 없었다. 하지만 돌아가신 엄마의 바람과는 다르게, 평범한 결혼생활보다는 독신으로 살더라도 좋아하는 공부를 하며 평생 사는 것이 더 후회가 없을 것 같다는 결심에는 한 치의 흔들림도 없었다. 아는 사람도 한 명 없고, 말도 통하지 않는 낯선 타국에 혼자 덜렁 내리게 되면, 그 이후로 어떻게 해야 되는지 어떤 구체적인 생각이나 계획도 가지고 있지 않았다. 그러나 공항에서 내리면, 누가 마중 나와 있을 거라고 했으니까 미리 걱정하고 싶지는 않았다. 완전히 영어로만 하는 강의와 코스를 제대로 따라갈 수 있을지 아직 자신도 없었지만, 그동안 나름

대로 열심히 영어 공부를 했으니 괜찮을 거라고 믿고 싶었다.

몇 시간 후 늦은 밤 시각에 홍콩 구ㅅ 국제공항에 도착해서 출국 수속을 마치고 나오니, 머리에 흰머리가 희끗희끗하고 깡마른 한 남자가 한자로 내 이름이 적힌 카드를 들고 출구에서 기다리고 있었다. 어설픈 영어 실력으로 인사를 나눈 뒤, 그의 이름은 관(Kwan)이며, 앞으로 같이 TTC 코스에 참가하게 될 사람이라는 정도는 알아들을 수 있었다. 그가 운전하는 차 안에 앉아 숙소를 향해 가는 동안, 처음 맡아보는 외국의 열대 공기는, 한국의 한여름 열기보다 훨씬 탁하고 습했다. 높은 빌딩들이 숲처럼 빽빽하게 들어서 있고, 빌딩이나 집들마다 설치된 무수한 에어컨의 압축기들이 바깥으로 뿜어내는 탁한 열기운들은, 그렇지 않아도 뜨거운 홍콩의 한여름 밤을 더욱 숨막히게 하고 있었다. 잠시 후에, 주요 도심을 벗어나 부유한 영국형 저택들이 몰려 있던 언덕의 고급 주택가에 위치한 홍콩의 초월명상 센터본부에 도착하게 되었다. 넓은 마당과 정원까지 있는 흰색의 아름다운 3층짜리 고풍스러운 주택이었다. 앞으로 6개월 동안 여기에서 머물며 TTC 코스도 진행될 것이라고 했다. 안으로 들어가니, 함께 코스를 하게 될 홍콩인 동기들 몇 명이 나를 반겨주면서, 배정된 나의 방으로 데려다 주었다. 침대가 두 개가 있었는데, 한 방에 두 명씩 나눠 쓴다고 했다. 나의 룸메이트 될 사람은, 미국의 마하리쉬 국제대학교에 이미 재학 중인 인도인 여학생인데, 며칠 후에 도착할 예정이라고 했다. 그녀가 올 때까지 당분간 나 혼자서 독방처럼 사용하게 될 것이었다. 그렇게 무사히 맞이한 타국에서의 첫날 밤,

대충 짐을 풀고 씻고 자리에 누우니, 문득 집에 혼자 계신 아버지 생각이 밀려왔다. 급하게 떠밀리듯이 홍콩으로 떠난 딸이, 대체 무엇을 배우고, 어디로 무엇을 하러 가는지, 제대로 된 설명이나 연락처도 알려드리지 못했기 때문에 걱정을 많이 하시겠다는 염려가 가슴을 무겁게 눌렀다. 기회가 생기는 대로, 아버지에게 전화나 편지를 드려야지 생각하며 잠을 청했다.

하지만 다음 날부터 나를 기다리고 있던 것은 배움의 낭만과는 전혀 거리가 먼…; 나이 든 독수리가 다시 태어나기 위해 겪어야 하는 뼈를 깎는 듯한 변신의 과정처럼 혹독한 스파르타식 훈련이었다. 마치 〈서바이버(TV시리즈)〉 프로그램에 참가한 것처럼, 외부와의 어떤 교류나 연락도 단절된 채, 새벽 6시부터 밤 10시까지 요가, 명상, 공부로 꽉 짜인 강행군의 프로그램들을 평소 식사량의 절반도 되지 않는 빈약한 채식식단으로 버티며 따라가야 했다. 아버지에게 연락하는 것도 허락되지 않았고, 중도에서 코스를 포기하고 나갈 수는 더더욱 없었다. 배고픈 게 무엇인지도 그때 처음 알았다. 이전에 상상조차 할 수 없었던 고된 수련 프로그램에 나는 일주일도 지나지 않아 엄청난 후회와 눈물을 흘리기 시작했는데…:

그럼에도 불구하고 어찌어찌 버티다 보니, 6개월이 후다닥 지나갔다. 코스 초기에는 많이 힘들고 막막했지만 막상 코스를 마치고 나니, 무엇보다도 자의적 의지만으로는 절대 가능하지 않았을 육체적, 정신적, 의식적 변형까지도 함께 이룰 수 있었다. 그동안 세상에

파탄잘리 요가 수트라

있는지도 몰랐던 파탄잘리에 대한 신비로운 스토리와 수트라도 처음으로 알게 되었다. 지금 현재, 내면으로 의식을 돌리는 순간, 이내 들을 수 있는 신성의 소리 안에, 끝없는 삶의 고통과 괴로움에서 벗어나 평범한 일상적 삶을 마치 지상의 천국처럼 살 수 있는 카이발얌, 영원한 신성의 자리에 대한 비법이 담겨 있는 요가 수트라였다. 이 모두가 애초 나의 계획에는 없던 **카이발얌**을 향해 비상할 수 있도록 신이 계획하고 주도하였다는 것을, 나는 그저 내 안에서 들려오는 영혼의 목소리, 신의 속삭임에 귀를 기울인 죄(?)로 인해 대가를 지불할 수밖에 없었음도 코스가 끝난 후에야, 그리고 그 이후로 펼쳐진 오랜 외국 생활의 삶을 통해서 서서히 납득할 수 있었다.

이후 30여 년이 지난 지금 생각해보아도 가상한 그때의 용기는 무지에서 나온 무모함이 더욱 크게 작용을 했었다. 베다스와 힌두이즘이라고 하는 망망대해 속에 나의 작은 돛단배로 험난한 항해를 막 시작하였음을 그때까지만 해도 전혀 짐작조차 하지 못하고 있었다. 젊은 혈기가 넘치던 만큼이나 무지했기에 그만큼 전 인생이 걸린 중요한 결정도 아무런 계산이나 겁도 없이 내릴 수 있었던 것이다. 무엇보다도, 남은 항해의 평생 가이드이자 삶의 지주가 될 파탄잘리를 만나게 될 줄은 꿈에도 생각하지 못하고 있었다. 그렇게 해서 받게 된 카르마의 면죄부, 삶의 고통(두카)에서 삶의 축복(수카)으로 갈 수 있는 비법이 담긴 파탄잘리 요가 수트라는, 마치 수호신처럼 내 삶과 영혼을 보호하고 가이드해주는 수행의 지침서가 되어 지금까지 곁을 지키고 있다.

지금부터 이러한 위대한 파탄잘리 요가 수트라의 실타래를 여러분들과 함께 풀어가고자 한다.

그리하여 우리 모두 함께 웃고 즐기고,

신이 차린 지혜와 영성의 진수성찬을 함께 나누며,

날마다 새벽과 석양에 태양보다 먼저 올라와서 힘차게 마차를 몰며 길을 닦아주는 마차꾼, **아루나**(Aruna, 파탄잘리의 화신)의 용맹함을 온 가슴으로 품으면서,

모든 삼스카라의 고통과 어둠을 몰아내어,

삶이 눈부신 빛과 지혜, 축복이 가득한 깨달음의 향연이 될 수 있도록,

카이발얌, 영원한 신성의 자리, 지상의 천국을 향해

새로이 태어난 독수리처럼 우리 모두 힘차게 비상할 수 있게 되기를 바란다.

우리 모두 함께 할 수 있기를,

우리 모두 함께 나눠 먹을 수 있기를,

우리 모두 함께 힘차게 살 수 있기를,

우리가 온누리에 진리를 퍼뜨릴 수 있기를,

삶의 빛을 퍼뜨릴 수 있기를,

결코 어느 누구도 버리거나 외면하지 않기를,

결코 어떤 부정성도 품지 말기를.

사하 나브 아바투 (saha nåv avatu)

사하 나우 부낙투 (saha nau bhunaktu)

사하 비르얌 카라바바하이 (saha viryam karavåvahai)

테자스비 나브 아디탐 아스투 (tejasvi nåv adhitam astu)

마 비드비샤바하이 (må vidvishåvahai)

옴 샨티 샨티 샨티(Om Shanti Shanti Shanti)!

--우파니샤드 서문 중에서--

2023년 8월,

쿠알라룸포에서 베스 림

제1부

깨달음과 영혼의
승천昇天을 위한 준비

파탄잘리는 누구인가?

　　파탄잘리는 모든 요가시스템의 선조, 혹은 아버지
와 같은 인물로 추앙을 받고 있는 성자이다. 하지만 역사적으로 파
탄잘리가 누구인지에 대해서는 전혀 알려진 바가 없다. 분명한 사실
은 파탄잘리가 인도에 살았고, 아마도 석가모니 부처보다 2-3백 년
이후의 인물이라는 정도만 추정할 수 있을 뿐이다. 전설적인 성자 파
탄잘리가 당시 고대 인도에 난무하던 다양한 요가철학들을 통합시
켜 한 권의 작은 책 안에 압축시켜 놓은 것이 바로,『파탄잘리 요가
수트라』이다. 총 4장으로 구성된 작은 경전이지만, 전 세계적으로 모
든 정신적, 영적 문학을 통틀어 가장 놀라운 수준의 심오하고 높은
영적 지식, 명료한 깨달음의 지혜와 비법들을 모두 200구절이 채 되
지 않는 짧은 수트라들 안에 아주 체계적으로 담아 놓았다.

　　『파탄잘리 요가 수트라』는 수많은 요가 고전들 중에서도 가장

중요한 권위를 가진 요가 경전으로, 영성과 깨달음을 향한 내면적 삶의 여행을 하는 이들에게 핵심적인 가이드 역할을 하는 지도와 같다. 어떤 시스템의 요가나 영적, 종교적 전통을 따르는 사람이라 하더라도, 마치 산의 정상에 서서 내려다보는 듯한 파노라마적 전망을 가질 수 있게 한다. "수트라(Sutra)"는 "실實"이라는 뜻으로, 어떤 핵심적 가르침을 몇 개의 찔믹한 산스크리트 단어들 안에 담아서 최고로 간단한 문구 형식으로 실타래처럼 묶어 놓은 고서를 의미한다. 마치 엉켜진 실타래를 풀듯이 실 끝을 잡고 조심스럽게 당기면 수트라들이 가진 깊은 의미와 비법들도 서서히 드러날 수 있게 된다. 『파탄잘리 요가 수트라』안에는, 각자가 서 있는 위치와 진화적 수준에 맞추어 체계적으로 정상을 향해 나아갈 수 있는 실질적인 비전과 비법들이 담겨 있다. 실타래의 실實은, 팔리(Pali)어로 "사티(Sati)"라고 칭하는 "마음 혹은, 의식意識"의 층들로 이루어져 있다.

전해져 내려오는 인도 신화의 전설에 의하면, 파탄잘리가 태어난 배경 스토리가 있다.

"약 2,000여 년 전까지만 해도 세상에는 요가를 수행하는 방법들이 수도 없이 다양하고 문란했다. 비슈누 신은, 우주만상을 내포하고 있는 거대한 대양 위에서 아난타(Ananta, 비슈누 신의 수족인 사왕蛇王 "나가(Naga)" 신의 화신)의 등을 기대고 비스듬히 누워 지상 세계를 내려다보며 생각에 잠겼다. 흐트러진 지상 세계의 질서를 다시 잡아야겠다는 결심이 들게 되었다. 그

파탄잘리 요가 수트라

래서 천 개의 머리를 가지고 있는 아난타에게 세상에 내려가 서로 싸우고 있는 요기들을 하나로 다시 융합시키고 오라는 지시를 내렸다.

지시를 받던 아난타가 지상을 내려다보니 아이를 갖지 못해 고심하고 있는 어떤 한 사랑스러운 여인이 있었다. 그녀는 비슈누 신을 아주 지극 정성으로 모시고 있는 착한 여인네였는데 날마다 아이를 갖게 해 달라고 기도를 올리고 있었다. 마치 하늘에서 내려오는 은총을 받는 듯한 자세로 손을 벌린 채 기도를 하고 있었다. 오랜 세월 동안 수없이 기도를 올리면서도 결코 포기를 하지 않았다. 어느 날도 여전히 그녀는 무릎을 꿇은 채 하늘을 향해 손을 올린 자세로 기도를 올리고 있었는데 비슈누는 사랑스러운 그녀의 손에 아난타를 떨어트려 은총을 베풀기로 했다. 기도를 하고 있던 그녀의 손에 아기가 떨어졌다. 파탄잘리의 이름은 그로 인해 유래되었다. "팟(Pat)"이란 "떨어짐"이라는 뜻이며 "안잘리(Anjali)"는 그녀가 하고 있던 기도자세를 뜻한다. 그런데 범상한 아이가 아니었다. 상체는 인간의 몸을 가지고 있었지만 하체는 뱀의 꼬리를 달고 있었다. 아마도 아난타는 지상으로 떨어지면서 완전한 변신을 제대로 할 시간이 없었는지도 모른다. 그렇지만 감히 어떻게 신이 내리신 선물을 의심할 수 있단 말인가? 그녀는 뱀의 꼬리를 달고 있는 아기 아난타를 친자식보다 더한 사랑과 헌신으로 키웠다. 그리하여 위대한 요가 마스터 파탄잘리가 세상에 알려질 수 있게 되었다."

◆ 태양의 마차꾼 아루나의 화신, 파탄잘리

또 다른 버전의 전설에 의하면, 파탄잘리는 태양의 마차꾼이었던 아루나(Aruna)의 화신이기도 하다. "아루나"는 "새벽, 석양"이라는 뜻을 가지고 있다. 태양이 뜨기 전 새벽이나, 태양이 질 때의 석양빛을 내는 이가 바로 아루나로써, 태양이 상징하는 순수 아트만, 내영혼의 빛이 밝혀질 수 있도록 가이드 역할을 담당하고 있다. 아루나는 허리 아래로 다리가 없는 뱀의 꼬리 형상을 하고 있는데, 어머니 비나타(Vinata)의 조급함으로 인해 그런 모습을 가지게 되었다고 한다. 아루나가 아직 알 속에서 완전한 몸의 형체가 성립되기 전에, 알을 까고 나오는 데 워낙 오랜 시간이 걸리다 보니, 도대체 무슨 연유인지 궁금해진 어머니 비나타가, 알에다 살짝 구멍을 내서 안을 들여다보는 바람에, 그렇게 덜 완성된 모습으로 일찍 태어나게 되었기 때문이라고 한다. 다리가 없다 보니, 걸을 수가 없어, 태양의 마차에 앉아 마차를 끄는 마차꾼이 되었다. 그래서 아루나는, 태양의 뜨거운 빛으로부터 세상을 가려주는 역할을 담당하고 있다.

아루나의 아버지는 성자 카시야파(kasyapa)로 알려져 있는데, 삽타리쉬((Saptarishi, "일곱 명의 성자")들 중에서 한 명이다. 삽타리쉬들은 베다 문명의 모든 유가들을 통해서 등장하는, 베다스(Vedas)들을 지키는 수호자 역할을 하고 있는 주요 인물들이다. 이들 중에서, 세상의 모든 창조물들의 유전자들을 만들어 내는 바이오 엔지니어와 같은 역할을 담당하고 있는 리쉬가 바로 카시야파이다. 부전자전(父傳子傳)이라는 말도 있듯이, 아버지 카시야파의 지식과 파워를 그대로 물려 받은 아루나가, 유지주 비슈누(Vishnu)의 명을 받아 지상으로 내려와서 위대한 요가 마스터 파탄잘리가 되어 구도자들을 위해 카이발얌(영원한 신성의 자리)에 안착할 수 있는 깨달음의 지식을 "요가 수트라"에 담아서 남기게 되었다.

이러한 전설적 배경을 가진 이가 바로, 성자 파탄잘리이다.

◆ 파탄잘리의 요가 수트라와 아쉬탕가 요가

파탄잘리는 훌륭한 요가마스터로 성장하여 갈래갈래 흩어져 있던 세상의 온갖 요가학들을 하나로 융합하는 위대한 업적을 남기게 되었다. 그것이 바로 『파탄잘리 요가 수트라』이다. 『파탄잘리 요가 수트라』는 인간이 궁극적으로 최상의 행복, 혹은 요가(Yoga)를 성취하기 위해 필요한 몇 가지 중요한 방법들을 나열하고 있는데, 그중에서 가장 유명한 방법이 바로 **아쉬탕가 요가**(Ashtanga Yoga)라는 "여덟 가지의 요가 수행방식"이다. 모던 인도의 하타 요가 구루였던 **파타비 조이스**(PattabiJois)의 브랜드 이름인 아쉬탕가 요가와는 다르다. 파탄잘리의 요가 수트라 안에 있는 한 소절, 소절의 수트라들은 모두 거룩한 지혜안(智慧眼)들로써, 2천 여 년이 넘는 세월 동안 한결같이 유지되어 온, 깨달음에 다다르기 위한 신의 지혜를 담고 있다.

파탄잘리의 아쉬탕가 요가는 다음과 같은 여덟 가지 수행방식

을 가지고 있다:

1. 야마(Yama): 요가 수행자에게 권유되는 5가지 사회 도덕적인
   규율(바른 세상의 법칙)
2. 니야먀(Niyama): 요가 수행자에게 권유되는 5가지 내부 의식
   적 규율(바른 삶의 법칙)
3. 아사나(Asnana): 바른 몸의 자세
4. 프라나얌(Pranayam): 바른 호흡법
5. 프라티야하라(Pratyahara): 바른 감각기관 조절
6. 다라나(Dharana): 바른 주의
7. 디야나(Dyana): 바른 사티
8. 사마디(Samadhi): 바른 삼매

파탄잘리 요가 수트라

성자 파탄잘리

요가에 대한 기본적 이해

- 바디 요가(Body Yoga)와 마인드 요가(Mind Yoga) -

베다스(Vedas)와 힌두이즘에서는 "요가(Yoga)"라는 용어가 아주 광범위하고 다양한 의미로 사용되고 있다. "요가Yoga"는 "서로 묶다, 합하다Yoke"라는 뜻으로, 원래는 요가라고 할 때 주로 명상 혹은 마인드 요가를 의미하고 있었다. 에고의 제한된 의식을 높은 영적 의식 수준으로 고양시켜 궁극적인 자유로움, 깨달음을 얻을 수 있게 하는 수행방식들을 모두 통틀어서 요가라고 칭하였다. 그중에서도 베다스 경전이나 요가철학들을 공부하고, 엄격한 단련이나 수련으로 몸과 마음을 정화하고, 꾸준한 명상으로 의식 수준을 향상시키기 위해 심혈을 기울이는 것이 최상의 요가 수행법으로 여기고 있다. 그런데 오늘날에는 많은 사람들이 요가를 단지 외모와 건강을 위한 인도에서 유래된 기계체조 비슷한 운동 정도로 짐작하는 경우가 흔하다. 몸의 요가자세(Asana)와 호흡법(Pranayam)에 집중하는 바디 요가(Body Yoga) 혹은, 하타 요가Hatha Yoga)만을 "요가"

로 잘못 알고 있는 것이다.

　요가의 역사는 약 5,000여 년 전 이상으로 거슬러 올라간다. 요가의 기원이 아주 오래되었다는 의미로 인도인들은 "약 5,000여 년 전"이라고 요약을 하지만, 사실상 정확하게 언제부터 요가가 전해지기 시작했는지 기록상으로 남아 있는 것은 아니다. 인도문화가 가진 독특한 시공개념으로 인해 초기인도의 역사에 대한 기록들은, 다른 나라들의 역사적 기록들처럼 정확히 연대학적으로 나누어져서 각 시대들이 얼마나 오래 지속되었는지, 어떤 역사적인 사건들이나 인물들이 있었는지 하는 방식으로 체계적인 정리가 되어 있지 않다. 인도인들에게는 전생(前生)과 현생(現生), 그리고 내생(來生)이 각자 다른 타임라인이나 공간에 존재하는 것이 아니라 모두 같은 시간과 공간 안에 연결되어 동시에 존재하고 있기 때문에 역사적인 기록들도 분명한 연대기 형식으로 남길 필요성을 느끼지 못했던 것이다. 이러한 인도 문화만의 독특한 시공 개념으로 인해 일상적인 생활을 하는 데 있어서도 인도인들에게는 어제와 오늘, 그리고 미래의 구분이 아주 모호하고 불분명한 것으로도 악명이 높아서, 그들이 어제라고 할 때, 바로 어제가 아니라 몇 년 전의 어제를 의미할 수도 있고, 나중이나 내일이라고 할 때면 그것이 몇 시간 후 혹은 몇 년 후를 의미할 수도 있다. 이처럼 인도인들이 가진 불분명하고 기상천외할 정도로 유연한 시간개념과 자세로 인해 인도인들과 일을 하는 서양인이나 다른 문화의 사람들은 종종 답답함을 호소하거나 오해나 갈등을 경험하는 일들도 자주 생겨난다.

요가는 서양에서도 이미 고대 시대부터 알려져 있었다. 그러나 본격적으로 19세기에 들어서면서부터 유럽과 미국에서 폭넓은 관심과 주목을 받게 되었는데, 먼저 바가바드 기타(Bhagavad Gita)를 통해서, 이후에, 『파탄잘리 요가 수트라』를 통해서, 힌두이즘 안에 있는 다원주의 종교사상과 요가의 깊은 철학적 사상들이 점차 서양 사회에 널리 알려지게 되었다. 그리고 현시대처럼 요가가 전 세계적으로 널리 퍼지고 대중화가 이루어지는 발단은, 19세기 말에 스와미 비베카난다(Swami Vivekananda, 1863- 1902)의 유명한 시카고 연설이 결정적인 다리 역할을 하였다.

◆ 스와미 비베카 난다의 요가 미션의 시작

스와미 비베카난다는 스승님이었던 라마크리슈나(Ramakrishna 1836-1886)가 세상을 떠나고, 산야신(Sannyasin, "출가자")이 된 지 6년째 되던 해에 남인도의 타밀나두(Tamil Nadu)에서 잘 알려진 템플들을 돌아다니며 성지순례를 하고 있었다. 하지만 베다(Veda)의 거룩한 땅이라고 불리는 대인도 전역에서 수많은 산야신들이 마치 거지같은 모습을 하고 돌아다니며, 사람들에게 형이상학적 깨달음의 지식을 가르쳐준다는 명목으로 걸식하는 것을 목격하고 절망에 빠져 있었다. 그러다가 1892년 크리스마스 이브에 칸야쿠마리(Kanyakumari) 템플에서 하루 밤을 보내게 되었는데 파워풀한 성모여신의 다르샨

(Darshan, "영접")을 그날 밤에 얻게 되었다. 그리고 스승님이 평소에 성토하셨던 "굶주린 배에 깨달음이나 종교가 다 무슨 소용이야?"라는 말씀을 기억하게 되었다. 깨어난 다음 날에 그는 일생일대의 중요한 결의를 하게 되었다. 당시만 해도 힌두교는 인도 사회에서 폐쇄적이고 혹세무민하기 쉬운 방식으로 행해지고 있었다. 이처럼 인도인들이 가진 우상숭배와 미신적인 믿음 요소들, 그리고 베다스(Vedas)라고 하는 영성의 저력이 조화된 독특한 힌두철학 독트린을 서양 사회로 가지고 가서 알리겠다는 요가미션을 품게 되었던 것이다. 서양인들이 가진 합리적이고 과학적인 자세, 사회적 평등의식의 요소들을 힌두교에 가미하여 모든 종교와 영성에 담긴 보편적이고 참다운 선善을 논리적이고 체계적이며 다원주의적 관점으로 추구하는 영성철학사상으로 정립시켜 세상에 전파함으로써, 가난과 굶주림에 고통받는 모국의 사람들에게 실질적인 도움이 될 수 있는 일들을 하겠다는 결심이었다. 그리하여 몇 달 후에 미국에 도착한 스와미는, 콜롬버스의 미 대륙 발견 400년째 되는 해를 기념하기 위해 1893년 9월11일 시카고에 열렸던 세계종교회의에서 힌두이즘과 요가철학의 역사를 영원히 바꾸게 될 유명한 연설을 하게 되었다.

◆ 요가들 중에서 왕, 라자 요가와 스와미 비베카난다

구루 라마크리슈나는 어릴 적부터 신적이고 초월적 경험을 많이 하였던 것으로 유명하여 살아생전에 수많은 군중이나 제자들이 항상 주변에서 열광하는 신비롭고 아이러니한 인물이었다. 그런데 스와미 비베카난다라는 유명한 제자를 두었던 덕에 사후에는 오히려 더욱 유명해져서 전 세계적인 명성까지 누리게 되었다. 라마크리슈나는 비베카난다가 아직 무신론자이고 스와미로 출가를 하기 훨씬 이전부디 그가 타고난 세계직인 미션을 알고 있었기에 일찌감치 준비와 각인을 시켰던 것으로 잘 알려져 있다. 이러한 스승님의 명을 받고, 스와미 비베카난다는 힌두사제 브라민 계층의 전유물처럼 인도에서만 폐쇄적인 방식으로 행해지던 힌두이즘과 베단타 사상, 그리고 요가를 서양으로 수출하여 오늘날처럼 폭발적으로 대중적인 인기와 위치에 있게끔 자리매김을 하는데 핵심적인 역할을 하게 되었던 것이다.

시카고에 열린 세계종교회의에서 행한 연설을 통해, 그는 동양과 서양의 정신적 사상의 융합을 강조하면서 힌두교를 세계주요종교의 위치로 우뚝 세우는 역사적인 미션을 행하였다. 그 이후 현재 세계 3대 주요 종교는 크리스찬교, 이슬람교, 그리고 힌두교로 꼽힐 만큼 힌두철학은 대중적인 종교사상으로 발전될 수 있었다. 스와미 비베카난다는, 시카고 연설의 엄청난 성공을 계기로, 이후 39세의 나이로 요절하기 전의 10여 년 시간 동안, 미국 전역과 영국, 유럽 등을 순회하면서 힌두이즘과 요가철학에 대한 수백 차례의 강연들을 하였을 뿐만 아니라, 곳곳에 베단타 사회(Vedanta Societies) 단체들을 세우고 많은 논문과 저서들을 내게 되는 등 활발한 활동을 하였다.

그중에서도 『파탄잘리 요가 수트라』를 번역하고 주석을 달아서 낸 『라자 요가(Raja Yoga)』라는 책이 큰 성공을 거두고 이후 요가 철학가들에게 지대한 영향력을 미치게 되었다. 그가 수트라에 담긴 파탄잘리의 요가 가르침을 요가들 중에서 왕 ─『라자 요가』라고 부름으로 인해, 『파탄잘리 요가 수트라』는 모든 요가에 대한 경전들 중에서도 가장 높은 권위적 위치에 있는 경전으로 손꼽히게 되었다. 그런데 파탄잘리의 라자 요가는 명상과 의식진화를 다루는 마인드 요가로써, 일반적으로 사람들이 알고 있는 바디 요가, 즉 하타 요가와는 다르게 구분된다. 그러므로, 본격적으로 『파탄잘리 요가 수트라』에 대한 내용들을 자세하게 다루기 이전에 먼저 간략하게 힌두이즘의 기본적인 요가 철학 사상과, 현재 모던 시대에서 알려진 바디 요가, 마인드 요가들의 유형과 주요 요가 마스터들에 대한 전체적인 이해가 우선적으로 필요하다.

◆ 요가철학 사상의 여섯 학파

힌두이즘이라고 불리는 인도의 종교사상은, 다른 주요 종교들과는 달리 뚜렷한 교리나 창시자, 혹은 유일신 적인 우상숭배 대상을 가지고 있지 않다. 힌두교, 혹은 힌두이즘이라는 용어는, 인도가 영국의 식민지 지배하에 있을 때 영국인들이 처음으로 사용하던 용어이다. 힌두인들이 가진 방대한 영적, 종교적 믿음이나 생활방식들을 통틀어서 그렇게 부르기 시작하였는데, 그들이 알고 있는 크리스천교(천주교와 기독교)와 같은 종교적 사상으로 이해하였기 때문이었다. 하지만 인도인들은 전통적으로 힌두이즘을 사나타나 다르마(Sanatana Dharma)라고 불렀다. 사나타나 다르마는 '영원한 의무'라는 의미로서, 모든 시대와 공간, 시간, 장소, 사람, 문화, 종교, 인종, 그리고 인간의 사고와 에고가 가진 한계성을 초월하여 존재하는, 모두가 이행해야 하는 바른 진리와 의무를 나타낸다. 베다스에 기본을 두고 있는 고대인도의 영성 사상으로, 비단 힌두뿐만 아니라 다른 모든 인종들, 생명이나 무생물들, 식물들, 스타들, 행성들을 다 포함하여 이들 각자가 가진 각자의 역할과 의무를 바르게 이행하는 것이 우주와 세상의 질서, 조화 균형을 유지하는데 가장 중요하다는 것을 강조하고 있는 사상이 바로 사나타나 다르마 혹은 힌두이즘인 것이다. 이들의 종교와 요가철학 사상은 크게 여섯 개 학파로 분류된다.

1) 니야야(Nyaya): 대상에 대한 논리적인 추론과 분석을 통해 정확한 지식과 진리를 탐구하는 방식의 요가철학이다. 이지와 이론을 위주로 하는 접근방식을 취한다.

2) 바이쎄씨카(Vaisheshika): 한 대상과 다른 대상이 가진 특성들을 비교하여 서로 다른 점이나 특성들을 인식하고 자각하는 방식으로 지식과 진리를 탐구하는 요가철학이다. 신에 대한 언급을 하지 않기 때문에 무신론적인 요가 사상으로 여기는 이들도 있다.

3) 상키야(Sankhya): 탐구대상이 가진 모든 면들의 지식과 진리

뿐만 아니라, 시공을 초월하여 근원에 존재하는 진리까지 모두 요가를 통해 직접적으로 경험할 수 있다고 여긴다. 가장 섬세한 수준부터 가장 표면적인 수준까지 포괄하여 대상이 가진 모든 면들의 지식과 진리를 차근차근 단계적이고 체계적인 방식으로 탐구하는 요가철학이다. 대영혼과 물질이라는 이원성적인 접근방식을 취한다.

4) 요가(Yoga): 실질적인 요가 수행으로 인지적 파워를 정화시켜 지식과 진리를 깨우칠 수 있게 하는 요가 철학이다.

5) 카르마 미만사(Karma Mimansa): 삶의 규율들을 제시하고 있는 베다 경전들을 익히고, 의례의식들을 행하고, 우주의 섬세한 에너지 파장과 조화를 이루며 살 수 있는 지식과 진리들을 탐구한다. 베다 경전에 기술된 의례나 규범들에 따라 행동하고 액션을 하는 것이 가장 이상적이고 진화적인 삶의 방식으로 여기는 요가철학이다. 신의 방침에 따라 사는 것을 최고의 선으로 여기는 유신론적인 요가사상으로 여기는 이들도 있다.

6) 베단타(Vedanta): 상키야 철학과 요가철학의 개념들을 모두 통합한 시스템으로, 궁극적으로 어떤 대상이든지 그것의 본성이 가진 무한한 순수의식의 표현이라고 여긴다. 인간이 탐구하는 최고의 지식과 진리를 충족시켜줄 수 있는 요가철학이다. 대영혼과 물질이 서로 같다는 일원성적인 접근방식을 취한다.

이러한 여섯 학파가 서로 완전히 다른 요가 사상과 철학 체제인 것처럼 잘못 이해하거나 해석을 하는 이들이 많이 있다. 하지만 이는 편협한 관점으로, 마치 다섯 장님들이 코끼리의 다른 바디파트들을 만져보고 각자 경험한 대로 코끼리의 모습에 대한 묘사를 하면서 서로 자신이 옳다고 주장하는 것과 비슷한 상황이라 할 수 있다. 산의 정상으로 향하는 길에는 여러 가지 길들이 있는 것처럼, 여섯 학파의 사상들은 다른 수준의 "의식"(意識, 사티 Sati)"들에 내해 서로 나른 방식과 관점에서 접근하면서, 각자 얻게 되는 경험에 따라 그에 상응하는 이해와 해석을 하고자 할 뿐이다. 그래서 어느 학파가 더 옳거나 그르다는 식으로 단정하기 보다는, 설령 어떤 대상에 대한 해석이나 주장이 서로 상충되는 것으로 보일지라도, 궁극적으로 같은 "의식"(意識)"에 대한 지식과 진리를 표명하고 있다는 사실을 잘 숙지하는 것이 중요하다. 어떤 유형의 사상체제나 시스템이라 하더라도 인간의 마인드로 정립된 것이기 때문에 완벽한 인지나 이해가 불가능할 수밖에 없다. 그러므로, 자신의 학파나 사상만이 옳거나 유일한 방식이라고 주장하는 편협한 자세로는 완전한 진리에서 더욱더 멀어지는 결과를 자초하게 된다.

◆ 요가의 다섯 가지 에너지 바디(Five Energy body Koshas)

고대 요가 경전 타이티리야 우파니샤드(Taittiriya Upainshad)에 따르면 다섯 겹의 에너지 바디(코샤Koshas, "겹, 층")가 우리의 영혼을 둘러

파탄잘리 요가 수트라

싸고 있다고 한다. 이는 마치 우리가 "마야코샤(Maya "옷"-Kosha "겹, 층")"라는 다섯 겹의 옷들을 입고 있는 것에 비유할 수 있는데, 이들 코샤들은 여러 옷처럼 따로 분리된 것이 아니라 서로 맞물린 채 같이 엉켜서 한 바디를 만들고 있다. 1번째의 가장 표면적인 육체적 바디부터 안으로 들어갈수록 보다 섬세한 내면의 바디들로 구성되어 있다.

1) 아나마야코샤(Annamaya Kosha): 육체적 바디(아사나, Asana)의 에너지를 담당하고 있다. 육체의 생존에 필요한 기본적 요소들, 물과 음식, 영양분, 휴식 등에 의존을 하고 있는 바디이다.

2) 프라나마야 코샤(Pranamaya Kosha): 에너지 바디(프라나, Prana)의 에너지를 담당하고 있다. 기氣, 생기, 호흡, 생명력 등에 의존을 하고 있는 바디이다.

3) 마노마야 코샤(Manomaya Kosha): 멘탈 바디(마나스, Manas)의 에너지를 담당하고 있다. 마음, 감정, 감각, 생각 등과 같은 정신적 활동에 의존을 하고 있는 바디이다. 다섯 층의 에너지 바디 중간에서 메신저 역할을 담당하는 코샤로서, 외부적인 바디(육체와 호흡)와 직관적 바디(이지와 환희)를 서로 연결해주고 있다.

4) 비기야나마야 코샤(Vijnnamaya Kosha): 이지의 바디(비기야나, Vijnana) 에너지를 담당하고 있다. 이지와 지혜, 직관, 깊은 의식(Sati)의 힘에 의존을 하고 있다.

5) 아난다마야 코샤(Anandamaya Kosha): 디바인 바디(아난다,

Ananda, Bliss), 환희 바디라고도 부르며, 가장 깊고 섬세한 에너지 바디이다. 본성이 가진 가장 진실한 참모습에 의존을 하고 있는 바디이다.

◆ 바디 요가와 마인드 요가(Body & Mind Yoga)

현시대에서 일반적으로 잘 알려져 있거나 행해지고 있는 요가는 크게 두 가지 유형으로 나누어 진다. 신체의 수련을 우선적으로 수행하는 바디 요가, 그리고 정신적 수련을 우선적으로 수행하는 마인드 요가가 있다. 두 가지 유형의 요가가 모두 우리를 둘러싸고 있는 다섯 가지 에너지 바디들에 영향을 미치게 된다. 그렇지만 요가 수행을 하는데 있어 바디 요가들은, 1번째 육체적 바디와 2번째 프라나 바디의 단련과 정화를 우선적으로 다루는 반면에, 마인드 요가들은 나머지 3번째 멘탈 바디, 4번째 이지의 바디, 5번째 환희의 바디들을 우선적으로 다루고 있다.

1) 바디 요가

- 하타 요가(Hatha Yoga, 단련의 요가): 요가 자세와 호흡법 수련을 우선적으로 행한다. 현재 전 세계적으로 가장 널리 알려져 있고 많이 행해지고 있는 요가방식이다.

- 탄트라 요가(Tantra Yoga, 비법의 요가): 쿤달리니 요가로도 칭하기도 하며, 차크라 에너지 수련을 우선적으로 행한다.
- 카르마 요가(Karma Yoga, 액션의 요가): 적극적인 액션과 이타적인 행위의 수련을 우선적으로 행한다. 바가바드 기타에서 기술하고 있는 개인적 동기 너머의 초월적 액션을 행하는 것을 목표로 한다.

2) 마인드 요가

- 라자 요가(Royal Yoga, 로얄 요가): 파탄잘리 요가로도 알려져 있으며, 고전요가라고 칭하기도 한다. 『파탄잘리 요가 수트라』의 가르침과 수련을 우선적으로 행한다.
- 기야나 요가(Jnana Yoga, 지혜의 요가): 지식을 통해 이지와 직관, 분별력의 지혜를 개발하는 수련을 우선적으로 행한다. 우파니샤드 경전에 있는 지식들에 주로 의존한다.
- 박티 요가(Bhakti Yoga, 헌신의 요가): 사랑과 헌신적 행위의 수련을 우선적으로 행한다.
- 만트라 요가(Mantra Yoga, 진언의 요가): 마음을 개발하고 지켜줄 수 있는 파워를 가진 신성한 소리(만트라, Mantra)들을 반복하는 수련을 우선적으로 행한다. 베다 시대 때부터 힌두이즘과 모든 다른 영적 전통들에서도 가장 널리 행해지던 수행방식이다.

◆ 고대와 모던시대의 주요 요가 마스터들

힌두이즘과 요가철학이 오늘날처럼 전 세계적으로 널리 알려지고 대중화되는데 중요한 역할을 한 구루와 스승들은 고대와 현시대를 통틀어 수도 셀 수 없을 정도로 많이 있다. 하지만 현재까지 잘 알려진 바디 요가와 마인드 요가의 주요 트렌드를 형성하는네 핵심적 역할을 한 주요 요가 마스터들만 몇명 간략하게 소개하면 다음과 같다.

1) 상카라차리야(Sankaracharya): 7세기에 살았던 인도의 유명한 성자이자 베딕학자, 철학자로써 아디 상카라(Adi Shankara)라고 불리기도 한다. 역사적으로 베단타 요가철학의 가장 권위적인 인물로 알려져 있다. 당시만 해도 영적, 종교적 삶의 방식이 지나치게 의례의식적 면들을 지키고 이행하는데 집중을 하고 있었다. 이를 바로잡기 위해 33년이란 짧은 인생동안 수없이 많은 글들과 가르침을 펼친 인물로써 불이원론(아드바이타 베단타, Advaita Vedanta)의 주장을 통해 소자아와 대자아가 서로 다른 것이 아니라 동일한 존재라는 진정한 영적지식과 가르침들을 부활시킨 인물이다. 상카라차리야의 가르침은 마인드 요가 그룹에 속한다.

2) 동, 서, 남, 북인도의 상카라차리야(영적 지도자)들: 아디 상카라는 자신의 가르침이 미래에도 계속 이어질 수 있게 하기 위해 인

도 전역에 걸쳐 동, 서, 남, 북 4지역에 하나씩 총 네 개의 마드(maths, "배우는 장소")들을 설립하여, 4명의 제자들에게 각자 총괄책임을 맡겼다. 이들 4명의 제자들과 후계자들은 모두 "상카라차리야"라는 명예로운 타이틀로 불리며, 티벳의 달라이라마와 같은 영적 지도자의 권위와 지위를 가지고 있다. 높은 영성을 가진 성자들을 동인도, 서인도, 남인도, 북인도 각지역마다 별도로 선별하여 **상카라차리야**로 임명하게 되는데, 일단 임명을 받은 이들은 남은 여생동안 해당 지역에서 영적지도자로서 역할을 계속 이어가는 전통이 지금까지도 이어지고 있다.

3) 비베카난다(Vivekananda, 1863-1902): 모던 인도의 신비적인 구루 라마크리슈나(1836-1886)의 애제자로서, 인도인 승려, 철학가, 작가, 종교적 티처이다. 출가하기 전의 이름은 나렌드라나드 다타(Narendranath Data)이며, 베단타 사상과 요가철학을 서양사회에 소개한 핵심 인물이다. 모든 종교들 안에 내재하고 있는 공통적인 믿음, 선善에 대한 의식을 강조함으로써 다원주의 사상을 처음으로 소개하고, 힌두이즘을 세계주요종교의 지위로 올리는데 결정적인 역할을 하였다. 비베카난다의 가르침은 **마인드 요가** 그룹에 속한다.

4) 라마나 마하리쉬(Ramana Maharishi, 1879-1950): "나는 누구인가?"라는 화두로 유명한 인도 성자로써 아무런 스승도 없이 혼자서 깨달음을 얻은 **기야나 요가**의 성자로 알려져 있다. 16

살이라는 어린 나이에 거의 죽음에 가까운 경험을 한 이후, 집을 떠나 산야신으로 떠돌다가 타밀나두(Tamil Nadu)에 있는 아루나찰라(Arunacala) 산 밑에서 자리를 잡은 후 그곳에서 평생을 지냈다. 쉬바(Shiva)의 화신으로 여겨지고 있으며, 동서양의 많은 헌신자들이 그의 다르샨(만남)을 얻기 위해 주변으로 몰려들었다. 1930년대에 영국의 유명한 작가 폴브런든(Paul Brunton)이 "신비로운 인도의 명상기행(A Search in Secret India)"이라는 유명한 책을 통해 그를 소개함으로써 서양사회에도 널리 알려지는 명성을 얻게 되었다. 자기탐구(Self-Inquiry)와 박티(헌신), 내맡김의 수행방식을 주로 강조하였으며, 현재까지도 전 세계적으로 알려진 많은 저명한 종교적, 이지적 철학자들, 대표적인 예로 에카르트 톨레(Eckhart Tolle)와 같은 지성인들의 사상에 아주 깊은 영향력을 미치고 있다. 라마나 마하리쉬의 가르침은 마인드 요가 그룹에 속한다.

5) 프라부파다(Prabhupada, 1896-1977): 박티 베단타 프라부파다 (A.C. Bhaktivedanta Swami Prabhupada)는 비슈누 신을 섬기는 전통의 바이쉬나바(Vishnava) 구루로써, 크리슈나 의식의 국제단체(ISKCON, International Society for Krishna Consciousness)를 설립하고, 박티 요가를 강조하는 하레크리슈나(Hare Krishna)운동을 통해 인도의 영원하면서도 우주적인 영적 지혜의 정수를 일상적 삶의 생활속에서 쉽게 구현할 수 있도록 하는 가르침을 전 세계적으로 전파하였다. 살아 생전에 108개가 넘는 크

리슈나 템플을 지은 것으로 유명하며, 현재까지도 수도 셀 수 없이 많은 크고 작은 이스콘(ISKCON) 템플들이 전 세계 곳곳에 퍼져 있다. 특히 박티 요가와 채식주의 가르침으로 잘 알려져 있다. 프라부파다의 가르침은 **마인드 요가** 그룹에 속한다.

6) 파라마한사 요가난다(Paramahana Yogananda, 1893-1952): 영혼의 자서전(Autobiography of a Yogi)으로 유명한 구루이며, 자기실현 펠로우쉽(SRF, Self-Realization Fellowship)을 설립하여, 크리야요가(Kriya Yoga)의 가르침을 전 세계적으로 전파하였다. 동양과 서양의 종교 간의 단합을 증명하고, 서양의 물질적 성장과 인도의 영성 사이의 균형을 강조하는 요가철학사상을 서양에 전파하였으며, 요가 전문가들에 의해 '서양요가의 아버지'로 추앙되고 있는 구루이기도 하다. 그의 가르침은 **마인드 요가** 그룹에 속한다.

7) 파타비 조이스(K. Pattabhi Jois, 1915-2009): 아쉬탕가 빈야사 요가(Ashtanga Vinyasa Yoga)의 창시자이며 유명한 구루이다. 유명한 팝싱어 마돈나가, 무대에서 쇼를 하던 중에 아쉬탕가 요가를 선보인 이후, 전 세계적으로 유명해지게 되었다. 그의 아쉬탕가 요가는 고강도의 신체적 피트니스를 요구하는 플로우 스타일의 하타 요가로써, **바디 요가** 그룹에 속한다. 파타비 조이스의 아쉬탕가 요가는 고유의 브랜드 명칭으로, 라자 요가에 속하는 파탄잘리의 아쉬탕가 요가와는 다르게 구분

된다.

8) 아이엥가(B.K.S Iyengar, 1918-2014): "요가를 운동으로 하는"
   스타일의 아이엥가 요가의 창시자이자 구루이다. 1966년에
   출간된 "요가의 빛(Light on Yoga)"이라는 책을 통해 요가를 세
   계적으로 대중화시키고 유명하게 만드는데 결정적인 역할을
   하였다. "모던 요가의 아버지"로 불릴 만큼 전 세계적인 영향
   력을 미친 유명한 요가 구루로 손꼽히는 인물이다. 아이엥가
   요가에서는 정확한 요가자세를 위해 필요한 보조 도구를 많
   이 사용하는 것으로도 잘 알려져 있는데, 전형적인 바디 요가
   그룹에 속한다.

9) 성聖 마하리쉬(Maharishi Mahesh Yogi, 1918-2008): 만트라 요
   가에 속하는 초월명상(TM, Transcendental Meditation)법의 창시
   자이자 구루로써, 오늘날처럼 전 세계적으로 마인드 요가와
   명상을 대중화시키는데 결정적인 역할을 한 인물이다. 서양에
   서 가장 대중적이고 성공적인 뉴에지 운동을 한 구루이기도
   하다. 비틀즈, 오프라 윈프리 등과 같은 유명인사 제자들을
   많이 배출시켰으며, 명상의 효과에 대한 학문적이고 과학적인
   접근방식과 연구들을 특히 강조하였다. 인도 고유의 치유의
   학인 아유르베다, 베딕점성학 등도 성聖마하리쉬로 인해 서양
   에서 활성화될 수 있게 되었다. 그의 가르침은 전형적인 마인
   드 요가 그룹에 속한다.

◆ 요가 수행에 필요한 기본적인 원칙

요가는 5000년이 넘는 오래된 역사를 가지고 있다. 그래서 바디요가 혹은 마인드요가 수행을 처음 시작하는 초보자들은 요가철학이 가진 방대하고 엄청난 깊이의 힌두 철학, 무수한 요가 수행법, 베다스 등에 쉽게 압도당하거나, 혼란이나 좌절감을 느끼게 된다. 하지만 모든 요가 철학이나 수행법들의 근원에는 몇 가지 기본 원칙들을 공통적으로 가지고 있다. 그래서 기본개념을 잘 파악하고 있으면 어떤 요가 수행을 하든지 요가 철학이 가진 다양한 면들을 보다 쉽고 이해하고 즐길 수 있게 된다.

전통적으로 요가는 목샤(깨달음, 자유, 해탈)에 대한 가르침으로 여겨졌다. 우리의 제한된 자아(에고)에서 벗어나 무제한적인 대자아의 자유로움을 누릴 수 있기 위해서다. 우리는 습관적으로 우리가 가진 몸, 마음, 성격, 캐릭터, 소유물이나 재산, 가족이나 인간 관계성, 학위, 직위, 명성 등과 "나"라는 에고를 동일시하는 경향이 있다. 이러한 무지는 삶과 삶을 통해 계속 이어지는 고통(두카)들을 만들어 내고 인과의 법칙에 묶이게 한다. 실제로 우리의 본질은 현재의 특정한 몸과 마음 등 너머에 존재하고 있는 어떤 특정한 영혼, 불멸의 초월적 존재이다. 요가의 가르침들은 수행을 통해 우리가 이러한 초월적 존재의 무한성을 깨달음으로 영원히 자유로울 수 있게 하고자 한다.

요가 수행을 통해, 우리가 가진 무의식적인 습관과 사고방식으로부터 점차적으로 벗어나, 보다 새롭고 더 나은 방식과 성숙한 의식으로 살아갈 수 있는 자기변형을 이룰 수 있다. 하지만 이러한 변형과정은 하루아침에 이루어지는 게 아니라, 아주 서서히 일어나며, 완전한 변화가 이루어질 수 있기 위해서는 1달, 2달, 1년, 2년, 5년, 10년, 혹은 평생이 걸릴 수도 있다. 그러므로 요가 수행을 하는데 있어 염두에 두어야 할 가장 중요한 사실은 인내심을 가지고 꾸준하세 수련을 해야 한다는 데 있다. 사람들마다 다양한 저력이나 취약성들을 가지고 있기에, 각자의 타고난 기질이 성향에 맞추어 적절한 요가 수행법, 자신의 신체적, 감정적, 정신적 자질이나 선호도에 따라 가장 어필이 되는 바디 요가 혹은 마인드 요가 방식을 선택하여 꾸준하게 수련하다 보면, 궁극적으로 **의식의 진화와 목샤**라는 공통적인 목표에 도달할 수 있게 된다.

파탄잘리 요가 수트라

일곱 차크라 이미지

불교의 사성제와 파탄잘리 요가의 유사성

◆ 요가의 본질, "사티"(의식, 意識)의 힘)

　　　　20세기 말부터 전 세계적으로 엄청난 요가 붐이 일어나면서 동서양을 막론하고 바디 요가들뿐만 아니라, 마인드 요가들에 대한 사람들의 관심이나 연구도 아주 활발해지게 되었다. 특히 마인드 요가, 명상에 대한 관심이 지대해진 만큼 티벳 불교, 소승과 대승 불교의 다양한 불교 명상법들도 일반인이나 수행자들의 일상생활 안에 자연스럽게 들어오게 되었다. 2022년 말 현재의 통계에 따르면, 바디 요가를 하는 인구는 전 세계적으로 약 3억 명 이상이고, 마인드 요가를 하는 인구는 약 2억에서 5억 명 이상이 된다고 한다. 건강이나 라이프스타일를 위해서, 혹은 종교적, 영적 목적으로 어떤 형태의 요가든지 정기적으로 행하는 이들이 전 세계 인구의 약 10%에 육박할 정도로 된 것이다.

이처럼 요가가 널리 대중화된 것에 비해 많은 사람들이 잘 알지 못하고 있는 사실은, 요가의 본질은 "의식(意識)"을 계발하는 데 있다는 것이다. 의식은, 팔리(Pali)어로 "사티(Sati)"이다. 상당한 불교경전들, 특히 테라바다(Theravada, 소승불교) 전통의 경전들이 팔리 원어로 되어있는데, 사티는 모든 불교유형의 명상에서 강조하는 "깨어있음, 알아차림, 마음챙김" 등의 의미들을 모두 함축하고 있는 단어이다.

사티는 생명을 가진 모든 존재들 중에서 인간에게만 유일한 능력이다. 사티는 우리가 주의를 내면으로 돌리기만 하면 언제나 그곳에 있는, 손을 뻗치기만 하면 닿을 수 있는 곳에 항상 있다. 언제나 거기에 있는 동시에, 너무나 섬세해서, 평소에 우리는 그다지 의식을 하지 못하고 있는 것이다. 마치 호흡처럼 우리는 잠시도 쉬지 않고 계속 숨을 쉬고 있지만 늘 거기에 있기 때문에 평소에는 호흡을 의식하지 못하고 있다. 그러나 호흡에 주의를 돌리는 순간 의식적인 호흡이 되어서 건강증진과 의식향상에 아주 효율적인 호흡수행이나 명상수단이 되게 된다.

마찬가지로, 사티, 우리의 의식은 언제나 우리와 함께 있지만, 평소에 별다른 주의나 생각을 하지 않고 무의식적으로 행동하며 살아가는 경우가 대부분이다. 사티가 아니라, 기계적이고 자동적인 습관으로 반응하고 행동하는 패턴을 반복하면서 많은 사람들이 살아가고 있는 것이다. 그리하여 삶에서 경험하는 온갖 고통들, 일상의 무료함이나 따분함, 예기치 못한 시련들이나 불행, 다양한 스트레스와 질병 등은 모두, 무의식적이고 자동적인 습관으로 사는 데서 오는 당연한 결과로서, 불교에서는 "고통(두카, dukkha)", 파탄잘리는 "고통(클레샤, Kleshas)"이라고 한다. 사티의 자연스런 자질들이 충만한 삶, 보다 긍정적인 기쁨으로 채워진 일상들을 사는 것이 아니라, 사티가 없는 무의식(無意識), 어둠과 무지로 살아가기 때문에 삶이 고통스러울 수밖에 없다는 것이다. 그리하여 모든 요가 수행의 본질은 사티를 계발하여 고통의 원인을 제거하고자 하는 것으로, 불교철학에서는 사성제(四聖諦)와 팔정도(八正道), 그리고 요가철학에서는 파탄잘리의 수트라와 아쉬탕가 요가라는, 왕관의 보석처럼 아주 핵심적인 수행방식의 해결책들을 제시하고 있다.

◆ 불교의 사성제(四聖諦)와 팔정도(八正道) 그리고 파탄잘리 아쉬탕가 요가의 비교

흥미로운 점은, 불교의 팔정도(八正道)는 파탄잘리의 아쉬탕가 요가와 상당한 유사성이 있다는 사실이다. 두 가르침이 완전히 일치하지는 않지만 많은 공통점들을 가지고 있다. 불교의 교조이자 창시자인 석가모니는 고대인도의 사키야 왕국의 왕자로 기원전 560년경에 출생한 것으로 추정되고 있다. 파탄잘리는 석가모니보다 약 2-3백 년 정도 이후에 인도에서 살았던 인물로 추정되고 있다. 파탄잘리가 살아 생전에 다양한 요가 철학들을 집대성하여 한 권의 작은 책으로 요약한 것이 파탄잘리 요가수트라로 현재까지 전해져 내려오고 있는데, 특히 아쉬탕가 요가는 신체적, 정신적, 영적인 클레샤들을 극복하는데 최상의 수행방식이라고 기술하고 있다. 어떤 학자들에 의하면 파탄잘리가 불교의 사성제(四聖諦)와 팔정도(八正道) 가르침을 배운 뒤에 아쉬탕가 요가를 체제화 시켰다는 설(說)도 있다. 이러한 주장이 참이든 아니든 확인할 방법은 없지만, 놀라울 정도로 서로 비슷한 것은 사실이다. 주목할 점은, 모든 가르침들이 비록 다른 방식이나 언어로 표현들을 하고 있지만 모두 같은 진리를 가리키고 있다는 것이 핵심이다. 이는 마치 산의 정상에 가는 데는 여러 길들이 있으며, 우리는 각자의 성향이나 인연의 법칙에 따라 각자 다른 방식으로 종교와 영적 수행의 길을 걷게 될 뿐인 것이다.

불교의 사성제(四聖諦), 석가모니가 설파한 1번째의 신성한 진리는, 삶에는 "두카(dukkha)", 고통이 있다는 것이다. 2번째의 신성한 진리는, "두카 사무다야(dukkha samudaya)", 고통의 원인이 있다는 것이다. 3번째의 신성한 진리는, "두카 니로다(dukkha nirodha)", 고통의 멈춤이 있다는 것이다. 그리고 4번째의 신성한 진리는, "마가(magha)", 고통에서 벗어나는 길, 즉, 8가지 방법으로 된 길(팔정도)이 있다는 것이다.

먼저, 1번째의 신성한 진리, 삶에는 두카, 즉, 고통이 있다는 사실이다. 많은 사람들이 두카를 "삶은 고통이다"라고 해석하는 경우가 자주 있는데, 그렇게 되면 "삶"을 어떤 "개인적"인 것으로 여기는 게 된다. 석가모니가 "두카"라고 할 때는, 중립적인 톤을 사용하고 있다. 존재의 근원적인 사티(의식)에서 보면, 삶에는 두카, 고통이 존재하고 있다는 가장 기본적인 성찰인 것이다. 그런데 무지한 이들은, "나는 아프다, 괴롭다, 고통스럽다"라고 생각하며, "나는 고통받고 싶지 않다, 고통에서 벗어나고 싶다, 어떻게 하면 고통에서 벗어날 수 있을까" 등으로 고통스러운 경험들에 대한 리액션을 하게 된다. 그리하여 오히려 고통이 더욱 깊어지는 결과를 초래하게 된다. 가장 기본적인 성찰은 "삶에는 고통이 있다"라는 담담한 사티이며, 삶은 그 안에 내재하는 두카를 경험하는 것이라는 단순한 알아 차림인 것이다. 무엇이 고통인가? 태어남이 고통이고, 늙음이 고통이고, 병듦이 고통이고, 그리고 죽음이 고통이다. 이러한 고통들은 어떤 개인적인 것이 아니라, 살아있는 모든 생명들이 공통적으로 공유하는 신성한 진리인 것이다.

2번째의 신성한 진리는, 1번째의 진리에 대한 성찰이다. 고통이 있으니, 그 다음에는 **두카-사무다야**, 고통의 원인이 있다는 것이다. 고통스러운 이유는 고통에 대한 리액션을 하기 때문이다. 고통을 제거하려고 하기 때문에 더욱 고통스러워지는 것이다. 아픔이나 고통을 느끼기 때문에 자연스럽게 고통을 없애려고 애를 쓰게 되는 것이, 고통의 원인인 것이다. 우리는 어떤 때 고통을 느끼는가? 원하는 것을 가질 수 없을 때 고통을 느끼고, 사랑하는 사람이나 대상과 헤어질 때 고통을 느끼고, 몸이 아프거나 늙어갈 때 고통을 느끼고, 주변에 아무도 없는 것 같은 외로움 때문에 고통을 느끼고, 세월이 너무 빠르게 지나가는 것 같아 고통을 느낀다. 가진 것을 잃을지도 모른다는 불안이나 조바심, 언제 죽을지도 모른다는 두려움에 고통을 느낀다. 그리하여 이처럼 고통스러운 생각들을 일으키는 것들에 대한 리액션이, 바로 고통을 만들어 낸다는 성찰이 2번째의 신성한 진리이다.

3번째의 신성한 진리는, 두카 니로다, 고통에 대한 이해로 고통을 가라앉히는 것이다. 고통에 대한 리액션을 하기 보다는, 적절한 반응을 통해 고통이 가라앉게 하는 것이다. 자동적이고 반사적으로 고통에 대한 리액션을 하기 보다는, 한걸음 물러서서 멈춤을 하고 사티로 바라보는 것이다. 고요히 가라앉은 의식, 사티의 성찰을 통해 고통을 바로 이해하는 것이다. 컵의 물이 흙탕물일 때, 물이 더러워서 괴롭다는 식의 반사적인 반응이 아니라, 단순히 물에 흙이 뒤섞여 있다는 이해를 하고, 계속 휘젓기 보다는 가만히 내버려 두면, 저절로 가라앉으면서 맑은 물이 드러날 수 있게 되는 이치와 같다. 고통이 있을 때 고통에 대한 리액션보다는 단순히 고통이 있다는 인지를 통해 고통을 바로 이해할 수 있게 된다는 것이 3번째의 신성한 진리이다.

불교의 팔정도(八正道), 즉, 석가모니가 제시하는 4번째의 신성한 진리는, 고통에 대한 이해를 하였으니, 고통을 벗어날 수 있는 길이 있고, 그 길을 걸어가기 위해서는 팔정도(八正道)로 된 다르마(Dharma, "바른, 정도")의 수레에 의지해야 한다는 것이다. 무엇이 팔정도(八正道)인가? 바른 이해(正見), 바른 생각(正思惟), 바른 말(正語), 바른 행위(正業), 바른 생활(正命), 바른 노력(正謹), 바른 사티(正念), 그리고 바른 삼매

(正定)이다. 4번째의 신성한 진리는, 8정도, 여덟 가지 바른 수행의 길이 우리를 고통(두카)에서 벗어날 수 있게 한다는 것이다.

파탄잘리의 클레샤와 아쉬탕가 요가, 이러한 석가모니의 가르침과 비슷한 맥락으로, 파탄잘리도 클레샤, 고통에서 벗어날 수 있는 방법으로 아쉬탕가 요가를 제시하고 있다.

파탄잘리에 의하면 삶에는 다섯 가지 클레샤, 고통의 원인들이 있는데, "바른 이해나 판단, 잘못된 이해나 판단, 상상, 잠 그리고 기억"(1장6절)들로 인한 마음의 작용들이다. 이들은 고통을 일으킬 수도 일으키지 않을 수도 있다고 하였다. 즉 삶에는 자연스럽게 고통의 원인들이 존재하는데, 그에 대한 반응을 어떻게 하는가에 따라 고통이 될 수도 되지 않을 수도 있는 것이다. 석가모니의 1번째, 2번째, 3번째의 신성한 진리들과 상응하고 있는 부분이다. 그리고 4번째의 신성한 진리처럼, 이러한 클레샤들을 극복하기 위해서 필요한 수행, 아쉬탕가, 여덟 가지의 요가 방식을 제시하였다. 요가라는 전체 몸통의 수족과도 같은, 아쉬탕가 요가, 8가지 수행방식은, 바른 세상의 법칙(야마), 바른 삶의 법칙(니야마), 바른 몸의 자세(아사나), 바른 호흡(프라나야마), 바른 감각기관조절(프라티야하라), 바른 주의(다라나), 바른 사티(디야나), 그리고 바른 삼매(사마디)이다(2장 29절).

팔정도(八正道)와 아쉬탕가 요가 방식들의 정렬된 순서가 서로 정확하게 일치하는 것은 아니다. 하지만 두 가르침들이 모두, 내외면적 삶에서 준수해야 되는 행위와 윤리도덕, 무엇보다도 바른 사티(삼매, 사마디)를 계발해야 되는 중요성에 대해 강조하고 있다는 점에서 상당히 유사하다. 석가모니와 파탄잘리는 모두, 바른 삼매를 할 수 있기 위해서는 성찰하는 마음과 균형적인 감정으로 "두카 니로다"를 할 수 있어야 한다는 점을 강조하고 있다.

바른 삼매는 내면의 지혜를 계발하게 된다. 그런데 모든 8정도는 "바른(正)"이라는 단어를 앞에 두고 있다. 무엇이 바르고 무엇이 바르지 않다는 것을 어떻게 알 수 있고 어떻게 구분할 수 있는가? 그에 대한 답을 알기 위해서 세상에 있는 모든 유형의 윤리도덕 규율들을 모두 외우고 따를 수 있기는 불가능하다. 뿐만 아니라, 사람, 인종, 나라, 문화, 종교마다, 무엇이 바르고 무엇이 바르지 않는지 하는 기준은 각양각색으로 다양하고 다르다. 예를 들어, 필자가 30년 가까이 살고 있는 말레이시아는 다종교문화 국가로서 주요 3인종(회교계, 화교계, 인도계)들이 함께 살고 있는 나라이다. 그런데 서로 다른 종교적 교리와 관습으로 인해, 회교도들은 돼지고기를 먹는 것과 개를 키우는 것은 금지되어 있는 대신에, 소고기를 먹고 고양이를 애완동물로 키운다. 반면에 화교들은 소고기가 아닌 돼지고기가 주류이고, 고양이보다는 개를 애완동물로 주로 키운다. 그에 비해 인도계는 채식주의가 주류이고 특별히 애완동물을 키우기보다는 수시로 템플, 종교 행사들에 참여하는 것에 더욱 열성적이다. 일요일은 크리스찬들에게 신성한 날이고, 금요일은 회교도들에게 신성한 날이다.

이처럼, 사람들, 나라, 문화, 종교마다 무엇이 바르고 바르지 못한지에 대한 각자 상충되는 관점의 예들은 일일이 나열하기가 불가능할 정도로 무수한 차이들이 있다. 그러므로 "바른"이라는 말의 핵심은, 부분적이 아니라 전체적인 관점에서 비추어 판단할 수 있는 능력에 달려있다. "바른" 능력은 내적인 지혜에서 나오며, 이러한 지혜를 가지기 위해서는, "의식(意識, 사티)"을 계발할 수 있어야 한다. 그러면 자연스럽게 각자 다른 상황이나 사람들에게, 무엇이 바르거나 바르지 못한지 알 수 있는 내면의 지혜도 자랄 수 있게 되는 것이다. 8정도는 마치 실타래와 같다. 언제 어디서든지 한 끝을 잡고 당기기 시작하면 나머지는 저절로 따라서 풀어지게 된다. 예를 들어 친절하게 말하기(正語), 깨어 있음이나 알아차림(正念), 이타적인 행위 실천이나 봉사 (正命, 正業) 등등 어떤 정도(正道)의 수행이든지 자신에게 맞는 방식으로 일단 시작하게 되면 나머지 정도(正道)의 깨우침 들은 자동적으로 같이 따라오게 된다. 각각의 8정도는 서로 다른 것이 아니라, 모두 서로를 같이 포함하고 있기 때문이다.

파탄잘리의 아쉬탕가 요가도 마찬가지로, "요가"라는 전체적 바디의 수족과도 같은 여덟 가지 수행방식이 있다. 각자 **앙가**(anga, "수족, 파트")들은 정렬된 순서대로 수행을 해야 한다는 의미가 아니라, 수행자들의 성향이나 기질에 맞는 앙가부터 시작을 하게 되면 나머지는 자동적으로 같이 따라오게 된다. 각각의 앙가들은 서로 다른 것이 아니라, 모두 하나의 "요가"라는 전체적 바디 안에 포함되어 있기 때문이다.

◆ 파탄잘리의 아쉬탕가 요가 — 여덟 가지 수행의 방식

첫 번째의 앙가는 야마(Yama), 수행자로서 계발해야 하는 5가지의 바른 세상의 법칙(야마)들로서 외적인 삶을 살아가는데 필요한 기준들이다. 첫 번째 야마는, 아힘샤(Ahimsa, 비폭력성)이다. 누구에게든 어떤 해도 입히지 않으며, 모든 것에 극단적이거나 편파적인 언행과 사유체제를 회피하고, 매사에 적절하고 중도적인 자세를 유지해야 함을 의미한다. 강한 자기 주장이나 극단적인 관점과 의견을 가지거나, '수행'이라는 이름으로 자신에게 해가 될 만큼 무리한 훈련이나 수련을 하는 행위 등은, 삼매의 평정한 의식 상태로 나아가는데 오히려 해를 미치게 된다. 석가모니도 깨달은 부처가 되기 이전에, 여러 가지 방식의 극단적인 수행들을 많이 해보다가, 마침내, 어느 쪽으로도 치우치지 않는 중도(中道)의 수행방식을 실천하였을 때 비로소 완전한 깨달음을 얻을 수 있었다. 나머지 야마들 중에서, 두 번째는 사티야(Satya, 진실성), 언제나 진실한 언행을 할 수 있기, 3번째는 아스테야(asteya, 진정성), 캐릭터의 진정성을 가지기, 4번째는 브라마차리야(Brahmacharya, 정숙함), 언제나 정조 혹은 정숙함으로 기(氣)와 에너지를 지키고 보호하기, 5번째는 아파리그라하(Aparigraha, 비집착성), 모든 것에 비집착 혹은 중도의 자세를 지킬 수 있기 등이다.

두 번째의 앙가는 니야마(Niyama), 수행자로서 계발해야 하는 5가지의 바른 삶의 법칙(니야마)들로서 내면적 삶을 살아가는데 필요한 기준들이다. 이러한 니야마를 지키는 것은, 삶의 행복과 조이, 기쁨이 충만할 수 있게 한다. 1번째 니야마는 사우차(Saucha, 청결함), 단정하고 깨끗하며 단순한 삶의 자세를 가지기, 2번째는 산토샤(santosa, 만족성), 언제나 만족함과 감사함을 실천할 수 있기, 3번째는 타파스(tapas, 수련), 언제나 노력하고 최선을 다하는 자세를 가지기, 4번째는 스바디야야(svadhyaya, 공부), 언제나 배움과 정화의 자세로 자신의 캐릭터와 자질들을 향상시키기, 5번째는 이스바라 프라니다나(Ishava Pranidana, 로드에 귀의함), 자신의 정신적, 영적 지주가 되는 존재, 부처, 로드 혹은 신(神)에게 믿고 의지하고 내맡김을 할 수 있기 등이다.

세 번째의 앙가는 아사나(asana, 바른 몸의 자세), 수행에 도움이 되는 이상적인 몸의 자세를 의미하며, 네 번째의 앙가는 프라나야마(pranayama, 바른 호흡), 이상적인 호흡법 등을 행하는 것으로, 두 앙가를 같이 합쳐서 "하타 요가"라고 칭하기도 한다. 하타 요가는 무엇보다도 신체를 잘 돌보고 건강하게 지키는데 중요한 수행방식으로 요가의 초보자들이나 바디 요가 수행자들이 주로 집중하는 요가방식이기도 하다. 하지만 하타 요가는 비단 초보자들뿐만 아니라, 숙련자들에게도 아주 중요하다. 불교 수행자들이 초보, 숙련자를 막론하고 사성제(四聖諦)를 준수하는 것처럼, 아무리 높은 의식에 달한 수행자라고 하더라도 계속해서 기본토대를 다지고, 체질을 정화하고 더 낫게 할 수 있기 위해선 꾸준한 하타 요가의 수행이 필요하기 때문이다. 자신의 신체를 건강하게 잘 유지하는 것은 모두에게 막중한 책임이며, 특히 건강하고 편안한 몸의 자세는 수행에 있어 필수적이다. 그리고 안정적이며 고른 호흡은 마음과 정신, 영혼을 건강하게 하고, 의식의 진화와 사마디를 키울 수도 있게 한다.

다섯 번째의 앙가는 프라티야하라(pratyahara, 바른 감각기관조절), 바른 삼매를 경험하고 바른 사마디를 향해 갈 수 있기 위해선, 주의를 방해하는 불필요한 자극들을 최소화하고, 온갖 센스감각들에 영향을 받거나 흔들리지도 말아야 한다. 감각기관들은 마치 사티(의식)를 훔쳐가는 도둑과 같다. 오감이 만들어내는 끊임없는 자극들로 인해 우리의 주의는 항상 외부를 향하게 되기 때문이다. 우리가 재산을 도둑으로부터 단단히 지키는 것처럼, 우리의 사티(의식)도 도난을 당하지 않도록 감각기관을 잘 절제하고 조절할 수 있어야 한다. 그렇지 않으면 단숨에 온갖 망상이나 상상, 생각으로 인해 우리의 주의는 삼매가 아니라, 수천 갈래 방향으로 흩어져 버릴 수 있다.

여섯 번째, 일곱 번째, 그리고 여덟 번째 앙가들은, 바른 주의(Dharana, 다라나), 바른 사티(Dhyana, 디야나), 그리고 바른 삼매(Samadhi, 사마디)이다. 이들 세 앙가를 합쳐서 산야마(Sanyama)라고 부른다(3장 4절). 산야마는 마음이 내면으로 향하는 자연스런 과정들을 설명하고 있다. 먼저 바른 주의를 경험하면, 사티가 한 곳을 향해 바르게 흐를 수 있게 되며, 그리하면 바른 삼매에 도달할 수 있게 되는 것이다. 예를 들어, 어디선가 아주 좋은 음악이 희미하게 들려오면, 굳이 애를 쓰지 않아도 우리의 주의는 자연스럽게 음악을 향해 귀를 기울이게 된다. 그리고 음악을 즐길 수 있게 된다. 산야마는 마인드 요가, 즉 명상 수행법으로 파탄잘리에 의하면 요가의 심장(3장 7절)에 해당할 만큼 여덟 앙가들 중에 가장 중요한 요가 수행방식이다.

　파탄잘리의 수트라 가르침과 아쉬탕가 요가들을 바르게 수행하게 되면, 프라즈나(prajna)라고 알려진 내면의 지혜가 점점 더 깊어지고 삶의 행복과 기쁨이 충만해지며, 완전한 깨달음의 길까지 도달할 수 있게 한다. 그러므로 불교의 사성제(四聖諦) 가르침과 마찬가지로, 파탄잘리 수트라 가르침의 본질은, 바른 수행으로 한결같은 사티(의식)를 계발하여, 두카, 혹은 클레샤를 제거할 수 있게 하는 것이다. 그리하면 삶을 살아가는 동안 어떤 상황이나 어떤 사람들을 대하든지, 무엇이 바르고 무엇이 바르지 못한가에 대한 기준들을 잘 이해할 수 있으며, 자연스럽게 바른 판단과 바른 행동을 할 수 있으며, 수행과 일상적 삶 속에 점점 더 깨달음의 지혜와 기쁨도 충만해질 수 있게 되는 것이다. 그리하여 파탄잘리가 가리키고 있는 궁극적인 목적지, 카이발얌, 영원한 신성의 자리, 지상의 천국과 같은 해탈과 자유로움의 상태에도 그만큼 가까이 갈 수 있게 된다.

영원한 신성의 소리 옴(OM) 만달라

명상과 마인드 요가의 대표적 유형

『파탄잘리 요가 수트라』는 명상에 대한 가르침으로 비베카난다가 "라자 요가"라고 칭할 정도로 높은 수준의 마인드 요가에 속한다. 그는 요가 수트라의 오프닝을 이렇게 시작하고 있다.

아타-요가-아누샤사남

요가스-치타-브리티-니로다

"자, 이제, 요가에 대한 가르침을 시작한다.

요가란 늘 움직이고 있는 마음을 고요함 속으로 가라 앉히는 것이다"(1.1-2.)

파탄잘리에 의하면, 요가, 즉, 명상(冥想)이란, 파도처럼 늘 움직이고 활동적인 상태에 있는 마음을 고요한 상태로 가라앉히는 것이라고 하였다. 명상은 모든 영적, 종교적, 그리고 요가 전통에서 공통적으로 중요하게 다뤄지고 있는 마음수행법으로, 현재 시중에서 알려진 명상법의 종류에는 요가의 타입만큼이나 각양각색으로 다양하다.

명상(冥想, Meditation)이 무엇인가에 대한 설명을 위키백과에서 찾아보면, "고요히 눈을 감고 차분한 상태로 어떤 생각도 하지 않는 것이다. 명상은 종종 마음을 깨끗이 하고, 스트레스를 줄이며, 휴식을 촉진하거나, 마음을 훈련시키는데 사용된다"로 되어있다. 절반 정도만 맞는 설명이라 할 수 있다. 마음의 본성 자체가 움직임 즉, 생각하는 것인데, 어떻게 아무런 생각도 하지 않을 수 있을 것인가?

20세기 후반부터, 특히 성聖 마하리쉬의 초월명상 운동여파로 인해, 오늘날에는 요가에 못지 않게 명상이라는 말이 흔히 사용되고 있고 명상수행에 대한 관심도 과거에 비해 아주 높아진 반면에, 일반적으로 명상을 제대로 할 수 있거나 이해하고 있는 사람들이 드물다. 명상(冥想, Meditation)이 급격한 속도로 빠르게 일반 사람들의 일상적 용어 안으로 들어온 만큼이나, 명상이라는 말이 악명 높을 정도로 부정확한 의미로 남용하고 있는 현실이 된 것이다. 명상은 사람들마다 모두 각자 다른 뜻과 의미들을 가지게 되었으며, 정식으로 가부좌를 틀고 앉아서 하는 좌선부터 시작해서 일상적으로 하는 거의 모든 유형의 활동들, 명상음악을 듣거나, 개를 데리고 산책하거나, 잡초를 뽑거나 화분을 만지며 정원일을 하거나, 조용한 주말에 즐기는 낚시 등등의 행위까지 모두 명상으로 부르고 있는 실정이다. 이러한 활동들은 아무리 조용하고, 깊은 휴식을 촉진시켜준다 하더라도, 여전히 어떤 "활동"을 하는 것이기 때문에, 진정한 "명상", 깊은 마인드 요가에 해당되지 않는다. 파탄잘리가 정의한 것처럼, 참다운 의미에서의 명상이란, 모든 마음의 활동들이 점차적으로 줄어들면서, 마침내 완전히 고요한 침묵의 상태(사마디)에 들어가게 된다. 그리하여 억지로 어떤 생각도 하지 않는 것이 아니라 자동적으로 아무런 생각이나 싱념도 일어나지 않게 되는 것이다.

일반적으로 잘 알려진 명상법의 예들 외에도, 기존종교들과 다양한 학파, 철학 사상가들마다 자체적으로 행하고 있는 무수한 명상법들이 있다. 유대교, 크리스찬교, 수피즘, 인도 등만 하더라도 다양한 명상법들을 가지고 있다. 그리고 자이나교(Jainism), 티벳불교, 소승불교, 대승불교 등에서 행하는 각종 명상법들, 특히 비파사나 명상, 메타 명상법 등은 그중에서도 단연 압도적이고 우월적인 명상법들이다.

어떤 명상법을 이용하던 꾸준히 오랫동안 수행을 했을 때, 모든 명상자들이 공통적으로 얻게 되는 분명한 신체적, 심리적, 정신적, 영적 긍정적 효과들이 있다. 그러나 과학자들의 관점에서 보면 모두 주관적인 경험 영역에 속하기 때문에, 객관적으로 명상이 주는 다양한 경험들, 스트레스 치유, 우울증, 불안감, 통증 감소 등, 특히 두뇌와 신체호르몬에 미치는 효과들을 보다 과학적으로 재고 검증하기 위해 활발한 연구들이 학자들이나 현대과학에 의해서 널리 진행되고 있다. 더욱 고무적인 현상은, 뇌전도(EEG)를 이용해 뇌파수를 재는 연구논문들에 의하면, 명상을 하는 동안 의식이 표면적 수준에서 보다 섬세한 수준으로 들어갈수록, 뇌파수가 현저하게 줄어드는 반면에, 뇌신경세포(Neuron)들의 연결은 아주 활발해진다는 사실을 확인할 수 있었다는 것이다.

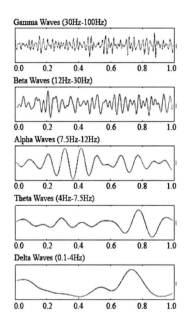

감마파(Gamma): 아주 활발한 각성과 흥분된 의식 상태

베타파(Beta): 일상적으로 깨어 있는 상태, 5감각기관의 활동들의 작용과 반응이 같이 일어나고 있는 의식 상태

알파파(Alpha): 심신이 안정을 취하고 있는 상태, 가벼운 명상, 창조성, 뇌의 발달이 크게 일어나는 의식 상태

세타파(Theta): 졸음 상태, 잠에 막 빠지는 통과 상태, 깊은 명상, 창조성, 상상, 환상에 빠져 있는 의식 상태

델타파(Delta): 깊은 숙면, 꿈도 꾸지 않고 잠든 상태, 무의식의 상태

이처럼 명상을 하는 동안 신체에 일어나는 변화들, 혹은 마인드 요가가 몸에 깊이 새기게 되는 영향력에 대한 연구자료들이 넘쳐날 정도로 많으며, 특히 암치료에 유익한 효과가 있다는 것이 의학적으로도 검증이 되어서, 한국에서도 암환자들의 건강증진을 위한 명상센터가 개설운영 되고 있을 정도이다.

◆ 마인드 요가의 세 유형

기본적으로 마인드 요가, 명상법에는 세 가지 유형이 있다.

1) **주의를 집중하는 명상법:** 마음이 원숭이처럼 날뛰거나 변덕을 부리며, 끊임없이 일어나는 생각이나 마음의 수다를 다스리기 위해, 어떤 대상을 이용해 주의를 한 곳에 집중하면서 마음이 다른 곳으로 흩어지지 않도록 하는 명상방법이다. 명상의 대상은 어떤 것이든 될 수 있지만, 가장 흔하게, 촛불 주시, 얀트라 그림, 혹은 몸의 심장박동, 코끝, 호흡세기 등의 방법들이 자주 사용된다. 뇌전도(EEG) 연구 결과에 따르면 **감마파와 베타파**의 뇌파가 생성되는 수준으로, 이러한 유형의 명상은 집중력을 증가시키는 효과가 있다. 하지만 깊은 휴식을 촉진시키기 보다는 상대적으로 뇌파가 활발하고 긴장된 상태를 유발하게 된다.

2) **오픈 상태로 모니터하는 명상법:** 마음을 어떤 식으로 조정하거나 컨트롤하려 들기보다는, 마음이 어떤 스트레스에 대해 어떻게 대응하고 반응하는지 오픈상태로 모니터링을 하는 명상법이다. 명상을 하는 동안 어떤 생각, 경험, 감정적 반응들이 계속 일어나고 사라짐을 반복하면서 좋고 싫음, 혹은 긍정적 부정적 반응이나 감정들이 일으키는 것을 그대로 내버려 두고 지켜보면서, 의지적 수준의 마음을 적용하여 점차적으로 중립적인 대응을 할 수 있는 능력을 키워가는 것이다. 예를 들어, 좋

아하는 책을 읽거나 영화를 보는데 집중하다 보면 주변의 소음이나 감각적 자극들에 무디어지거나, 혹은 시간이나 공간적 개념이 사라지는 경험을 하게 되는 것과 비슷한 명상법이다. 뇌전도(EEG) 연구 결과에 따르면 **세타파**의 뇌파가 생성되는 수준으로, 파탄잘리가 말하는 **프라티야하라**(감각기관조절)에 상응하는 수준이기도 하다. 이러한 유형의 명상은 상대적으로 뇌파수를 줄이고 깊은 휴식을 촉진시키는 효과는 있지만, 여전히 어떤 마음의 활동을 일으키고 있기 때문에 파탄잘리가 정의하는 **사마디**, 마음의 고요함 수준까지 이르게 할 수는 없다.

3) **자아(에고)를 초월할 수 있게 하는 명상법**: 이러한 명상은 파탄잘리가 요가 수트라에서 기술하고 있는 명상법에 해당한다. 마음의 활동들이 점차적으로 가라앉으면서 **사마디**(완전한 고요함의 상태)에 이르게 되는 것이다. 위의 두가지 유형의 명상법들과는 달리, 의식이 자연스럽게 가라앉으면서 자율적이고 자동적으로 내면을 향한 의식적 흐름이 진행된다. 어떤 대상이나 생각에 대한 주관적 경험이 마치 시끄러운 라디오 볼륨을 줄이듯이 점차적으로 더 조용해지고 희미하다가 완전히 고요하게 된다. 명상 중에 생겨나는 생각이나 경험들에 대한 점점 더 내맡김의 자세, 혹은 중립적 자세가 되면, 아이러니하게도 그만큼 내면에서 평화로움, 순수한 기쁨, 고요함, 즐거움 등의 경험도 더욱더 자랄 수 있게 된다. 어떠한 감각적 경험, 생각, 감정, 상념 혹은 내용물이라 하더라도 내맡김을 할 수 있게 됨에 따라, 마음이 의지적으로 계속 주입시키고 있는 자아(에고)의식

의 제한성을 초월하여 사마디, 순수의식의 무한성 안에 자리 잡을 수 있게 된다. 뇌전도(EEG) 연구 결과에 따르면 **알파파와 세타파**의 뇌파가 생성되는 영역으로, 이러한 유형의 명상을 계속하게 되면 꿈도 꾸지 않는 깊은 숙면의 상태와 같은 섬세한 **델타파** 의식 수준의 뇌파를 일으키지만 동시에 의식적으로는 완전히 깨어 있는 독특한 의식 수준을 경험하게 한다고 한다.

◆ 힌두이즘의 주요 마인드 요가

라자 요가(Royal Yoga, 로얄 요가): 크리야 요가

파탄잘리 요가로도 알려져 있으며, 라자 요가 혹은 고전요가라고 칭하기도 한다. 『파탄잘리 요가 수트라』의 가르침과 아쉬탕가 요가의 수련을 우선적으로 행하는 마인드 요가이다. 스와미 비베카난다에 의해 "라자 요가"로 불리게 되었지만 정작 파탄잘리 본인은 "**크리야 요가**(Kriya Yoga)"라고 불렀다. "행위의 변형과 의식의 진화를 가져오는 요가"라는 의미로, 아쉬탕가 요가(여덟가지 방식) 수행방식을 통해 높은 수준의 명상, 묵상, 비집착성을 키울 수 있게 하고, 의식이 점차적으로 높은 단계로 진화하는 과정들을 요가 수트라에 체계적으로 기술하였다.

아쉬탕가 요가를 수행하는 이들은, 점차적으로 에고의 제한된 의식과 무지에서 벗어나, 보다 섬세하고 자유로운 의식 상태로 나아갈 수 있게 된다. 이러한 변형 과정들은, "치타(Chitta)"라고 부르는 제한된 마음에 대한 컨트롤을 통해 가능해질 수 있다. 치타 너머에 있는 초월적 마음, "푸루샤(Purusa)"라고 부르는 대자아의 영역에 가까워질수록 진정한 본성, 최상의 환희와 자유로움, 순수의식의 무한성을 누릴 수 있게 된다. 뇌파가 세타파와 델타파의 수준에서 의식적으로 작용할 수 있게 되는 수준으로, 파탄잘리가 "카이발얌(완전한 깨달음의 상태)"이라고 부르는 의식 수준에 도달할 수 있게 하는 방식의 마인드 요가이다. 라자 요가는, 이원성(dvaita)의 형이상학에 기준을 두고, 많은 단계의 초월적 자아(푸루샤)와 현상세계(프라크리티, prakriti)의 관계성들을 분별하고자 하는 수행방식을 사용한다.

기야나 요가(Jnana Yoga, 지혜의 요가)

"기야나"는 "지식, 이해, 지혜"라는 의미로, 기야나 요가는 지식을 통해 이지와 직관, 분별력의 지혜를 개발하는 수행을 우선적으로 행한다. 베단타 요가철학과 우파니샤드 경전에 있는 지식들에 주로 의존한다.

기야나 요가는 참(샅, Sat) 과 **참이 아닌**(아샅, A-Sat, 혹은 마야, maya "무지") 것에 대한 분별력을 통해, **자기실현**(궁극적인 깨달음)에 도달하고자 하는 수행방식을 사용한다. 기야나 요가는, 엄격한 **비이원성**(advaita)의 형이상학에 기준을 두고 있으며, 수행자들은 **부디**(buddhi)라는 높은 수준의 마음을 이용해 에고를 둘러싸고 있는 **아비드야**

(avidya)라는 두터운 무지의 벽을 깰 수 있고자 한다.

기야나 요가의 가르침은 완전한 깨달음을 얻을 수 있기 위한 네 가지 주요 원칙을 강조한다:

1) 분별력(비베카, Viveka): 영원한 것과 영원하지 않은 것, 무한하고 변화하는 영역을 구분할 수 있는 이지적 파워
2) 비집착(바이라가, viraga): 행위의 열매에 대한 기대나 욕구를 초월할 수 있는 파워, 가장 높은 단계의 카르마 요가로써 개인적 이득이나 보상에 대한 어떤 기대도 없이 바르고 옳은 행위를 행할 수 있는 능력
3) 여섯 가지 성취(샽 사마파티, Sat-samapatti): 수행자가 얻어야 되는 여섯 가지 파워; 평정심, 자기조절심, 불필요한 행위를 금함, 인내심, 정신적 집중, 믿음
4) 깨달음의 열망(무무크슈트바, mumukshutva): 초월의식, 영적 삶에 대한 열망을 계속 유지할 수 있는 파워

기야나 요가 수행자들은 궁극적인 진리를 깨달을 때까지 대자아를 가리고 있는 모든 무지의 베일을 차근차근 벗겨 나가는 수행 방식을 사용한다. 그리하여 마침내 완전한 평화, 환희, 축복, 내적인 자유를 취득할 수 있고자 한다.

박티 요가(Bhakti Yoga, 헌신의 요가)

박티 요가는, 사랑하는 이를 위해 자신을 완전히 헌신하고 내맡기는, 디바인을 완전히 믿고 섬기며, 사랑과 헌신으로 완전히 내맡기는 방식으로 수행을 한다. **박티**(bhakti)는 **바즈**(bhaj, "나누다, 참가하다")라는 어원에서 유래되어, 일반적으로 "헌신, 사랑"이라는 의미로 사용되고 있다. 박티 요가 수행자들은, 초월적현실이 어떤 무형의 "절대적 존재"이기 보다는 "푸루샤"라는 최상의 인간 형상으로 인지하여 섬기고 헌신한다. 그리하여 푸루샤(디바인)와 소통이나 합일을 이루고자 염원한다.

라자 요가와 기야나 요가에서는 치타(마음)를 초월하고 변형하는 수행과정을 통해서 자기실현과 깨달음에 도달하고자 하며, 하타 요가는 몸을 단련하고 수련하는 수행과정을 통해서 같은 목표에 도달하고자 한다. 그에 비해 박티 요가에서는 사랑과 헌신적 행위의 수련을 우선적으로 행하고, 감정적 마음을 정화하고 디바인(푸루샤)을 향해 채널 시키는 수행과정을 통해서 궁극적인 깨달음을 이루고자 한다. 다른 방식의 수행자들처럼 신(God)의 존재와 완전한 일치 혹은 합일을 지향하기 보다는, 박티 수행자들은 섬기는 신과의 접촉이나 부분적인 합일을 대체로 선호하고 지향하는 것이다.

박티 요가에서는, 항상 헌신자(bhakta)가 있고, 사랑하는 이, 그리고 사랑받는 이(디바인)가 있다.

얼마나 헌신적인가, 혹은 어떤 방식의 헌신을 하는가 하는 것은 헌신자마다 다양하며, 각자의 성향에 맞는 대상이나 형태들로 하게 된다. 박티 요가 수행방식에는 다음과 같은 몇 가지 주요 형태가 있다:

1) 듣기(shravana): 디바인의 이름들을 부른 것을 듣는 것. 대체로 다양한 힌두 신들마다 108가지 이름들을 가지고 있는데, 이러한 많은 이름들은 해당 신이 가진 모든 자질들을 나타낸다. 힌두 템플에서 판딧(Pandit, 브라민 승려)들이 의식을 치를 때 이러한 이름들을 모두 낭송하는 것으로 시작하곤 한다. 자신이 섬기는 디바인 이름들을 들으면서 그가 가진 자질들에 대한 묵상과 기도를 올리는 것이다.

2) 찬팅하기(키르탄, kirtana): 디바인을 찬양하는 노래와 춤들을 추는 것이다. "키르탄"이라고 하는 집단적 찬팅음악 모임에서 항상 사용되는 인도만의 특이하고 다양한 악기들이 있다. 마치 신이 들린 듯이 희열과 격정적인 노래와 춤을 통해 디바인 체험들을 하는 예들이 흔히 일어난다.

3) 기억하기(쉬마란, smarana): 신들에 대한 이야기나 업적들을 상기하면서 디바인에 대한 헌신적 감정이 우러나게 한다. 대표적으로 크리슈나와 라마야나 등의 전설적인 스토리들이 유명하며, 인도인들은 어릴 때부터 무수하게 이러한 신화들을 들으면서 자라기 때문에, 옛날이 아니라 지금까지 실제로 살아있는 디바인들에 대한 이야기인 것처럼 여겨지고 있다.

4) 발 아래 서서 시중들기(파다 세바나, pada-sevana): 자신을 내맡기

파탄잘리 요가 수트라

고 겸손하게 시중을 바친다는 의미로 신들의 발을 터치하는 의식의 일부분이다. 디바인 로드의 발 아래 조아려서, 사랑과 헌신의 시중을 들기 위해 필요한 모든 자신의 행동들을 바친다는 의미로써, 흔히 구루나 어른들의 발을 터치하는 인도의 관습이 여기에서 유래되었다.

5) 의례의식을 행하기(아르차나, arcana): 디바인을 섬기는데 필요한 종교적, 의례의식(푸우자, "Puja")들을 행하는 것이다. 인도 가정마다, 섬기는 신들의 신전이 있으며 아침마다 푸우쟈를 행하는 관습들이 지금까지도 계속 이어지고 있다.

6) 절하기(반다나, Vandana): 디바인 신상 앞에 절을 하는 것으로 자신을 바친다. 108배, 1000배, 3000배 등의 횟수만큼 절을 올리는 관습이 유래되었다.

7) 노예처럼 헌신하기(다야, daya): 디바인과의 접촉이나 소통을 위해 섬기는 대상이나 신에게 마치 "노예"같은 아주 강렬한 열망으로 헌신하는 것을 뜻한다.

8) 친구 같은 우정을 느끼기(샤키야, sakhya): 크리슈나를 디바인 친구처럼 여기는 예처럼, 신을 어떤 무서운 존재로 인지하기 보다는 신비롭고 미스터리한 모습에 대한 가깝고 친밀한 감정으로 섬기는 것을 뜻한다.

9) 에고를 바치기(아트마 니베다나, atma-nivedana): 강렬한 내맡김과 희열적인 자기초월을 통해 디바인(푸루샤)이 가진 영생불멸의 바디 안에 빨려 들어 갈 수 있도록 섬기는 것을 의미한다.

이러한 박티 요가의 수행방식들은 공통적으로, 디바인 존재를 향한 강렬한 헌신과 사랑의 감정을 계속 바치는 행위를 통해, 궁극적인 합일을 이루고자 한다. 대표적인 예로, 비베카난다의 스승, 라마크리슈나가 어릴 때부터 디바인 마더와 신비로운 만남이나 합일 경험을 자주하였던 실제의 목격담이나 유명한 스토리들이 지금까지 전설처럼 전해져 오고 있다. 비베카난다도 산야신으로 출가를 하기 이전에는 아주 이지적인 논리와 총명함을 갖춘 무신론자였지만, 크리스마스 이브에 가졌던 신비로운 성모의 다르샨으로 인해, 서양사회를 향해 진출하게 만들었던 결정적인 결심을 하는 계기가 되었다.

만트라 요가(Mantra Yoga, 진언의 요가)

마음을 개발하고 지켜줄 수 있는 파워를 가진 신성한 소리(만트라, Mantra)들을 반복하는 수련을 우선적으로 행하는 요가 수련법이다. 베다 시대때부터 힌두이즘과 모든 다른 영적 전통들 에서도 가장 널리 행해지던 수행방식으로, 만트라 요가는, 특정한 파워를 가진 만트라를 반복 진언하면서 마인드를 강하게 만들고, 동시에 반복진언을 통해 만트라의 파워는 더욱더 강한 에너지와 효과를 가지게 하는 수행법을 사용한다. 모든 소리(Sound)들은 진동의 형태를 가지고 있기 때문에 끊임없이 진동의 상태에 있는 우주 전체에 영향을 미칠 수 있다는 이론으로, 고대인도 시대부터 만트라(Mantra, 신성한 소리)가 내는 진동은 강렬한 육체적, 심리적, 영적 파워들을 일으킬 수 있는 잠재성을 가지고 있는 것으로 믿어졌다. 그래서 몸과 마음의 변형을 놀라울 정도로 일으킬 수 있는 신비로운 잠재성을 가진 만트라를 이용해 명상수행을 하는 마인드 요가이다.

이러한 만트라들 중에서, 가장 신성한 잠재성을 가진 것으로 인정받고 있는 만트라는, "옴(Om)"으로 알려져 있으며, 비단 힌두이즘뿐만 아니라, 불교와 자이나 교에서도 보편적으로 수행에 사용되고 있다. 파탄잘리의 요가 수트라에서도 신성한 소리 "옴"이 가진 파워와 중요성에 대한 기술이 있다.

하지만 전통적으로, 만트라가 단순한 "소리"에서 신성한 파워를 가진 "만트라"로 자격을 가질 수 있기 위해선, 티처가 제자에게 **구루-시샤**(Guru-Sisysa, "구루에서 제자로")라는 공식적인 의식을 통해 개인지도 형식으로 전수되어야 한다는 것이 관례적인 믿음이다. 이는 마치, 동거 커플들이, 비록 법적으로나 실질적으로 정식부부와 다름없는 관계이지만 공식적 결혼식을 치르기 전까지는 여전히 불완전한 동거인처럼 통념적으로 여겨지는 것과 비슷하다. 의식은 단지 형식적인 의미를 떠나서, 한 곳에서 다른 곳으로 옮기는 행위를 공식화하는 중요한 상징성을 가지고 있다. 돌잔치, 입학식, 졸업식, 성인식, 입주식이나 임명식 등등 사회적으로 많은 의식 행사들이 존재하는 이유도 같은 맥락이다. 그러므로 "옴"이라는 신성한 소리도 아직 정식으로 개인지도를 받지 않은 사람에게는 "만트라"로써 파워를 발휘할 수 없는 것이다. 다른 만트라들도 마찬가지로, 구루-시샤의 의식을 통해 만트라가 가진 잠재성이 비로소 발현될 수 있게 된다.

만트라 요가의 시작은 베다의 시대까지도 거슬러 올라간다. 만트라들은 단지 한 개의 소리로 되었거나, 혹은 여러 소리들이 복합된 것일 수도 있다. 다양한 목적에 따라 사용될 수 있는 많은 다양한 만트라들이 있다. 원래는, 어떤 불운이나 액을 막기 위한 목적으로 만트라들이 주로 사용되었으나, 시간이 지나면서 마인드의 파워를 계발하고 깨달음을 얻을 수 있는 수양의 도구로 만트라 명상법들이 점점 더 널리 활용되게 되었다. 오늘날처럼 전 세계적으로 명상을 보편화 시키는 데 결정적인 역할을 한 인물이 성聖 마하리쉬이며, 그가 전파한 초월명상법은 대표적인 만트라 요가 수행방식에 속한다.

하늘과 땅 사이,
명상이론과 명상체험의 차이

◆ 명상 이론의 탁월한 티처들

　　나는 타고난 기질이 자연주의와 다원주의 성향이 강하다 보니, 비록 오랫동안 힌두이즘 영성의 길을 걷고 있지만, 특정한 한 종교에 귀의하기보다는 여러 종교가 가진 믿음과 정신세계들을 자유로이 탐구할 수 있는 무종교인으로 남아 있기를 선호하는 편이다. 하지만 많은 한국인들이 그러하듯, 매년 사월 초파일이면 절에 다니시던 부모님의 영향으로 굳이 내가 가진 믿음의 색채를 규정한다면 불교 쪽으로 좀 더 기우는 성향이 있다. 아마도 가까운 전생에 승려였던 습성이 아직 남아서인지 불교의 명상적 가르침에 더 익숙하고 끌리는 이유도 있다. 그래서인지, 30여 년 전에 공식적으로 명상의 길에 입문하기 이전부터 스님이나 불교계의 사람들과 자연스럽게 인연이 잘 맺어지는 경향이 있었다. 말레이시아에 정착한 후 요가센터를 운영하면서 만나게 된 많은 현지인 요가제자들 중에서도 유독 불자들이 많았다. 그중에서 유난히 내게 잘해주던 어떤 부유한 사모님 제자가 한 명 있었는데, 본인이 열심히 요가수업도 참여할 뿐 아니라, 주변 지인들도 많이 데리고 와서 그들을 위한 요가수업을 별도로 오픈해야 할 만큼 열성적으로 나의 요가센터에 큰 도움을 주었던 여인이다. 자연히 그녀에 대한 부채의식(負債意識)이 생겨서, 때로는 너무 끌려다니는 듯한 기분이 들어서 마음이 편안하지는 않았지만, 사적인 경계를 조금 침범하는 그녀의 말이나 요청이라 하더라도 가능한 모두 수용하는 정도까지 이르게 되었다.

그런데 언제부터인지 그녀는 나에게, 자신이 따르고 있는 불자(佛子) 티처의 공부모임에 같이 다닐 것을 조르기 시작했다. 출가한 스님은 아니고 가족이 있는 재가불자(再嫁佛子)였는데, 젊을 때 주식투자를 통해 큰 수익을 얻은 후 직업전선에서 은퇴를 하여 남은 여생을 그녀와 같은 평범한 재가불자들에게 쉬운 불교 교리와 명상 수행을 가르치는 데에만 열중하고 있는 훌륭한 분이라고 하였다. 다원주의자로의 나는 특정한 종교나 영성단체, 혹은 티처 개인에 대한 추앙을 하는 기관과는 가능한 거리를 두며 살아왔다. 어떤 영성 단체이든지 누군가 한 사람을 교주로 하여 추앙하다 보면 반드시 생길 수밖에 없는 많은 잡음이나 갈등들에 얽이기 싫어서, 국제적인 규모로 운영되고 있는 성聖마하리쉬의 명상기관에서도 탈퇴하여 힘들지만 독자적인 길을 걷고 있는 이유도 그 때문이었다. 그런 속사정도 모르고 그녀는 자신이 따르고 있는 티처의 불교공부 모임에 같이

파탄잘리 요가 수트라

나가자고 조르고 있었던 것이다. 얼마 동안 이런저런 핑계를 대면서 거절을 하다가, 그녀에게 가지고 있던 마음의 빚도 갚을 겸, 1주일에 한 번씩 외출삼아 요가센터에서 일탈을 하여 다른 사람의 명상 가르침을 듣는 것도 나쁘지는 않겠다는 생각이 들어 마침내 승낙을 하고 그녀와 함께 모임에 같이 다니기 시작했다.

공부모임 장소는 티처의 개인저택에 있는 큰 거실을 개조하여 만든 공부방이었다. 총 회원들은 백여 명이었지만 매주 공부모임에 참가하는 사람들은 2-30명 안팎이었다. 그리고 50대 후반으로 보이는 티처를 "브라더 티오(Brother Teoh)"라는 호칭으로 부르며 모두 편하게 대하고 있었다. 브라더 티오는, 지두 크리슈나무르티(Jiddu Krishnamuriti)의 책들을 교재로 사용하여 두 시간 남짓 강의를 하고 10분 정도의 명상으로 마무리를 하는 방식으로 매주 공부모임을 진행하고 있었다. 불교교리 공부모임으로 알고 갔는데, 의외로 내가 20대 초반에 한창 빠져 있던 지두 크리슈나무르티의 티칭들이었기에 추억을 회상하게 해주었다. 그래서 한동안 공부모임에 계속 다니게 되었다. 하지만 시간이 지날수록, 모임에 나오는 회원들이 "브라더 티오"라는 개인 티처에 대한 집단적이고 무조건적인 추앙을 하는 모습들이 더욱 적나라해지고, 그룹명상이나 공부보다는, 단체 외국여행이나 근사한 식당을 빌려 티처나 회원들의 생일파티 등을 계획하는 사치스러운 친목모임으로 점점 변해가는 것이었다. 그리하여 더 이상 나가지 않게 되었는데, 이후, 열렬 요가 제자였던 그녀와의 관계도 자연스럽게 소원해져서 차츰 멀어질 수밖에 없었다.

◆ 진정한 스승은 지금 현재, Now, 바로 여기에, 우리의 내면 안에 있다

한국에서는 『지금 이 순간을 살아라』라는 제목으로 번역된 독일출생의 세계적 영성가, 에카하르트 톨레(Eckhart Tolle)의 책, 『The Power of Now』는 1997년에 출간된 이후 현재까지 33개 국어 이상으로 번역되고 수백만 부수가 팔릴 만큼 전 세계적인 베스트셀러로 남아 있다. 하지만 나는 체질적으로 대중들이 광적으로 추앙을 하거나 유명한 인물들에 대해선 자동적으로 경계심의 레이다가 작동하여 관심을 두지 않는 경향이 있다. 그래서 에카하르트 톨레의 유명한 책에도 별관심을 두지 않고 있다가, 책이 발간된 지 수년이 지나서야, 개인적으로 가까워지게 된 어떤 테라바다(Theravada, 소승불교 전통) 승려의 강력한 추천을 받고 비로소 그 책을 읽게 되었다.

일단 책을 손에 쥐고 앉아서 읽기 시작하니 바로 빨려 들어가서 단숨에 마치기까지 얼마 걸리지 않았다. 그랬다. 참으로 훌륭한 내용이었다. 그러나 완전히 공감을 하기는 어려웠다. 그가 무슨 말을 하는지 이해할 수 없어서 아니라, "지금 현재, Now"에 대한 자세한 설명이나 묘사를 위해 그가 사용하고 있는 많은 추상적 단어들 때문이었다. 그는 말한다.

"어떤 영적 가르침들은 모든 고통이 궁극적으로 환상이라고 말하기도 한다. 하지만 이러한 말이 우리 자신에게 진리로 적용되는지 물어봐야 한다. 그냥 그대로 믿음으로 받아들여서는 안 된다. 평생을 계속 고통을 겪으며 살고 있는데, 어떻게 이것이 환상이라고 주장할 수 있는가? 말로만 환상이라고 읊조린다고 고통에서 벗어날 수는 없다. … 지금이라도 우리의 가장 깊숙한 곳에 있는 우리 자신의 본질, 진정한 본질에 접근할 수 있어야 한다. 하지만 이를 생각으로 이해하려 해서는 안 된다. 머리로 이해하려 하는 것이 아니라, 생각이 정지되었을 때만 비로소 지금 현재, 여기에서, 본질을 알 수 있다…"

파탄잘리가 1장 2번째 소절부터 기술하고 있듯이, 마음의 본성이란 브리티, 움직이는 것이고, 생각의 물결들을 만들어내는 것이다. 우리가 삶에서 체험하게 되는 고통들은 아주 리얼하고 생생하며, 그러한 고통들이 무수한 생각을 일으킨다. 그런데 어떻게 생각을 정지시킬 수 있단 말인가? 고통은 환상이라는 믿음이 사실인가 아닌가 하는 것이 핵심이 아니라, 삶에는 두카, 고통이 있다는 단순한 인지와, 고통을 일으키는 원인에 대한 이해를 하는 것이 사성제(四聖諦)의 1번째와 2번째의 신성한 진리들이었다. 그리고 고통에서 벗어나는 길을 3번째, 4번째 신성한 진리들이 보여주고 있었다. 파탄잘리의 아쉬탕가 요가도 같은 맥락으로 이어지고 있다.

"지금 현재, Now"의 키워드는 직접 "체험"하는 데 있다. "Now"에 대한 화려한 말과 추상적인 설명으로 이해를 하는 것이 아니라, "Now"의 상태를 직접 체험할 수 있어야 하는 것이다. "Now"는 사티

(의식)가 가지고 있는 본질적인 자질이다. 그래서 주의를 내면으로 돌리는 순간, 항상 "지금 현재, 여기에" 있는 사티를 바로 체험할 수 있게 된다. 마치 우리가 늘 하고 있는 호흡처럼, 평소의 무의식은 들숨과 날숨이라는 두 단계 호흡으로만 이어지지만, 가만히 주의를 돌려보면 들숨 후에, 잠시 멈춤이 있고, 날숨 후에, 다시 잠시 멈춤이 있는 총 네 단계로 이루어져 일어나고 있다는 것을 알 수 있다. 생각들도 마찬가지로 쉴 새 없이 연달아서 일어나고 있는 것 같지만, 실제로 의식을 내면으로 돌려서 가만히 들여다보면, 생각과 생각 사이에, 한 상념에서 다른 상념이 일어나기 이전에, 잠시 멈춤의 과정이 있는 것을 알 수 있다. 그러한 멈춤의 순간이 바로, "지금 현재, Now, 여기에"라는 상태, 생각이 정지되는 상태를 의미한다. 그리고 사티로 의식의 빛을 밝히기만 하면 "잠시 멈춤의 과정"도 자연스럽게 체험할 수 있게 된다. 그것이 모든 유형의 마인드 요가, 명상법들이 궁극적으로 지향하고 있는 본질적 경험이고 체험이다. 이러한 일시적 체험들을 더욱더 영구적으로 안정시켜 나가는 것, 그리하여 영원한 신성의 자리, 순수한 본질적 상태에 머물 수 있게 되는 것이 바로 **카이발얌**, 완벽한 "Now"의 깨달음을 의미한다.

하지만, 에카르트 톨레와 질문자들은, 계속 다람쥐 쳇바퀴 돌듯이, "지금 현재, 여기에" 상태를, 체험이 아니라, 머리로 이해를 하기 위해, 쉼 없이 답과 질문을 번복하며 돌고 있었다. 에카르트 톨레의 사상에 깊은 영향력을 미친 지두 크리슈나무르티도 마찬가지였다. 신지학회의 전설적인 지도자이자 명상 철학가였던 지두 크리슈나무르티는, 90세라는 나이로 세상을 떠나기 전까지 "명상"을 직접 체험할 수 있도록 가르치는 것이 아니라, "명상의 상태"에 대한 설명을 하느라, 전인생을 보냈다. 그는 평생동안, 고요한 마음의 상태가 얼마나 아름다운지, 자연적 본성과 인생에 대한 성찰이 얼마나 오묘하고 신비로운지 등에 대한 무수한 강연들을 하였다. 그러나, 자신이 살고 있는 최고 고양의 의식 상태에 대한 직접적인 체험들은 전 세계적인 규모로 따르고 있던 수많은 추종자들에게 전혀 전달해줄 수가 없었다. 그리하여 그들은 크리슈나무르티가 묘사하고 있는 깨달음의 상태를 직접 체험하기보다는 머리로 이해하기 위해 10년 20년이 지나도 똑같은 질문들을 반복하고 있었다. 남겨진 기록에 의하면, 지두 크리슈나무르티는 가슴에 많은 실망과 낙담을 지닌 채로 세상을 떠났다고 한다. 에카르트 톨레도 그러한 전철을 밟고 있는 것 같았다. 브라더 티오도 마찬가지로 시간이 지날수록, 그의 제자들이 명상이나 공부보다는, 티처 개인에 대한 추앙과 사교적 모임의 목적에 더 치중하는 안타까운 모습을 답습하고 있었다.

참으로 경이로운 현상이 아닐 수 없다. 사람들은 "사랑하는 사람"이 되기 보다는 "사랑에 대해서 얘기하는" 것을 정말 사랑한다. "명상"을 하는 것이 아니라 "명상"에 대해서, "명상"이 주는 좋은 효과들에 대해서 말하고 생각하기를 즐긴다. 요즘 들어 부쩍 대중들 사이에 퍼지기 시작한 "마음챙김, 선, 지혜" 등의 수행법들도 마찬가지이다. 일상적으로 마음챙김을 실천하며, 선하고 지혜롭게 살기보다는, 끊임없이 말로, 머리로, 생각으로, "마음챙김, 선함, 지혜" 등에 대한 분석과 설명, 이해하기를 즐긴다. "지금 현재, Now, 여기에" 살고 있기 보다는, 마음과 생각은 끊임없이 과거와 미래를 오가는 동안, 입으로는 어떻게 "지금 현재"에 살 수 있을지 논의하기를 즐긴다. 쇠 귀에 경 읽듯이, 같은 말을 계속 반복하는 것만큼 좌절감을 느끼게 만드는 일도 없다. 사람들은 달을 가리키고 있는 손가락에만 집중하느라, 정작 밤하늘에 걸려있는 달을 보지 못하는 것과 마찬가지로, "Now"에 대한 말들에 집중하느라 "Now"를 어떻게 체험할지 듣지는 못하는 것이다. "Now"는 말과 말 사이에, 생각과 생각 사이에, 들숨과 날숨 사이에 있는 고요한 침묵의 소리이기 때문이다. 그리하여, 진리, 행복, 평화, 조화, 신, 깨달음…이러한 숭고한 단어들은 마치 사막의 오아시스처럼 많은 사람들에게 영원히 환상적인 개념으로만 남아 있게 된다.

파탄잘리는 진정한 티처, 구루, 스승은, 외부에 있는 것이 아니라, "옴"이라는 신성의 소리 안에 있다고 하였다(1장 27절). 내면으로 의식을 돌리면, 바로 우리들 안에, 본성적 자리 안에, 가장 원초적인 스승이 바로 거기에 있다고 하였다. 파탄잘리뿐만 아니라, 브라더 티오, 에카르트 톨레, 지두 크리슈나무르티, 비베카난다 외에 고대, 현대의 무수한 티처들은 모두, 그러한 "Now"를 먼저 경험하였기에 다른 이들에게도 "Now"에 대해서 알려주고자 애를 썼던 메신저들이었다. 하지만 메신저들이 하는 역할은 단순히 전달하는 데 있다. 전달받은 것을 자신의 것으로 만들기 위해서는 "직접적인 체험과 체화"의 과정이 필요하다. 아무리 맛있는 열대과일 망고에 대한 설명을 해도,

파탄잘리 요가 수트라

직접 망고를 먹어보지 않은 사람은 결코 그 맛을 알 수 없는 것과 같은 것이다. 그렇기 때문에 명상에 대한 직접적인 체험이 없이는, 설령 파탄잘리 수트라와 같은 훌륭한 경전이나 최고의 지식이라도, 결코 궁극적인 자유와 깨달음의 상태에 대해서 영원히 알 수가 없게 된다.

◆ 사티, 진정한 참 요가의 비전, 그리고 아쉬탕가 요가

폭발적인 요가의 인기로 인해서 오늘날에는, 심신의 건강과 안녕을 위해, 라이프 스타일 혹은 영적 수행 수단으로, 전 세계 인구의 약 10%에 해당한 사람들이 규칙적인 바디 또는 마인드 요가를 행하는 정도까지 되었다. 그럼에도 불구하고 많은 사람들이 깨닫지 못하고 있는 사실은, 모든 바디 요가와 마인드 요가의 심장은 명상에 있다는 것이다. 하지만 생각을 멈추거나 정지시키는 것, 혹은 마음이 달아나지 않도록 강압적으로 집중하는 상태를 명상이라고 잘못 인식을 하기 때문에, 명상이 하기 어렵다는 선입견들을 대체로 가지고 있다. 그리하여 많은 사람들이 명상의 중요성이나 좋은 점에 대해선 들어서 잘 알고 있지만, 정작 명상을 규칙적으로 하거나, 바르게 명상할 수 이들은 압도적인 요가 인구에 비해 상대적으로 많지 않은 현실이다.

우리에게는 몸과 마음, 영혼, 이렇게 세 바디가 있다는 것을 누구나 알고 있지만, 제대로 의식은 하지 못하고 있다. 외적으로 외모나 몸을 잘 꾸미고 가꾸는 것은 잘 알지 몰라도, 내적으로 자신이 행복한지 불행한지, 우울한지 아닌지조차 잘 모른 채 무의식적으로 살아가는 경우가 대다수이다. 진정한 참 요가의 비전, **사티**가 빠져 있기 때문이다. 마치 벌이 꿀이 있는 꽃을 향해 자연스럽게 끌리듯이, 마음의 본성이란 자동적으로 가장 섬세하고 달콤한 사티를 향해 흐르게 되어 있다. 바른 명상을 바르게 하면, 애를 쓰지 않아도 아주 쉽고 편안하고 자연스럽게, 가장 참이고 진정한 요가 수행을 할 수 있게 할 뿐만 아니라, 심오한 영적비전들도 체계적으로 경험할 수 있게 한다(제3장의 다양한 파워들). 그리하여 몸과 마음, 영혼에 가장 섬세한 사티 에너지 장場이 충전되어, 삶의 모든 영역에서 안녕과 행복을 누릴 수 있게 한다. 바른 명상은 쉽고 자연스럽게 사티를 경험하게 하고, 의식의 진화와 영성의 꽃을 피울 수 있게 한다.

그러므로, 진정한 요가 수행은 세 가지 바디를 모두 포함하는 수련이어야 한다. 그래서, 파탄잘리는 요가 수트라를 통해, 아쉬탕가 요가라는 통합적인 수행방식을 제시하고 있다(2장 29절).

1번째 앙가와 2번째 앙가는 야마와 니야마, 누구나 삶에서 지켜야 하는 바른 외면적, 내면적 법칙들을 의미한다. 본성적으로 우리는 순수한 존재이지만, 무수한 전생과 현생을 통해 축적된 삼스카라(잠재적 인상)들 때문에 **클레샤**라는 색안경을 낀 채 순수함과 비순수한 것들을 잘 구분하지 못한다. 그러므로 "야먀와 니야마"라고 하는 시공을 초월하는 범우주적 법칙들에 기준하여 순수의식의 회복을 위한 캐릭터를 정화하고 계발할 수 있게 된다.

3번째 앙가와 4번째 앙가는 아사나(바른 몸의 자세)와 프라나야마(바른 호흡), 함께 하타 요가를 이루며 오늘 날 가장 잘 알려진 형태의 바디 요가이다. 하지만 전체 아쉬탕가 요가에서 단지 두 앙가에만 해당하기 때문에 진정한 요가의 파워를 발현시킬 수 있기에는 충분하지 않다. 5번째 앙가는, 프라티야하라(바른 감각기관조절), 보다 깊은 요가의 상태를 경험하기 위해 마음이 내면으로 들어가는 자연스런 과정을 의미한다.

6번째, 7번째, 8번째 앙가는, 다라나(바른 주의, 집중), 디야나(바른 사티, 흐름), 그리고 사마디(바른 삼매, 순수의식)으로, 파탄잘리는 이 세 앙가를 함께 산야마(완전한 조절)라고 부르며 이것이 바로 "요가의 핵심, 앞에서 기술한 앙가들 보다 훨씬 우월하고 섬세하다. 산야마를 마스터하면 최상으로 훌륭한 지식의 빛이 밝혀지게 된다(4장7절)"라고 하였다.

◆ **명상의 체험 ― 신체적, 정신적, 영적인 효과와 이득**

먼저 몸의 수련을 우선하는 바디 요가는 표면적인 신체의식 영역을 체계적으로 계발시킨다. 그리고 마인드 요가는 마음과 영혼의 수련을 우선으로 하여 보다 깊은 정신적, 영적 의식 영역을 계발시킨다. 명상은 바디 요가와 마인드 요가를 연결해주는 다리이다. 사티를 활성화하여, 육체에 제한된 의식을 내면으로 돌릴 수 있게 하고, 마음의 활동이 습관적으로 일어나는 패턴을 볼 수 있게 하고, 궁극적으로 가장 본질적인 본성, 우리의 영혼을 깨달을 수 있게 한다. 명상을 통해 몸과 마음, 영혼이 가진 세 가지 본성에 대해 모두 익숙할 때, 진정으로 물질적, 정신적, 영적 삶이 완전한 조화와 합일을 이룬 통합적 선(善), 최상으로 훌륭한 지식의 빛이 가득한 카이발얌, 영원한 신성의 자리에 머물며 지상의 천국을 살 수 있게 된다. 바른 명상은 이들을 모두 하나로 연결시켜 주기 때문이다.

그렇다면, 이러한 명상의 중요성에도 불구하고 왜 많은 사람들이 명상을 하지 않거나, 명상이 어렵다고 하거나, 대다수 바디 요가인들이 관심을 두지 않는 것일까? 명상에 대한 잘못된 선입견들을 흔히 가지고 있기 때문이다. 대표적인 오해의 예를 들어보자면,

- 명상은 스님이나 비구니 같은 승려들이 하는 것이고, 평범한 재가자나 일반인들은 할 필요가 없다.
- 명상은 움직이지 않고 가만히 부동자세로 앉아서 마음을 집중해야 하는 것이기 때문에 너무 어렵다. 늘 요동치고 있는 마음을 어떻게 집중하고 진정시킬 수 있단 말인가?
- 밥 먹을 시간도 없이 바쁜 데 가만히 앉아 있을 시간이 어디

파탄잘리 요가 수트라

있단 말인가?

- 명상이 무엇인지, 어떤 효과가 있는지, 어떻게 하는지, 아무도 진심을 가지고 제대로 설명해주는 사람들이 주변에 없다.

그리하여 명상이 주는 효과와 이득들에 대해선 많은 자료와 정보들이 난무하지만, 명상은 "움직이지 않고 집중하는 것"이라는 잘못된 해석과, 적절한 이해나 가이드가 부족한 탓으로, 명상이라는 말 자체만으로 많은 사람들이 관심을 끄게 된다. 요가의 심장에 해당하는 명상이 주는 몸과 마음, 영혼, 나아가서 삶 전체에 주는 좋은 효과와 이득에도 불구하고, 실천을 해야만 얻어질 수 있는 온갖 혜택들을 누리지 못하고 있는 것이다. 창조주가 무제한적인 신용카드를 같이 끼워서 우리를 세상에 내보냈는데 지갑 안에 있는지도 모른 채 적은 돈을 대출받기 위해 여기저기 알아보고 뛰어다니는 것과 비슷한 상황이다. 명상은 비단 요가 수행자들뿐만 아니라, 모든 신체적, 정신적 건강을 다루는 기관들, 종교기관이나 영적 수행을 하는 단체들, 혹은 다양한 형태로 자기계발을 지향하는 자아실현과 라이프 스타일 운동단체들에게 가장 기본토대를 이루고 있는 요소이다.

그러므로 명상에 대한 몇 가지 오해들을 교정하자면,

- 명상은 종교에만 제한된 것이 아니다. 명상은 청명한 **사티**(의식)의 재능을 계발시켜주는 마인드 요가로써, 누구나 쉽게 행할 수 있다. 고대와 현시대에 이르기까지 다양한 문화와

영적 전통에서 공통적으로 수행하던 방식이다.

• 명상은 "움직이지 않고 집중"하는 것이 아니라, 오히려 정반대이다. 명상은 "의식이 자연스럽게 흐를 수" 있게 허락하는 것이다.

• 명상은 마치 어린아이들에게 양치하는 것을 가르치는 것과 같다. 아이들이 처음에는 이빨 닦기를 거부하지만, 일단 익숙해지면, 하루라도 양치를 하지 않으면 견딜 수 없게 된다. 명상도 마찬가지로, 처음에는 낯설지만, 규칙적인 연습을 통해 일단 의식이 자연스럽게 흐르는 과정에 익숙해지면 한 순간도 없이는 살 수 없는 인생의 동반자, 삶을 지탱해주는 지팡이가 된다.

바른 명상을 바르고 쉽게 규칙적으로 하게 되면, 마음이 가진 가장 쉽고 자연스런 존재의 상태를 경험할 수 있게 한다. 인간이 가지고 있는 모든 욕구, 행복과 충족, 성장, 진화에 대한 본능적 끌림을 서포트 해주고 원하는 모든 것을 이룰 수 있게 한다. 규칙적이고 정기적으로 명상을 하게 되면 삶이 더욱 편안해지고, 평화롭고, 모든 일들에 보다 효율적이고, 각종 스트레스에 대한 면역성이 강화되고, 보다 의식적이고 주도적인 삶을 살 수 있게 되며, 무엇보다도, 이전보다 점점 더 충만한 삶의 기쁨과 행복을 느낄 수 있게 된다. 그뿐만 아니라, 정신적, 감정적, 영적 성장을 한층 강화해 주고, 모든 삶의 영역에서 긍정적인 변화를 이룰 수 있게 된다. 그래서 명상이 주는 몸과 마음, 영혼, 그리고 전체적 삶에 대한 주요 효과들을 요약한다면,

- 명상은 마음을 고요히 가라앉히고, 스트레스를 해소하며, 편안하게 이완을 시켜준다.
- 건강을 증진하고, 수명을 향상시켜 준다.
- 머리를 청명하게 하고, 기억력과 창조력을 향상시켜 준다.
- 품행의 긍정적인 변화를 도모하고, 선과 덕을 계발할 수 있게 한다.
- 각자의 다양한 종교적, 영적 성향에 맞도록 영적 진화를 할 수 있게 한다.

파탄잘리는, 실질적이고 명료하게 기술된 총 4장 195절의 수트라들을 통해, 요가 수행의 길에서 명상의 체험들이 어떻게 통합적으로 일어나고, 어떤 변화와 변형의 과정들이 일어나고, 그리고 체계적이고 단계적으로 일어나는 의식의 진화가 어떻게 궁극적인 해탈과 깨달음의 영역으로 데려다 주는지를 보여주고 있다.

마인드 요가의 경전,
『파탄잘리 요가 수트라』

흔히들 눈은 마음의 창문이라고 한다. 맑은 눈동자 뒤에서 뿜어져 나오는 밝은 영혼의 영역 안에 우리의 영혼이 같이 빨려 들어가는 듯한 느낌이 들게 만든다. 그래서, 사람들의 반짝거리는 눈빛을 대할 때마다, 특히 어린 아이들의 유달리 총명한 눈빛들을 만날 때마다 우리는 가슴이 콩당 거리는 환희를 자연스럽게 느끼게 되는 경험들을 누구나 가지고 있다.

요가에서 하는 나마스테(Namaste) 자세는 양손을 가슴 쪽에 사뿐히 모으고 고개를 앞으로 약간 숙이는 것을 말한다. 우리들 내면과 외면에 숨겨져 있는 경건한 신의 힘(Divine Force)에 대해 의례를 표하는 자세이다. "나마스테"를 말 그대로 직역한다면 "당신과 내 안에 있는 순수존재를 향해 경의를 표합니다"라는 뜻이 된다. 때문에 그러한 순수영혼을 맑은 눈빛을 통해 엿보게 될 때마다 우리는 잠시

나마 모든 걸 멈추고 가만히 응시를 하게 된다. 너무나 사랑스럽고 넥타(Nectar, 감료수)처럼 달콤하다. 아마도 우리는 태어나기 전에, 아니, "어른"이 되기 전까지만 해도 모두들 아름다운 천사였을 것이다. 그런데 어디서부터 잘못된 것일까? 아마 우리는 자신이 누구였는지 잠시나마 잊어버린 것인지도 모른다. 그래서 단지 우리가 가진 신성(Divine Nature)을 상기할 수만 있으면 되지 않을까? 그래서 인도의 요기나 성자들은 항상 "나마스테"로 서로를 맞이한다.

또 다른 요가자세로 안잘리 무드라(Anjali Mudra)가 있다. 안잘리는 "디바인 오퍼링divine offering"이라는 의미이다. 눈을 약간 아래로 내리고 마치 신의 은총을 받는 듯한 모양으로 양손을 경건하게 가슴 앞으로 벌리는 자세이다. 요가에 있어 나마스테 외에 가장 중요한 자세 중의 하나로 『파탄잘리 요가 수트라(Patanjali Yoga Sutra)』에서 연유되었다.

안잘리 무드라에서처럼 앞으로 내민 손을 모아 기도하는 자세가 상징하는 바는 우리의 기도가 언젠가는 꼭 이루어 질 것이라는 흔들리지 않는 믿음의 깊이다. 이 자세가 내포하고 있는 의미는 확고한 믿음의 자세가 전달해 주는 강력한 박동감이다. 파탄잘리의 어머니 예를 통해서도 볼 수 있듯이 원하는 것을 이루기 위해선 어떤 장애도 마다하지 않고 훌쩍 뛰어 넘을 수 있는 강력한 신념이 필요하다. 그래야만 신이 내리는 은총을 받을 수가 있다.

나마스테 자세나 안잘리 무드라는 둘 다 비슷한 요가자세여서 보통 한 자세로 엮어서들 취급한다. 나마스테 자세에 연관된 어떤 특별한 신화가 있는 것은 아니지만, 균형을 유지하고자 하는 우리네 노력에 도움이 되는 안잘리 무드라에서 일종의 변형된 요가자세로 볼 수 있다. 나마스테라는 말 자체도 요가 수행을 하는 데 있어 가장 중요하고도 기본적인 자세를 의미하고 있다. 경건하고 겸손한 마음의 자세로 손을 모으며 기도하는 모습을 취할 수 있을 때, 우리가 가진 순수존재도 활짝 피어나 언젠가는 깨달음에 다다를 수도 있기 때문이다.

양손을 맞대고 상대방을 맞이하는 관습은, 사실상, 인도관습에서만 아니라 다른 여러 나라 관습에서도 마찬가지로 공유하고 있다. 태국의 인사관습은 양손을 곱게 포갠 채, 고개를 약간 숙이며 "와이(Wai)"라고 하는 것인데 감사를 표할 때뿐 아니라 사과를 할 때도 같이 쓰이고 있다. 중국식 스타일은 약간 다른 게, 한 손 위에 다른 손을 감은 듯, 모아서 마치 쿵푸 영화에서처럼 가슴 깊이에 대고 거의 구십도 간격으로 몸을 굽히며 절을 하는 것이다.

그 외에도 다른 여러 가지 인사법들이 많지만 그래도 양손을 모으고 다정한 눈빛으로 입가에 미소를 지으며 하는 나마스테 자세처럼 겸손하면서도 우아한 제스처는 드물다. 같은 사람으로서의 인간미와 융합이 가슴에서부터 절로 솟아 나오게 하기 때문이다.

우리들 내면에 있는 신을 어떤 모습으로 상상하던, 어떤 이름으

파탄잘리 요가 수트라

로 부르던 상관이 없다. 그저 우리들 자신이 자연스럽고 편안하게 이끌리는 모습이면 되는 것이다. 그래야만 우리들 각자 스스로의 신에게 가까이 다가갈 수 있다. 나마스테와 안잘리 무드라처럼 우리네들 손을 모으고 기도하는 자세를 취할 때, 사실상 우리는 가슴 속에 소중히 간직하고 있는 각자의 신에게 경의를 표하는 것이다. 요가가 인도에서 유래되었다고 하여 이러한 요가자세가 힌두 신에게 경배를 올리는 것은 절대 아닌 것이다. "요가(Yoga)"는 "융합, 같이 하나가 되는 것"이라는 뜻도 가지고 있다. 요가를 통해 우리들 몸과 마음, 가슴이 호흡을 통해 하나로 융합을 이루는 것을 의미한다. 그래서 우리가 타고난 사랑과 경외감이 어떤 인종이나 종교인가를 떠나 똑같은 사람을 향해, 똑같은 신성을 향해 표출될 수 있게 된다. 비단, 요가에서뿐 아니라 어떤 영적 가르침을 통해서도 우리가 궁극적으로 성취하고자 하는 목표는 가슴속 깊숙이 내재하고 있는 순수영혼의 자리로 언젠가는 도달하고자 함이다. 우리가 가진 눈빛은 그러한 순수영혼을 반영해 주고 있는 가장 직접적인 창구이기도 하다. 그래서 다음에는 사람들을 만날 때나 기도를 올릴 때마다, 나마스테 자세나 안잘리 무드라로 자주 표현해 보도록 권유하는 바이다. 그러다 보면 언젠가는 신이 우리들의 문을 두드리지 않을 거라고 어떻게 장담하지 않을 수 있을까?

"자, 이제, 요가에 대한 가르침을 시작한다(아타 요가 아누사사남)."

자, 이제…(And now…).

파탄잘리는 요가에 대한 가르침을 펼치기 위해서 수트라의 첫 구절을, "자, 이제(And now)"라는 말로 시작하고 있다.

"자, 이제…"라는 말은 한국 사람이면 누구나 버릇처럼 잘 사용하는 표현 중에 하나로써, 자신의 생각이나 의견을 표현하려 할 때, "자, 이제…"라고 운을 떼는 것은 거의 자동적으로 배인 언어적 습관이기도 하다. 그런데, 전설의 요가 마스터인 파탄잘리도 고귀한 요가 수트라 가르침을 펼치기 위한 첫 오프닝을 이렇게 시작한다는 것이, 참으로 흥미로운 사실이 아닐 수 없다.

오랜 외국 생활로 인해, 평소에 영어가 일상화된 필자 역시도 무의식적으로 '자'로 운을 떼고 영어 대화를 시작하는 경우가 자주 있었는데, 어느 날 현지인 요가제자가 '자'라는 단어의 뜻을 묻기 전까지는 미처 자각하지 못하고 있었다. 막상 질문을 받고 보니, 나는 항상 "자, Now we start our yoga class with few deep breaths…"라는 말로 요가수업을 시작하고 있었음을 깨닫게 되었다. 그래서 습관이란 참 무서운 것이구나 하고 혼자 피식 웃었던 적도 있다. 물론 그 뒤로는, 현지인들에게 강의를 할 때는 '자'라는 말을 사용하지 않지만, 한국인 제자들과 수업을 할 때는 여전히 '자'로 운을 떼는데, 무엇보다도, "자, Now…"라는 말을 천천히 내뱉을 때, 가르치기 위한 준비가 되었다는 결의를 스스로에게 하는 효과가 있을 뿐만 아니라,

파탄잘리 요가 수트라

남은 강의를 보다 순조롭게 평정심으로 이어갈 수 있도록 해주기 때문이기도 하다.

"자, 이제…"라는 말에 해당하는 산스크리트 원어는, "아타(Atha)"이다. "아타"라는 단어를, 영어로 번역을 한다면, 굳이 "And, now"뿐만 아니라, "then, thereupon, so, now…" 등으로도 대체할 수 있다. 하지만, "And, now"가 파탄잘리가 의미한 바에 가장 근접한 표현일 것이다. 힌두이즘이나 요가철학에서 다양한 의미로 사용되는 "요가(Yoga)"라는 말이 함축하고 있는 것과 마찬가지로, 간단한 것 같지만 결코 간단하지 않은, 아주 깊고 심오한 의미를 그대로 대변하고 있는 말이 바로 "Atha…(자, 이제…)"이다.

"자, 이제, 요가에 대한 가르침을 시작한다."

산스크리트어로 '요가(Yoga)'는 '합치하다'라는 의미이지만, 동시에 다른 많은 것들을 의미하고 있는 복잡한 단어이다. 'Yoga'라는 단어의 어원은 'Yuj'로써, '연결하다, 집중하다'라는 뜻이다. 그런데 파탄잘리가 요가 수트라의 첫 구절부터 이처럼 간단명료한 표현을 사용한 자체부터 벌써 상당한 챌린지를 제시하게 된다. 이처럼 간단한 첫 번째 수트라는 단지 요가에 대한 가르침을 이제부터 시작하겠다고 하는 첫 말머리 운을 떼는 것일 수도 있다. 누구든, 언제 어디서든 마음만 먹으면, 혹은 누구든, 어떤 종교나 사상, 민족성, 남녀노소 구분 없이, 배울 준비가 된 이들은 요가 수행의 혜택을 누릴 수 있도록 가르침의 장場으로 초청을 하는 의미일 수도 있다. 예를 들어, 마인드 요가, 혹은 **명상**을 하기 위해서는 굳이 방석을 깔고 가부좌를 틀고 앉아야 할 필요도 없이 언제 어디서든 내면으로 의식을 돌릴 수만 있으면 된다. **하타 요가**를 하기 위해서는 어떤 특정한 아사나(Asana, 요가자세)에 오랫동안 몸을 고정시키고 있는 것이 아니라 언제 어디서든 몸과 호흡의 균형에 의식만 돌릴 수 있으면 된다. **박티 요가**를 하기 위해서는 누구에게나 있는 내면의 신성에 의식을 내맡김 할 수만 있으면 된다.

어떠한 바디 혹은 마인드 요가를 행하든지, 진정한 요가의 수행은, 어떤 모든 시간, 공간, 규율들이 가진 제한성 너머에 있는 범우주적인 진리의 장場, 삶의 근원으로 우리를 데려다 준다. 그래서, 지금 이 순간이 요가 수행을 하기에 가장 적당한 때이며, 과거도 미래도 아닌 지금 현재가 요가 수행을 하기에 가장 최상의 시점인 것이다. 하지만, 자, 이제… 지금, 현재…에 있을 수 있는 것이 얼마나 어려운 일인지, 에크하르트 톨레(Eckhart Tolle)가 잘 표현하였다. 그는 대표적인 저서, 『지금 이 순간을 살아라(The Power of Now)』에서, "삶은 지금이다. 지금이 아닌 삶은 결코 존재한 적이 없으며, 앞으로도 존재할 수 없다. 지금만이 유일하게 존재한다. 지금만이 존재하는 모든 것이다."라고 강조하였다. 지금 현재, 이 순간에 존재할 수 있는 능력이 의식적 파워와 집중, 파워와 직접적이고 깊은 연관성을 가지고 있지만, 그만큼 성취하기가 간단하지 않다는 말이기도 하다.

파탄잘리 요가 수트라

그래서, 파탄잘리의 요가 수트라 첫 구절, "자, 이제, 요가에 대한 가르침을 시작한다"는 오직 준비가 된 이들만 들을 수 있고, 가르침의 심오한 혜택도 깨닫고 누릴 수 있도록 하는 초청장과도 같은 것이다.

카이발얌, 영원한 신성의 자리, 지상의 천국을 향한 초청장을 이제부터 함께 열어 가기로 한다…

영원한 신성의 소리 옴(OM) 만달라

가네샤(Ganesha) — 요가의 로드

제2부

파탄잘리 요가 수트라

깨달음과 영혼의 승천昇天을 위한
수행의 지침서

요가 수트라 전문 全文

제1장:
사마디 파다(Samadhi Pada) 초월의식의 장場

1 자, 이제, 요가에 대한 가르침을 시작한다.

2 요가란 늘 움직이고 있는 마음을 고요함 속으로 가라 앉히는 것이다.

3 마음이 고요히 가라앉으면, 우리는 무한계 의식이라는 본성 안에 굳건히 자리를 잡게 된다.

4 평소에 우리의 본성은 늘 분주한 마음의 활동 뒤에 가려져 표면화되지 않고 있다.

5 우리의 의식을 채우고 있는 마음의 활동에는 다섯 가지가 있다. 고통을 줄 수도 주지 않을 수도 있는 마음의 활동들이다.

6 이 다섯 가지는 — 바른 이해나 판단, 잘못된 이해나 판단, 상상, 잠, 그리고 기억이다.

7 바른 이해나 판단은 직접적인 인지, 추론, 혹은 다른 이들의 믿을 만한 경험 등에 바탕을 둔 정확한 지식이다.

8 잘못된 이해나 판단은 현실에 대한 잘못된 인상에서 연유된 미혹함이다.

9 상상은 말이나 단어가 만들어내는 이미지이며, 아무런 근거가 없는 상념들이다.

10 잠은 아무런 내용물이 없는 마음의 활동이다.

11 기억은 과거의 경험으로 되돌아가는 마음의 활동이다.

12 요가 수행을 통해 다섯 가지 마음의 활동들이 고요히 가라앉으면, 진정한 자유로움이 얻어진다.

13 요가 수행을 한다 함은 궁극적인 자유로움에 안착하기 위해 자신과 하는 약속이다.

14 오랫동안 꾸준하게 헌신적인 노력이 지속되면 요가 수행의

뿌리는 확고 해진다.

15 궁극적인 자유는 어떤 욕망에도 흔들리지 않을 수 있는 인간 의식의 극치 상태이다. 어떤 것을 보고, 듣더라도, 심지어 경전에서 약속하고 있는 열매라도, 마음은 더 이상 염원하지 않게 된다.

16 그리고 최상의 자유란 무한계 의식을 깨달음으로 인해 변화 무상한 세상으로부터 완전히 자유로워지는 것이다.

17 고요히 가라앉아 있는 마음은 사마디(Samadhi) 라고 알려져 있다. 삼프라기얀타(Samprajyanta) 사마디 상태에서는, 마음의 활동이 단계적으로 일어나면서 고요히 가라 앉는다. 먼저 표면적 단계에서 고요함을 느낀다. 다음은 보다 섬세한 레벨에서 고요함을 느낀다. 그런 다음에 환희의 느낌이 오게 된다. 마침내는 순수존재의식 자체로 있게 된다.

18 고요히 가라앉거나 움직임이 멈추는 마음의 경험들을 반복하다 보면 또 다른 형태의 사마디를 얻게 된다. 전생의 경험에 대한 잠재적 인상만 남아 있는 사마디이다.

19 이러한 사마디는 육체가 없는 영혼들이나 이미 생명의 자궁안에서 환생을 기다리고 있는 모든 영혼들에게 공통적인 경

험상태이다.

20 육체를 가진 이들에게 이러한 사마디는 믿음, 인내, 상기, 평정, 그리고 지혜를 통해서 오게 된다.

21 아주 긴절히 원하는 이들에겐 이내 찾아올 수 있나.

22 하지만 각자의 그릇에 따라 사마디 경험도 급이 다르다 — 미미하거나, 적당하거나, 혹은 강력하다.

23 이러한 사마디는 요가의 로드에게 완전한 귀의를 함으로써 올 수도 있다.

24 요가의 로드란 삶이 내포하는 모든 고통이나 불행 너머에 존재하는 대자연의 특별한 힘을 일컫는다. 그분은 어떠한 행위로도 오염되지 않으며, 모든 인과의 법칙으로부터 자유롭다.

25 그분 안에 모든 상대적 절대적 지식의 가장 근원적인 씨앗이 담겨 있다.

26 그분은 시공 너머에 존재하는 초월적 힘으로, 가장 원초적인 전통의 스승들조차 가르친 최상의 스승이다.

파탄잘리 요가 수트라

27 그분은 신성의 소리(만트라) "옴(OM)"을 통해 표현되고 있다.

28 계속해서 반복 진언하다 보면 신의 소리가 함유하고 있는 본 질을 깨닫게 된다.

29 그리하면 마음이 내면으로 향하게 되면서 의식의 진화를 가 로막고 있는 장애물들도 사라질 수 있다.

30 의식의 진화를 막고 있는 장애물들은; 질병, 피로, 의심, 주의 부족, 게으름, 집착, 허상, 사마디에 들지 못하는 것, 사마디를 유지하지 못하는 것이다.

31 이러한 장애물들은 신체를 불안정하게 하고, 호흡을 거칠게 하며, 마음을 흩트린다. 그리하여 삶의 고통을 가져온다.

32 그러나 마음을 다스러 꾸준히 하나로 집중시키면 이러한 장 애물들은 제거될 수 있다.

33 다음과 같은 하트의 자질들을 계발하면 마음은 청명하고 평 화로워진다:
즐거운 이들을 만나면 정다움으로
고통받는 이들을 만나면 자비심으로
순수한 이들을 만나면 행복으로

불순한 이들을 만나면 치우치지 않는 평정심으로 대하는 것이다.

34 혹은 다양한 호흡운동을 통해서도 얻을 수 있다.

35 오감이 가진 보다 섬세한 수준의 경험들은 고요한 마음의 상태를 안정시킨다.

36 어떤 슬픔으로부터도 자유로운 내면의 빛에 대한 경험 또한 마찬가지다.

37 욕망에 영향을 받지 않는 다른 어떤 높은 수준의 마음에 귀의함으로도 이루어진다.

38 꿈꾸는 과정이나 꿈 없이 잠자는 마음을 주시함으로도 이루어진다.

39 높은 평판을 받고 있는 어떤 명상법을 통해서도 이루어진다.

40 고요한 마음이 가진 신성의 영역은, 가장 미미한 것으로부터 가장 위대한 것까지 모두 포괄하고 있다.

41 한 점의 흠도 없는 투명한 수정체가 앞에 놓인 어떤 것이든

파탄잘리 요가 수트라

그대로 반영하듯이, 고요히 가라앉은 마음 역시 어떤 마음을 대하든지 모든 것 — 주체, 인식과정, 객체 — 을 있는 그대로 반영한다. 이것이 사마파티(Samapatti) — 마음이 완전히 하나로 들어가 있는 상태이다.

42 마음이 하나로 들어가는 첫 번째 단계는 사비타르카 사마파티, 대상에 대한 주의가 표면적 상태에 머물면서 대상이 가진 이름이나 다른 연관된 생각들이 같이 어우러져 마음에 떠다니는 상태이다.

43 두 번째 단계는 니르비타르카 사마파티, 기억이 정화되어 대상에 대한 주의가 그대로 머무르고 있을 만큼 마음이 조용한 상태이다.

44 마찬가지로 세 번째 단계에서는 사비차라 사마파티, 순수한 투영의 상태, 그리고 네 번째 단계에서는 니르비차라 사마파티, 순수한 투영 너머에 있는 상태가 된다. 주의대상에 대한 의식이 섬세해질 때 단계적으로 일어나는 변화이다.

45 의식의 섬세한 수준을 계발해줄 수 있는 대상들은 우주삼라만상에 존재하는 모든 창조물, 구나스가 가진 한계 영역까지 모두 포함한다.

46 이러한 네 단계의 사마디들은 모두 외부적인 대상에 의존을 하고 있다.

47 네 번째 단계 니르비차라 사마파티에서 의식을 더욱 정제시키면 대자아 안에 있는 영성의 빛이 서서히 드러나기 시작한다.

48 이 단계는 리탐바라(ritambhara)로써, 의식이 오직 진리만을 인식한다.

49 리탐바라(ritambhara) 의식 수준에서 얻어진 지식은 일반적인 증명이나 추론을 통해 얻어지는 지식들과는 자질이 다르다. 전자는 직관적이고 대상의 전체를 있는 그대로 보는 반면, 후자는 부분적이다.

50 리탐바라(ritambhara) 단계에서 생겨난 섬세한 인상들은, 다른 어떤 잠재적 인상들로 더 이상 남는 것을 막는다.

51 그런데 리탐바라에 잠재한 인상마저 고요한 사마디 상태로 가라 앉게 되면, 모든 마음의 활동이 멈추면서, 니르비자 사마디(Nirbija Samadhi)가 온다. 대자아 본연의 무한계 의식만 남아 있는 사마디이다.

제2장:
사다나 파다(Sadhana Pada) 수행의 장場

1 수련, 공부, 귀의; 이 세 가지가 바로 수행의 길에 필요한 실질
   적인 방도들이다.

2 이 들은 사마디 경험을 키워주고 고통의 원인들을 약화시킨다.

3 고통의 원인에는 다섯 가지가 있다. 우리의 본성에 관한 무
   지, 에고주의, 집착, 기피, 그리고 삶에 매달리게 하는 죽음의
   두려움이다.

4 우리의 본성에 관한 무지가 다른 네 가지 고통들의 근원이다.
   아직 잠재적으로 있거나, 미미하게 나타나 있거나, 억눌려 있
   거나, 완전히 표출화 된 고통들이다.

5 무지는 영원한 것과 비영원한 것, 순수한 것과 불순한 것, 환

희와 고통, 대자아와 비자아의 차이를 구분하지 못하는 것
이다.

6 에고주의는 "나"라는 이가 만들어 내는 제한된 감각으로 이
지가 마치 의식 본연의 파워인 것처럼 여기는 것이다.

7 집착은 쾌락에 매달리는 것이다.

8 기피는 고통에 매달리는 것이다.

9 죽음의 두려움은 모두에게 있는, 설령 아무리 많이 배운 사
람일지라도 의식 속 깊이에 뿌리를 두고 있는 자동적인 감각
이다.

10 고통을 초래하는 섬세한 원인들은 마음이 미형상화된 존재
적 상태로 되돌아갈 때 소멸된다.

11 이미 표출된 고통의 효과들은 명상을 통해 벗어날 수 있다.

12 과거의 카르마가 남긴 인상들은 마음 안에 깊숙이 새겨져 욕
망을 싹트게 하는 씨앗이 된다. 눈에 보이는 혹은 보이지 않
는 방법으로 현생이 아니면, 내생에 카르마로 나타나게 된다.

13 어떤 카르마이던 마음에 씨앗을 남기게 되면, 그 씨앗은 자라게 되어 있다. 그리하여 더 많은 출생, 삶, 카르마들을 낳게 된다.

14 이렇게 이어지는 삶에서도 잘못된 카르마의 열매는 슬픔이며 바른 카르마의 열매는 즐거움이다.

15 삶은 불확실한 것이며 변화는 두려움을 불러오며, 그리고 마음에 새겨진 인상들은 아픔을 가져온다. 이 모든 것이 분별의 식을 가지고 있는 사람에게는 참으로 깊은 고통이다.

16 그러나 아직 오지 않은 고통은 비켜갈 수 있어야 한다.

17 이러한 고통의 원인은 무한계 의식인 대자아가 현상세계에 의해 가려졌기 때문이다.

18 현상세계는 구나스(Gunas) — 사트바, 라자스, 타마스 — 세 가지 우주적 에너지 장의 작용이다. 이들은 특정한 요소나 감각 체들로 형체를 취한다. 현상세계의 궁극적 목적은 우리에게 다양한 경험을 제공하여 깨달음이라는 자유를 얻게 하기 위함이다.

19 구나스는 다양한 레벨 — 표면적 수준, 보다 섬세한 수준, 인

과적 수준, 그리고 미형상적 수준 — 에서 작용하고 있다.

20 그러나 대자아의 영역은 무한하다. 마음의 내용물을 밝히고
있는 것이 바로 순수의식이다.

21 현싱세계가 존재하는 원인은 대자아를 위해서이나.

22 현상세계가 가진 제한성이 대자아를 깨달은 이에게는 사라
진다. 그러나 현상세계 자체가 소멸되는 것은 아니다. 깨닫지
못한 이들을 위해 계속 존재하기 때문이다.

23 대자아가 현상세계에 의해 가려진 이유는 둘이 가지고 있는
진리가 발견될 수 있기 위함이다.

24 우리의 본성에 대한 무지가 바로 대자아가 가려진 원인이다.

25 무지를 깨게 되면 현상세계와 동일한 것처럼 여겨지던 대자
아가 자유로워진다. 이러한 자유가 바로 깨달음이다.

26 무지는 대자아와 현상세계를 지속적으로 식별할 수 있을 때
깨어진다.

27 이러한 지혜가 자라는 데는 일곱 단계가 있다.

파탄잘리 요가 수트라

28 순수의식과 현상세계간의 식별은 신경계가 수행을 통해 충분히 정화되었을 때 생겨나는 지식의 빛으로 하게 된다.

29 수행의 길로 아쉬탕가 요가가 있다. 야마(바른 세상의 법칙), 니야마(바른 삶의 법칙), 아사나(바른 몸의 자세), 프라나야마(바른 호흡법), 프라티야하라(바른 감각기관 조절), 다라나(바른 주의), 디야나(바른 사티), 사마디(바른 삼매).

30 바른 세상의 법칙에는 다섯 가지가 있다: 비폭력성, 진실성, 진정성, 정숙함, 비집착성

31 이 다섯 가지는 전 우주적인 법칙이다. 시, 공, 생, 환경에 제한되지 않으며 함께 "위대한 세상의 법칙"을 형성한다.

32 바른 삶의 법칙에는 다섯 가지가 있다: 단순성, 만족성, 수련, 공부, 로드에 귀의함.

33 부정적 감정들이 우리를 압도할 때는 그 반대의 감정들을 계발해야 한다.

34 폭력성 등과 같은 부정적 감정들은 삶을 해친다. 우리 스스로 행하던, 다른 이들에게 유도를 하거나 사주를 하던 마찬가지이다. 이러한 감정들은 그 정도가 미미하거나, 적당하거

나, 혹은 강렬하다는 차이는 있지만 우리 내면에 있는 욕심, 울분, 혹은 망상에서 유래되었다. 이에 대한 열매는 끝없는 무지와 고통이다. 이 점을 기억하려면 반대의 감정들을 계발해야 한다.

35 비폭력성에 굳건하게 사리하고 있으면 모든 주변 생명들이 우리에 대한 적대감을 멈추게 된다.

36 진실성에 굳건히 자리하고 있으면, 우리의 행동이 원하는 결과로 모두 이루어 진다.

37 진정성에 굳건히 자리하고 있으면, 온갖 부가 사방으로 들어온다.

38 정숙함에 굳건히 자리하고 있으면, 섬세한 에너지 장이 생성되어 나온다.

39 비집착성에 굳건히 자리하고 있으면, 존재의 본성과 목적이 이해된다.

40 단순성은 육체와 동일시하는 무지를 깨트리며 다른 육체들과 접촉에서도 자유로워진다.

41 그리하면 마음의 순수성, 유쾌함, 집중력, 감각기관 조절 그리고 깨달음 얻을 준비가 차례로 이어진다.

42 만족성을 통해 어떤 것도 능가할 수 없는 행복이 얻어진다.

43 수련을 통해 육체와 감각기관이 완벽 해진다.

44 공부는 원하는 천상의 존재와 소통을 가져와준다.

45 로드에 귀의함으로써 사마디 상태가 완벽 해진다.

46 바른 몸의 자세는 안정되고 편안해야 한다.

47 바른 몸의 자세는 모든 노력이 이완되었을 때 마스터가 되며, 마음은 무한함 속에 들게 된다.

48 그러면 우리는 더 이상 상충적인 힘의 작용에도 영향을 받지 않게 된다.

49 다음으로 호흡의 흐름을 멈추고 프라나를 증진시키는 바른 호흡법이다.

50 프라나는 날숨, 들숨, 혹은 사이 숨을 고르게 함으로써 늘어

나게 된다. 숨의 볼륨이나 길이, 멈추는 빈도에 따라, 호흡은
느려지고 정제가 된다.

51 네 번째와 같은 프라나야마가 내면과 외면의 영역 너머로 우
리를 데려다 준다.

52 그러면 이지의 빛이 베일을 벗게 된다.

53 그리고 마음은 안정적 상태로 준비가 되었다.

54 감각기관들은 마음이 가진 자연스런 내면적 흐름을 따라 감
으로써 감각대상들로부터 벗어나게 된다.

55 그러면 감각기관들을 마스터할 수 있는 위대한 능력이 생기
게 된다.

제3장:
비뷰티 파다(Vibhuti Pada) 확장의 장場

1 주의가 한 대상에 집중한 채로 유지되고 있을 때, 이것은 다라나(Dharana)로 알려져 있다.

2 의식이 주의대상으로 고르게 흐를 때, 이것은 디야나(Dhyana)로 알려져 있다.

3 그리고 같은 의식이 본질적인 본성이 가진 순수상태로 무한한 것처럼 밝히며 나올 때, 이것은 사마디(Samadhi)로 알려져 있다.

4 다라나, 디야나, 그리고 사마디를 같이 수행하는 것은 산야마(Sanyama)로 알려져 있다.

5 산야마를 마스터하면 최상으로 훌륭한 지식의 빛이 밝혀지

게 된다.

6 하지만 모든 지식의 계발 단계에는 각자 해당되는 산야마가
   있다.

7 이것이 요가의 핵심으로써 앞에선 언급한 아쉬탕가 요가보
   다 훨씬 더 섬세하다.

8 그렇지만 산야마 조차도 순수한 무한계 의식의 밖에 있다.

9 니로다 파리나마(Nirodha Parinama), 제한적 상태의 변형은, 들
   락날락하는 마음의 인상으로부터 가라앉은 마음의 활동에
   퍼져 있는 고요함으로 주의가 옮겨갈 때 일어난다.

10 이렇게 마음 안으로 고르게 흐르고 있는 고요함은 그 자체
   가 잠재적인 인상으로 남기 때문이다.

11 사마디 파리나마(Samadhi Parinama), 고요한 상태의 변형은,
   한 곳에 집중된 마음과 무한적 상태의 마음이 서로 반복될
   때 일어난다.

12 그리고 이로부터 에카그라타 파리나마(Ekagrata Parinama), 한
   곳에 집중된 마음의 변형이 일어난다. 마음의 활동과 고요함

이 고르게 균형된 상태이다.

13 이러한 것들은 마음의 변형이다. 대상에 작용되고 있는 것들
— 자질, 형태, 그리고 상태 — 도 비슷하게 설명되어 있다.

14 각 대상들은 그것의 과거, 현재, 그리고 미래의 자질들을 담
고 있다.

15 대상의 다양함은 진화를 주도하는 자연법칙에 의해 일어난다.

16 이러한 세 가지 변형에 대한 산야마는 과거와 미래에 대한 지
식을 가져온다.

17 한 대상에 대한 인식은 보통 혼돈되어 있다. 그것이 가진 이
름, 형태, 그리고 그것에 대한 아이디어가 모두 서로 겹쳐져
있기 때문이다. 이러한 세 가지의 구분에 대한 산야마를 함으
로써, 살아있는 모든 생명들의 소리를 이해할 수 있다.

18 잠재적 인상들의 직접적인 경험을 통해 전생에 대한 지식이
온다.

19 그것들 상태의 직접적인 경험을 통해 다른 마음의 자질들을
알 수 있다.

20 우리가 알 수 있는 것은 자질들이지, 내용물이 아니다. 그러한 것들은 산야마 영역 내에 있지 않기 때문이다.

21 몸 형태에 대한 산야마를 통해 무형이 될 수 있다. 관찰자의 눈과 바디에 반영된 빛 사이의 접촉을 깨뜨리기 때문이다.

22 카르마의 열매는 그 사람에게 빨리 혹은 늦게 되돌아올 수 있다. 카르마의 열매에 대한 산야마를 통해 죽음의 시간에 대한 선지식이 오고 오멘들을 이해할 수 있다.

23 친절함, 자비심, 그리고 행복함에 대한 산야마를 통해, 이러한 자질들이 꽃 피게 된다.

24 코끼리 혹은 다른 생명들이 가진 강인함에 대한 산야마를 통해, 우리는 그러한 강인함을 얻게 된다.

25 내면의 빛을 움직이는 것을 통해 우리는 섬세하거나, 눈에서 숨겨져 있거나, 멀리 있는 것을 볼 수 있게 된다.

26 수리야에 대한 산야마를 통해 전우주의 다양한 영역에 대한 지식이 온다.

27 찬드라에 대한 산야마를 통해 정렬된 스타들에 대한 지식이

파탄잘리 요가 수트라

온다.

28 디루바에 대한 산야마를 통해 스타들의 움직임에 대한 지식
이 얻어진다.

29 나비(Nabhi) 차크라에 대한 산야마를 통해 신체구조에 대한
지식이 얻어진다.

30 목 안의 빈 공간에 대한 산야마를 통해 배고픔과 목마름이
멈추어진다.

31 쿠르마 나디에 대한 산야마를 통해 안정성이 얻어진다.

32 크라운 차크라의 빛에 대한 산야마를 통해 깨달은 마스터들
을 볼 수 있다.

33 직관적 인지가 가진 선명함에 대한 산야마를 통해 모든 것들
이 알아질 수 있다.

34 아나하타(Anahata) 차크라에 대한 산야마를 통해 순수한 마
음의 치타(Chitta)가 온다.

35 대자아와 마음의 내용물은 완전히 다르다. 외면적 충족을 향

하는 평상시 우리의 경험은 둘 사이의 다른 점을 구분하지
못한다. 내면적 충족에 대한 산야마를 통해 대자아의 지식이
온다.

36 이러한 지식에서 직관적인 선명함, 가장 섬세한 청력, 가장 섬
세한 터치, 가장 심세한 시력, 가장 섬세한 미각, 가상 섬세한
후각이 생기게 된다.

37 이러한 것들은 순수한 무한계 상태에 비해 열등하다. 하지만
아직 섬세한 수준에서 작용하고 있는 마음이 가진 완벽함들
이다.

38 몸에 대한 집착이 놓아지고 마음의 움직임에 대한 지식이 완
벽해지면, 다른 몸에 들어갈 수 있는 능력이 생긴다.

39 몸에서 일어나는 프라나, 우다나(Udana)를 마스터하면, 물,
진흙, 그리고 가시와 같은 것들과 접촉을 피하고 프라나를
위로 오르게 할 수 있다.

40 몸을 보살피는 프라나, 사마나(Samana)를 마스터하면, 몸은
눈부신 빛으로 반짝거린다.

41 청력과 아카샤(Akasha)의 관계에 대한 산야마를 통해, 천인과

파탄잘리 요가 수트라

같은 청력이 얻어진다.

42 몸과 아카샤의 관계, 그리고 솜털과 같은 가벼움에 대한 산 야마를 통해, 원하는 대로 공중을 떠 다닐 수 있다.

43 몸의 경계 밖에서 작용하고 있는 마음은 마하비데하 (Mahavideha) — "바디 너머에 있는 위대한 상태"로 알려져 있 다. 이것은 분별력의 빛을 가리고 있는 베일을 파괴시킨다.

44 다섯 원소들 — 흙, 물, 불, 공기, 스페이스 — 이 가진 형태, 자 질, 본질, 그리고 이러한 형태, 자질, 본질 간의 관계와 진화적 목적에 대한 산야마를 통해, 원소들의 마스터리가 얻어진다.

45 원소들의 마스터리를 통해 여덟 가지 신체적 완벽함이 온다: 몸을 원자 사이즈로 줄이거나, 아주 가벼워지거나, 아주 무거 워지거나, 아주 커지거나, 멈출 수 없는 의지력을 계발하거나, 원소들을 조정하거나, 물질을 만들어내거나 사라지게 만들 거나, 모든 원하는 것들을 성취하게 된다. 이에 더하여, 몸은 완벽 해지며 야마도 해칠 수가 없게 된다.

46 완벽한 몸은 아름다움, 우아함, 강인함, 그리고 금강석처럼 단단함을 가지고 있다.

47 인지적 파워에 대한, 감각기관 자체에 대한, "나"라는 감정을 만들어 내는 대상에 대한, 감각기관들이 가진 이러한 면들 사이의 관계에 대한, 그리고 이들이 가진 진화적 목적에 대한 산야마를 통해 감각기관들의 마스터리가 얻어진다.

48 그러한 결과로, 감각기관들은 생각의 속도와 같이 움직일 수 있으며, 몸과는 독립적으로 작용하게 된다. 이것이 바로 자연에 대한 마스터리이다.

49 자기 마음의 가장 섬세한 레벨 — 투명한 이지와 대자아 사이의 차이 점을 깨달은 이는 모든 창조세계에서 최고의 위대함을 즐기게 된다. 그는 아무 것도 모르는 게 없다.

50 그리고 이러한 상태에 대한 집착마저도 없을 때, 속박의 가장 근원적인 씨앗마저도 파괴되며, 완벽한 깨달음이 오게 된다.

51 천상의 이들이 내미는 초대장의 유혹에 즐거움이나 자긍심으로 반응하지 말아야 한다. 이것은 진보를 막을 것이며, 언제든 추락할 수 있기 때문이다.

52 지금 순간과 이어지는 순간들에 대한 산야마를 통해 가장 섬세한 분별력의 지식이 생겨난다.

53 이러한 지식은 외형적으로 모두 동일하게 보이는 두 대상의
다른 점을 구분할 수 있게 해준다.

54 가장 섬세한 분별력의 수준에서 생겨난 지식은 우리를 가장
머나먼 곳까지 데려다 준다. 이러한 지식은 직관적이고, 전지
전능하며, 시공의 모든 구분 너머에 있다.

55 그리고 선명한 이지가 대자아처럼 순수할 때 카이발야
(Kaivalya), 완전한 깨달음이 온다.

제4장:
카이발야 파다(Kaivalya Pada) 깨달음의 장場

1 깨달음은 태어날 때 이미 가지고 있을 수도 있다. 혹은 약초,
 만트라, 정화, 그리고 사마디로 계발할 수도 있다.

2 어떤 새로운 상태의 존재로 변해 가든지, 이는 모두 본성의
 완벽함이 이미 내재하고 있던 잠재성을 발현시킴으로 나타
 나는 과정이다.

3 그러나 어떤 변화의 뚜렷한 연유는 사실상 생겨나지 않는다.
 이들은 단지 자연스런 성장을 막는 장애물들을 제거할 뿐이
 다. 마치, 농부가 씨를 뿌리기 위해 땅을 가는 것과 마찬가지
 이다.

4 모든 마음들은 에고 — "나"라는 분리된 감각에 의해 만들어
 졌다.

5 이러한 개인성의 모든 표현들은, 아무리 높은 수준으로 계발 되었더라도, 진화의 세력이 가진 충동성이다.

6 이 들 중에, 오직 명상으로 태어난 마음만이 계속 욕망을 만 들어 내는 어떠한 잠재적 인상들로부터도 자유롭다.

7 깨달은 이의 행위는 검지도 희지도 않다. 그러나 다른 이들의 행위는 세 가지 유형이다.

8 그 들 행위는 각자의 본성에 따라 적절한 시기에 열매를 맺게 할 씨앗들을 남기게 된다.

9 기억과 인상들도 비슷한 형태를 가지고 있다. 이들은 우리가 가진 성향들로 나타난다. 계속하여 우리들 삶을 유형 지우는 식으로 작용한다. 비록 원인이 결과들로부터 시간, 장소, 혹 은 다른 생 등으로 분리되었더라도 말이다.

10 그리고 성향들은 시작도 없이 이어진다. 이들을 유지하는 근 원적인 힘, 충족을 향한 욕망이 영원히 이어지기 때문이다.

11 그들은 인과법칙의 사이클을 통해, 물질적 대상에 대한 마음 의 굴레로 유지된다.

12 과거와 미래는 한 대상 안에 존재한다. 그리고 대상이 가진 특성들의 다름에 의해 일어난다.

13 표출된 특성들이 현재이다; 표출되지 않은 특성들은 과거, 그리고 미래이다. 모두가 세 구나스의 작용이다.

14 어느 순간에서든 어떤 대상의 상태는 그 안에서 작용하고 있는 구나스의 독특한 상태에 의해 일어난다.

15 두 비슷한 대상이 서로 다르게 보이는 것은, 그들을 인지하는 마음이 서로 다르기 때문이다

16 어떤 대상의 존재 여부는 하나의 마음에 달려있지 않다, 만약 그랬다면, 그 마음에 인지되지 않을 때는 어떻게 될 것인가?

17 어떤 대상은 마음에 들어올 때만 경험된다.

18 그러나 마음 자체는 항상 경험되고 있다. 불변하는 대자아에 의해 언제나 주시되고 있기 때문이다.

19 마음은 자체적 빛으로 빛나지 않는다. 마음 또한, 대 자아에 의해 밝혀지는, 하나의 대상이기 때문이다.

20 자체발광이 아님으로 인해, 마음은 어떤 대상과 마음 자체를
    동시에 인식할 수가 없다.

21 마음은 또한, 더 섬세한 어떤 다른 마음에 의해 밝혀지지도
    않는다. 만약 그랬다면, 끝없이 이어지는 불합리적인 마음들,
    그리하여 기억의 혼돈이 생겨나기 때문이다.

22 대자아의 부동적인 의식이 이지의 형태를 취할 때, 그것은 의
    식적인 마음이 된다.

23 대상과 대자아가 함께 혼색 된 마음은 모든 것을 포용하게
    된다.

24 그리고 마음은, 수없이 다른 성향들에도 불구하고, 대자아를
    위해 존재하고 있다.
    대자아는 마음에 의존하기 때문이다.

25 대자아의 위대함을 본 이에게는, 대자아의 본성에 대한 모든
    혼란이 사라진다.

26 그러면, 진정으로 마음은 대자아를 모든 행위와 분리된 존재
    로 경험하기 시작한다. 그리고 자연스럽게 깨달음을 향해 끌
    리게 된다.

27 이러한 분별력을 방해하는 모든 생각들은, 아직 남아 있는 잠재적 인상들로부터 생겨난다.

28 이러한 인상들은, 고통의 원인을 제거하는데 사용하라고 했던 방법과 같은 식으로 제거되어야 한다.

29 마음의 가장 섬세한 면과 대자아 사이에서 완전한 분별력을 얻은 이는, 더 이상 배워야 할 어떤 높은 지식도 없다. 이것이 바로 다르마 메가 사마디(Dharma Megha Samdhi) — 구름 한 점 없이 청명한 진리의 상태이다.

30 이 상태는 고통의 원인을 파괴하며, 카르마의 굴레도 사라지게 된다.

31 비순수성의 베일로부터 자유로워진 지식은 한계가 없다. 어떤 지식도 이것이 가진 빛에 비하면 미미하다.

32 이러한 사마디는 구나스들의 변형을 완성시키며, 진화의 목적을 충족시킨다.

33 이제 칼라를 통해 펼쳐지던 진화의 과정이 이해되었다.

34 구나스들은 이제 목적이 충족되었기에, 원래의 조화로운 상

태로 되돌아 간다. 그리고 자체가 가진 절대적 본성에 영원히 자리한 채, 순수하고 무한한 의식만 남아 있다. 이것이 카이발야(Kaivalya), 깨달음이다.

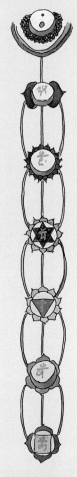

- 일곱 차크라 이미지 -

이다(Ida, "음"), 핑갈라(Pingala, "양") 나디(Nadi, "에너지 채널")가

수슘나(Sushumna,, "중앙") 에서 교차하는 포인트들

제1장

사마디 파다(Samadhi Pada) 초월의식의 장場

◆ 이제부터 파탄잘리 요가의 가르침이 시작된다(1절)

1　*atha-yoganusasanam*

아타-요가-아누샤사남

자, 이제, 요가에 대한 가르침을 시작한다.

아타(Atha): 이제 / 요가(Yoga): 합치, 유니온, 융합 / 아누사사남
(anusasanam): 가르침

　　요가(Yoga)는 "Yuj"에서 유래된 단어로써, "같이 묶다, 연결하다,
합치하다"라는 어원을 가지고 있다. "요가"는 모든 신체적, 정신적,

영적 수행 방식을 통틀어서 의미하고 있는 단어로써, 요가 수행을 통해, 몸과 마음, 그리고 영혼을 하나로 묶어준다는 의미, 삼위일체(三位一體)의 조화와 균형을 이루게 해주는 수련방식이라는 의미를 가지고 있다.

수천 년 베다 전통을 통해 이어져 온 요가를 나양한 방식으로 접근하고 해석하며 가르치는 크고 작은 요가스쿨들, 유명한 구루들이나 무명의 스승들은 무수히 많이 있지만, 그러나 어떤 시대나 학파이든지 궁극적으로 모든 요가의 목적은 고통으로부터 자유롭게 하기 위함이다.

요가의 지식은 전형적으로 파람파라(Parampara), 혹은 구루-시샤(Guru-shishya) 전통을 통해, 스승이 제자에게 직접 가르치는 방식으로 전수되어 왔다. 그러나 20세기 말부터 서양에서 요가에 대한 인기가 높아지고 전 세계적으로 급격한 대중화가 이루어지면서, 오늘날에는 누구나 원하면 쉽게 요가를 접할 수가 있게 되었다. 인터넷과 유튜브가 활발해지면서 이제는 굳이 요가를 배우기 위해 스승을 찾거나, 요가센터를 다닐 필요도 없이 안방 어디에서나 다양한 요가 가르침들을 쉽게 접할 수 있게 되었으며, 요가 라이프스타일이 일상적 트렌드가 되고 있기도 하다. 하지만 급격한 속도로 대중화가 이루어진 만큼 원래의 요가가 가진 진정성, 참요가를 하거나 가르치는 사람은 그만큼 드물고 만나기도 어려워졌다.

약 2,500여 년 전에 살았던 것으로 추정되는 고대인도의 성자(聖者) 파탄잘리는, 요가 수트라 경전을 통해 "요가"라는 용어를 본격적으로 코드화를 시킨 전설적인 인물로써, 모든 요가 스쿨들을 통틀어서 요가의 마스터, 요가의 대부大父로 숭상을 받고 있다. 파탄잘리는 시詩처럼 짧고 함축된 의미로 짜인195절의 수트라를 통해 참요가(Raja Yoga, "요가의 왕, 왕처럼 로얄한 요가")에 대한 가르침을 하고 있다. 제1장의 첫 구절이, "자, 이제…"라고 시작하는 연유도, 참 요가에 대한 가르침을 받을 준비가 되었는지 아닌지 상기를 시켜주기 위함이다.

◆ 요가란 무엇인가(2절)

2 *yogas-chitta-vrtti-nirodhah*

요가스-치타-브리티-니로다

요가란 늘 움직이고 있는 마음을 고요함 속으로 가라 앉히는 것이다

치타(chitta): 마음, 에고 마인드 / 브리티(vrtti): 활동, 움직임 / 니로다(nirodhah): 가라앉히는

요가는 고요함 속으로 가라앉는 것이다. 요가는 먼저 신체를 편안하게 안정을 시켜준다. 편안한 신체는 호흡을 천천히 느리면서도 고르게 해주며, 마음도 고요히 가라앉게 한다. 고요함 속에서 몸과 마음, 영혼은 자연스럽게 하나가 된다. 이것이 바로 요가이다. 이러한 고요함은 유체이탈과 같은 어떤 경험, 트랜스, 황홀경과도 같은 무의식적 상태가 아니라, 완전하게 깨어 있는 의식 상태를 의미한다. 정글에서 위험에 처한 동물이 놀라서 그 자리에 얼은 듯이 멈춰 서 있는 것과도 같은 상태, 완벽한 고요함과 완전한 의식으로 현재의 순

간에 있는 그러한 의식 상태가 요가이다.

고요함은 마음을 **사티**(Sati) 상태로 데려다 준다. 분주한 거리나 지하철에서 발걸음을 재촉하며 바쁘게 가고 있던 중에, 갑자기 어떤 광경이나 사람에게 우리의 주의가 끌리게 되면, 반사적으로 걸음을 멈추고 몸을 고요히 만들게 된다. 그래야 그게 무엇인지 보다 선명하게 알 수 있기 때문이다. 어떤 문제에 대해 골몰하게 생각할 것이 있으면, 우리는 자동적으로 눈을 감게 된다. 눈을 감으면 마음이 어떤 방해도 받지 않고 분명하게 더 잘 생각할 수 있기 때문이다. 요가에서는, 우리가 **사티**라고 하는 보다 더 큰 의식적 단계에서 작용할 수 있도록 **치타**(마음)를 **니로다**(고요함)로 가라 앉게 한다.

마음이나 생각을 의미하는 단어 **치타**는, 마음을 채우고 있는 내용물들, 대상이나 물질, 생각, 감정, 욕구, 느낌, 상념, 아이디어 등뿐만 아니라, 이들에 대한 의식적, 무의식적 의견이나 반응, 행위, 선택 등도 모두 포괄하고 있다. **치타**는, 좀 더 피상적인 의미로서 마음을 뜻하는 **마나스**(Manas; mind, 마인드)의 토대를 이루고 있다. **마나스**를 담고 있는 그릇이 **치타**라고 할 수 있다. 마음이란 오감의 영역 너머에 있는 기능으로써 직접 만질 수도 눈으로 확인할 수도 없는 허상이다. 그런데 마음처럼 우리를 강력하게 제압하고 조정하는 힘도 없다. 마음은 항상 우리의 의식을 채우고 지배하고 있지만, 정작 마음이 어디에 있는지 확실하게 알지는 못한다. 어디에도 없는 곳이 없으면서 모든 곳에 있는 마음은, 몸이나 브레인이 아니라 **아스트랄 바디**(Astral body)에 있다.

우리에게는 세 가지 바디 — 1) 육체적 바디, 2) 아스트랄 바디, 3) 코잘바디(Causal Body)가 있다. 중간에 있는 아스트랄 바디는 윤회 이론에서 환생을 거듭하게 만드는 근원적인 힘으로, 모든 과거와 전생을 통해 축적된 삼스카라(Samskaras) — 경험, 인상, 느낌, 직관, 지식 등이 모여서 이루어진 섬세한 서틀 바디(Subtle Body)를 의미한다. 가장 표면에 있는 육체적 바디는 아스트랄 바디에 남아 있던 어떤 잠재적 상想으로 인해 현생에서 얻게 된 카르마 바디이다. 가장 섬세한 코잘 바디는 더이상 환생을 하지 않는 완벽한 깨달음, 해탈상태의 바디를 의미하는데, 참나라고도 칭하는 순수의식, 혹은 셀프(Self, 대자아)의 영역으로써, 아스트랄 바디가 완전히 소멸될 때 모습이 드러나게 된다. 수많은 전생과 현생의 경험을 통해 아스트랄 바디에 씨앗의 형태로 축적된 온갖 상想들은, 적절한 때와 여건이 되는대로 브리티라고 하는 마음의 활동을 끊임없이 일으키게 된다.

브리티는 마치 의식의 물결과도 같은 움직임, 마음에서 일어나고 있는 온갖 의식적, 무의식적 활동들을 의미한다. 끊임없이 일어나고 있는 정신적, 멘탈 소용돌이로 마음을 휘젓고 있는 브리티는 마치 마음의 본성인 것처럼 우리의 의식意識을 가리고 있다. 요가는 이러한 소용돌이를 가라앉힐 수 있게 한다. 그리하여 투명한 크리스탈과 같은 마음의 진정한 깊이, 사티, 순수의식이 드러날 수 있게 해준다. 순수의식의 빛을 회복해주는 요가가 진정한 참요가이다. 이를 위해서,

어떠한 행위나 액션을 하거나, 거창한 사전 준비나 조건도 필요하지 않다. 그저 현재의 순간에서 모든 신체적, 정신적 제약이나 억압을 놓고 완전히 이완을 한 채, 편안한 상태로 가만히만 있으면 되는 것이다. 그러면 본연의 모습인 순수의식이 자동적으로 실체를 드러낼 수 있게 된다.

◆ 두 가지 의식 상태 — 무한계 의식과 한계의식(3-4절)

3   *tada drastuh svarupe avasthanam*

타다 드라스트 스바루페 아바스타남

마음이 고요히 가라앉으면, 우리는 무한계 의식이라는 본성 안에 굳건히 자리를 잡게 된다.

타다(tada): 그러면 / 드라스트(drastuh): 관찰자, 영혼 / 스바루페 (svarupe): 본성, 무한계 의식 / 아바스타남(avasthanam): 거주하고 있는, 머물고 있는

그러면(**타다**), 모든 것이 고요하게 가라 앉게 되면, 그 동안 우리가 알고 있던 '나(I)'라는 에고(ego)에 가려져 보이지 않는 **참나(드라스트)**가 실체를 드러내게 된다. **참나**는 육체적 바디의 태어남과 죽음 현상 너머에 존재하고 있는 본래 모습, 본성을 의미한다.

"Who am I(나는 누구인가)?"라는 질문으로 유명한 인도의 성자 라마나 마하리쉬(Ramana Maharishi)는, 누구의 가르침이나 지도도 받

파탄잘리 요가 수트라

지 않고 혼자 힘으로 깨달음을 얻었다. 라마나 마하리쉬의 어릴 적 이름은 벤카타라만(Venkataraman)이었는데, 어릴 때 아버지가 돌아가셔서 그의 가족들은 템플들이 많은 마두라이(Madurai) 타운으로 이사를 와서 살았다. 어느 날 가족들이 모두 외출하고 없는 사이에, 당시 열여섯 살이던 벤카타라만은 갑자기 죽음에 대한 강렬한 두려움에 사로 잡히게 되었다. 그런데 어린 벤카타라만은 패닉 상태에 빠지거나 도움을 요청하기보다는, 바로 그 자리에서 놀라울 만큼의 침착함으로 별안간 엄습한 상황에 직면하였다. 오히려 죽음에 대한 직접적인 "경험"을 부추기려 주어진 상황을 더욱 드라마틱하게 만들었다. 숨을 멈추고, 몸을 뻣뻣하게 하면서, 아무런 소리도 입술에서 새어 나가지 못하게 하였다. 실제로 죽기 전에 죽을 수 있다는 것은 존재하는 모든 것에 내포하고 있는 궁극적 "공空"을 대면하는 것이다. 이러한 상태에서는 그동안 "나"라는 개인성을 창조하고 유지하던 마음이 더 이상 존재하지 않게 된다. "공空"의 상태를 우연이라도 경험하게 되면 보통 우리는 "에고의 자아"로 재빨리 돌아오게 된다. 그러나 벤카타라만은 "공空"을 대면하게 되자, 겁을 내어 돌아서기보다는 오히려 더 깊이 파고들어 가서, 바로 그 자리에서 삶과 존재의 근원에 대한 깨달음을 얻을 수 있었다.

많은 사람들이 '나'는 누구 인가에 대해 잘 알지 못하는, 정체성의 위기에 시달리며 살고 있다. 나는 누구인가? 정치인, 교수, 선생, 비즈니스맨, 셰프, 운전기사, 회계사, 가정주부…; 이러한 것들은 그저 나의 직업일 뿐이다. 친구, 동료, 남편, 아내, 아들이나 딸…; 이러한 것들은 인간관계성에서 나의 위치일 뿐이다. 미인이나 미남, 뚱뚱하거나 날씬한, 키가 크거나 작은, 젊거나 늙은…이러한 것들은 그저 나의 육체에 대한 것일 뿐이다. '나'라는 이는 분명히 이러한 것들보다 다른 어떤 존재이다. '나'에 대해 제대로 알기 위해선 보다 깊이 들어가 보아야 한다. 그렇다면 나의 영혼, 소울, 나의 성격이나 개성, 캐릭터 등이 '나'인가? 아니다. 더 깊은 '나'가 분명히 어딘 가에 있나.

그렇게 지금껏 내가 알고 있던 '나'라는 사람에 대해 단계적으로 파고 들어가다 보면 '나의 것'들을 구성하고 있는 어떤 '소유자'가 이면에 있음을 알 수 있다. 파탄잘리가 말하는 **드라스트**, 참 나는, '지켜보고 있는 이'를 의미하고 있다. 우리가 알고 있는 '나'를 지켜보고 있고, 나는 누구인가 라는 질문들을 하고 있는 이, **스바루페**라고 하는 본래의 모습, 본성적인 '참나'가 의식의 저 깊은 어딘 가에 항상 머물고 있다는 것이다. 이러한 본성적 실체, '나'라는 존재를 어떤 이들은 '자아, 셀프(Self)'라고 부르기도 한다. 모든 영적 가르침의 궁극적 목표는 이러한 참나, 셀프의 실체를 깨닫고, 무한한 의식 안에 굳건히 자리매김을 하기 위함이다.

4   *vrtti-sarupyam-itaratra*

브리티-사루피얌-이타라트라

평소에 우리의 본성은 늘 분주한 마음의 활동 뒤에 가려져 표면화되지 않고 있다.

파탄잘리 요가 수트라

브리티(vrtti): 활동, 움직임 / 사루피얌(sarupyam): 동일한, 가려진
본성, 한계의식 / 이타라트라(itaratra): 평소에

평소에 우리의 몸과 마음을 채우고 있는 온갖 감정, 충동, 느낌 등, 화가 나거나 슬프거나, 약이 오르거나, 아프거나, 짜증이 나거나 하는 표면적 현상들은 모두 **브리티**가 만들어 내는 상념의 물결에 지나지 않는다.

참나라고 하는 본래 모습의 실체는 평소에 끊임없이 분주한 일상적 마음의 활동 뒤에 가려져 보이지 않는다. 어떤 것이 표면상으로 보이지 않는다고 하여 존재하지 않는 것이 아니다. 지나간 시간들에 겪었던 삶의 이벤트나 경험들이 지금 현재 보이지 않는다고 하여 무효가 되는 것이 아닌 것처럼, 그리고 아직 오직 않은 미래는 현재 시간에 도달하지 않았기에 보이지 않을 뿐, 어딘 가에 머물고 있다가 **시간**(Kala), 때가 되면 반드시 오기 마련이다. 마찬가지로 생각에 생각의 꼬리를 물고 늘 분주한 마음에 가려져 있지만, 우리의 본성(**사루피얌**)은 항상 그 자리에 머물고 있다.

사루피얌은 동일시한다는 의미도 가지고 있다. 마음에 이러한 상념의 물결들이 강렬할수록 **브리티**가 만들어 내는 마음의 활동들과 '나'를 동일시하고 습관적인 반응을 하게 된다. 어떤 강렬한 분노의 감정이 갑자기 밀어닥칠 때 울컥 화를 내고 모진 말이나 충동적인 행동으로 상대를 몰아 부쳤다가, 시간이 지나 어느 정도 울분의 감정이 가라 앉았을 때 후회를 하게 되는 경우가 얼마나 많은가? 우리

는 얼마나 무수히 이처럼 나중에 후회할 행동이나 말, 선택들을 많이 하면서 살고 있는가? 부끄러움과 창피함, 미안한 마음으로 진심 어린 사과와 말을 아무리 해도 이미 엎질러진 물은 되 담을 수 없는 법이다. '나'라는 존재가 마음에서 일어나고 있는 브리티, 일시적이고 지나가는 단계에 있는 무수한 상념과 감정 등의 물결과 동일시를 하기 때문에, 평소에 '참나'의 진정한 본성은 그 모습을 드러내지 않고 있는 것이다. 흙탕물로 뒤섞인 물을 계속 휘젓기만 하면 물이 가진 맑은 본질을 보기가 어렵다. 그래서 물의 본성이 탁하고 흐린 것으로 오해하고 있을 수도 있다. 하지만 물의 본질은 맑고 투명함이다. 그에 비해 흙의 본질이 무겁고 탁하기 때문에, 가만히 두면 자동적으로 아래로 가라앉게 되어 있다. 그러면 자동적으로 맑은 물의 본질이 모습을 드러내게 된다. 마찬가지로 물처럼 맑고 투명한 **참나**의 본성이, 탁한 흙탕물과 같은 마음의 활동들과 동일시하기 때문에, 평소에는 표면화되고 있지 않고 있을 뿐이다.

파탄잘리 요가 수트라

◆ 한계 의식을 채우고 있는 마음의 활동들(5-11절)

5   *vrttayah panchatayyah klista-aklistah*

브리타야 판차타이야 클리쉬타-아클리쉬타

우리의 의식을 채우고 있는 마음의 활동에는 다섯 가지가 있다.
고통을 줄 수도 주지 않을 수도 있는 마음의 활동들이다.

브리티야(vrttayah): 활동, 움직임 / 판차타이야(panchatayyah): 다
섯 가지 / 클리스타(klista): 고통스러운, 성가시거나 귀찮은 / 아클리
쉬타(aklistah): 고통스럽거나, 성가시거나 귀찮은 것의 반대

두 번째 수트라에서 요가스-치타-브리티-니로다 -요가란 늘 움직이
고 있는 마음을 고요함 속으로 가라앉히는 것이다 — 라고 하였다.

브리티는 마음에 움직임, 물결이 일어나고 있음을 의미하는 단어
이다. 어떤 것이 마음의 물결인가? 어떤 사고나 생각, 행동, 품행, 변
덕, 변화, 아이디어, 욕망, 충동 등등 모든 다양한 정신적 경험들을 일
컫는다. 이러한 경험들이 좋고 행복하고 즐겁거나, 혹은 아프고, 힘

들고, 고통스럽게 만들 수도 있다. 하지만, 경험의 정도나, 다양함, 선호도 여부와는 상관없이, 의식의 표면에 끊임없는 움직임을 만들어 내고 있기 때문에, 가라앉혀야만 볼 수 있는 맑은 의식, 본성을 가리는 베일 역할을 한다는 점에서는 상통한다. 이처럼 마음에 물결을 일으키는 브리티에는 모두 다섯 가지 유형(판차타이야)이 있다는 것이다.

클리스타는 괴로움, 상해, 혹은 장애를 만들어 내는 트러블이나 고통스러운 경험 등을 의미한다. 정신적, 육체적인 트러블뿐만 아니라, 참나의 본성을 밝힐 수 있는 길로 가는 것을 막는 모든 유형의 장애물들도 포함한다. 요가나 명상을 하는 것을 방해하는 어떤 내외부적인 요소들, 일상적으로 일어나는 크고 작은 불만, 원인, 소소한 변명이나 핑계들까지 모두 클리스타에 해당된다.

아클리쉬타는 클리쉬타와 반대되는 경험들이다. 부정적 경험을 느끼게 만드는 클리쉬타와는 달리, 아클리쉬타는, 우리가 좋아서 더 원하게, 갈망하게 만든다는 긍정적인 경험들이라는 의미를 가지고 있다. 하지만 아무리 좋은 기분과 행복한 느낌을 준다고 하더라도, 마음에 흥분의 물결을 일으켜서, 본성적 모습으로 의식이 가라앉는 것을 막는 베일이라는 점에서는 클리스타와 마찬가지이다.

클리스타와 아클리쉬타는, 의식이 니로다, 고요하게 되는 것을 막기 때문에, 참나를 표면화 시키는 진정한 요가가 이루어질 수 없게 된다.

6   *pramana-viparyaya-vikalpa-nidra-smrtayah*

프라마나-비파리야야-비칼파-니드라-스므르타야

이 다섯 가지는 − 바른 이해나 판단, 잘못된 이해나 판단, 상상, 잠, 그리고 기억이다.

프라마나(pramana): 바르게 아는 / 비파리야야(viparyaya): 잘못된 의견이나 판단, 실수 / 비칼파(vikalpa): 상상, 환상 / 니드라(nidra): 잠 / 스므르타야(smrtayah): 기억

우리가 알고 있는 지식이나 정보가 아무리 바르고 유용하든 아니든, 깨어 있는 동안 의식을 채우는 내용물들이라는 점에서는 마찬가지이다. 그래서 바른 지식, 혹은 바르게 알고 있거나(**프라마나**), 혹은 바르지 못한 지식, 혹은 잘못 알고 있거나(**비파리야야**), **프라마나**와 **비파리야**는 본성적 상태로 **니로다**가 되는 것에 방해가 될 수밖에 없다.

상상(**비칼파**)은, 실제 현실에 근거를 두고 있지만, 우리들 마음에 그러한 현실이 잘못 해석되어서, 이로 인해 어떤 에러, 환상이 만들어진다는 의미를 가지고 있다. 하지만 우리는 그것을 알아채지 못하고 있다. 잘못 상상하고 있다고 깨닫는 순간, 더 이상 에러나 실수가 아니기 때문이다. 학교 간 아이가 귀가 시간이 지나도 연락도 없이 집에 돌아오지 않으면 엄마는 행여 무슨 일이 있는 건 아닌지, 온갖 걱정이나 불안한 상상을 하게 된다. 하지만 막상 아이가 집에 돌아오

면 언제 그랬냐는 듯이 모든 근심걱정이 사라지게 된다. 배가 아파서 병원검진을 받으러 갔다가, 행여 다른 문제가 있는 건 아닌지 정밀검사를 더 해보자는 의사의 말을 듣게 되면, 혹시 대장암과 같은 불치병에 걸린 건 아닌지 검사결과가 나올 때까지 온갖 걱정과 두려움에 시달리게 된다. 실제로는 너무 바쁜 생활습관으로 생긴 고질적 변비 복통이었던 판징이 나올 수도 있다. 그리하여 마치 죽음의 문턱에서 살아 돌아온 듯한 희열을 느끼게 될 수도 있다. 이처럼 흔히 일상적으로 경험하게 되는 가상적 현실의 고통이나 혼란들(비칼파)은 마음에 브리티(물결)을 일으키게 된다.

잠(니드라)은, 깨어 있는 동안 "나"라고 알고 있던 사람 자체가 사라지는 의식의 공백을 의미한다. 아무리 생생한 꿈을 꾸거나 혹은 꿈조차 꾸지 않는 깊은 숙면에 든다 하더라도, 잠을 자는 동안에는 아무런 의식적 내용물이 없는 상태, 몸도 마음도 세상도 모두 사라지는 일시적 죽음의 상태에 있게 된다. 그런 점에서, 니드라와 니로다의 차이는 확연하다. 마음의 활동이 가라앉는다는 점에서는 비슷하지만, 니드라에서는, 무의식 상태가 되고, 니로다에서는 완전히 깨어 있는 의식 상태가 되기 때문이다. 니로다와 니드라는, 몸과 마음에 휴식을 주고 에너지를 재충전시키는 효과가 있다. 그러나 잠(니드라)을 자는 동안에는 '나'에게 어떤 일이 있었는지 알지 못한다. 그러므로 '참나'도 여전히 가려진 상태이다.

기억(스므르타)은, 어떤 형태의 기억이든지, 현생에서 만들어진 기

파탄잘리 요가 수트라

억뿐만 아니라, 전생의 기억이거나 미래에 대한 비전들이라 하더라도, 모든 기억은 마음의 내용물로써 브리티를 만들어 낸다. 그리하여 니로다(활짝 깨어 있는 고요함)를 막는 요인이 된다.

7 *pratyaksa-anumana-agamah pramanani*

프라티약샤-아누마나-아가마 프라마나니

바른 이해나 판단은 직접적인 인지, 추론, 혹은 다른 이들의 믿을 만한 경험 등에 바탕을 둔 정확한 지식이다.

프라티약샤(Pratyaksa): 인식하는, 직접적인 인지 / 아누마나(Anu-mana): 추론 / 아가마(agamah): 증명, 증언 / 프라마나(pramana): 바르게 아는

프라티약샤는, **프라마나**와 같은 어원 "**프라티**(Prati, ~에 대해)"을 가지고 있는 단어이다. 이에 "**악샤**(Aksa, 눈)"가 더해져서, **프라티약샤**는, 눈에 직접적인 인지, 인식이 된다는 의미를 가지게 된다.

아누마나는, 직접 인지, 인식한 사실로 자신이 처한 현실에 대한 어떤 결론을 추론한다는 의미이다. 추론할 수 있는 능력은 살아가는 데 아주 필요하고 유용한 도구이다. 예를 들어, '연기'를 보면 '불'과 연관이 있고, '발자국'을 보면 다른 사람이 있다는 것을 나타낸다. 이러한 추론 능력으로 인해 가장 추상적인 과학이론들을 발전시키는 데 큰 역할을 할 수 있었다.

아가마는, 우리가 배울 수 있도록 자연스럽게 오고 가는 것들을 의미한다. 주변의 다른 사람이나 위인들을 통해, 혹은 책이나 사상철학, 종교서적, 성경이나 법경전과 같은 어떤 제도나 믿음, 전통, 공식적 문헌 등을 통해 접하게 되는 모든 믿을 수 있는 정보나 지식들을 의미한다.

프라마나는, 비록 직접적인 인지로 얻었거나, 추론 혹은 믿을 만한 증거를 가진 바른 지식이나 정보라고 하더라도, 궁극적으로는 객관적 현상세계에 대한 주관적 감각기관을 이용한 인지능력에 토대를 두고 있다. 무엇이 바르고, 바르지 못한지 하는 말 자체가 이미 분별과 상대적인 의미를 내포하고 있는 것이다. 또한 "바르다"고 하는 정당성의 여부도 시대와 문화에 따라 달라질 수 있는 여지를 가지고 있다. 시대, 문화, 나라, 종교, 인종, 성별, 나이 마다 어떤 것이 "바르다, 바르지 않다"라는 기준이나 잣대들이 모두 다르기 때문이다. 예를 들어, 교회가 통치권을 쥐고 있던 중세 봉건문화에서는 개인이나 집단이 크리스찬 교리에 반하는 것이 이단이고 죽음까지도 각오해야 하는 큰 죄로 간주되었다. 하지만 근대사회에서는 개인의 권리나 종교적 자유를 침해하는 것이 아주 비도덕적이고 비인간적인 박해로 여겨지고 있다. 학문적으로도 과학계에서는 객관적으로 증명 가능하고 반복적으로 같은 결과를 낼 수 있는 지식들이 바르다고 규정한다. 그에 비해, 인문학계에서는 주관적으로 인간적 가치를 높여줄 수 있는 도덕, 사상, 철학, 종교 등의 지식들이 바르다고 규정한다. 이처럼 어떤 것이 바른 지식이며, 바르게 알고 있는지 아닌지 하는 기준들은 모두 '상대적, 대상'에 대한 지식으로써 마음에 브리티(물결)을 일으키며 **참나**를 접촉하는데 장애가 된다.

8 *viparyayah mithya-jnanamatad-rupa-pratistham*

비파리야야 미트야-기야나마타드-루파-프라티스탐

잘못된 이해나 판단은 현실에 대한 잘못된 인상에서 연유된 미혹함이다.

비파리야야(viparyayah): 실수, 에러 / 미트야(mithya): 잘못된 / 기야나(jnana): 의식, 지식 / 아탓(atat): 속이는 / 루파(rupa): 모양, 모습 / 프라티스탐(pratistham): 기준을 두고 있는

비파리야야는, 외부적 대상이나 현실에 대한 바르지 못한 인지, 잘못된 판단이나 인상이 토대가 되어 일어나는 실수와 에러들을 의미한다. 앞에서 기술한 **프라마나**는 외부적 현실에 대한 바른 이해와 믿음이 토대가 되어 일어나는 브리티(마음의 물결)들이었다. 하지만 **비파리야야**에서 일어나는 브리티들은 객관적 현실과 상응하지 않는 이미지들로 생겨나게 된다. 좋은 예로, "떡 줄 사람은 생각치도 않는데, 김칫국부터 미리 마신다"는 속담이 있다. 어떤 상황이나 사람에 대해 잘못된 판단이나 오해, 자기 생각에 사로잡혀 실제와 다른 기대나 정확하지 못한 분석으로 인해 생겨나는 실수와 에러들을 의미한다.

미트야는, "잘못된, 엉터리"라는 의미를 가지고 있지만, 또 다른

의미로 "혼란을 일으키는, 혹은, 환영"이라는 뜻이 되기도 한다. 모든 외적인 현상계에서 나타나 보이는 현상들이 실제가 아니고 환영이 라는 의미이다. 그래서 **미트야**는 눈에는 보이지 않는 어떤 대상의 본 질이 아니라, 겉으로 나타나 보이는 모습을 뜻하고 있다. 외적인 모 습으로 어떤 대상이나 사람에 대한 자질들을 정확하게 판단하는 경 우도 많이 있지만, 동시에, 어떤 신입견으로 인해 얼마나 사신에게 속기가 쉬운지, 겉과 속이 다른 사람들에 대해 놀라게 되는 경우도 얼마나 자주 일어나는지, **미트야**는 그처럼 외적인 모습에 가려져 속 게 되는 것을 의미하고 있다.

현실적으로 우리가 흔히 하게 되는 인간관계에서의 에러나 실수 들의 연유를 가만히 살펴보면, 상대가 어떤 불확실하거나 부정확한 사실이나 정보를 주었거나, 혹은 상대를 잘못 판단하여 스스로 속임 을 당하도록 유도를 한 경우들이 많다. 이러한 예들은 특히 친척이 나 지인들 간에 돈관계로 엮이거나, 보이스피싱, 잘못된 주식투자나 부동산 투기 등으로 피해를 보게 되는 무수한 사례들, 혹은 사이비 종교나 무속인들에게 속아서 전인생을 망치게 되는 사람 들을 통해 쉽게 확인할 수 있다.

우리가 가진 지식(**기야나**)이 완전하지 못한 이유는, 외부적으로 나타난 보이는 모습(**루파**)에 기준을 두고 잘못 해석하였기 때문이다.

여기에서 파탄잘리가 강조하는 포인트는, 에러나 실수를 피해야 한다는 것이 아니라, 이 모두가 마음에 활동들을 만들어 내기 때문에, 고요함 속으로 가라앉는 데 방해가 된다는 사실이다. 우리가 어떤 것을 **알게 되는 과정**(Knowing)은 먼저 인지, 판단, 선택, 그리고 분석의 단계들을 거치면서 이루어진다. '참나'의 상태는 이러한 모든 과정과 단계들 너머에 있는 **순수의식(Sati, 사티)** 상태이다. 그렇기 때문에, 바르게 알고 있든지, 잘못 알고 있든지 하는 사실들과는 아무런 상관이 없다. 마음의 활동들이 일어나는 한, 순수의식 상태로 가라앉기가 어렵다는 점을 파탄잘리는 단순히 기술하고 있을 뿐이다.

9 *sabda-jnana-anupati vastu-sunyah vikalpah*

사브다-기야나-아누파티 바스투-순야 비칼파

상상은 말이나 단어가 만들어내는 이미지이며, 아무런 근거가 없는 상념들이다.

사브다(Sabda): 이름, 글자, 말 / 기야나(Jnana): 지식 / 아누파티
(anupati): 추구하는, 따라가는 / 바스투(vastu): 물질, 대상 / 순야
(sunyah): 결여된, 빈, 없는 / 비칼파(vikalpah): 환상, 상상

비칼파는, 환상, 상상을 한다는 의미이다. 뿔이 달린 토끼, 불임여자가 낳은 아들 등과 같은 표현들은, 실질적으로 가능하지도 않고, 사실과는 상충되는 말들이지만, 그러나 단어와 단어를 합쳐서 어떤 상상적인 이미지들을 만들어 낸다. 이렇게 단순히 단어들을 모아서 상상력을 유발시켜 만들어 낸 문장들이 소설이나 문학적 작품을 만

들 때는, 아무런 근거가 없는 말들을 사용해 긍정적인 효과들을 낸 것이 된다. 그러나 부정적으로 사용된, 잘못되거나 사실이 아닌 말과 글자들은, 마음에 잘못된 인상과 이미지들을 만들어 내게 된다.

어떤 사람이 갑자기 나를 바보라고 부르거나, 없는 흠을 들추어 나에 대한 욕이나 흉을 보는 예를 가정해보자. 비록 그러한 말들이 아무런 근거가 없고, 그 사람이 나를 애꿎은 화풀이 대상으로 삼은 것일 수도 있다. 그렇지만 이미 뱉은 말들이기에 허공에 떠서 어딘가로 향해야 하기에, 욕의 대상이었던 나에게 와서 천둥번개처럼 반사적인 분노를 일으키는 결과를 만들어 낼 수도 있다. 단순히 내뱉은 사실이 아닌 한 마디 말로 인해 그 사람과 나 사이에 얼마나 큰 육체적, 정신적 갈등이나 싸움이 일어날지, 설령 그 사람과 지금까지 서로 잘 아는 좋은 관계였다고 하더라도, 단숨에 모든 우정이나 선의의 감정을 파괴하고, 어떤 일말의 좋은 감정이라도 남아 있기가 어려울 것이다. 또한 아이돌이나 유명 연예인들이 그들의 성공을 질시하는 익명의 악의적 비방 댓글들에 시달리다가 스스로 파멸의 길로 가는 불운한 예들도 얼마나 많은가? 누군가 나를 바보라고 불렀다고 해서, 내가 바보가 되는 것은 아니다. 이름도 얼굴도 모르는 어떤 루저가 댓글 창 뒤에 숨어 유명 아이돌을 향해 근거도 없는 루머로 비판과 질타를 하였다고 하여, 그게 사실이 되는 것은 아니다. 그럼에도, 걷잡을 수 없는 분노와 비관 등과 같은 극단적인 반응으로 대응하여 사태를 더 악화시키게 되는 경우들이 일상적으로 흔히 일어난다.

파탄잘리 요가 수트라

이처럼, 상상이나 환상을 유도하는 말이나 글을 사용해서 나오는 결과들은, 기야나(지식)가 아니라, 말로 된 지식(사브다-기야나)으로, 아무런 대상이나 객관성이 없는, 빈(순야) 말들의 조합에 지나지 않는다. 파탄잘리는, 환상이나 상상을 하는 것이 "좋거나 나쁘다"라고 말하지 않는다. 단지, 이러한 빈말들을 따라가다 보면, 반드시 그로 인한 결과가 있다는 것이다. 실제가 아닌 상념을 실제로 상상하여 현실과 동떨어진 삶을 사는 사람들이 부지기수로 많은 이유이기도 하다. 이처럼 브리티, 마음이 만들어 내는 상상적인 물결에 휩싸여서 제대로 요가나 명상을 하지 못하거나 포기를 하는 예들도 흔히 일어난다. 그래서 "요가스-치타-브리티-니로다" 마음에서 일어나는 다양한 브리티를 없애는 것은 불가능하지만, 지식으로 니로다 할 수 있는 능력을 증진시키려는 것이 바로 요가의 목적이다.

10   *abhava-pratyaya-alambana vrttih-nidra*

아바바-프라티야야-알람바나 브르티-니드라

잠은 아무런 내용물이 없는 마음의 활동이다.

아바바(abhava): 없는 / 프라티야야(pratyaya): 근거, 원인 / 알람바나 (alambana): 내용물 / 브리티(vrttii): 활동, 움직임 / 니드라(nidra): 잠

우리가 흔히 알고 있는 잠의 상태는 깨어 있는 것에 반대인 개념으로, 꿈꾸면서 자고 있는 상태를 의미한다. 만약, 꿈도 꾸지 않고 깊은 잠을 자고 깨어나면, 우리는 "아, 잘 잤다!"라고 표현한다. 그러한

잠에서 깨어나면 아주 개운하고, 잠을 자러 가기 이전보다 훨씬 에너지를 느끼고, 잠자는 동안 아무런 의식적 인지나 개입도 없었기 때문에 아무것도 기억 못하는 '반죽음' 상태, 어떤 소리나 방해도 느끼지 못하고 죽은 사람처럼 깊이 잤다는 것을 의미한다. 깊은 잠을 자는 동안에 마음의 상태는 공백이 된다. 몸도, 마음도, 나 라는 사람에 대한 주체의식도 모두 일시적으로 사라지는 공空의 상태가 뇌는 것이다.

파탄잘리가 말하는 **니드라**(잠)는, 아주 깊은 잠, 꿈조차 꾸지 않는 깊은 수면 상태를 의미한다. 하지만, **니드라** 도 여전히, **브리티**(마음의 활동)에 포함시키고 있기 때문에, 아무리 희미하거나, 미미하더라도 어떤 의식적 활동의 진행이 있었음을 내포하고 있다.

그러면 어떠한 움직임 혹은 아이디어를 의미하는가? 살아있는 생명체로서 존재의 본성에 대한 아이디어가 밑바탕에 깔려 있음을 뜻한다. 죽음이 나타내는 공(空)은 그야말로 아무 것도 없는 무(無)의 공(空)을 뜻하지만, 파탄잘리가 의미하는 **니드라**는, 유(有)의 공(空)을 의미하기 때문이다. 그래서 아무리 깊은 잠을 자고 있더라도, 살아있기 때문에 여전히 마음(**치타**)은 희미하나마 흔적이 남아서 움직이고 있다. 나라는 존재를 서포트 해주고 있는 이러한 유(有)의 공 경험상태가 지속적인 요가를 통해 익숙해지게 되면, 평소 깨어 있는 상태에서도 마음(**치타**)이 어떤 외부적인 것들에 대한 의식이 없으면서 동시에 완전히 깨어 있는 마음(**사티**) 상태를 경험할 수 있게 된다. 요가 명상을 오래한 고수나 요기들이 명상을 하는 동안 의식적으로는 깨어 있는 동시에 심장박동이나 뇌파가 마치 깊은 숙면에 있는 듯한 효과를 낸다는 사실은, 명상이 신체에 영향을 미치는 수많은 연구들을 통해, 오래전부터 과학적으로도 입증된 사실이다.

11 *anubhuta-visaya-asampramosah smrtih*

아누부타-비사야-아삼프라모사 스므리티

기억은 과거의 경험으로 되돌아가는 마음의 활동이다.

아누부타(Anubhuta): 경험한, 과거 / 비사야(Visaya): 쾌락, 대상 / 아삼프라모사(asampramosah): 모두 없어지지 않은 / 스므리티 (smrtih): 기억하는

아누부타는 이미 경험하였음을 나타낸다. 비사야는 행위, 액션, 대상, 혹은 즐거움이나 쾌락 등을 뜻한다. 그리하여 아누부타-비사야는 우리가 경험한 어떤 것들을 의미한다.

아삼프라모사에서, "아삼프라"는 완전하지 않은, "모사"는 도둑이나, 훔친다는 뜻이다. 그러므로 아삼프라모사는, 우리가 가지고 있던 어떤 것을 아주 완전하게 뺏기지 않았으며, 과거에 가지고 있던 어떤 것에 대한 잔재, 그에 대한 기억이 남아 있다는 의미이다.

기억(스므르티)은, 마음(치타)이 받은 인상들이 지워지지 않고 있

다가 언제든 원할 때 의식적으로 다시 꺼 집어 낼 수 있음을 의미한다. 우리가 하는 모든 의식적인 행동들은 마음(치타)에 그대로 새겨지게 된다. 만약 의식이 없다면, 우리가 한 행동들은 기억해낼 수 없다. 몽유병 환자들이 밤에 돌아다니면서 한 행동들이나, 우리가 밤에 자면서 한 말들(잠꼬대)은, 기억할 수 없는 것과 같은 이치이다.

기억(스므르티)이란 우리가 살아가는 데 있어, 특히 정신적인 삶을 영위하는데 아주 중대한 역할을 한다. 과거에 배우거나 경험한 것들에 대한 기억들은 필요할 때 꺼 집어 낼 수 있을 뿐만 아니라, 우리가 깨어 있는 평소의 의식 상태를 무의식적으로 도배를 하고 있다. 그리하여 어떤 위험에 처했거나, 두려움, 기대, 기피 등의 상황에 놓였을 때, 내면에 의식화된 이러한 기억들을 자극하여 리액션적인 반응들로 표출이 되게 된다. 어떤 기억들은 아주 개인적이고 바로 원인 규명을 할 수 있는 반면, 어떤 다른 기억들은 억눌려 있거나 잠재의식 속에 있는 탓에 분명한 연유를 알기가 어렵다. 또한 체질적으로나 유전적으로 타고난 기억들도 있다.

비단 현생뿐만 아니라, 과거의 무수한 전생을 통해서 마음에 새겨진 인상들은 **삼스카라**(Samskara, 흔적)라고 한다. 눈에 보이지 않고 아무런 실체도 없지만 그러나 일단 마음(**치타**)에 새겨진 인상들이란 의식(意識)에 흔적(삼스카라)을 남기기 때문에 언제든 외부로 표출될 여지를 내포하고 있다. **삼스카라**는 윤회와 환생을 통해 계속 이어지기 때문에 내생이라도 일단 의식적으로 필요하면 언제든 호출할 수가 있다.

　파탄잘리가 **브리티**로 규정하는 "기억"은, 이러한 모든 유형들을 포괄하고 있으며, 모두 **니로다**를 시킬 수 있어야 궁극적인 고요함과 평화, 자유와 깨달음을 얻을 수 있다.

◆ 파탄잘리 요가의 수행(12-16절)

12　*abhyasa-vairagyabhyam tat-nirodhah*

아비야사-바이라기야비얌 탓-니로다

요가 수행을 통해 다섯 가지 마음의 활동들이 고요히 가라앉으
면, 진정한 자유로움이 얻어진다.

아비야사(Abhyasa): 요가 수행 / 바이라기야(vairagya): 비집착하는,
진정한 자유로움 / 탓(tat): 그들, 마음의 활동들 / 니로다(nirodhah):
가라앉히는

두 번째 수트라에서 고요함을 얻기 위해선 먼저 마음의 활동을
니로다 시키는 것이 중요하다고 하였다. 이제 파탄잘리는, 구체적으
로 어떻게 니로다를 시킬 수 있을지 방법을 제시하기 시작한다.

탓-니로다; 니로다와 탓이라는 단어가 합쳐져서, "마음의 활동들이
고요히 가라앉으면"이라는 의미가 된다. 파탄잘리는, 2개 혹은 그 이
상의 단어들을 합쳐서 사용하는 경우가 많다. 그리하여 개별의 단어

　　　　　　　　　　　　　　파탄잘리 요가 수트라

가 나타내는 의미들을 복합적으로 연결을 시키는 형식으로 간결하게 수트라를 기술하고 있다. 마치 메일박스는 메일과 박스가 합쳐서 만들어진 단어로 메일들을 담는 박스라는 의미가 되는 것과 같다. 메일박스는, 메일들을 담을 수 있게 하는 메일들-박스라는 의미를 가지고 있지만 복수가 아니라, 메일박스라는 단수로 보통 표기한다. 마찬가지로, **탓-니로다**는, 지금까지 우리가 살펴본 모든 다섯 가지 유형의 **브리티**들이 가라앉는 것을 의미한다.

아비야사는, 반복과 수행이라는 의미를 가지고 있는데, 지속적인 요가 수행으로 해석할 수 있다. 요가 아사나이든지, 명상이든지, 날마다 정해진 시간과 장소에서, 최우선 순위의 일상적 루틴으로 지속하는 것이 중요함을 강조하는 단어이다.

바이라기야는, 보통 "비집착성"이라는 의미로 자주 인용된다. 물질적, 현실적 세상에 대한 무관심이나 집착하지 않는 것이 요가 수행에 수반되어야 한다는 뜻이다. 흔히들, 요가를 하기 위해서는, 금연이나 금주, 금욕, 채식주의 등을 먼저 행해야 한다고 주장하거나 믿는 사람들이 있다. 하지만 이는 잘못 알고 있는 사실들이다. 이러한 생활방식은 필수사항이 아니라, 요가 수행을 지속적으로 함에 따라 결과적으로 나타나는 현상들이다. 건강하지 못한 생활습관들이 얼마나 제한적이고, 억압하고, 자신에게 해를 미치는지, 너무나 잘 알면서도 떨치지 못하고 바둥거리면서 자신을 힘들게 하고 있음을 어느 순간 깨닫게 되는 때가 오게 된다. 그리고, 더 이상 그러한 것들에 의존하거나 필요하지 않음을 인지하는 순간, 자동적으로 쉽게 놓을 수도 있게 된다. 그리하면 어떤 것에도 영향을 받거나 구속을 받지 않을 수 있는 **진정한 자유로움**이 얻어질 수 있게 되는 것이다.

13 *tatra sthitau yatnah abhyasah*

타드라 스티타우 야트나 아비야사

요가 수행을 한다 함은 궁극적인 자유로움에 안착하기 위해 자신과 하는 약속이다.

타트라(tatra): 거기에(궁극적인 자유로움에) / 스티타우(sthitau): 안정적인 / 야트나(yatnah): 자발적으로 분발하는, 노력하는 / 아비야사(abhyasah): 요가 수행

앞의 수트라에서 나온 **아비야사**가, 여기에서도 다시 언급된다. 야비야사는 지속적인 요가 수행을 이어가기 위해선 분발해야 하고 노력이 필요하다는 의미이다.

한국의 천재 피아니스트 임윤찬이 2022년에 열린 반클라이번 국제 피아노 콩쿠르에서, 우승한 공연을 보고 깊은 감동을 받은 적이 있다. 보통의 전공자들에 비해 다소 늦은 나이인 7세때부터 피아노를 배우기 시작해서 만18세라는 최연소의 연주자로서 그러한 영광의 대상을 차지할 수 있기 이전에는, 10년이 넘는 시간 동안 하루에 최소한 12시간씩 연습을 하는 숨은 노력이 있었다. 그런데 그가 수

파탄잘리 요가 수트라

상한 직후 우승 소감을 묻는 인터뷰에서 한 말이 더욱 인상적이었다. "지금도 달라진 건 없어요. 콩쿠르에서 우승했다고 제 실력이 느는 것은 아니기 때문에 계속 연습을 하겠습니다." 그리하여 정상에 오르자 마자, 바로 연습으로 되돌아 가는 그를 향해, 사람들은 괴물급 신동이라고 불렀다. "천재는 1% 재능이고, 99% 노력으로 이루어진다"라는 말을 임윤찬의 예가 그대로 증명해주고 있었다.

아비야사는, 이처럼 어떤 영역이든 마스터나 전문가가 되기 위해선 **지속적인 노력과 헌신**을 수행자가 반복적으로 쏟아야 함을 뜻한다. 그리하여 요가 수행자로서, 궁극적인 자유로움이라는 목표를 성취할 수 있기 위해서는, 오랜 시간 동안 한결같이 꾸준하게 연습할 것이라는 **야트나**, 자신과의 약속을 잘 지킬 수 있어야 한다. 날마다 반복적인 연습과 노력만이 **타트라**, 거기에(의식이 고요함 속에 가라앉은 상태) **스티타우**, 안정적으로 안착할 수 있게 해주기 때문이다.

14   *sa tu dirgha-kala-nairantarya-satkara-asevitah drd-ha-bhumih*

사 투 디르가-칼라-나이란타리야-사트카라-아세비타 드르다-부미

오랫동안 꾸준하게 헌신적인 노력이 지속되면 요가 수행의 뿌리는 확고 해진다.

사(sa): 그것(요가 수행) / 투(tu): 그런데 / 디르가(dirgha): 긴(공간이나 시간이) / 칼라(kala): 시간, 타임 / 나이란타리야(nairantarya): 끊기지 않는, 꾸준하게 / 사트카라(satkara): 흔쾌히, 헌신적으로 / 아세

비타(asevitah): 노력하는 / 드르다(drdha): 확고한 / 부미(bhumih):
토양, 뿌리를 내리는

사(그것)-투(그런데)는 앞 절에서 언급된 **아비야사**(꾸준한 수행과 노력)
를 계속 이어가는 것을 뜻한다. 그런데 여기에 **칼라**(시간)와 **디르가**(길
이) 두 단어가 더해져서, 수행을 오랫동안 해야 한다는 의미가 된다.
마음의 활동을 고요히 가라앉히기 위해서 하는 수행을 만약 일시적
이거나 중도에 멈춘다면, 그러면 나타나는 효과도 마찬가지로 임시
적이고 시간이 지나면서 이전에 이룬 발전이나 진보적 효과도 점차
적으로 흐려질 수밖에 없다.

나이란타리야(끊기지 않는)는, **나이르**(아닌)와 **안타리야**(그 안에 있는)두
단어가 합쳐져서, 중도에 끊지 않고 계속 그 안(수행)에 있어야 한다
는 의미가 된다. 그리고 **사트카라**(대우하는)와 **아세비타**(헌신하는)는, 자
신이 하는 수행을 자율적이고 환대하는 마음으로 즐기면서 꾸준히
행해야 함을 강조하고 있다. 그러면 요가 수행이 의식 안에 확고히
뿌리를 내릴 수 있게 된다.

요가 수행을 일상적인 삶의 자연스런 일부분으로 만들어서 꾸
준히 이어가게 되면, 그에 상응하는 보상과 긍정적인 경험을 얻을 수
있다. 단지 시간이 필요하다. 타고난 정신적 성향과 외부적 시각은
의식 속에 깊이 배여 있는 **삼스카라**에서 나오기 때문에, 이를 바꾸거
나 제거할 수 있기 위해선 그 만큼 오랜 시간동안 꾸준하게 헌신적
인 노력이 지속되어야 하는 것이다.

파탄잘리 요가 수트라

15   *drsta-anusravika-visaya-vitrsnasya-vasikara-samjna vairagyam*

드리쉬타-아누쉬라비카-비사야-비트라스나시야-바시카라-삼기야 바이라기얌

궁극적인 자유는 어떤 욕망에도 흔들리지 않을 수 있는 인간의 식의 극치 상태이다. 어떤 것을 보고, 듣더라도, 심지어 경전에서 약속하고 있는 열매라도, 마음은 더 이상 염원하지 않게 된다.

드리쉬타(Drsta): 보이는 / 아누쉬라비카(Anusravika): 들어본 / 비사야(Visaya): 감각적 대상 / 비트라스나시야(Vitrsnasya): 욕망에서 자유로운 / 바시카라(Vasikara): 조절하는, 컨트롤하는 / 삼기야(samjna): 감각적 마음, 인간의식 / 바이라기야(vairagya): 비집착하는, 궁극적인 자유로움

옛날에 오랜 수행의 결과로 아주 높은 덕과 의식 수준에 다다른 리쉬(Rishi, 성자)가 있었다. 그리하여 **쉬바** 신의 배우자이자 우주적 대모(大母) **파바티**(Parvati) 여신이 앞에 나타나서, 그의 소원을 물었다.

"오, 신성한 리쉬여! 그대가 이룬 높은 덕에 하늘이 감복하였다. 원하는 것이 무엇이든 다 들어주겠으니 말해 보거라!"

그러자 리쉬는 대답하였다.

"저는 단지 모든 욕망으로부터 자유로워지기를 소원합니다."

우리가 직접 눈으로 보았거나 혹은 들어본 어떤 것들(드리쉬타-아누쉬라비카)에 대해 원하는 마음을 내는 것은 **욕망**(Desire)이고, 싫거나 거부하는 마음을 내는 것은 **기피**(Aversions)에 해당한다. 욕망과 기피는 마치 동전의 양면처럼 우리들 삶을 드라이브하는 강력한 원동력이 된다. 동시에 마음의 활동을 가라앉히기 위한 노력에 장애와 방해를 계속 만들어 내는 근본 원인이기도 하다. 어떠한 것들을 원하는 욕망 자체가 해로운 것이 아니다. 단지 마음이 평화롭게 고요함 속에 있을 수 있기 위해선 욕망과 기피의 **비사야**들이 만들어 내는 요란한 소음을 꺼야만 하는 것이다. 지금껏 보거나 들어본 것들에 대한 어떤 기대와 바램, 설령 경전이나 종교에서 말하는 천상의 기쁨이나 보상이라 하더라도, 우리가 마음의 고요함을 얻기 위해 의존하도록 만들기 때문에 궁극적으로 속박하는 파워를 가지고 있다.

비트라스나시야는, 갈증을 의미하는 트라스나(Trasna)에 부정을 뜻하는 비(Vi)라는 단어가 더해져서 만들어졌다. 어떠한 갈증도 없으면 감각기관의 마스터리와 욕망으로부터 자유로움이라는 섬세한 경험상태를 얻을 수 있게 된다. 이처럼 감각기관을 자극하는 대상들에 대한 마스터리, 혹은 **바이라기야**(비집착)는, 많은 소유물들을 가지고 있고 모든 욕망들이 충족되었기 때문이 아니라, 원하는 것이 아주 적어서 쉽게 충족될 수 있기 때문에 일어난다. 감각기관을 조절한다 함은, 자신에 대한 컨트롤을 가진다는 의미이다. 자신이 가진 갈증이나 욕망, 충동, 열정 등에 노예처럼 끌려 다니는 것이 아니라, 완벽하게 조정할 수 있는 마스터의 능력을 가지고 있는 것이다. 그리하여 고

파탄잘리 요가 수트라

요한 마음으로 가라앉는 것에 방해가 되는 어떤 것들도, 설령 경전에서 약속하고 있는 천상의 보물이나 열매라고 하더라도 더 이상 염원하지 않게 된다. 이러한 마스터리는, 어떤 욕망에도 흔들리지 않을 수 있는 인간 의식의 극치상태, 궁극적인 자유로움을 가져준다.

16 tat-param purusa-khyateh-guna-vaitrsnam

탓-파람 푸루샤-크야테-구나-바이트라스남

그리고 최상의 자유란 무한계 의식을 깨달음으로 인해 변화무상한 세상으로부터 완전히 자유로워지는 것이다.

탓(Tat): 이것 / 파라(para): 가장 완전한 / 푸루샤(purusa): 대영혼, 대자아, 무한계 의식 / 크야티(khyati): 인지, 알게 되는 / 구나(guna): 본질적 특성 / 바이트라스남(vaitrsnam): 무심한

앞의 수트라 3절에서 나온, 본래의 모습, 본성적인 **참나(스바루페)** 는, 우리가 평소에 깨어 있는 의식에 속하는 영역이 아니라, 그 너머에 있는 초월적 무한계 의식의 영역에 속하는 **푸루샤**(대영혼)를 의미한다. **푸루샤**는, 우리가 살고 있는 물질적 세상을 의미하는 **프라크리티**(Prakriti, 물질, 유한계 의식)와 반대되는 개념으로서, 일상적으로 깨어 있는 의식 상태와 다른 차원이기 때문에, 정확한 해석이나 이해가 불가능한 단어이기도 하다. 하지만 시인이나 명상가들, 혹은 철학가나 영성 신비주의자들을 통해 희미하나마 **푸루샤** 의식 상태에서 과연 어떤 일들이 일어나고 어떤 경험들을 하게 되는지, 약간의 힌트나 아이

디어를 얻을 수도 있다.

베단타 요가철학에서는, **푸루샤**와 **프라크리티**의 차이점을 바르게 알고 분별할 수 있도록 잘 설명하고 있다. 푸루샤는, 유한계 의식(**프라크리티**)이 무한계 의식(**푸루샤**)을 향해 진화하는 과정에서 **참나**가 가지고 있는 본질적 모습을 다음과 같은 네 단계의 **푸루샤**로 드러내게 된다.

1) 평소에 깨어 있는 상태, 물질적 세상에서의 다양한 삶의 경험들을 즐거움이나 고통 등으로 인식하고 있는 의식 수준은, 바시쉬바나라(Vaishvanara) 푸루샤 단계이다.
2) 꿈을 꾸고 있는 상태의 의식 수준은, 테조마야(Tejomaya) 푸루샤 단계이다.
3) 잠을 자고 있는 상태의 의식 수준은, 프라기야(Prajna) 푸루샤 단계이다.
4) **최상(Supreme)의 푸루샤** 단계는, 하느님, 혹은 신(God)이라고 알고 있는 상태의 의식 수준으로, **이스바라**(Ishvara, 23절 참고)와 동일한 절대적 존재를 의미한다. 의식이 최고로 진화된 단계이지만 물질적으로 어떤 구체적인 형상을 갖추고 있는 것이 아니라, **파라브라만**(Parabrahman)이라는 미형상화된 존재의 상태로 있다. 전체우주에 대한 무제한적인 지식의 씨앗이 담겨있기 때문에 **사르바기야**(Sarvajna)라고도 부른다.

최상의 푸루샤 의식 상태의 경험을 통해 궁극적이고 최상의 자유를 깨달은 이들은, **프라크리티**(물질적 세상, 대자연)의 영역을 가동시키고 있는 세 가지 기본적인 자질들(**구나스**; 라자스, 타마스, 사트바)들의 영향에서도 벗어난다. **구나스**는 어떤 정확한 번역이나 해석이 어려운 단어이지만, "액션(라자스), 비액션(타마스), 조화와 균형(사트바)"라는 대표적인 의미로 이해할 수 있다. 몸과 마음 그리고 모든 외적인 현실과 현상들을 포함하는 물질적 세상은, 세 가지 **구나스**의 상호작용에 의해서 유지되고 있다. 빛과 어둠을 나타내는 **사트바**와 **타마스**, 그리고 두 상반되는 에너지들 중간에 있는 **라자스**의 작용에 의해, 대자연적 현상이 유지되고 돌아가게 되는, 가장 기본적이고 근본적인 원동력들을 **구나스**가 의미한다. 하지만 **구나스**는 **프라크리티**의 영역에 속하며, 진정한 셀프, 대자아(大自我)의 영역을 나타내는 **푸루샤**에는 속하지 않는다.

　　에고가 이러한 **구나스**의 영향으로부터 무심할 수 있을 때, 가장 완전한 단계의 비집착 상태, 무한계 의식을 깨닫고 세 가지 **구나**들이 만들어 내는 변화무상한 세상으로부터 완전히 자유로워질 수 있게 된다.

　　여기에서 파탄잘리가 말하는 비집착상태는 목적을 이루고 나면 그냥 무시할 수 있는 임시적 상태가 아닌, 완전한 비집착상태를 의미한다. **구나스**라고 하는 가장 기본적인 자질들에 대해서조차 무심할 수 있는 완전한 비집착상태는, 진정한 셀프에 대한 인지가 있을 때만

도달할 수 있게 된다. 그렇지 않으면, 언제든 다시 집착이 생겨날 가
능성이 있다.

파탄잘리 요가 수트라

◆ 마음의 활동이 고요히 가라앉은 사마디 상태(17-19절)

17 *vitarka-vicara-ananda-asmita-anugamat-sampraj-natah*

비타르카-비차라-아난다-아스미타-아누가맛-삼프라기얀타

고요히 가라앉아 있는 마음은 사마디(Samadhi) 라고 알려져 있다. 삼프라기얀타(Samprajyanta) 사마디 상태에서는, 마음의 활동이 단계적으로 일어나면서 고요히 가라 앉는다. 먼저 표면적 단계에서 고요함을 느낀다. 다음은 보다 섬세한 레벨에서 고요함을 느낀다. 그런 다음에 환희의 느낌이 오게 된다. 마침내는 순수존재의식 자체로 있게 된다.

비타르카(Vitarka): 몸에 대한 의식이 있는 상태, 표면적 단계의 고요함 / 비차라(Vicara): 섬세한 의식 상태의 고요함 / 아난다(Ananda): 환희의식 / 아스미타(Asmita): 순수존재의식 / 아누가맛(Anugamat): 연관된 / 삼프라기얀타(samprajnatah); 순수의식의 사마디(아직 마인드와 명상수단을 통해서 사마디를 얻는 의식 수준)

사마디는 요가의 궁극적인 목표로서, 마음의 활동들이 모두 고요히 가라앉아 의식이 안정되어 있는 상태를 의미한다. 그런데 아무런 의식도 남아 있지 않는 무의식(無意識) 상태와 비슷한 의미에서의 무아(無我)의 경지에 들어가는 것이 **사마디**라고 오해하는 이들이 많다. 진정한 의미에서의 **사마디**란, 표면적 의식 수준에서는 여전히 개인적 자아(自我)의 감각을 유지하고 있지만, 그러나 내면의 의식 수준은 인간의 의식이 경험힐 수 있는 최상의 순수의식 상태, 어떠한 사의식의 흔적도 작동하지 않는 가장 깊숙한 상태까지 닿아 있는 상태를 의미한다.

사마디에는 두 가지 두 유형이 있다;

1) **사비자(Sabeeja, "씨앗이 남아 있는") 사마디:** 순수의식의 완전한 집중과 환희를 경험하고 있지만, 여전히 "자아(自我)와 대상(大相)"이 구분되는 이중성(二重性, Duality)이 남아 있다. 내(주체)가 명상법(대상, 객체)을 이용해 명상을 하고 있다는(과정) 의식이 별개로 인지되고 있는 **사마디** 상태이다. 아직 완벽한 깨달음의 수준에 도달한 상태는 아니기 때문에, 여전히 환생을 거듭하는 윤회의 법칙에서 완전히 자유롭지 못하다.

2) **니르비자(Nirbeeja, "아무런 씨앗도 남아 있지 않은") 사마디:** 순수 존재의식과 완전히 합일을 이루는 의식 상태이다. 어떠한 분리나 이중성도 모두 사라지고, 개인의식이 우주의식(**푸루샤**)과 완전히 하나가 되는 **사마디** 상태를 의미한다. 석가모니처럼, 더 이상 환생을 하지 않는 완벽한 깨달음의 수준에 도달한 가

파탄잘리 요가 수트라

장 높은 단계의 의식적 수준이다.

먼저 1번째의 사비자 사마디에서는, 의식이 4단계를 거쳐서 순수의식 상태에 안정될 수 있게 된다. 사비자 사마디에는 두 가지 유형이 있는데, (1) 삼프라기얀타, 그리고 (2) 아삼프라기얀타 사마디이다. 삼프라기얀타 사마디에 도달할 수 있기 위해선 먼저 의식이 신체나 물질적 영역에서 완전히 자유로워져야 한다. 그런 다음에 아삼프라기얀타 사마디가 뒤따르게 된다.

삼프라기얀타 사마디에는 총 4단계가 있다. 각 4단계 마다, 그에 상응하는 4단계의 아삼프라기얀타 사마디가 뒤 따라서 나타나게 된다.

1단계 — 비타르카(Vitarka) 사마디: 시공의 요소가 남아 있는 표면적 레벨에서 느끼는 고요함, 내적인 통찰력이 정화된 **통찰의식 상태**
2단계 — 비차라(Vichara) 사마디: 시공의 요소가 남아 있지 않은 보다 섬세한 레벨에서 느끼는 고요함, 의식이 과거 혹은 미래가 아닌, 현재에 머무르는 **현재의식 상태**
3단계 — 아난다(Ananda) 사마디: 마음에 대한 의식이 남아 있고 환희의 경험이 동반되는 고요함, 환희에 젖어 있는 **환희의식 상태**
4단계 — 아스미타(Asmita) 사마디: 자의식(自意識)이 순수의식(純水意識) 자체로 있는 고요함, 개인 의식이 정화되어 있는 **순수존재의식 상태**

삼프라기얀타 사마디는, 마음의 활동을 고요히 가라앉히기 위해서
여전히 어떤 외부적인 수단에 의지를 하고 있는 상태이다. 1단계와 2
단계에서는, 마음이 집중할 수 있도록 어떤 명상법이나 대상을 선택
하여 그에 대한 추론과 반영을 하고 있는 **사마디** 상태이다. 1단계와 2
단계 사마디의 고요함의 상태가 지속되면, 3단계, 4단계와 연관된 환
희와 순수존재의식 자체로만 있는 사마디를 경험할 수 있게 된다.

18   *virama-pratyaya-abhyasa-purvah samskarase-so'nyah*

비라마-프라티야야-아비야사-푸르바 삼스카라스-안야

고요히 가라앉거나 움직임이 멈추는 마음의 경험들을 반복하
다 보면 또 다른 형태의 사마디를 얻게 된다. 전생의 경험에 대
한 잠재적 인상만 남아 있는 사마디이다.

비라마(Virama): 멈추는 / 프라티야야(Pratyaya): 생각, 마음의 경험
들 / 아비야사(Abhyasa): 반복하는, 요가 수행 / 푸르바(purvah): 이
전에 오는 / 삼스카라(samskara): 남아 있는 흔적, 잠재적 인상, 잠재
의식
안야(anyah): 다른 사마디(아삼프라 사마디)

아삼프라기얀타 사마디는, 아무 것도 없는 "공(空)"의 상태를 내용
물로 가지고 있는 사마디이다. **삼프라기얀타** 사마디 뒤를 따라서 나타
나게 된다. 각 4단계마다 마음의 경험들이 고요히 가라앉거나 멈추
는 과정들을 반복하는 수련들을 계속하면, 의식意識이 해당하는 삼

프라기얀타 사마디에 단계적으로 안정될 수 있다. 그런 다음에 아삼프라기얀타 사마디에도 단계적으로 도달하게 된다. **아삼프라기얀타 사마디** 단계에서는 비록 아무런 마음의 내용물도 들어 있지 않지만, 전생에 했던 경험들에 대한 희미한 인상들이 "업(業), 혹은 공(ㅎ)"의 형태로 남아 있다. 그러므로 아직까지 윤회의 사이클에서 완전히 벗어날 수 있는 최고의식 수준의 단계는 아니다. 여전히 의식에는 자의식自意識의 "씨앗"이 아직 남아 있기 때문에, **삼프라기얀타**와 **아삼프라 사마디**들은 모두 **1번째의 사비자**(Sabeeja, 씨앗이 있는) **사마디**에 속한다.

19 *bhava-pratyayo Videha-prakrti-layanam*

바바-프라티야요 비데하-프라크르틸라야남

이러한 사마디는 육체가 없는 영혼들이나 이미 생명의 자궁 안에서 환생을 기다리고 있는 모든 영혼들에게 공통적인 경험상태이다.

바바-프라티야요(Bhava-pratyayo): 생명으로 태어나는, 환생 / 비데하(Videha): 육체가 없는 영혼 / 프라크르-틸라야남(prakrti-laya-nam): 프라크리티와 일체가 된 영혼, 환생을 기다리고 있는 영혼

아삼프라기얀타 사마디는, 아직 육체를 가지지 않았지만, 그러나 태어나기 위해 에너지 형태로 어딘가에서 생명의 환생을 기다리고 있는 영혼들이 공통적으로 경험하고 있는 상태를 나타낸다. 파탄잘리에 의하면 아직 **삼스카라**(전생의 흔적이나 인상)가 남아 있는 탓으로 언

젠가 육체를 가진 존재로 환생을 해야 하는 영혼 들에는 두 가지 유형이 있다.

1) 아직 육체가 없거나 혹은 어딘 가에서 생명의 형태로 환생을 기다리고 영혼들이 있다. 이들이 더 높은 단계의 **삼프라기얀타 사미디**를 얻고자 한다면 수행을 계속 할 수 있는 육체가 필요하다. 그래서 환생을 해서 오랜 시간에 걸쳐 필요한 수련들을 반드시 이행해야 한다.

2) 더 높은 단계의 **삼프라기얀타 사마디**를 현생에서 바로 얻을 수 있는 영혼들이 있다. 이러한 유형의 영혼들은, 사마디를 얻기 위해 사전에 아무런 수련단계들을 거치지 않아도 된다. 이미 전생에서 수행을 행한 결과로 물질계(**프라크리티**)와 완전히 합일을 이루었기 때문이다.

하지만 두 번째 유형의 영혼들은 찾아보기가 아주 드물다.

4단계의 삼프라기얀타 사마디들은, 육체를 가지고 환생한 영혼이 다양한 수련이나 명상수행법을 인내심과 열정으로 규칙적으로 행하다 보면 체계적으로 도달할 수 있게 된다. 비록 사람마다 얼마나 열심히, 믿음이나 신념, 용기를 가지고 헌신적으로 수행을 했는가에 따라 순수의식 **사마디** 경험의 강도는 다를지라도, 빨리 오든 나중에 오든, 언젠가는 이러한 **사마디**들에 단계적으로 도달할 수 있게 된다. 하지만 간혹, 현생에서 아무런 수행을 한 적도 없는데 이러한 **사마디** 상태를 쉽게 경험하는 사람들을 볼 수 있다. 이들은 태어날 때 이미 과거 전생의 카르마 흔적들을 그대로 가지고 있기 때문이다. 태어나자마자 탁월한 재능이나 특별한 능력들을 전시하는 신동이나 천재 같은 이들, 혹은 라마나 마하리쉬처럼 아주 어릴 때부터 높은 의식 수준의 징후들을 보이는 요기들 등과 같은 이들이, 이러한 경우에 해당한다.

◆ 사마디를 얻을 수 있는 방법(20-22절)

20 *sraddha-virya-smrti-samadhi-prajna-purvaka*
itaresam

쉬라다-비르야-스므르티-사마디프라기야푸르바카 이타레샴

**육체를 가진 이들에게 이러한 사마디는 믿음, 인내, 상기, 평정,
그리고 지혜를 통해서 오게 된다.**

쉬라다(Sraddha): 믿음, 신념 / 비르야(Virya): 에너지, 인내 / 스므
르티(Smrti): 기억, 상기 / 사마디-프라기야(Samadhi-prajna): 사마
디에서 오는 평정, 지혜 / 푸르바카(purvaka): 앞에 오는 / 이타레샴
(itaresam): 다른 사마디들

태어나자마자 바로 높은 의식 수준의 사마디를 얻을 수 있는 두
번째 유형의 영혼들은 아주 드물다. 대다수의 범인(凡人)들은 다양한
기법이나 명상법들을 통해 오랫동안 헌신적이고 한결 같은 노력으
로 수련과 수행을 행해야 사마디 경험을 얻을 수 있게 된다.

먼저 **쉬라다**(믿음, 신념)를 통해서 올 수 있다. 쉬라다가 뜻하는 믿

파탄잘리 요가 수트라

음이나 신념은 "눈 먼 믿음이나 확고한 신념"이 내포하고 있는 어떤 부동성의 뉘앙스와 기본적으로 다르다. 쉬라다는 "진실(쉬라), 잡고 있다(다)"라는 의미의 두 단어가 합쳐져 이루어진 말이다. 보다 정확하게 풀이한다면 쉬라다는 "진실을 잡고 있는"이라는 의미로 어떤 진리나 진실을 희미하나마 체험적으로 이해한 후에야 그에 대한 믿음, 신념이 생겨날 수 있고 또 붙잡고 있을 수도 있는 것이다. 비록 직접적인 체험이 없더라도 책이나 경전, 혹은 구루나 스승을 통해서 이러한 순수의식 상태에 대한 간접적인 경험이라도 할 수 있으면, 믿음과 신념으로 더 섬세한 **사마디** 경험을 향한 부단한 노력을 기울일 수 있다.

비르야는 강한 인내력, 신체적 정신적 저력, 에너지 등을 뜻한다. 사마디를 경험할 수 있기 위해선 요가 수행을 하는데 생겨나는 많은 장애물들을 헤쳐갈 수 있도록 용기와 인내심, 강한 의지력이 필요하다는 의미이다. 아무리 힘들고 어려운 시련이나 일들이 생기더라도 포기하지 않고 계속 나아갈 수 있으면, 언젠가 준비가 되었을 때 순수의식의 사마디에도 도달할 수 있다. 그러기 위해서는 약해지기 쉬운 마음을 완전히 컨트롤할 수 있어야 하며, 그처럼 다스려진 마음은 에너지와 저력, 인내심으로 가득하다.

스므르티(기억, 상기)는 **디야나**(Dhyana, 명상)와 연관성이 있다. 명상을 하는 동안 명상의 대상(심볼, 만트라 등)를 기억하고 있어야 함을 뜻한다. 명상을 하기 위해 눈을 감으면 자동적으로 올라오는 온갖 생각과 감정, 망상, 상념들에 사로 잡혀서, 마음의 활동들이 고요히 가라앉아야만 경험할 수 있는 **사마디**에 도달하기가 어렵게 된다. 그러한 때, 기억과 상기를 통해 평상시의 의식이 순수의식의 **사마디** 상태로 가라앉을 수 있게 된다.

이러한 **사마디** 경험이 안정적으로 되면, 사마디의 본질적 자질인 평정심과 지성, 지혜가 표면으로 드러나게 된다.

요가 철학에 따르면, 두 가지 타입의 지성이 있다.

1) 일상적인 삶을 잘 꾸려 갈 수 있게 하는 일반적 의식 수준에서의 지성이 있다. 물질적 세상 차원에서 다양한 책임이나 임무, 역할들을 성공적으로 이행하는데 필요한지성이다.

2) 보다 높은 의식 수준에서의 지성이 있다. 앞에서 나온 다른 사마디에서 얻어진 지혜로서, 다음 단계인 **아삼프라기야 사마디**를 향해 빠른 진보와 진화를 할 수 있게 하는 순수지성의 파워이다. 대다수의 범인(凡人)들은 아직 이러한 수준의 지성이 계발되지 않은 상태이지만, 꾸준한 수련과 수행을 통해 깨우칠 수 있게 된다.

21   *tivra-samveganam-asannah*

티브라-삼베가남-아사나

아주 간절히 원하는 이들에겐 이내 찾아올 수 있다.

티브라(Tivra): 간절히 / 삼베가남(Samveganam): 강한 바램을 가진 이들 / 아사나(asannah): 아주 가까운

이러한 사마디에 대한 욕구가 강렬하고 간절한 이들에겐 순수의 식과 **푸루샤** 의식이 합일되는 **사마디**가 아주 가까이에 있다.

22 *mrdu-madhya-adhimatratvat-tato'pi visesah*

므르두-마디야-아디마트라트밧-타토피 비세샤

하지만 각자의 그릇에 따라 사마디 경험도 급이 다르다 — 미미하거나, 적당하거나, 혹은 강력하다.

므르두(Mrdu): 마일드한, 미미한 / 마디야(Madhya): 중간 정도 / 아디마트라-트밧(Adhimatratvat): 강렬하기 때문에 / 타토피(tato'pi): 또한, 그에 더한 / 비세샤(visesah): 특별한, 특정한

사마디를 이루고자 하는 욕구나 충동이 간절하고, 수행의 노력도 강렬한 사람일수록 그만큼 빠르게 사마디를 성취할 수 있을 것이다. 그런데 같은 스승이나 시스템 안에서 똑같은 방식으로 배움과 수행을 동시에 시작하였지만, 어떤 사람은 **사마디**에 빨리 도달하는 반면, 또 어떤 사람들은 10년, 20년이 지나도 여전히 제자리 걸음인 경우들을 흔히 볼 수 있다. 이는 비단 명상 수행자들뿐만 아니라, 어떤 다른 배움이나 세상사에 있어서도 마찬가지이다. 간절함이나 진심, 성심은 세상을 살아가는 데 있어, 그리고 수행자로서 가장 기본적으로 갖추어야 하는 정신적 자세이다. 그들이 원하는 목적이나 목표에 얼마나 빨리 도달할 수 있을지 하는 것은 그가 가진 간절함과

진심의 강도에 달려있기 때문이다.

어떤 기법을 배워서 수행을 시작할 때, 많은 사람들이 처음에는 아주 열정적이고 열심히 하지만, 시간이 지날수록 점점 더 강도가 약해지는 예들이 흔히 있다. 그래서 아무리 오랫동안 명상을 하고 수행을 했더라도 미미한 **사마디** 경험도 세내로 언시 못할 뿐 아니라, 영석인 진화나 진보도 그만큼 더딜 수밖에 없다. 모두 사람마다 타고난 열정이나 그릇의 크기가 **다르기** 때문이다. 어떤 사람은 그저 **미미한** 정도(**므르두**), 또 어떤 사람은 **중간 정도**(**마디야**), 혹은 **아주 강력한** 정도(**아디마트라-트밧**)의 열정을 쏟을 수 있는 그릇으로 타고 났다. 그리하여 경험하게 되는 사마디의 자질도 각자의 열정과 그릇 크기에 따라 달라질 수밖에 없다.

아주 강력한 수준의 열정을 가지고 태어난 사람들은 그만큼 드물면서 특별하다(**비세샤**). 이러한 수행자들은 일단 수행을 시작하게 되면 최상의 사마디를 향한 목적이 달성될 때까지 쉬지 않고 정진하기 때문에, 원하는 결과나 결실도 빨리 맺을 수 있게 된다.

◆ 가장 쉽게 사마디를 얻는 법 — 로드에게 헌신과 귀의(23절)

23   *isvara-pranidhanad-va*

이스바라-프라니다나드-바

이러한 사마디는 요가의 로드에게 완전한 귀의를 함으로써 올
수도 있다.

이스바라(Isvara): 절대적 신의 존재, 요가의 로드 / 프라니다나
(Pranidhana): 헌신 / 바(va): 혹은

우리가 살고 있는 물질적 세상은 유한계 의식(**프라크리티**)의 지배
하에 있고, 그 너머에 있는 정신적 영적 세상은 무한계 의식(**푸루샤**)
의 지배하에 있다. **프라크리티**는, 자아(自我), 나, 셀프(self) 등을 의미하
는 개인적인 소영혼, **푸루샤**는, 대자아(大自我), 참나 혹은 셀프(Self) 등
은 우주적인 대영혼을 의미한다. 신神(God), 로드(Lord), 혹은, 절대적
대존재大存在가 가진 순수성을 특히 강조하는 **푸루샤**는, 하늘의 창조
주를 칭하는 "하느님"과 통하는 의미이기도 하다.

이스바라도, 푸루샤와 마찬가지로 어떤 절대적인 신, 로드를 의미한다. 그러나 사랑, 자애심, 자비로움, 은혜, 보호, 전지전능함 등 인간적으로 보다 더 친밀하고 가깝게 느낄 수 있는 자질들을 포함하고 있다.

다양한 문화나, 종교, 믿음마다 **푸루샤**를 각사 나르게 표현하고 있다. 그러나 공통적으로 공유하고 있는 제한성은, 범인(凡人)들이 가진 유한계 의식으로 **푸루샤**를 분명히 이해하고 인지하기에는 너무 추상적인 존재라는 사실이다. 오감으로 확인할 수 있는 어떤 형태가 없거나, 평상수준의 지성이나 이지로는 추론이 불가능한 것에는, 범인(凡人)들의 마음이 가진 제한성으로 인해 잘 실감하거나 집중할 수가 없기 때문이다. 그래서 **푸루샤**보다는 **이스바라**로 대체하게 되면, 수행자가 보다 직접적이고 개인적으로도 교류가 가능하다. **이스바라**는, 어떤 우상(偶像)이나 신(神)적인 존재가 될 수 있다. 하느님, 예수님, 부처님, 알라, 삼신(三神) 할머니, 혹은 라마, 크리슈나, 쉬바 같은 수많은 힌두 신들 등등. 어떠한 대상이나 신(God)을 **이스바라**로 선택하는 가는 중요하지 않다. 수행자 개인의 하트와 공감대, 연(然)이 닿는 로드(Lord)를 선택하게 되면 보다 쉽게 마음이 집중할 수 있는 채널이 될 수 있는 것이다.

그리하여 엄격한 수련이나 오랜 수행을 할 때 얻어지는 **사마디**들과 마찬가지로, 수행자가 선택한 **이스바라**에 절대적인 헌신과 내맡김을 하게 되면, 그에 상응하는 **사마디** 경험들을 얻을 수 있게 된다.

◆ 요가의 로드의 본성과 파워(24-26절)

24 *klesa-karmavipaka-asayair-aparamrstah puru-sa-visesa isvarah*

클레샤-카르마비파카-아사야이르-아마라므르쉬타 푸루샤-비세샤 이스바라

요가의 로드란 삶이 내포하는 모든 고통이나 불행 너머에 존재하는 대자연의 특별한 힘을 일컫는다. 그분은 어떠한 행위로도 오염되지 않으며, 모든 인과의 법칙으로부터 자유롭다.

클레샤(Klesa): 손상, 오염, 요가 수행의 장애물 / 카르마-비파카(Karmavipaka): 행위의 열매, 혹은 결과 / 아사야이르(Asayair): 삼스카라의 흔적, 인과의 법칙 / 아파라므르쉬타(aparamrstah): 손길이 안 간, 닿지 않는 / 푸루샤-비세샤(purusavisesa): 특별한 소울, 영혼 / 이스바라(isvarah): 신, 대자연, 요가의 로드

이스바라, 혹은 푸루샤라고 하는 절대적 신(God)이 가진 본성(本性)에 대한 부차적 설명이다. 파탄잘리는 개인적으로 어떤 신(神)을 믿거나 섬기지 않는다. 여기에서 파탄잘리가 가리키고 있는 신(God)은 너

무나 순수하고 완전해서 어떠한 카르마의 흔적이나 인과법칙으로부터 자유로운, 절대적인 영적 의식을 의미한다. 그런데 유한계 의식을 가진 범인(凡人)들이 이러한 높은 영적 의식 수준의 신을 깨달을 수 있기 위해선, 먼저 자신들이 가진 한계성을 인지하고 또 극복할 수 있게도 해주는 중간 매개체, 이스바라가 필요하다. 이스바라는, 하느님이나 내사인과 같은 절내적이고 전시전능한 파워를 가신 존재인 동시에 불교에서의 석가모니 부처님, 개신교에서의 하나님, 이슬람교에서의 알라 신(神) 등과 같은 보다 개인적이면서 유일신적 의미도 같이 포함하고 있다.

이러한 신을 깨달을 수 있기 위한 대표적인 명상기법이나 요가 수행법들로, 상키야 요가, 라자 요가, 하타 요가, 만트라 요가, 카르마 요가, 라야요가, 탄트라 요가 등을 꼽을 수 있다. 하지만 이러한 모든 수행법들의 근원에는, 절대적인 신의 존재에 개인의식을 완전히 내맡길 수 있는 믿음과 헌신적 능력이 전제로 깔려 있다. 저잣거리에 사는 무지한 일반인들이거나 높은 의지와 지성을 자랑하는 엘리트 철학자들이거나 상관없이, 내면에서의 믿음과 헌신적 자질들을 일깨울 수 있는 박티 요가(Bhakti Yoga) 수행이 동시에 수반되어야 하는 것이다. 만약 이스바라라는 개인적으로 섬기는 신(神)이 있으면 하트에서 박티(헌신적 느낌)를 보다 원만하게 일으킬 수 있게 된다.

이스바라는 영생불멸의 셀프, 푸루샤가 수행자의 하트와 닿을 수 있도록 어떤 구체적 형태, 신상(神像)의 모습을 갖춘 것이다. 동시에,

유한계 의식의 정반대인 무한계 의식을 가진 절대적 존재(存在)로서, 어떤 오염이나 흠도 없는 완벽한 순수성 자체이다. 그는 삶이 내포하는 모든 고통이나 불행 너머에 존재하는 대자연의 특별한 힘이기 때문에, 생명을 가진 이들이 현상계 세상에서 경험해야 하는 어떠한 무지, 불행, 욕망, 쾌락이나 고통도 그에게 닿거나 오염이나 영향을 미칠 수가 없다. 그리고 모든 행위나 액션에는 그에 상응하는 효과, 반응, 리액션이 있다고 하는, 물질계 세상에서의 인과법칙으로부터 완전히 자유롭다.

25 *tatra niratisayam sarvajna-bijam*

타트라 니라티샤얌 사르바기야-비잠

그분 안에 모든 상대적 절대적 지식의 가장 근원적인 씨앗이 담겨 있다.

타트라(tatra): 거기에(로드의 품 안에) / 니라티사얌(niratisayam): 무궁한, 모든 상대적 절대적 지식 / 사르바기야(sarvajna): 전지전능한, 가장 근원적인 / 비잠(bijam): 원칙, 씨앗

이스바라는, 모든 것을 알고 있을 뿐만 아니라 앎 자체이다. 이스바라의 품 안에는, 상대적 절대적으로 무궁한 지식(니라티사얌)들을 얻을 수 있는 가장 근원적인 씨앗이 담겨 있기 때문이다. 그러므로, 이스바라와 합치(요가)를 통해 최상의 지식들을 모두 얻을 수 있게 된다. 이지적인 지식뿐만 아니라, 지혜와 직관의 눈을 통해 전우주적(사르바기야) 지식들도 같이 얻을 수 있다.

26 *purvesamapi guruh kalena-anavachchhedat*

푸르베사마피 구루 칼레나-아나바츠치헤달

그분은 시공 너머에 존재하는 초월적 힘으로, 가장 원초적인 전통의 스승들조차 가르친 최상의 스승이다.

푸르베삼마피(purvesamapi): 그 전에 온 이들 / 구루(guruh): 위대한 티처, 스승 / 칼레나(kalena): 시간상으로 / 아나바츠치헤달(anav-achchhedat): 조건이나 제약을 받지 않는

이스바라는, 이전에 온 어떤 성자들이나, 혹은 예수님이나 석가모니처럼 가장 원초적인 전통의 스승들조차 가르친 최상의 위대한 스승(구루)이기도 하다. 참나, 대자아(大自我), 셀프(Self)를 깨달은 **푸루샤**로서, 시간의 공간의 제약 너머에 존재하는 초월적 힘(**칼레나-아나바츠치헤달**)을 가지고 있기 때문이다.

27   *tasya vachakah pranavah*

타시야 바차카 프라나바

그분은 신성의 소리(만트라) "옴(OM)"을 통해 표현되고 있다.

타시야(tasya): 그것의, 그분의 / 바차카(vachakah): 나타내는, 표현
하는 / 프라나바(pranavah): 신성의 소리, 옴(AUM)

수행을 하는 요기들에게 가장 신성한 소리, 만트라 "옴(AUM)"
은, 인류 역사상 가장 오래된 소리들 중에 하나로도 알려져 있다. 현
재까지의 역사적 기록에 의하면, 인류 최초로 문자를 사용한 수메
르(Sumer) 문명보다 훨씬 더 이전부터, 고대 사상가나 사제들이 "옴
(AUM)"이 가진 신성한 소리의 파워를 알고 비밀리에 사용했던 것
으로 알려져 있다. 그런데, 약 5,000여 년 이전에 인도-아리안(Indo-
Aryan) 부족들이 고대인도로 이동해 오면서, "옴(AUM)"의 파워에 대
한 지식들도 같이 유입한 것으로 추측되고 있다.

신성의 소리가 "옴(AUM)"은 **이스바라**를 나타내는(바차카) 소리이기 때문에, 반복하게 되면 그분의(타시야) 절대적인 파워를 깨달을 수 있게 된다. 그래서 고대인도의 베다 경전들은 한결같이 "옴(AUM)"의 소리가 가진 중요성에 대해 강조하고 있으며, 대부분의 만트라들이 옴으로 시작하여 옴으로 끝나고 있다.

28 *taj-japas-tad-artha-bhavanam*

타즈-자파스-타드-아르타-바바남

계속해서 반복 진언하다 보면 신의 소리가 함유하고 있는 본질을 깨닫게 된다.

타즈(Taj): 그것(옴) / 자파스(Japas): 말이나 글을 반복하는 / 타드 (Tad): 그것(신성의 소리) / 아르타(artha): 의미, 뜻 / 바바남(bhava-nam): 마음 속으로 계속 떠올리는, 진언하는

옴 명상법은 가장 오래되고 지금까지도 가장 널리 행해지고 있는 요가 수행법이다. 파탄잘리는 옴(AUM)이 **이스바라**의 심볼이기 때문에 반복해서 진언(자파스)하다 보면, 옴 소리가 내는 진동이 서서히 의식 속에 깊이 스며들면서 옴이 가진 의미와 효과를 깨달을 수 있다고 하였다. 옴을 소리 내어 반복하면, 옴 소리의 이면에 있는 보다 섬세한 파장이 의식을 내면으로 향하게 한다. 내면으로 향하는 의식이 점차적으로 마음의 활동을 가라앉히면서 오랫동안 고요함의 상태에 머물 수 있게 되고, 옴과 **이스바라**의 의미도 선명하게 깨달을 수 있게 한다.

반면에, 명상을 할 때 의식의 초점을 어떤 추상적인 개념에 맞추게 되면, 구체적인 형상(形象)이나 **이스바라** 로드의 이미지에 맞추는 것보다 집중을 하기가 훨씬 더 어려워진다. 마음의 활동들이 일으키는 상호작용으로 인해서 우리의 마음이나 의식은 쉽게 흩어지고 방황하는 본성을 가지고 있기 때문이다. 그런데 그것의 소리(옴)를 반복해서 외우다 보면 신성한 소리가 내는 파장이 **이스바라**의 최고 본질적 파워에 상응하기 때문에, 그것의 의미를 깨닫고 바로 사마디로 갈 수 있게 된다.

가네샤(Ganesha) — 장애물의 로드

파탄잘리 요가 수트라

◆ 수행의 길에서 만나는 장애와 방해, 그리고 극복하는 법(29-31절)

29   *tatah pratyakchetana-adhigama'py-antaraya-abha-vas-cha*

타타 프라티야체타나-아디하마피-안타라야-아바바스-차

그리하면 마음이 내면으로 향하게 되면서 의식의 진화를 가로막고 있는 장애물들도 사라질 수 있다.

타타(tatah): 그리하면(옴 명상을 하게 되면) / 프라티약(pratyak): 내면으로 / 체타나(Chetana): 의식, 주의 / 아디가마(Adhigama): 깨닫는, 진화하는 / 아피(Apy): 또한, 그리고 / 안타라야(Antaraya): 장애물, 방해 / 아바바(Abhavah): 결여, 사라지는 / 차(cha): 그리고

질병, 무관심함, 의심, 의혹, 주의 부족, 게으름, 탐닉, 혼란, 불안정함, 그리고 정체된 듯한 느낌들이 의식의 집중을 가로막고 주의를 흩어지게 만드는 주요 장애물들이다. 그런데 옴 명상을 하게 되면 외부로 향하던 의식이나 주의가 반대의 방향인 내면으로 향하면서 그동안 마음의 선명함, 의식의 진화를 가로막고 있던 이러한 안개들도 사라질 수 있게 한다.

30 *vyadhi-styana-samsaya-pramada-alasya-avirati bhrantidarsana-alabdhabhumikatva-anavasthitat-vani chittaviksepas-te'ntarayah*

비야디-스티야나-삼사야-프라마다-알라스야-아비라티 바란티-다르샤나-알라브다-부미카트바-아나바스티타트바니 치타비크세파스-덴타라아

의식의 진화를 막고 있는 장애물들은; 질병, 피로, 의심, 주의부족, 게으름, 집착, 허상, 사마디에 들지 못하는 것, 사마디를 유지하지 못하는 것이다.

비야디(Vyadhi): 질병 / 스티야나(Styana): 멍청함, 피로 / 삼사야 (Samsaya): 의혹, 의심 / 프라마다(Pramada): 주의부족 / 알라스야 (Alasya): 게으름 / 아비라티(avirati): 쾌락을 갈망하는, 집착 / 바란티-다르샤나((bhranti-darsana): 잘못된 상想을 만드는, 허상 / 알라브다-부미카트바(alabdha-bhumikatva): 더욱 섬세한 상태, 사마디에 들지 못하는 / 아나바스티타트바니(anavasthitatvani): 불안정적인, 사마디를 유지하지 못하는 / 치타-비크세파스(chitt-aviksepas): 마음에 장애가 되는 / 테(te): 그들 / 안타라야(antarayah): 장애, 방해

의식의 진화를 막고 있는 장애물(**치타-비크세파스**)에는 아홉 가지 유형이 있다.

1) 정신적 육체적 질병에 걸리는 것(**비야디**)
2) 멍청하거나 피로함으로 정신이 둔한 것(**스티야나**)
3) 의혹과 의심하는 마음(**삼사야**)

파탄잘리 요가 수트라

4) 마음이 흩어지고 주의가 부족한 것(프라마다)

5) 정신적 육체적으로 게으른 것(알라스야)

6) 욕망이나 쾌락에 집착하는 것(아비라티)

7) 공상과 상상으로 허상을 만들어 내는 것(바란티-다르샤나)

8) 의식이 섬세한 사마디 상태에 들지 못하거나(알라브다-부미카트바)

9) 사마디 경험을 했더라도 안정적으로 유지하지 못하는 것이 요가 수행에 방해를 만들어 내는 것들이다.(아나바스티타트바니)

이러한 장애물들은 요가 수행을 하는 과정에서 언제든 반드시 오게 되어있다. 가볍게는, 배탈이 나서 아프거나, 감기에 걸리거나, 머리가 아프거나, 혹은 보다 심각하게는, 피, 혈압, 장기 등의 손상으로 수술이 필요하거나 등과 같은 크고 작은 질병들은 살다 보면 누구도 피해할 수 없는 삶의 일부분이다. 이처럼 몸이 불편하거나 건강하지 못하고, 게으르거나 정신이 둔하며, 주의도 산만하고, 감정이나 감각적 욕망에 집착하면, 아무리 수행을 하려하거나, 오랫동안 명상을 한다고 하더라도 섬세한 의식 수준의 **사마디** 상태를 성취하기가 어렵다. 가뭄에 콩 나듯이 잠시 명료한 **사마디** 경험을 한다고 하더라도 안정적으로 유지하기가 어려울 수밖에 없다.

31 *duhkha-daurmanasya-angamejayatva-svasa-prasva-sa viksepa-saha-bhuvah*

두카-다우르마나시야-안가메자야트바-스바샤-프라스바샤 비크세

파-사하-부바

이러한 장애물들은 신체를 불안정하게 하고, 호흡을 거칠게 하며, 마음을 흩트린다. 그리하여 삶의 고통을 가져온다.

두카(Duhkha): 고통, 아픔 / 다우르마나시야(Daurmanasya): 우울함, 괴로움 / 안가메자야트바(Angamejayatva): 몸이 흔들리는, 신체가 불안정적인 / 스바사-프라스바샤(svasaprasvasa): 들숨과 날숨 / 비크세파(viksepa): 회피, 의식이 흩어지는 / 사하-부바(saha-bhu-vah): 연관된 효과들

마음이나 주의를 한결같이 안정적으로 유지 못하는 주요 원인이 신체적이거나 정신적이거나 여러 가지가 있다. 그래서 요가 수행자이든지, 평범한 사람이든지, 이러한 장애물과 그들이 미치는 영향력에 잘 휘말릴 수밖에 없다. 요가나 명상을 전혀 해본 적이 없는 수없이 많은 사람들에게 이러한 장애물들은 아주 당연하고 정상적으로 느껴질 만큼 이미 조건화가 된 경우도 많이 볼 수 있다. 한 곳에 잠시도 가만히 앉아 있기가 어려울 만큼 신체가 불안정하고, 호흡이 거칠며, 마음은 사방으로 흩어져 있는 사람들이 얼마나 흔한 모습이던가? 그리하여 연관된 효과들, 고통과 괴로움들이 삶을 채우게 된다.

이러한 장애물들은 요가 수행을 통해 쉽게 극복할 수가 있다. 요가 아사나와 호흡법 수행을 정기적으로 하게 되면, 질병에 대한 면역성을 높여줄 뿐만 아니라 정신도 명료하게 밝혀준다. 정기적이고 규

칙적으로 행하는 요가 수행은 명상이 자연스러울 수 있게끔 몸을 편안하게 하고 마음을 안정시켜준다. 그리하여 의식이 **사마디** 상태에 이를 수 있는 적절한 준비도 할 수 있게 된다.

◆ 장애물을 극복할 수 있게 하는 수행법과 예시들(32-39절)

32 *tat-pratisedhartham-eka-tattva-abhyasah*

탓-프라티세다르탐-에카-타트바-아비야샤

그러나 마음을 다스려 꾸준히 하나로 집중시키면 이러한 장애
물들은 제거될 수 있다.

탓(Tat): 그것(장애와 방해물들) / 프라티세다르탐(Pratisedhar-
tham): 제거하는 / 에카(Eka): 하나의 / 타트바(Tattva): 대상 / 아비
야사(abhyasah): 요가 수행

의식을 계속 산만하게 하고 주의를 집중하지 못하는 데는 여러
가지 이유가 있다. 육체적이거나 정신적인 원인들이 장애를 만들어
내서 요가를 계속 수행하지 못하도록 방해하고, 마음을 끊임없이 산
만하게 해서 집중력을 키우기가 어렵게 할 수 있다. 질병으로 인해
몸이나 마음이 아프거나, 의심이나 의구심으로 자신감을 약화시키거
나, 무관심이나 무심함, 주의 부족으로 인한 실수를 반복하거나, 근
거가 없는 상상이나 공상에 빠져 현실로부터 거리가 먼 비전들을 만
들어 내거나, 건성으로 수행을 하기 때문에 어떤 뚜렷한 진보나 발전

을 이루기 보다는 제자리 걸음만 반복하고 있는 듯한 느낌, 원하는 결과가 쉽게 눈에 보이지 않는 탓에 안절부절 못하고 불안한 상태에 젖어 있는 것 등의 느낌은 많은 수행자들이 흔히 하게 되는 경험들 이다.

요가나 명상 수행이 자신에게 아주 좋고 필요한 훈련임을 깨닫 고, 처음 수행을 시작할 때는 강한 의욕과 동기를 가지고 열정적인 노력들을 쏟아 붓는다. 그러나 시간이 지날수록 점차적으로 초기의 결심이나 의욕이 흐려져서, 이런저런 핑계와 변명들을 대면서 수행 을 미루거나 게을러지는 경우들이 누구에게나 자주 일어나게 된다. 이러한 상황들은 아주 흔할 뿐만 아니라, 피해갈 수가 없는 과정들 이기도 하다. 우리들 안에 있는 낮은 본성은, 보다 높은 영적 진화를 막기 위해서 수단과 방법을 가리지 않고 저지를 해야 하는 강력한 원초적 세력이기 때문이다. 베딕 신화에서 끊임없이 서로 맞서며 전 쟁을 하고 있는 데바와 아수라들은, 이처럼 우리가 가진 높은 본성 과 낮은 본성의 상시적 충돌 상태를 잘 대변하고 있다. 하지만 어떤 방해에도 불구하고 꾸준히 마음을 한 곳으로 집중시키는 훈련을 계 속하게 되면, 사마디를 굳히는데 필요한 강한 의지력을 키우는 반전 의 기회들이 되어서 장애물들을 모두 제거할 뿐만 아니라 궁극적으 로 더 큰 성장과 진화를 이룰 수 있는 지름길도 된다.

33   *maitri-karuna-mudita-upeksanam sukha-dukha-*
        punya-apunya-visayanam bhavanatas-chitta-

prasadanam

마이트리-카루나-무디타-우페크샤남 수카-두카-푼야-아푼야-비

사야남 바바나타스-치타-프라사다남

다음과 같은 하트의 자질들을 계발하면 마음은 청명하고 평화

로워진다:

즐거운 이들을 만나면 정다움으로

고통받는 이들을 만나면 자비심으로

순수한 이들을 만나면 행복으로

불순한 이들을 만나면 치우치지 않는 평정심으로 대하는 것이다

마이트리(Maitri): 친절한, 정다운 / 카루나(Karuna): 자비심, 자애심
/ 무디타(Mudita): 기쁜, 행복한 / 우페크샤남(upeksanam): 무심한,
치우치지 않는 / 수카(sukha): 행복한, 즐거운 / 두카(dukkha): 괴
로움, 고통 / 푼야(punya): 덕이 있는, 순수한 / 아푼야(apunya): 덕
이 없는, 불순한 / 비사야남(visayanam): 대상의 / 바바나타스(bha-
vanatah): 자세 / 치타(chitta): 마음, 마인드 / 프라사다남(prasad-
anam): 정화, 평화롭게 만드는

파탄잘리는 이 수트라에서 마음의 장애들을 극복할 수 있는 방
안을 구체적으로 제시하고 있다. 인간애적인 동질성과 공감으로 서
로의 관계성을 향상시킬 수 있게 하는 아주 실질적이고 효율적인 대
책으로써, 마음이 가진 자동적인 성향과는 정반대되는 자질들을 계
발하는 것이다. 그리하면 마음이 청명하고 평화로워지게 된다.

마음은 자동적으로 외적인 것들을 향해 끌리는 성향이 있다. 내적인 것들을 향해 끌리는 것은 마음 안에 없는 성향이다. 그래서 마음을 고요히 가라앉히고 의식의 방향을 내면으로 돌리기 위해서는 먼저 이를 가로막는 장애물과 불순물들부터 제거해야 한다. 질투심, 미움, 증오, 경쟁심, 원망 등과 같은 불순한 감정들은 평소에 마음을 아주 오염시킨다. 그래서 행복하거나 잘사는 사람들을 보면 질투심을 느끼게 만든다. 잠재의식 속에 부정적인 반응과 여파를 일으켜서 마음이 집중하는 것을 가로막는다. 마음이 근심걱정으로 가득하고 알 수 없는 두려움들에 사로잡히게 만든다. 고통받는 사람들을 보면 은근히 즐거워하고, 특히 자신이 미워하거나 적인 사람인 경우에는 더욱 고소함을 느낀다. 성공하거나 잘난 사람들은 공공연히 비난하고, 악하고 선동적인 사람들에게는 박수와 갈채를 보낸다. 이러한 부정적인 감정들은 마음에 장애를 만들어 내어, 마음의 고요함과 평화, 사마디를 얻는 것을 가로막는다.

다른 사람들의 행운과 행복을 같이 즐거워하고, 불운과 불행에 고통받는 이들을 자애로움으로 대할 수 있기 위해서는, "나"라는 자의식으로부터 자유로워야 한다. 그리하면 청명하고 고요한 마음의 평화를 계발하는 데 도움이 될 수 있다. 좋은 일을 하는 이들과는 같이 축하하고 즐거워하며, 잘못된 일을 하는 이들과는 무심한 자세를 취하는 것이, 마음이 좁고 편협하며 경직된 태도를 가지는 것으로부터 자유롭게 한다.

34 *pracchardana-vidharanabhyam va pranasya*

프라치차르다나-비다하라나비얌 바 프라나시야

혹은 다양한 호흡운동을 통해서도 얻을 수 있다.

프라치차르다나(Pracchardana): 날숨 / 비다하라나비얌(vidha-
ranabhyam): 멈춤 / 바(va): 혹은 / 프라나시야(pranasya): 호흡의

    불규칙적인 호흡은 몸이나 마음, 혹은 심장에 어떤 문제가 있음
을 나타내는 징후이다. 이러한 호흡이 미치는 영향에 대해 수트라 31
절에서도 언급하였다. 우리는 언제나 호흡을 하고 있고, 한 순간도
호흡을 하지 않을 수가 없다. 그래서 호흡을 주시하는 것이, **사마디**
상태로 이르게 하는 다양한 명상법들 중에서도 가장 쉽고 효율적인
수행법이기 하다. 어떤 것에 관심이나 주의를 주는가에 따라 호흡도
바뀌게 된다. 호흡에 잠시 주의를 기울이면 이내 호흡의 수(數)와 질
(質)이 변하는 것을 알 수 있다. 호흡의 질(質)이 변함에 따라 우리들
감정적 상태에도 영향을 미치게 된다. 살아 있는 동안에는 끊임없이
호흡이 이어지고 있다. 우리 몸의 모든 세포들이 계속 움직이기 위
해서는 지속적인 호흡의 흐름이 필요하다. 하지만 호흡을 할 것인지
아닌지 우리가 의지적으로 결정할 수 있는 것이 아니다. 그러면 도대
체 호흡은 어디에서부터 오는 것일까? 호흡이 '나'라는 개인의 사유
인가? 이러한 호흡의 근원은 아주 신비로운 삶의 미스터리로써, 우
리가 매 순간 숨을 들이쉬고 내쉬고 할 때마다 이처럼 위대한 삶의
신비로움을 함께 호흡하고 있는 것이다.

영어로 호흡(Respiration)은 "다시(Re)+영혼(Spirit)"이라는 두 단어가 합쳐져 만들어진 용어이다. 숨(breath, air)을 계속 다시 들이쉬면서 영혼을 받고 있다는 의미가 된다. 산스크리트어로는 호흡(breath)을 프라나(prana)라고 한다. 하지만 프라나는 호흡만을 의미하는 것이 아니라, 호흡을 함으로써 나오게 되는 생명의 에너지, 기(氣)라는 의미도 함께 담고 있다. 우리가 하는 일상적인 호흡은, 프라나의 가장 표면적인 면이 밖으로 작용하고 있는 것이다. 기(氣)와 같은 개념의 프라나는, 단순한 호흡 작용 너머에 있는 섬세한 에너지 장(場)에서 나오는 복합물질로써, 몸과 마음, 감정, 인상, 기억, 영혼, 잠재의식, 무의식, 셀프, 그리고, 무한계 의식 전체까지도 통하고 있는 연결고리이다. 그래서 우리가 호흡을 들이쉬고 내쉬고 멈추고 하는 과정을, 아무런 인위적인 노력이나 의도적인 간섭, 조작도 없이, 단순히 주시하는 것 만으로도 고요한 마음의 상태에 달할 수 있게 하는, 아주 간단하면서도 가장 도움이 되는 요가 수행법이 프라나얌(pranayama)이다.

하타 요가 프라디피카(Hatha Yoga Pradipika, 요가고전)에서는 프라나를 다룰 수 있게 하는 다양한 호흡운동법들(프라나얌)을 기술하고 있다. 어떤 프라나얌 방법을 이용하든지, 평화로운 마음의 상태, 사마디를 얻을 수 있게 하는 파워를 가지고 있다.

35 *visayavati va pravrttir utpanna manasah sthitini-bandhani*

비사야바티 바 프라브르티르 우트파나 마나사 스티티니반다니오감이 가진 보다 섬세한 수준의 경험들은 고요한 마음의 상태를 안정시킨다.

비사야바티(visayavati): 감각적 대상들, 오감(五感) / 바(va): 혹은 /
프라브르티르(pravrttih): 활동, 기우는 성향 / 우트파나(utpanna):
올라오는 / 마나사(manasah): 마음의 / 스티티니반다니(sthitini-
bandhani): 묶어 두는, 고요힌 싱태에 인징시키는

절대적 신에게 귀의(이스바라 프라니다나)하거나, 혹은 다양한 호흡운동(프라나얌)을 하는 등의 수행법들이 타고난 기질이나 성향에 잘 맞지 않는 이들은, 다섯 가지 감각기관들을 이용해 섬세한 경험 상태를 유도하는 방법들을 행할 수도 있다. 마음은 다섯 가지 감각기관들 — 시각, 청각, 후각, 미각, 촉각 — 을 통해 들어오는 경험들 — 보거나, 듣거나, 냄새 맡거나, 맛보거나, 만지거나 — 에 대한 감각적인 인지를 하고 그에 따른 반응들을 일으키게끔 구조되어 있다. 그러므로 의식을 이러한 감각기관과 연결시키는 방법을 통해 마음의 활동을 통제하게 되면 **사마디** 경험 상태로 안정시켜줄 수도 있다.

소리(청각)로 의식을 자극하는 수행법들로, **만트라**를 반복 진언하거나, 신을 찬양하는 노래들을 부르거나 춤을 추는 **바잔**(Bhajan) 혹은 **키르탄**(Kirtna)과 같은 방식들이 있다. 크리스찬들이 찬송가를 부르거나, 불교에서 염불을 하는 것과 비슷한 효과를 가지고 있다. 이지적인 성향이 강한 사람들에겐 관심이 없을 수 있으나, 분명한 의도를 가지고 하는 **만트라** 진언, 노래, 소리들은, 마음을 통제할 뿐만

아니라, 우리의 의식 속에 아주 깊이 들어가는 효과를 내게 된다. 이러한 방식은 **나다요가**(Nada Yoga, 내면에서 들리는 섬세한 소리에 귀를 기울이는 요가)의 기본원칙이기도 하다. 그 외에, 우상이나 신의 이미지에 의식을 집중하는 방식, 코 끝에 의식을 집중하는 명상법, 혀 끝을 입안으로 마는 **케차리 무드라**(Kechari Mudra)를 행하거나, 혹은, **삭티팟**(Shakti-Pat)과 같은 터치를 통해 강렬한 영적 에너지가 전달되는 경험을 하는 등, 오감을 이용한 표면적 경험으로 마음을 통제하게 되면, 종내에는 감각적 대상 너머에 있는 섬세한 수준까지 의식이 닿을 수 있게 된다. 이처럼 몸이 하는 섬세한 감각적 경험들도 마음을 고요한 상태로 데려다 줄 수 있는 수행법들이다.

36   *visoka va jyotismati*

비쇼카 바 죠티스마티

어떤 슬픔으로부터도 자유로운 내면의 빛에 대한 경험 또한 마찬가지다.

비쇼카(visoka): 아픔이나 슬픔이 없는 / 바(va): 혹은 / 죠티스마티 (jyotismati): 빛나는, 빛으로 가득한

순수한 내면의 빛, 조이, 기쁨(**죠티스마티**)의 느낌에 의식을 집중하는 방법이 마음을 명료하게 하는데 효과적이라고 파탄잘리는 말하고 있다. 양미간 사이에 있는 영안(靈眼, 제3의 눈)의 포인트에 의식을 집중하게 되면, 종내에는 태양 빛처럼 환한 내면의 순수한 빛을

경험할 수 있게 된다. 내면의 본성적 존재가 발산하는 고요한 빛의 경험들로써, 마치 원자폭탄이 터지는 듯한 예리한 빛이 아닌, 아주 고요하고, 평안하고, 조용하며, 평화로운 느낌을 주는 빛의 상태이다. 어떤 슬픔이나 갈등도 없는, 아주 긍정적이고 고무적인 느낌들을 주는 순수한 빛의 경험들이다.

이처럼 순수한 내면의 조이, 행복, 기쁨의 빛이 의식을 젖히게 되면, 살아있다는 자체가 기적임을 알게 되고, 생명의 경이로움, 감사함, 은혜, 환희의 느낌이 가슴을 채우는 경험들도 자연스럽게 일어난다. 전 세상을 가득 채우고 있는 하늘의 은혜와 대자연의 풍요로움, 평소에 우리가 당연하게 여기고 있던 공기, 햇살, 대지 등의 소중함 등도 깨닫게 해준다. 그리하여 작은 에고가 가진 편협하고 이기적인 마음 너머에 있는, 순수의식 안에 마음이 안정적으로 자리잡을 수 있게 한다.

37 *vitaraga-visayam va chittam*

비타라가-비사얌 바 치탐

욕망에 영향을 받지 않는 다른 어떤 높은 수준의 마음에 귀의함으로도 이루어진다.

비타라가(Vitaraga): 욕망의 영향 너머에 있는 이 / 비사얌(visayam): 대상, 물질 / 바(va): 혹은 / 치탐(chittam): 마음, 마인드

비타라가는 모든 욕망이나 열정을 "놓은" 사람이라는 의미를 가지고 있다. 마음에 충동을 일으킬 만한 어떠한 욕구나 갈망, 이기심, 열정, 감정 등을, 의지적으로 제어 또는 제거했다는 뜻이 아니라, 마치 쥐고 있던 공을 놓아버리는 것처럼 그냥 내려 놓았다는 뜻이다. 인간이 가진 욕망의 기본적 성향은, 강압적으로 컨트롤하려 하면 할수록 더 강렬한 힘으로 압도하게 된다. 하지만 비타라가는 에고의 분별의식을 넘어선 사람, 그리하여 싫고 좋음, 원함과 원하지 않음, 집착과 기피와 같은 이분법적인 논리나 욕망에 더 이상 영향을 받지 않게 된 사람을 의미한다. 구루나 티처처럼 이스바라의 절대적 의식 수준을 깨달은 이들, 이미 세상에 없거나 혹은 아직 살아있는 사람일 수도 있다. 그들처럼 어떤 높은 마음의 수준에 달한 인물에게 의식을 집중하게 되면 마음이 안정되고 컨트롤 될 수 있다.

그래서 전통적으로 영성기관이나 단체들이 지식을 가르치거나 수행지도를 할 때, 이쉬타데바타(섬기는 신)의 심볼과 구루의 이미지를 함께 사용하도록 권장하는 이유이다. 이들은 인간이 가진 욕망과 열정 수준을 초월했거나, 수행의 파워로 극복할 수 있었던 귀감으로 영감을 고무해줄 수 있기 때문이다. 아주 순수하고, 생생하고, 컨트롤할 수 없이 강한 열정이나 감정일수록, 긍정적으로나 부정적으로 정상적인 인지능력을 완전히 바꿀 수가 있다. 이처럼 생생한 열정과 에너지를 보다 높은 의식 수준에 달한 사람이나 이미지에 귀의를 하여 레이저 광선과 같은 주의력으로 집중을 하게 되면, 이 또한 사마디 상태를 얻을 수 있게 한다.

38   *svapnanidra-jnana-alambanam va*

스밥나-니드라-기야나-알람바남 바

꿈꾸는 과정이나 꿈 없이 잠자는 마음을 주시함으로도 이루어
진다.

스밥나(Svapna): 꿈, 즐리는 / 니드라(nidra): 짐 / 기아나(Jnana):
지식 / 알람바남(alambanam): 서포트하는, 지지하는 / 바(va): 도한

우리가 경험할 수 있는 의식 수준에는 네 가지 상태가 있다.(1장
16절 참고)

- 1번째 자그라타(Jagrata): 깨어 있는 상태
- 2번째 스밥나(Svapna): 꿈꾸는 상태
- 3번째 니드라(Nidra): 잠자는 상태
- 4번째 투리야(Turya): 순수의식 상태

1번째 깨어 있는 상태(자그라타)에서는, 일상적인 삶과 활동을 하
는 의식 수준으로 외부적 대상과 세상에 대한 인식을 한다. 가장 보
편적이고 공통적면서도 피상적인 의식 수준의 단계로써, 우리의 인
지 능력이 내면이 아닌 외면을 향해 있다. (바시쉬바나라 푸루샤 단계)

2번째 꿈꾸는 상태(스밥나)에서는, 의식이 좀 더 내면을 향해 있
다. 잠을 자는 동안 꿈을 꾸고 있거나, 혹은, 깨어 있는 상태면서 의

파탄잘리 요가 수트라

식이 어느 정도 내적으로 향해 있고, 외부적 세상이 가진 마야(Maya, 허상, 꿈)의 성향을 조금씩 인식하기 시작한다. (테조마야 푸루샤 단계)

3번째 잠자는 상태(니드라)에서는, 아무런 꿈도 꾸지 않고 아주 깊은 잠을 자고 있는 의식 수준이다. 혹은, 깨어 있는 상태면서, 의식이 비타라가 수준에 이르렀다. 어떤 욕망이나 마음의 활동도 일어나지 않는다. 외부적 세상에 대해 잠들어 있는 대신에, 내면적 세상에 대해선 완전히 깨어 있다. 이 수준에서 프라기야(prajna)수준의 완전한 지식과 지혜, 진리, 환희 등과 합치를 이루고 있다.(프라기야 푸루샤 단계)

4번째 순수의식 상태(투리야)에서는, 푸루샤 혹은, 대자아(Self)의 영역으로, 개인의식이 순수의식 자체가 되어 완전한 깨달음을 이루고 있다.(최상의 푸루샤 단계)

여기에서 파탄잘리는, 2번째 꿈꾸는 상태에서 의식이 일어나는 과정, 또는, 3번째 아무런 마음의 활동도 일어나지 않고, 어떤 꿈도 꾸지 않고 깊이 잠자는 상태에서의 의식을 제3자처럼 지켜보는 수행을 하게 되면, 이들을 통해서도 사마디를 이룰 수 있다고 기술하고 있다.

39 *yatha-abhimata-dhyanadva*

아타-아비마타-디야나드-바

높은 평판을 받고 있는 어떤 명상법을 통해서도 이루어진다.

야타(Yatha): 그렇게 / 아비마타(Abhimata): 원하는, 좋은 평판을 받는 / 디야나드(dhyanad): 명상으로 / 바(va): 혹은

디야나는, 마음을 안정적이고, 다스려져 있고, 평화로운 상태로 되도록 명상을 하는 것을 의미한다. 어떤 대상이나 명상법을 선택하든지 상관없다. 어떤 명상을 하는지가 중요한 게 아니라, 꾸준히 명상을 계속 한다는 사실이 더 중요하기 때문이다. 십자가, 불상, 신상(神像), 구루의 이미지, 혹은 단순히 "옴"을 반복하든지, 무엇이든 자신의 마음에 가장 와닿거나, 타고난 기질에 잘 맞는 명상법을 선택하여 한결같은 수행을 이어갈 수만 있으면 된다. 그리하면 점차적으로 의식이 가슴 속 깊이 가장 염원하고 있는 대상과의 합치, 순수의식 상태로 들어갈 수 있게 된다.

◆ 고요한 마음과 순수의식(40-41절)

40   *parama-nu-paramamahatva-anto'sya vasikarah*

파라마누-파라마하트바-안토시아 바시카라

고요한 마음이 가진 신성의 영역은, 가장 미미한 것으로부터 가장 위대한 것까지 모두 포괄하고 있다.

파라마-누(Paramanu): 극소로 미미한 원자 / 파라마-마하트바
(Paramamahatva): 극대로 크거나 위대한 / 안타(Antah): ~까지 /
아시야(asya): 그의 / 바시카라(vasikarah): 마스터리, 완성

마음을 정화한다 함은 순수의식을 가리고 있는 먼지들을 닦고자 하는 것이다. 이러한 먼지는 인식(認識)의 창(窓)을 덮고 있는 **삼스카라**들로써, **브리티**(움직임)를 일으키는 다섯 가지 마음의 활동 들로 인해 생겨났다. 이처럼 늘 분주하고 혼탁한 마음을 고요한 상태로 가라앉히는 연습을 반복하게 되면, 의식을 덮고 있던 뿌연 먼지들이 점차적으로 걷히면서 마침내 순수의식이 모습을 드러내게 된다. 고요하고 청명한 비전으로 된 신성의 영역이다. 청명한 비전이 가진 한

계는 무제한적이며, 가장 작은 것으로부터 가장 큰 것까지, 가장 미미한 원소부터 가장 위대한, 전체 우주들까지 다 포괄하고 있는 완전체完全體 순수의식의 상태이다.

41 *ksina-vrtter abhijatasyeva maner grahitr-graha-na-grayesu tat-sthad-anjanata samapattih*

크시나브르테르-아비자타시야-이바 마네르-그라히트-그라에수 탓스타드-아기야나타 사마파티

한 점의 흠도 없는 투명한 수정체가 앞에 놓인 어떤 것이든 그대로 반영하듯이, 고요히 가라앉은 마음 역시 어떤 마음을 대하든지 모든 것 − 주체, 인식과정, 객체 − 을 있는 그대로 반영한다. 이것이 사마파티(Samapatti) − 마음이 완전히 하나로 들어가 있는 상태이다.

크시나-브르테(Ksinavrtteh): 브리티(마음의 활동)가 약해진 이 / 아비자타시야(Abhijatasya): 좋은 자질의, 잘 다듬어진 / 이바(iva): 그와 같이 / 마네(maneh): 보석, 수정과 같은 / 그라히트(grahitr): 인식하는 이, 주체 / 그라하나(grahana): 지식의 수단, 인식과정 / 그라예수(grayesu): 지식의 대상, 객체 / 탓스타(tatstha): 그대로 머물거나 쉬고 있는 / 아기야나타(anjanata): 그것의 색깔을 취하는 / 사마파티(samapattih): 몰입 상태, 완전히 하나로 들어간, 완전체 의식

마음의 활동들이 가라앉아 고요한 상태에 있는 마음, 순수의식은, 마치 투명한 수정체처럼 청명한 비전을 가지고 있다. 잘 다듬어진 수정체가 앞에 놓인 것들을 있는 그대로 비추듯이, 순수의식은 어

떤 것이든지, 아무리 미미하거나 거대한 것이라 하더라도, 혹은 어떤 대상이나 사람, 마음을 대하든지, 있는 그대로 비추고 반영하게 된다. 이러한 의식 상태를 **사마파티**(완전체의 의식)라고 한다.

사마파티 의식 수준에서는, 주체, 과정, 객체가 모두 하나로 되어 있다. 모든 것이 뒤섞인 혼란(Confusion)스러운 상태가 아니라, 모든 것이 하나로 된 퓨전(Fusion) 상태이다.

주체는 보는 이(그라히트), 객체는 보여지고 있는 대상(그라예수), 그리고 과정은 본다(그라하나)는 인식이 이루어지는 것을 뜻한다. **사마파티**에 이르게 되면, 이 세 가지가 각자 다른 정체성을 가진 채 분리된 것이 아니라, 하나의 정체성으로 합일을 이루고 있다.

밤하늘 위에 떠 있는 달은 하나이지만, 아래에 있는 물, 호수, 강, 바다, 혹은 그릇의 정화수 등등에 비쳐진 달의 모습은 여러 개이다. 달은 원래 하나이면서도 동시에 비춰지는 물에 따라 여러 개로 나눠진 모습들을 하고 있는 것이다. 하지만 위에 있는 달이나, 아래에 있는 달이나 모두 같은 달의 정체성을 가지고 있다. 마찬가지로, 원래는 하나로 된 아트만(Atman, 대영혼)이지만, 개인의 영혼이 환생을 하면서 여러 다른 모습의 아트만(atman, 소영혼)으로 나누어 가지게 된다. 궁극적으로 대영혼과 소영혼은 서로 다르지 않고 하나의 순수의식 자체이지만, 중간에 나누어지는 과정으로 인해 각자 다른 모습인 것처럼 나타나 보이는 것이다. 그리하여 마음이나 인식의 혼란을 일으키며, 분리의식과 분별심, 괴로움, 고통 등이 깨닫지 못한 사람들의 삶에 뒤따라오게 된다.

사마파티는 완전체의 순수의식 상태로써, 모든 것이 하나로 합일을 이루고 있다. 너와 내가 다르지 않고, 어떤 물질이나 대상, 사람이든지, 혹은, 어떤 수준의 의식이나 마음을 대하더라도, 한결같이 대하고 반영할 수 있는 혜안(慧眼)이 완성되었다. "주체-과정-객체" 사이에서 변질이 일어날 수 있는 어떤 가능성도 완전히 사라졌다. 그리하여 고요한 마음은 순수의식의 청명한 비전으로 모든 것을 반영할 수 있게 된다.

◆ 네 단계의 순수의식(사마파티)상태(42-46절)

앞의 수트라 17절에서 사비자 사마디와 니르비자 사마디가 있다고 설명하였다. 파탄잘리는 이어지는 네 수트라(42-46절)를 통해, 사비자 사마디를 형성하고 있는 사마파티에도 네 가지가 있음을 설명하고 있다.

먼저, 사비자 사마디에서는, 마음이 고요한 상태로 가라앉으면서 체계적으로 4단계의 사마파티를 경험하게 된다: 1) 비타르카(Vitarka, 통찰의식) 2) 비차라(Vichara, 현재의식), 3) 아난다(Ananda환희의식), 4) 아스미타(Asmita, 순수존재의식) 사마파티들이다.

수트라 42절과 43절은, 1번째 통찰의식에 해당하는 비타르카 사마파티이다. 시공의 요소가 남아 있는 표면적 레벨에서 고요함을 느끼는 사마디 상태로써 두 단계 — 사비타르카 & 니르비타카 사마파티가 있다.

수트라 44절은 2번째 현재의식에 해당하는 비차라 사마파티이다. 시공의 요소가 남아 있지 않은 보다 섬세한 레벨에서 고요함을 느끼는 사마디 상태로써, 이 또한 두 단계 — 사르비차라 & 니르비차라 사마파티가 있다.

수트라 45절은 3번째 환희의식에 해당하는 아난다 사마파티, 4번째
순수존재의식에 해당하는 아스미타 사마파티들이다.

42 *tatra sabdartha-jnana-vikalpaih samkirna savitarka samapattih*

타트라 사브다르타-기야나-비칼피 삼키르나 사비타르카 사마파티

마음이 하나로 들어가는 첫 번째 단계는 사비타르카 사마파티, 대
상에 대한 주의가 표면적 상태에 머물면서 대상이 가진 이름이나
다른 연관된 생각들이 같이 어우러져 마음에 떠다니는 상태이다.

타트라(tatra): 그 상태에서 / 사브다(sabda): 말, 소리 / 아르타(ar-
tha): 의미 / 기야나(jnana): 지식, 연관된 것들 / 비칼피(vikalpaih):
개념들이 / 삼키르나(samkirna): 뒤섞인 / 사비타르카(savitarka): 표
면적 의식 상태의 개념, 주의 / 사마파티(samapattih): 완전한 몰입,
완전체 의식

사비타르카 사마파티는, 어떤 이미지나 만트라 등과 같은 대상으
로 명상을 하는 동안, 육체에 대한 의식은 남아 있는 채로, 마음이 가
진 이성적, 이지적 능력이 아직 표면적으로 동반되면서 경험하게 되
는 사마디 상태이다. 명상자(주체)는 명상대상(객체)에게 의식을 집중
할 수 있게 되었지만, 아직까지 마음은 이지적인 능력에 의존을 하고
있다. 그리하여 명상 대상에 대한 다양한 지식은 있지만 본질적 순수

성의 레벨까지는 깨닫지 못하였다. 멀리서 보면 고요해 보이는 호수, 혹은 바다 이지만 실제로는 잔잔한 물결이 일어나고 있는 것과 같은 상태의 **사마디**이다. 마음의 활동들이 표면적으로는 상당히 가라앉아서 존재의 기쁨과 환희를 경험할 수 있다. 하지만 여전히 연관된 생각이나 미미한 상념들이 일어나고 있기 때문에, 의식의 깊은 밑바닥에 있는 순수의식이 완전히 모습을 드러내지 않고 있는 단계의 사마파티이다.

43 *smriti-parisuddhau svarupa-sunya-iva-artha-ma-tra-nirbhasa nirvitarka*

스므르티-파리수다우 스바루파-순야-이바-아르타-마트라-니르바사 니르비타르카

두 번째 단계는 니르비타르카 사마파티, 기억이 정화되어 대상에 대한 주의가 그대로 머무르고 있을 만큼 마음이 조용한 상태이다.

스므르티(Smriti): 기억 / 파리수다우(parisuddhau): 정화 / 스바루파(svarupa): 본래 모습, 본성 / 순야(sunya): 비어 있는 / 이바(iva): 그것 자체로, 홀로 있는 / 아르타(artha): 대상 / 마트라(matra): 단지, 홀로 / 니르바사(nirbhasa): 빛나는 / 니르비타르카(nirvitarka): 아무런 상념이나 흔적도 없는

니르비타르카 사마파티는, 육체에 대한 의식이 없는 채로, 마음이 가진 이성적, 이지적 추론 능력 너머에 가 있는 **사마디**이다. 구체적인

대상에 대한 명상을 하기보다는, 보다 추상적인 형태의 에너지들, 공(쪼, 에테르)이나 원소들(불, 물, 흙, 공기), 혹은 차크라 등과 같은 명상대상에 집중하는 방법으로 경험하는 **사마디**이다. 마음이 주의 깊게 명상 대상에 머무르고 있지만, **사비타르카 사마파티** 단계처럼 이성적이고 이지적인 능력으로 어떤 연관된 상념이나 생각을 만들어 내지는 않는다. 바다 밑에 잠수를 해서 들어가게 되면 느끼게 되는 역동적인 고요함과 같은 수준의 **사마디**로써, 의식은 완전히 깨어 있지만 어떤 마음의 활동도 일어나지 않는 고요한 마음의 상태와 존재의 기쁨, 환희의 느낌이 동반되는 단계의 **사마파티**이다.

44 *etayaiva savichara nirvichara cha Suksma-visaya vyakhyata*

에타야이바 사비차라 니르비차라 차 숙시마-비사야 비야키야타

마찬가지로 세 번째 단계에서는 사비차라 사마파티, 순수한 투영의 상태, 그리고 네 번째 단계에서는 니르비차라 사마파티, 순수한 투영 너머에 있는 상태가 된다. 주의대상에 대한 의식이 섬세해질 때 단계적으로 일어나는 변화이다.

에타야(Etaya): 이것으로 / 이바(iva): 그것 자체로, 홀로 있는 / 사비차라(savichara): 순수한 투영의 상태 사마디 / 니르비차라(nirvichara): 순수한 투영의 상태 너머에 있는 사마디 / 차(Cha): 그리고 / 숙시마-비사야(suksmavisaya): 섬세한 대상 / 비야키야타(vyakhyata): 설명하다

2번째 현재의식에 해당하는 비차라 사마파티는 앞에서 기술한 1번째 통찰의식의 비타르카 사마파티들보다 훨씬 섬세한 레벨에서 고요함을 느끼는 사마디 상태이다. 이 또한 두 단계의 사비차라 & 니르비차라 사마파티가 있다.

의식이 단계적으로 1) 사르비타카 & 니르비타카 2)사비차라 &니르비차라 사마파티로 옮겨가면서 순수의식의 빛도 더욱 안정되어 가지만, 그러나 순수의식 자체와 완전한 합일을 이룬 것이 아니라 개인의식의 "씨앗"이 미미하게나마 남아 있어서, 언제든지 불안정적으로 사마디를 잃게 될 여지를 가지고 있는 단계의 사마파티인 것이다.

45   *suksmavisayatvam cha-alinga-paryavasanam*
숙시마비사야트밤 차-알링가-파리야바사남
의식의 섬세한 수준을 계발해줄 수 있는 대상들은 우주 삼라만상에 존재하는 모든 창조물, 구나스가 가진 한계 영역까지 모두 포함한다.

숙시마-비사야트밤(suksmavisayatvam): 사마디의 섬세한 수준들 / 차(cha): 그리고 / 알링가(alinga): 프라크리티, 형상화된 세상에 존재하는 모든 것들 / 파리야바사남(paryavasanam): 범위, 영역

다음으로 3번째 환희의식에 해당하는 아난다 사마파티와 4번째 순수존재의식에 해당하는 아스미타 사마파티가 있다. 이러한 총 4가지 사마파티의 섬세한 의식 수준까지 도달할 수 있게 해주는 명상의 대상은,

구나스의 작용이 일어나고 있는 전체 세상과 우주의 영역, 이들이 만들어내고 있는 우주 삼라만상의 창조물들을 모두 포괄하고 있다.

프라크리티는, 세 구나스(사트바, 라자스, 타마스)의 작용으로 인해 형상화된 세상뿐만 아니라, 세 구나스들이 균형 있게 혼합된 알링가라는 네 번째 구나 상태까지 모두 포함한다. 알링가는 어떤 구나의 특성이나 구분도 없는 완벽하고 완전한 구나 상태이다.

사비자 사마디의 1번째 단계에 도달하기 위한 수행법은, 세 구나스가 모두 함께 뒤섞여 있다. 2번째 단계의 수행법은, 사트바 구나가 늘어나고, 라자스와 타마스 구나들이 줄어들게 된다. 3번째 단계의 수행법은 사트바 구나만 남아 있게 된다. 4번째 단계의 수행법은, 사트바, 라자스, 타마스 구나스가 서로 완전한 균형을 이루는 알링가 구나가 있다. 이렇게 세 구나스가 완벽한 균형을 이룬 알링가 구나에 있으면, 사비자 사마디의 4번째 단계 순수존재의식에 도달한 것이다.

46   *ta eva sabijah samadhih*

타 에바 사히자 사마디

이러한 네 단계의 사마디들은 모두 외부적인 대상에 의존을 하고 있다.

타(tah): 그것들 / 에바(eva): 단지, 유일하게 / 사비자(sabijah): 씨앗이 없는 / 사마디(samadhih): 사마디

파탄잘리 요가 수트라

여기까지는, 여전히 외적인 대상을 명상수단으로 사용하고 있기 때문에, 아직까지 모두 **사비자**(Sabija, "씨앗이 남아 있는") **사마디**에 해당한다. 순수의식에 이르기 위해서 여전히 어떤 외부적인 수단에 의지를 하고 있는 단계이기 때문이다. 설령 **알링가 구나**를 사용할 수 있을 만큼 의식이 아주 깊고 섬세한 수준에 달했다고 하더라도, 명상을 하기 위해 외부적인 대상에 의지를 하고 있으며, 명상자는 여전히 주체와 객체의 관계성이 유지되는 **프라크리티** 영역 안에 있는 것이기 때문이다.

◆ 순수의식 너머에 있는 최상의 초월의식(47-51절)

47　*nirvichara-vaisaradye'dhyatma-prasadah*

니르비차라-바이사라디에 디야트마-프라샤다

네 번째 단계 니르비차라 사마파티에서 의식을 더욱 정제시키면 대자아 안에 있는 영성의 빛이 서서히 드러나기 시작한다.

니르비차라(Nirvichara): 최상의 의식 수준 / 바이사라디예(Vaisaradye): 완전히 정제된 / 아디야트마(Adhyatma): 내적인, 영적 자아, 영성 / 프라샤다(prasadah): 빛나는, 정화된

　　4번째 순수존재의식은 개인 의식이 순수존재의식 상태로 있는 아스마티 사마타피이다. 그렇지만 아직 미미한 "에고의 흔적, 씨앗이 남아 있는" **사비자 사마디**이므로, 이 단계에서 멈추지 않고 더욱 수행을 하여 의식을 정제시키면, 대자아(大自我) 안에 있는 순수영성의 빛이 서서히 그 모습을 드러내기 시작한다. 이지적인 마음의 기능이 완전히 멈춘 **사마디** 단계로써, 전혀 다른 형태의 의식이 여기에서부터 수행자의 의식을 지배하기 시작한다. 육체 안에 있는 **지바**(Jiva, 소영혼)

라는 에고가 죽고, 우리의 세상이 속한 우주 외에도 공존하는 많은 다른 세상과 우주들에 대한 인식이 생겨나게 된다. 에고의 죽음이란 육체의 죽음을 의미하는 것이 아니다. 죽지 않았으면서도 죽은 상태, 몸은 여전히 살아있지만 내적인 자아의 죽음, 개인적 정체성을 형성하는 이성과 이지적인 자아가 사라지고 없는, 그러한 "죽음"을 의미한다. 그리고 **아트만**(Atman)이라는 초월적 자아의 깨달음 의식이 그 자리를 대신 채우게 되는 것이다. 이 단계에서는 개인적 셀프나 에고, 혹은 세상에 대한 어떤 의식도 남아 있지 않고, 오로지 순수존재의식 자체로만 있게 된다.

48   *rtambhara tatra prajna*

리탐바라 타트라 프라기야

이 단계는 리탐바라(ritambhara)로써, 의식이 오직 진리만을 인식한다.

리탐바라(rtambhara): 진리만을 운반하고 있는 / 타트라(tatra): 거기에 / 프라기야(prajna): 지혜, 진리

이 단계의 **사마디** 의식은, **리탐바라**로써, 의식이 오직 진리만을 인식하는 순수초월의식 상태이다. **순야타**(Shunyata, 공空)의 의식 상태를 의미한다. 여기서 "공(空)"이라 함은, 아무 것도 들어 있는 것이 없다는 의미에서 "빈 상태"가 아니라, 아무 것도 없기에 동시에 모든 것이 들어 있는 꽉 찬 "빈 상태"를 의미한다. 에고의 의식이나 마음을 채울

어떤 내용물도 포함되지 않은 대신에, 우주의 가장 본질적이고 근원적인 의식으로만 채워져 있는 **순야타**(Shunyata, 공空)이기에, 이러한 단계에서 수행자는 **리탐바라**, 오직 완전한 경험의 진리, 오직 순수한 진리만을 인식하게 된다.

49 *sruta-anumana-prajnabhyam-anyavisaya visesa-arthatvat*

쉬루타-아누마나-프라기야비얌-아나비사야 비세샤-아르타트밧

리탐바라(ritambhara) **의식 수준에서 얻어진 지식은 일반적인 증명이나 추론을 통해 얻어지는 지식들과는 자질이 다르다. 전자는 직관적이고 대상의 전체를 있는 그대로 보는 반면, 후자는 부분적이다.**

쉬루타(Sruta): 들은, 듣다/ 아누마나(Anumana): 증명, 추론 / 프라기야비얌(Prajnabhyam): 지혜와 지식에서 나오는 / 아나비사야(anyavisaya): 다른 대상 / 비세샤(visesa) 특정한 /아르타트밧(arthatvat): 대상을 가지고 있기 때문에

의식에는 두 유형, 낮은 의식 혹은 높은 의식이 있다. 낮은 의식 수준에서는, 감각기관을 이용해 지식을 얻게 된다. 눈이나 귀와 같은, 오감이 없이는 보거나 듣거나 할 수가 없다. 이렇게 얻은 지식은 **쉬라타**(듣다), **아누마타**(개입) 지식이라고 한다.

쉬라타는 베다스(Vedas)를 의미하는데, 그들의 의식 속에 지식이

"모습을 드러냈다"라는 의미이다. 깊은 명상 상태에 들어간 성자의 의식 속에, 천상의 성인이나 초인들이 지식이나 진리를 드러내 보였다는 것이다. 그래서 베다스는 신(神)들의 지식을 모아 놓은 문학으로, 성자들은 이러한 신들의 지식을 대신 전달하는 운반자(運搬子)들이고, 범인(凡人)들은 구루나 티처 등을 통해 이러한 지식들을 배우게 된다.

아누마타는, 세상의 정보나 지식을 이지적인 능력을 이용해 추론하면서 배운다는 의미를 가지고 있다. 과학, 예술, 신학, 철학, 종교, 인문학, 고고학 등과 같은 "학學, Ology"가 들어간 세상을 살아가는데 필요한 모든 일반적인 지식들을 포함한다. 이렇게 습득한 지식들은, 개인마다, 문화마다, 나라마다 추론하고 이해하거나 활용하는 방식들이 다양하면서도 많이 다르다. 개인이나 집단, 사회 혹은 나라마다 서로의 이익, 이해, 입장 등이 다르면, 갈등이나 마찰, 충돌을 야기시키게 만든다.

쉬라타와 아누마타 방식을 통해 배운 지식들은, 부분적이며, 인지능력이나 이해관계에 따라 달라질 수도 있기 때문에 절대적이거나 완벽할 수가 없다.

리탐바라의 높은 의식 수준에서도 두 가지 방식으로 지식을 얻게 된다. 첫 번째는 직접적 방식으로, 두 번째는 간접적 방식으로 얻게 된다. 이처럼 깨달음의 의식 수준에서 얻게 되는 지식은, 개인의 이지나 추론, 인지 능력이 아니라, 본인의 직관적 능력을 이용해 직접적으로 지식을 깨닫게 되거나, 혹은 성자들이 다른 초월적 대상을 통해 전달을 받는 간접적 방식으로 지식을 얻게 된다. 높은 의식 수준에 달한 성자들이 베다스를 기록한 사례들이 여기에 해당한다. 이러한 방식으로 얻은 지식들은 전체적이고, 직관적이며, 절대적이며, 완벽하다.

50 tajjah samskaro'nya-samskara-pratibandhi

타즈자 삼스카론야-삼스카라-프라티반디

리탐바라(ritambhara) 단계에서 생겨난 섬세한 인상들은, 다른 어떤 잠재적 인상들로 더 이상 남는 것을 막는다.

타즈자(tajjah): 그것으로부터 나온 / 삼스카라(samskarah): 잠재적 인상들 / 안야(anya): 다른 것의 / 프라티반디(pratibandhi): 방해하는, 막는

사비자 사마디에서는 아직 **삼스카라**(에고의 씨앗)가 남아 있기 때문에 언제 실패할지도 모르는, 그리하여 아직 환생의 사이클에서 완전히 벗어나지 못한 불완전한 **사마디** 상태이다.

삼스카라는, 다이내믹한 의식, 혹은 잠재의식에 "씨앗, 인상, 흔적"이 남겨져 있다는 뜻이다. **삼스카라**는, 언제 어떻게 어떤 씨앗이, 전혀 연관성이 없는 것 같은 다른 씨앗을 느닷없이 자극해서 피게 만들지 알 수 없기 때문에 "다이내믹하다, 역동적이다"라는 의미도 된다.

파탄잘리 요가 수트라

그에 비해, **리탐바라 사마디**는, 있는 그대로 진리만을 인식하는 순수초월의식, 순수존재의식 자체의 상태이다. 비록 **리탐바라** 단계에서도 섬세한 인상들이 일어나지만, 그러나 이전의 **사마파티**와는 달리 에고가 가진 자의식이 사라져버린 상태여서, 더 이상 다른 어떤 연관된 잠재적 인상들을 일으키지 않는다. 그리하여 더 높고 다른 차원으로 순수의식이 더욱 정화될 수 있게 한다.

51   *tasyapi nirodhe sarva-nirodhan-nirbijah samadhih*

타시야피-니로데 사르바-니로단-니르비자 사마디

그런데 리탐바라에 잠재한 인상마저 고요한 사마디 상태로 가라 앉게 되면, 모든 마음의 활동이 멈추면서, 니르비자 사마디 (Nirbija Samadhi)가 온다. 대자아 본연의 무한계 의식만 남아 있는 사마디이다.

타시야피(tasya): 그것의 / 아피(api): 또한 / 니로데(nirodhe): 차단하는, 막는 / 사르바(sarva): 모든, 모두 / 니로단(nirodhan): 차단하게 되면 / 니르비자(nirbijah) 씨앗이 없는 / 사마디(samadhih): 진정한 존재의 상태

하지만 **리탐바라** 사마디에서 더 나아가, 섬세하게 일어나는 어떤 잠재적 인상마저 고요히 가라앉는 상태가 되면, 마치 씨앗도 모두 태워버린 상태처럼 되어, 어떤 것으로도 더 이상 씨앗을 피우거나, 나누거나, 비료를 주어도 소용이 없다. 지금까지 **사마디**를 얻기 위해 사용했던 수단들도 모두 벗어났다. 이 단계에서는 더 이상 어떤 이미지

나 형상(形象), 책, 지식, 수트라 등처럼 어떤 씨앗을 남길 수 있는 요소들도 오히려 방해가 된다. 석가모니 부처가 해탈한 단계의 의식 수준으로, 이제는 어떤 순수존재의식도 아니라, 그저 대자아 본연의 무한계 의식만 남아 있는 **사마디**이다. 진정한 **니르비자**, 어떤 씨앗도 남아 있지 않은 완벽하고 절대적인 자유, 깨달음만이 홀연히 있게 되는 상태인 것이다.

파탄잘리 요가 수트라

가네샤(Ganesha) — 지혜의 로드

제 2장

사다나 파다(Sadhana Pada) 수행의 장(場)

◆ 크리야 요가와 수행의 효과(1-2절)

1　*tapah svadhyaya-ishvara-pranidhanani kriya-yogah*

타파 스바디야야-이스바라-프라니다나니 크리야-요가

수련, 공부, 귀의; 이 세 가지가 바로 수행의 길에 필요한 실질적인 방도들이다.

타파(tapah): 수련, 정화 / 스바디야야(svadhyaya): 공부, 정제 / 이스바라(ishvara): 요가의 로드 / 프라니다나니(pranidhanani): 내맡김, 귀의 / 크리야요가(kriyayogah): 실질적 요가, 실질적 방도

크리야 요가는 수행을 위해서 크리야 — 실질적인 방도들로 요가를 행한다는 의미이다.

파탄잘리의 크리야 요가 — 수련, 공부, 그리고 귀의는 몸과 마음, 영혼을 단련하기 위해 누구에게나 적용되고 필요한 실질적인 요가수련 방식들을 의미하고 있다. 그에 비해, "영혼의 자서전"으로 유명한 구루 파라마한사 요가난다의 크리야 요가는 자기실현펠로우쉽(SRF)에서 가르치고 있는 요가 수행법의 고유한 브랜드 명칭으로, 파탄잘리가 의미하는 크리야 요가와는 다르게 구분된다.

먼저 신체적 레벨에서는 어느 정도 의지력과 강압성이 있는 **수련(타파)**을 행해야 한다. **타파**는, '수련, 수행, 정화'의 뜻으로 이해할 수 있다. 몸을 단련하고 정화하기 위해선 땀과 노력이 들어가고, 신체적인 훈련과 단련이 필요하다는 뜻이다. 그런데 **타파**를 아주 고되고 힘든 고행을 의미하는 것으로 잘못 이해하는 경우가 흔하다. 예를 들어, 한겨울에 맨몸으로 얼음물속에 들어가 있거나, 뼈만 앙상할 정도로 금식이나 단식을 하거나, 한 발로 평생 서있는 수행을 하는 인도의 요기들 등, TV 다큐에서나 볼 수 있는 고난도의 수행이나 극한적인 수련을 행하는 것이 **타파**인 것처럼 오해하기가 쉽다. 진정한 **타파**는, 몸을 학대할 만큼 극단적이고 극기의 수련이 아니라, 몸과 마음이 보다 조화롭고 균형을 이룰 수 있도록 적절한 방식의 수행을 행하는 것을 의미한다. 진정한 **타파**는 몸을 보다 편안하며 품위가 있고, 우아하게 움직일 수 있도록 정화를 시켜준다. 몸이 정화되고 안정적인 자세를 유지할 수 있으면, 마음도 자연스럽게 명상을 잘할 수 있는 준비가 갖추어지게 된다.

스바디야야(공부)는 마음과 의식을 정화하고 정제하는데 필요한 자기공부를 꾸준히 하는 것이다. "스바 ― 자신, 셀프(self, Self)"를 "디 야야 ― 알기 위해서" 필요한 모든 공부, 탐구, 수련을 해야함을 의미한다. 고선이나 경선 등에 있는 가르침들을 그저 수동적으로 읽고 외우고 듣고 하는 것이 아니라, "나"라는 주체가 보다 적극적이고 능동적으로 배움의 과정에 개입을 하여 "나"뿐만 아니라, 다른 사람들과 주변, 세상에 대해 더 잘 이해하고, 공유와 기여를 하고, 함께 성장과 발전할 수 있는 수행의 수단으로써 자기공부를 계속해야 한다는 뜻이다.

귀의(歸依, 이스바라 프라니다나)는, 1장 23절에서 기술한 절대적인 신의 존재에 대한 완전한 신뢰와 믿음을 가지고, 그분에게 헌신과 귀의를 할 수 있어야 한다는 의미이다. '나'라는 개인이 어떤 종교적 성향이나 믿음체제를 가지고 있던지, 혹은 무신론자이든지 상관없다. 타고난 성향이나 가족, 언어, 문화적 배경에 따라, 각자에게 가장 어필이 될 수 있는 신을 믿거나, 대자연과 같은 어떤 무형적 힘을 믿거나, 혹은, 거대한 우주와 자연의 질서를 관장하고 있는 어떤 절대적인 힘의 존재에 대한 뚜렷한 신념이나 믿음을 가지고 있는 것이, 요가 수행의 길에 아주 필요한 실질적 방도이다. 그렇지 않으면, 마치 전 우주에 혼자 동떨어져 있는 것 같은 고립감과 막막함, 영혼의 고독함을, 오직 '나'라는 개인의 의지로만 버티고 살아갈 수 있기가 아주 어렵다.

2   *samadhi-bhavanarthah klesa-tanu-karanarthas-cha*

사마디 바바나르타 클레샤-타누-카라나르타스-차

이들은 사마디 경험을 키워주고 고통의 원인들을 약화시킨다.

사마디(Samadhi): 사마디 / 바바나르타(bhavanarthah): 경험 상태
를 키우는 / 클레샤(klesa): 고통의 원인들 / 타누(tanu): 얇은, 약화 /
카라나르타(karanartha): 만들어주는 / 차(cha): 그리고

필자가 가르치던 요가수업에 외동 딸과 함께 배우러 오던 어떤
중년의 여인이 있었다. 그들이 요가를 배우기 시작한지 채 한달도 지
나지 않던 어느 날, 딸은 오지 않고 그녀 혼자서 요가수업에 들어왔
다. 그런데 말없이 스튜디오 구석으로 가서 평소처럼 요가 자세들을
따라 하고 있는 그녀 모습이 왠지 쓸쓸해 보여서 마음에 걸렸다. 수
업을 하던 중에 문득 눈을 돌리니, 엎드린 요가자세를 하고 있는 그
녀의 등이 흐느끼고 있는 것을 알 수 있었다. 나는 조용히 그녀에게
다가가서 요가자세를 교정해주는 척하면서 등을 토닥거려주었다.
그렇게 흐르는 눈물을 훔치면서도 그녀는 중도에 포기하지 않고 끝
까지 그날의 요가수업을 마치는 것이 인상적이었다. 수업 후에는 한
결 기분이 나아졌는지, 그녀가 내게 다가와서 말했다. 애지중지 키
운 고명딸이, 유학시절에 만나 결혼까지 하게 된 케냐(Kenya) 흑인남
편을 따라, 그날 아침에 케냐로 떠났다는 것이었다. 국제변호사 자
격증이 있는 딸을 위해 로펌까지 차려주겠다는 부유한 부모의 유혹

도 뿌리친 채, 홀홀 단신 먼 외지로 가서 외국인 남편과의 새로운 생활을 시작하는 딸의 독립심과 용기가 가상하면서도 한편으로는 엄마로서 마음이 아파 감정이 북받치고 있던 중에, 요가 수업을 하면서 참고 있던 눈물이 쏟아지게 만들었던 것이었다. 평생 부유한 사업가의 아내이자 엄마로만 살아왔던 중년의 그녀는, 그날 이후, 열혈 요가학생이자 요가 티처로써 자신만의 새로운 삶을 만들어 가기 시작했다. 그리고, 엄마의 지나친 애정과 집착이 늘 짐스러웠던 고명딸은, 막상 엄마의 손을 뿌리치고 멀리 떠난 후에도 한편으로는 걱정되는 마음을 어찌할 수 없던 터에, 요가와 명상수련을 통해 자신만의 새로운 인생을 개척해 나가고 있는 엄마의 모습에 깊은 감동을 받게 되었다. 그리하여 두 모녀는 비록 대양을 사이에 두고 있었지만 그 어느 때보다도 더 가까운 관계성을 이어갈 수 있었다.

위의 스토리는, 오랫동안 요가를 가르치면서 흔히 접할 수 있었던 사람들의 실제 사연들 중 하나이다. 필자 역시도 애초에 그랬던 것처럼, 많은 사람들이 다양한 삶의 고통(클레샤)들에 대한 답이나 해결책을 찾고자, 혹은 위안을 얻기 위해 요가 수행의 길에 처음 발을 디디게 된다. 하지만 어떤 동기로 시작을 했든지 결과적으로 요가는, 신체적, 정신적, 영적으로 보다 완전한 일체(一體)가 될 수 있게 하는 촉진제, 삶의 주요 변형을 일으키는 매개체 역할을 하게 된다. 일체(一體)가 되는 경험을 통해, 비로소 그동안 클레샤에 가려져 보이지 않던 내면에 있는 빛을 깨달을 수 있게 부추긴다. 위의 스토리 주인공처럼, 내가 한 일은 단지 그녀의 등을 다독거려주고, 아무 것도 묻지

파탄잘리 요가 수트라

않은 채, 요가수업을 계속 진행해준 것밖에는 없다. 그런데 그녀 스스로 고통에서 벗어날 수 있는 내면의 빛을 요가를 통해 찾았던 것이다. 다른 사람들도 마찬가지이다. 아무리 깊은 근심이나 고통이 있더라도, 요가와 **사마디** 경험들이 쌓임에 따라(**바바나르타**), 삶에 고통을 초래하는 원인들이 누구도 아닌 자신의 마음 안에 있음을 점차적으로 깨닫게 된다. 깨우치는 순간, 고통을 초래하는 원인들과 자연스럽게 이별할 수도 있다(**카라나르타**). 그리하여 성장과 진화를 막고 있던 고통의 원인들을 자동 제거하고, 외부적으로도 점점 빛을 확장하며, 더 큰 삶의 성장이나 변형을 일으킬 수도 있게 된다. 파탄잘리가 기술했듯이, 내면의 **사마디** 경험이 자라감에 따라 삶에 아픔을 초래하던 다양한 **클레샤**들은 자연스럽게 사라질 수 있기 때문이다.

◆ 요가를 방해하는 장애물들(3-9절)

3   *avidya-asmita-raga-dvesa-abhinivesah klesah*

아비드야-아스미타-라가-드베샤-아비니베샤 클레샤

고통의 원인에는 다섯 가지가 있다. 우리의 본성에 관한 무지, 에고, 집착, 기피, 그리고 삶에 매달리게 하는 죽음의 두려움이다.

아비드야(Avidya): 무지 / 아스미타(Asmita): "나(I)"의 센스, 에고주의 / 라가(Raga): 좋아하는, 집착 / 드베샤(Dvesa): 좋아하지 않는, 기피 / 아비니베샤(abhinivesah): 죽음의 두려움 / 클레샤(klesah): 고통

클레샤는, 대표적으로 "고통, 아프게 하는 것들"이라는 의미를 가지고 있다. 무엇이 우리를 아프게 하는가? 파탄잘리는 다섯 가지 원인이 있다고 한다. 무엇이 아프게 하던지, 그리고 몸과 마음, 언행에 남기는 상처의 정도가 미미하든, 상당하든, 이러한 클레샤들이 삶에 지배적으로 남아 있는 한, 내면의 빛, 진정한 본성과는 점점 멀어질 수밖에 없다. 그리하여 삶은 더욱더 고통스러운 경험으로 반복된다.

파탄잘리는 **클레샤**의 첫 번째 원인이 **아비드야** — 무지(無知)라고 하였다. **아비드야**는, 정확하거나 바른 지식을 뜻하는 **비드야**(Vidya)와 부정의 **아**(A)가 더해져서 만들어진 단어로써, 무지하다 함은, 정확하거나 바른 지식이 없다는 의미가 된다. 그러나 파탄잘리가 말하는 아비드야는, 상대적인 기준에서의 무지가 아니라, 우리의 본성에 관한 무지이다.

상대적인 기준에서의 무지, 무엇이 바르고 바르지 못한, 혹은 정확하고 정확하지 않은 지식인지는, 아인슈타인의 상대성 원리처럼, 시대, 문화, 인종, 사람, 성별, 나이, 남녀, 취향 등에 따라 달라진다. 과학적으로 바른 지식이라고 하더라도 인문학적으로는 바르지 않을 수 있고, 문화적으로나 종교적으로, 혹은 관습적으로도 미국 같은 선진문화에서는 바른 것이, 아프리카 혹은 가난한 동남아국들의 후진문화에서는 바르지 못한 경우도 많이 있다. 이처럼 상대적인 무지의 기준이란 시공의 경계 안에 있기 때문에 파탄잘리의 **아비드야**에 해당되지 않는다.

고통을 일으키는 원인으로써 **아비드야**는, 시공의 경계 너머에 있는 우리의 본성, 순수의식에 대한 무지를 의미한다. 본성에 관한 무지로 인해, 현재 '나'와 현실에 대한 바른 통찰력이나 올바른 경험, 이해를 하지 못하고 있는 것이다. 그리하여, 자신이 속한 상대적 기준에서만 대상들을 판별하고 이해하여 옳고 그름이 정해지거나, 혹은 자신의 욕망 기준에서만 재어 좋고 싫음, 선과 악, 기쁨과 고통, 행복과 불행 등이 결정된다. 원하지 않는 일이나 싫은 사람들은 기피하고, 크고 작은 책임들로 인한 끊임없는 충돌에 부딪히면서 소소한 일상적 삶에서 느끼는 갈등과 고통들은 계속 이어진다. 이러한 무지로 인해, 좋아하거나 원하는 것에는 더욱 집착하게 하고, 싫거나 원치 않는 것은 기피하면서, 세 번째 고통의 원인(라가)과 네 번째 고통의 원인(드베샤)을 만들어 낸다.

에고를 뜻하는 아스미타는, "나(아스미)"를 위주로 돌아가는 세상에 대한 관점, 자기 중심적인 자세로 삶을 유지하는 에고중심주의을 의미한다. 태양계에서 지구를 포함한 모든 행성들은 태양을 중심으로 회전하고 있다. 그런데 달만 유일하게 지구를 중심으로 회전하고 있다. 이러한 달이 '나'라는 에고를 대변하고 있다. 아스미타는 에고를 중심에 두고 세상이 돌아가는 것처럼 알고 있는 무지를 의미한다.

태양은 우주적 삶의 질서를 유지하고, 달은 지구상의 삶 질서를 유지한다. 태양은 계절의 변화를 주도하고, 달은 조류의 흐름을 주도한다. 태양은 영원히 빛나는 에고(Ego), 대자아(大自我)를 상징하고, 달은 지구상의 삶에 제한된 작은 에고(ego), 소자아(小自我) — "나"라는 센스의 에고 셀프(ego-self)를 대변하고 있다. 세상은 '나'라는 에고가 태어나기 훨씬 이전부터 존재해왔고, '나'라는 에고가 죽은 이후에도 계속해서 존재한다. 하지만, 에고를 중심으로 돌아가는 세상은 나의 출생으로 인해 시작되고, 나의 죽음으로 인해 끝난다. 태양이 빛의 원천이며, 달은 그 빛을 받아 반영하고 있을 뿐이다. 그런데 밤

파탄잘리 요가 수트라

에는 태양의 존재를 확인할 수 없으니, 소자아의 원천인 대자아에 대한 이해나 개념도 있을 수 없다. 그리하여 밤하늘에 홀로 빛나는 달은 스스로가 빛의 원천인 것 같은 착각을 하고 있다. 각자 홀로 빛나는 듯 자기중심적으로 살아가고 있는 수많은 사람들의 에고를 이러한 달이 상징하고 있다.

아비네샤는, 모든 생명체들에게 공통적인 생존본능을 의미한다. 살기 위해서라면 무엇이든 할 수 있고, 생명의 위협을 주는 것이라면 어떤 수를 써서라도 피하고자 하는 것이 생명의 본능이다. 하지만 밤이 지나고 태양이 올라오면 달은 어딘가로 사라질 수밖에 없는 것처럼, 언젠가는 사라지게 되어 있는 "나"라는 에고, 태어난 모든 생명은 언젠가는 죽는다는 두려움(**아비니베샤**)으로 인해, 살아 있는 동안은 에고가 유일무이한 빛의 원천인 것 같은 무지를 고집할 수밖에 없다. 그리하여 나의 관점이나 입장에서만 내가 속한 삶과 세상을 바라보거나 이해하고, 원함이나 싫음을 만들어 내고, 집착이나 기피를 하면서, 에고 중심의 세상에 매달리게 만든다.

이러한 다섯 유형의 **클레샤**들은 삶의 고통스러운 경험을 다양하게, 끊임없이 만들어 내면서, 마음의 활동들이 가라앉는 것을 막는다. 그리하여 고요한 내면의 상태, 사마디의 순수의식을 향해 나아가지 못하게 된다.

4   *avidya ksetram-uttaresam prasupta-tanu-vicchin-na-udaranam*

아비드야 크세트람-우타레샴 프라숩타-타누-비치친나-우다라남

우리의 본성에 관한 무지가 다른 네 가지 고통들의 근원이다. 아직 잠재적으로 있거나, 미미하게 나타나 있거나, 억눌려 있거나, 완전히 표출화 된 고통들이다.

아비드야(avidya): 무지 / 크세트람(ksetram): 필드, 영역 / 우타레샴(uttaresam): 따라오는 / 프라숩타(prasupta): 잠재해 있는 / 타누(tanu): 얇은, 약한 / 비치친나(vicchinna): 흩어진, 억눌려 있는 / 우다라남(udaranam): 완전히 작동하는, 완전히 표출하는

고통을 만드는 5가지 원인들 중에서, **아비드야**, 본성에 관한 무지가 가장 근원적인 **클레샤**이다. **크세트람**은 잡초들이 무성하게 자라는 "필드"라는 의미이다. 가장 먼저, **아비드야**라는 근원적 무지의 잡초가 자라기 시작하면, **우타레샴**(뒤따라오는), 다른 유형의 잡초들, 다른 무지들도 뒤따라서 자라게 된다는 뜻이 된다.

수행을 통해 쌓여가는 **사마디** 경험은, 언젠가 완전한 순수의식으로 활짝 피어나기 위한 씨앗이 된다. 그런데 같은 종자의 씨앗들이라고 하더라도, 언제 어떻게 피어날 수 있을지, 과연 원하는 수확을 제대로 할 수 있을지 어떨지 아닐지 아무도 장담할 수 없다. 씨앗을 뿌린 후에, 적절한 물과 거름을 주고 돌보면서 시간을 두고 기다려 보아야 알 수 있는 것이다. 하지만 무지의 잡초들이 **사마디**의 씨앗보다

더 빠르고 무성하게 자란다면 미처 싹을 트기도 전에 묻혀버리게 될 것이다. 반대로 **사마디**의 씨앗이 가진 힘이 잡초들보다 더 강하다면, 여기저기 작은 잡초들이 올라오더라도 금방 뽑아낼 수 있다. 같은 성향을 가진 무지의 잡초들이라 하더라도, 얼마나 깊거나 미약한 고통을 일으킬지 아닐지 하는 정도는 개인영혼이 가진 진화적 수준마다 모두 다르다. 진화한 영혼일수록 **클레샤**들이 일으키는 장애를 쉽고 빠르게 넘어갈 수 있고, 덜 진화한 영혼일수록 무지의 잡초들이 가진 왕성한 세력에 휩싸여 쉽게 좌초될 것이다.

프라숩타(잠재해 있는)는, 불에 태운 씨앗처럼, 잡초가 싹을 피울 수 있는 근원을 아예 제거해버린 상태를 의미한다. 이들은 이미 전생에 많은 수행을 통해 상당히 진화한 상태이기에, 현생에서는 **클레샤**의 영향을 더 이상 받지 않는다. 그래서 약간의 수행만 해도 금방 위대한 사마디와 깨달음을 얻을 수 있다.

타누는, 잡초의 뿌리들이 아직 미미하나마 남아 있는 수준을 의미한다. 전생에 상당한 수행을 하였지만 아직 무지의 근원들이 조금 남아 있는 상태이다. 앞마당에서 자라는 약간의 잡초들은 얼마든지 손으로 뽑아낼 수 있다. 그러나, 수천 평의 밭을 가지고 있는 농부라면, 일일이 돌아다니면서 잡초들을 뽑고 있을 수가 없다. 그래서 잡초들보다 더 빨리 풍성하게 자랄 수 있는 농산물들을 심음으로써, 얼마 안되는 잡초들을 아예 무력화시키는 것이다. 이 단계에 있는 이들은, 바른 지식과 순수의식의 경험, **크리야 요가**(공부, 수련, 귀의)의 수행을 통해 무지와 정반대되는 자질들을 계발함으로써 **클레샤**를 극복할 수 있다.

비치친나는, **클레샤**를 일으킬 수 있는 요인들이 여기저기 흩어져 있기 때문에 언제 어디서든 촉발될 수 있는 상태로 있는 것을 의미한다. 마치 폭풍전야에 고요한 상태로 있는 먹구름과도 같다. 욕망의 근원을 제거한 것이 아니라 억제하고 있는 수준으로, 언제든 여건만 조성되면 폭발적인 파워로 뚫고 나올 수 있는 액티브한 상태이다. 다른 유형의 무지들끼리 서로 개입하고 방해하면서 마찰과 충돌을 일으키고 예기치 못한 고통들을 만들어 낼 가능성이 높다. 오랫동안 산속에서 홀로 도를 닦으며 높은 수준의 수양을 이룬 승려가, 하산하여 속세의 온갖 사람들과 교류를 하다 보면 쉽게 권력이나 탐욕에 물들어서 하루 아침에 십 년 불공이 도로아미타불이 되는 예들, 검소하고 가난할 때는 서로 도우며 우애도 깊던 형제자매들이지만 갑자기 한 사람이 큰 횡재를 하거나 복권 당첨이라도 된다면 생판 남보다 더 지독한 적敵으로 돌변하는 사례들, 서로 너무나 사랑하여 양가 집안의 온갖 반대와 장애물을 극복하고 결혼한 커플이, 지속적인 경제적인 어려움으로 인해 얼마 지나지 않아 서로에 대한 원망이나 비판으로 결국에는 이혼 법정으로 향하게 되는 사례 등등이, 이처럼 억눌려 있는 수준의 **클레샤**에 해당한다. 억제된 욕망이나 무지의 정도가 잠재의식에서 아주 액티브한 상태이기 때문에, 언제 어디서든 적절한 시간과 여건이 주어지면, 바로 왕성한 잡초밭으로 만들어 버릴 수 있는 수준을 비치친나가 의미한다.

우다라담은, 클레샤의 원인들이 표면적으로 완전히 활발하게 드러난 상태를 의미한다. 클레샤의 효과들이 완전히 표출되어, 삶에는 감정적 충동과 욕망, 갈증과 탐욕, 증오와 멸시, 차별과 분별, 학대와 애증 등만 난무하고 있는 아주 고통스러운 상태들이다. 순수의식의 씨앗 자체가 무성한 잡초들에 묻혀서 아예 흔적도 찾기 어려워진, 온갖 비애와 고통으로 점철된 삶을 살아가는 사람들이 이러한 수준에 해당한다.

5 anitya-asuch-duhkha-anatmasu nitya-su-chi-sukha-atma-khyatir-avidya

아니티야-아수치-두카-아나트마수 니티야-수치-수캄-아트마-크야티르-아비디야

무지는 영원한 것과 영원하지 않은 것, 순수한 것과 불순한 것, 환희와 고통, 대자아와 비자아의 차이를 구분하지 못하는 것이다.

아니티야(Anitya): 영원하지 않은 / 아수치(asuch): 불순한 / 두카(duhkha): 고통, 아픔 / 아나트마수(anatmasu): 아트만이 아닌 것, 비자아 / 니티야(nitya): 영원한 것 / 수치(suchi): 순수한 / 수카(sukha): 행복, 환희 / 아트마(atma): 셀프, 대자아 / 크야티(khyatir): 지식, 앎 / 아비드야(avidya): 무지

진정한 앎은, 이지적 지식의 여부가 아니라, 얼마나 자기의식이나 근원적 통찰력의 지식이 있는가(비드야) 아닌가(아비드야)에 관한

것이다.

아무리 평생 동안 모든 것을 바치고 희생하여 큰 권력의 정상에 올랐거나, 억만금을 모았더라도, 죽을 때는 아무 것도 가지고 갈 수 없다는 사실을 사람들은 잘 잊는다. 영원한 것(니티야)과 영원하지 못한 것(아니디야)을 구분하지 못하는 무지 때문이다. 그리하여 물질적인 세상에서의 일시적인 성취들, 재물이나 권력처럼 영원하지 못한 것들이 마치 영원할 것 같은 허상에 사로잡혀 수단과 방법을 가리지 않고 추구하면서 평생을 고통스럽게 살아가는 이들이 많다.

순수한(수치) 것과 순수하지 못한 것(아수치)는 서로 정반대이다. 피상적으로 순수하거나, 불순해 보이는 것이 실제로는 정반대인 경우들이 자주 있다. 외부적으로 아름답거나 순수해 보이는 사람들이, 실제로는 불순함이나 치명적인 허점을 내적으로 감추고 있었던 사례들은, 신문이나 뉴스데스크에서 가장 흔하게 오르내리는 메뉴이기도 하다.

사람들은 누구나 행복(수카)하기를 원하고 고통(두카)은 피하고자 한다. 하지만 무엇이 우리를 행복하게 혹은 불행하게 만드는지 제대로 알지 못한다. 하루 종일 놀이공산에서 뛰어놀면서 즐겁게 보내고, 밤새도록 샴페인을 터뜨리고 황홀경의 춤과 음악에 젖어 놀았더라도, 다음날에 깨어나면 얼마나 심신이 피곤하고 괴로운지 많은 이들에게 익숙한 경험들이다. 근원적인 무지(아비드야)로 인해, 우리는 진정한 행복과 고통이 무엇인지, 앎(비드야)이 없이는 결코 완전히 이해하기가 어렵다.

본성에 대한 무지(아비드야)가 모든 클레샤의 원인이듯이, 일상적으로 알고 있는 캐릭터의 "나(아나트마)"라는 사람이 "참나(아트마)"인 것처럼 잘못 알고 있는 것, 비자아와 대자아의 차이점을 구분하지 못하는 것이, 모든 클레샤를 만들어 내고 있는 근원적 무지이다.

6   *drg-darsana-saktyor-ekatmata-iva-asmita*

드르그-다르샤나-샥티요르-에카트마타-이바-아스미타

에고는 "나"라는 이가 만들어 내는 제한된 감각으로 이지가 마치 의식 본연의 파워인 것처럼 여기는 것이다.

드르그(Drg): 푸루샤, 의식의 본연 / 다르샤나(darsana): 보는 도구 / 샥티요(saktiyoh): 파워들 에카트마타(ekatmata): 정체성 / 이바(iva): 마치 / 아스미타(asmita): 에고

에고(아스미타)는 일상적 삶을 살아가는데 필요한 다양한 캐릭터와 역할들을 행하는 "나(아나트마)"라는 존재를, "참나"인 것처럼, 진정한 의식의 근원인 것처럼 여기고 있는 것이다. 그리하여 아나트마가 육체와 이지에 제한된 감각기관들을 통해 만들어 내는 다양한 상념과 경험들이 마치 절대적인 진실인 것처럼 믿고 있다. 감각기관에 대한 반응으로 작용하는 이지적 자아의 에고는, 자신의 감각적 경험

안에 들어오지 않는 것들은 인지하지 못한다는 치명적인 제한성을 가지고 있다.

예를 들어, 지구의 동쪽과 서쪽에 있는 나라들은 밤과 낮이 정반 대이고, 북반구와 남반구에 있는 나라들은 여름과 겨울이 정반대인 흐름을 가지고 있다. 하지만, 에고는 사신이 살고 있는 곳에서의 시간과 계절만 유일한 현실인 것으로 인지하고 있다. 또한 에고는, 유아기, 청년기, 장년기, 노년기를 지나면서 다양한 정체성(에카트마타)을 취하게 된다. 부모에게는 딸과 아들, 형제들에게는 동생과 형, 학교에서는 학생과 선생, 직장에서는 직원과 상사, 결혼 전에는 미혼이었다가 결혼 후에는 누구의 아내와 남편, 며느리와 사위, 자녀들에게는 엄마와 아빠, 등등, 사람들과의 관계성이나 사회적 직위가 변화해감에 따라 에고가 취하는 모습도 달라진다. 하지만 시간, 장소, 나이, 직위 등에 따라, 표면상의 에고는 아무리 바뀐 것처럼 보이더라도, 내면 안에는 절대로 변화하지 않는 "참나"가 중심에 있다.

에고주의는 마치 "나(아타트마)"라는 비자아가 모든 중심에 있는 것처럼 착각을 하고 있지만, 실상은, "참나(아트마)"가 가지고 있는 본연의 의식이 에고의 모든 작용과 변화 과정을 지켜보고(다르샤냐) 있는 근원적 의식의 파워(샥티)인 것이다.

7   *sukah-anusayi ragah*
수카-아누샤이 라가

집착은 쾌락에 매달리는 것이다.

수카(sukkah): 즐거움, 편안함, 쾌락 / 아누사이(anusayi): 따라오는,
매달리는 / 라가(ragah): 좋아하는, 욕망, 쾌락

'욕망은 모든 악의 근원이다'라는 말이 있다. 그러므로 욕망을
뿌리째 제거하면 평화와 깨달음, 영생을 얻게 될 것이라고 가르치는
종교나 영적 전통들도 있다. 하지만 이는, 인간의 본능이 가진 파워
를 너무 간단하게 단순화시킨, 비현실적이고 비실질적인 개념이다.

우리는 누구나 좋아하는 것을 추구하고, 즐겁고 편안하기를 갈
망하고, 쾌락을 주는 것들을 선호하는 본능적 드라이브를 가지고
있다. 이러한 욕망들은, 강력한 원초적 본능에 뿌리를 두고 있기 때
문에, 단순히 이지적인 논리나 말로는 극복할 수가 없다.

세상에는 너무나 훌륭하고 멋진 것들이 많이 있다. 우리의 주의
와 관심을 끄는 매력적인 것들이 끊임없이 오감을 자극하고 있는데,
어떻게 넘어가지 않을 수 있단 말인가? 온갖 화려하고, 아름답고, 탐
나는 것들로 넘쳐나고 있는데, 오히려 넘어가지 않는 것이 더 잘못된
것이다. 이처럼 매력적인 대상에 끌림을 느끼는 것은 자연스런 현상
이다. 그러나 매력에도 두 가지 다른 유형, 구속하는 파워(**라가**)를 가
졌거나, 혹은 구속하지 않는 파워(**수카**)를 가진 매력이 있다. 이 둘의
다른 차이를 아는 것이 중요하다.

누구나 자신이 좋아하거나 선호하는 것들에게 끌릴 수는 있다. 이왕이면 자기가 좋아하거나 잘 맞는 사람들과 같이 시간을 보내는 것이, 어렵거나 불편한 사람들보다 더 낫다. 마찬가지로 날마다 먹는 음식이나, 칫솔 치약, 샴푸와 같은 일용품들의 브랜드, 즐겨 입는 옷의 스타일 등등, 소소하지만 사람마다 선호하는 기호가 다양하다. 하지만 자신이 선호하는 브랜드의 세품이 없을 때, 나른 브랜드를 사용하는 것이 문제가 되는가, 아닌가에 따라 이야기는 달라진다.

우리는 모두 어느 정도 좋아하는 것들에 집착하는 경향이 있다. 애완동물이라도 개나 고양이를 좋아하는 사람이 있는가 하면, 드라마나 영화, 픽션이나 논픽션 등 선택권이 있는 대상에 대해선 자신이 평소에 가진 기호를 따르는 것이 더 자연스럽고 편안하다. 이러한 선호도는, 수카에 해당한다. 선호하는 것이 있으면 좋고, 아니면 말고 하는 식으로 대응할 수 있으면, 매력은 느껴도 구속은 하지 않는 자연스런 반응이다.

그렇지 못한 경우에는, 구속을 낳는 부정적인 파워, 집착(라가)이 된다. 라가는, 원하는 어떤 것을 반드시 가져야 한다. 우리의 행복이나 즐거움이 그것에 달려있기(아누시야) 때문이다. 어떤 즐거운 경험을 했을 때, 그러한 느낌을 반복하거나 계속 가지기 위해서 집착하게 만드는 것들, 흔히 술, 담배, 마약, 섹스, 도박 등등이 그러한 예이다. 그중에서도 가장 중독성이 강한 마약이나 비정상적인 섹스드라이브 같은 경우는, 그로인한 클레샤, 고통도 더욱 강렬할 수밖에 없다.

8 *duhkah-anusayi dvesah*

두카-아누사이 드베샤

기피는 고통에 매달리는 것이다.

두카(duhkah): 고통, 아픔 / 아누샤이(anusayi): 따라오는 / 드베샤(dve-sah): 좋아하지 않는, 기피

욕망과 기피는 동전의 두 양면처럼 서로 같이 우리를 끄는 힘을 가지고 있다. 즐겁고 쾌락을 주는 것들은 원하는 욕망, 싫어하고 힘든 것들은 피하고자 하는 기피(드베샤)는 언제나 같이 움직인다. 욕망은 매력에 기준을 두고 있고, 기피는 역겨움(드베샤)에 기준을 두고 있다.

기피는 우리를 아프거나 고통스럽게 하는 것들을 피하고자 하는 욕망의 일종일 수도 있다. 이왕이면 불편하게 만드는 것들은 피할 수 있으면 좋겠지만, 설령 그렇지 못하더라도 별 이슈가 되지 않으면, 이러한 기피는 고통(두카)을 만들어 낼 정도로 심각한 것은 아니다. 즐거움을 주는 것들에 끌리고, 고통을 주는 것들은 좋아하지 않는 것은 자연스런 욕망의 표출형태인 것이다. 하지만, 파탄잘리가 의미하는 드베샤는 고통스러울 정도로 심각한 상태이다. 선호하는 것보다 더 강력한 부정적 힘이 들어 있다.

사람들은 대체로 자신이 좋아하는 것보다는, 극도로 싫거나 기

피하고 싶은 것들에 더 끌리는 경향이 있다. 예를 들어, 선행이나 자선, 음악, 예술적인 성취처럼 어떤 긍정적이고 영감 적인 뉴스보다는, 범죄나 살인, 코로나 등처럼 부정적이고 두려움을 조장하는 뉴스들이 얼마나 더 사람들의 관심을 많이 끄는 지, 혹은, 우리에게 기쁨을 주는 것들에 대한 생각보다는, 자신이 극도로 싫어하고 중오하고 혐오하는 것이나 사람들에 내해 거의 집착에 가까울 정도로 마음 속에서 이를 갈고 분노하고 있는지, 자신이 억울함을 당한 대상에게, 수십년의 시간이 지났더라도 어제 일처럼 생생하게 품고 있는 원한이나 적대감 등이 만들어 내는 고통과 좌절감(두카) 등을 드베샤가 내포하고 있다.

그리하여, 고통을 주는 것에 매달리게 되면(아누샤이), 아무리 더 좋고 즐거운 것들이 있더라도 소용이 없다. 즐거움과 행복을 누릴 수 있는 진정한 능력은, 무엇보다도 먼저, 자신에게 고통을 일으키는 것이 무엇인지, 고통을 벗어나기 위해서 어떻게 해야 하는지에 대해 객관적으로 평가할 수 있는 능력에 달려 있기 때문이다.

9 *svarasavahi viduso'pi tatha rudho'bhinivesah*
스바라사바히 비두쇼피 타타 루도비니베샤
죽음의 두려움은 모두에게 있는, 설령 아무리 많이 배운 사람일지라도 의식 속 깊이에 뿌리를 두고 있는 자동적인 감각이다.

스바라사바히(svarasavahi): 스스로의 힘으로 유지하는 / 비두샤
(vidusah): 지혜를 가진 이, 배운 이 / 아피(api): 조차 / 타타(tatha):

파탄잘리 요가 수트라

그렇게 / 루다(rudhah): 압도하는 / 아비네샤(abhinivesah): 죽음의
두려움, 삶에 매달리는

　　아비네샤는, 비단 사람만이 아니라 생명이 있는 모든 존재들에게
공통적인 의지, 누구나 죽음을 두려워하고 살고자 하는 본능이 있
음을 의미한다. 이처럼 당연하고 자연스러운 생존본능이 어떻게 고
통의 원인(**클레샤**)이 될 수 있는가? 생존본능은, 위험에 대처하고 스
스로를 보호하기 위해 자연적으로 주어진 알람 기능과도 같다. 그런
데 이 기능이 없거나 제대로 작동하지 않는다면, 어떻게 이 험난하고
치열한 세상에서 살아남을 수가 있을 것인가? 대부분 태어나자마자,
미처 걸음마를 떼기도 전에 이미 죽임을 당해 저세상으로 사라지고
없을 것이다.

　　클레샤의 원인으로써 **아비네샤**는, 의식 속 깊이 뿌리를 두고 있
어 자동적으로 유지하는(**스바라사바히**) 힘을 가지고 있다. 생존 본능
이란 유전자 속에 깊이 배여 있는 경고 시스템으로써, 우리가 좋거나
싫거나 개인적 기호에 따라 선택을 할 수 있는 여지가 없다. 그래서
지나치게 강력한 본능은, 자칫 진화와 성장에 장애로 작용하면서 삶
의 고통을 만들어 내게 된다. 삶에 집착하고 매달리게 하는 본능적
힘은, 아주 끈질기고 집요하고 고집스럽다. 아무리 배움이 깊고(**비듀
샤**) 수양이 높은 사람조차도(**아피**) 피해갈 수 없는 압도적이고 자동
적인 감각(**루다**)이기 때문이다.

　　아비네샤는, 삶에 대한 열정을 드라이브하는 파워풀한 힘이기도

하다. 그래서 젊은 시절에는, 삶에 대한 적극적인 의욕과 공격성을 부추기는 원료로써 강한 목적의식과 추진력으로 원하는 것들을 이룰 수 있게 한다. 하지만 지나치게 자신의 관심사에만 집중하느라, 다른 사람들이야 어떻게 되든지 관심이 없고, 자기 중심적이고, 자신의 권리와 이익만을 위해 남들에게 피해를 주거나 희생도 마다하지 않는다면, 결과적으로 사신의 삶에 폐해가 되돌아오는 고통을 겪어야만 한다. 아무리 배움이 깊거나, 철학이나 종교, 영성 등을 깊이 공부한 사람이라 하더라도 마찬가지이다. 예를 들어 전쟁과 같은 어떤 절체절명의 위기 상황에 처했을 때는 자동적으로 자신의 생존이 가장 중요하고 최우선이 된다. 간혹 자살을 하는 이들은, 이러한 생존 본능을 반하는 것처럼 보이지만, 실제로 알고 보면 자살하는 이유가 어려운 현실적 삶에 대한 책임이나 의무를 회피하기 위한 의도이거나, 혹은, 사후세계에 대한 어떤 잘못된 믿음과 헌신 때문에, 죽음과 천당을 맞바꿔 더 나은 세상에서 자신만 편안하게 잘 살고 싶은 극단적인 이기심이 작용하여 자신의 죽임도 불사한 경우이다.

이처럼 **아비네샤**는, 자신의 생존과 안위가 최우선적으로 중요한 본능적이고 자동적인 감각, 그리하여 **클레샤**의 원인이 된다.

파탄잘리 요가 수트라

◆ 요가를 방해하는 장애들을 제거하는 법(10-11절)

10   *te pratiprasava-heyah suksmah*

테 프라티프라사바-헤야 숙스마

고통을 초래하는 섬세한 원인들은 마음이 미형상화된 존재적
상태로 되돌아갈 때 소멸된다.

테(te): 그들(고통들) / 프라티프라사바(pratiprasava): 미형상화된,
원래 상태로 되돌아 가는 / 헤야(heyah): 제거하는 / 숙스마(suks-
mah): 섬세한

그들(테)이란, 다섯 가지 고통의 원인들을 의미한다. 의식 속에
아주 섬세한(숙스마) 상태로 남아 있어서, 비록 표면상으로 표출이 되
지는 않았지만, 언제든 발현되어 나올 수 있는 잠재적 상태의 원인들
이다. 그래서, 파탄잘리는 앞으로도 발현되지 못하게 미리 소멸(헤야)
을 시킬 수 있는 방법을 제시하고 있다. 어떠한 방법인가?

프라티프라사바는, 프라티(역으로, 반대로)와 프라사바(출생, 진화) 두
단어가 합쳐진 단어로써, 아직 태어나지 않은, 미형상화된 ― 이라는

의미가 된다. 아직 형상화되지 않은 방향으로, 아직 태어나기 이전의 존재적 상태로 되돌리는 것을 뜻한다.

수트라 2장 4절에서 보았듯이, 고통의 원인들이 있는 상태에는 네 가지가 있었다. 아직 잠재적이거나, 미미하거나, 억눌려 있거나, 완전히 표출화 되었거나 한 상태였다. 여기에서는, 잠재적으로 있는 가장 심세한 상태를 의미한다. 아직 싹이 트시 않은 씨앗이지만 여전히 거기에 있다. 그러므로 씨앗을 태워버림으로써 앞으로도 피어날 수 있는 가능성을 아예 제거(헤야) 해버리는 것이다.

요가를 계속 하다 보면, 원래의 캐릭터나 성격이 점차적으로 변해가는 것을 알게 된다. 마음은 본성적으로 더 좋은 것들을 향해 끌리는 경향이 있기 때문에, 요가를 통해 마음이 내면에 있는 더 큰 에고의 섬세한 매력을 일단 경험하게 되면 에고는 자동적으로 원래의 자기중심적 자세와는 정반대 방향을 향해 계발되어간다. 그리하여 고통을 초래하던 에고의 거칠고 미숙한 면들은 자연스럽게 다듬어지면서, 가장 먼저 외모나 성격 등에서부터 변화가 일어나는 것을 본인이나 주변인들이 알아차릴 수 있다. 미형상화된 존재적 상태로 있던 순수의식이 더욱 빛을 발하게 되어, 보다 건강하고, 고상하고, 성숙한 사람으로 변해가는 것이 자연스런 진화의 과정이기 때문이다.

11 *dhyana-heyas-tad-vrttayah*

디야나-헤야스-타드브르타야

이미 표출된 고통의 효과들은 명상을 통해 벗어날 수 있다.

디야나(dhyana): 명상 / 헤야(heyah): 제거하는 / 타드(tad): 그들(고통들) / 브르티(vrttayah): 효과들이 나타나서 마음에 활동(고통)들을 일으키는

클레샤를 일으키는 다섯 가지 고통의 원인들 중에서, 잠재적으로 있는 1번째를 제외한 나머지 네 가지는 모두 이미 표출된 고통의 효과들에 해당한다. 그리하여 노력으로 이들을 극복할 수 있는 능력을 키워야 한다. 어떤 노력을 해야 하는가?

타드브리티는, 고통들(타드)과 움직임(브리티)이 합해져서 이루어진 단어이다. 제1장에서 보았듯이, 브리티는 움직임, 조율, 기능, 활동 등의 뜻이니, 고통들을 움직이고 있다는 뜻이 된다. 그리하여 타드브리티는, 클레샤들이 다양한 형태로 표출되어 활발한 상태를 의미한다. 이러한 고통의 효과들을 어떻게 줄일 수(헤야) 있는가? 어떻게 나의 욕망을 컨트롤하고, 거칠고 공격적인 성향을 조정하고, 원하지 않는 것은 기피하려는 자세를 고칠 수 있을 것인가?

세탁기를 돌리기 이전에, 얼룩이 얼마나 있는지 아닌지 확인하고, 밝거나 어두운 색상별로 먼저 분리하듯이, 어떤 옷에 묻은 얼룩은 너무 진해서 표백제와 비눗물에 먼저 담거야 하거나, 혹은 삶아야 할 수도 있다. 실크나 울로 된 옷들은 세탁기에 넣지 않고 손빨래로 가볍게 털어서 하는 것으로도 충분할 수 있다. 이미 표출된 고통의 효과들을 다루는 일도 마찬가지이다. 각각 형상화된 형태가 다양하기 때문에, 이들의 효과를 줄이기 위한 노력(헤야)의 강도도 조정해서

적용해야 한다. 명상의 유형이나 사마디 경험의 단계도 여러 단계가 있다. 심한 강도의 고통들을 극복하기 위해선 그만큼 오랜 시간의 노력과 집중이 필요할 것이고, 미약한 강도의 고통들은 약간의 주의와 수련으로도 쉽게 사마디를 경험하며 극복할 수 있을 것이다. 어떤 명상법으로 어떻게, 얼마나 오래해야 하는지는 사람들마다 다르다. 핵심은 각자 성향에 맞는 명상법을 선택해 꾸준하게 세속 수행을 하다 보면, 이미 나타난 **클레샤**의 효과들이라도 곧 벗어날 수 있게 된다.

◆ 카르마가 만들어지는 원인과 효과(12-14절)

12 *klesa-mulah karma-asyao drsta-adrsta-janma-ve-daniyah*

클레샤-물라 카르마-아시야오 드르쉬타-아드르쉬타-잔마-베다니야

과거의 카르마가 남긴 인상들은 마음 안에 깊숙이 새겨져 욕망을 싹트게 하는 씨앗이 된다. 눈에 보이는 혹은 보이지 않는 방법으로 현생이 아니면, 내생에 카르마로 나타나게 된다.

클레샤(klesa): 고통, 장애물들 / 물라(mullah): 뿌리, 씨앗 / 카르마(karma): 행위, 인과 / 아쉬야(asayah): 연못, 저장하는 / 드르쉬타(drsta): 보이는 / 아드르쉬타(adrsta): 보이지 않는 / 잔마(janma): 출생 / 베다니야(vedaniyah): 경험을 한

이 수트라는 인과(카르마)와 윤회의 법칙에 대한 기술을 하고 있다. 육체를 가지고 태어난다는 자체가, 전생에서 고통의 근원들(클레샤)을 완전히 극복하지 못했다는 것을 의미하며, 현생에서 완전한 순수의식을 깨닫지 못하는 한, 이러한 클레샤들은 계속해서 후생으로 이어지게 될 것임을 의미한다. 그러므로 카르마의 법칙은 아직까지 의

식에 클레샤가 남아 있기 때문에 해당이 되는 것이고, 완전히 클레샤를 극복하게 되면 윤회를 거듭하게 만드는 카르마의 법칙도 더 이상 적용이 되지 않게 된다는 것을 뜻한다. 어떤 형태로든 카르마가 남긴 인상들이 의식 속(아쉬요)에 씨앗처럼(물라) 남아 있는 한, 현생이 아니면 내생에서 그러한 카르마의 효과들을 경험하게 되어 있다.

카르마는 자연법칙과도 같은 막강한 저력을 가지고 있기 때문에, 억겁의 생과 시공을 초월해서라도 행위의 주체자에게 되돌아 갈 수 있다. 그리하여 눈에 보이는(드르쉬타) 혹은 보이지 않는(아드르쉬타) 방법으로 축적되어, 이어지는 삶(잔마)들에서 반드시 카르마의 효과들을 경험(베다니야)하게 만든다.

13 *sati mule tad-vipako jaty-ayur-bhogah*

사티 물레 타드-비파코 자티-아유르-보가

어떤 카르마이던 마음에 씨앗을 남기게 되면, 그 씨앗은 자라게 되어 있다. 그리하여 더 많은 출생, 삶, 카르마들을 낳게 된다.

사티-물레(sati mule): 그곳에 흔적이 남아 있는 한 / 탓(tat): 그것 / 비파카(vipakah): 열매가 익는, 자라는 / 자티(jati): 출생 / 아유 (ayuh): 삶, 수명 / 보가(bhogah): 경험, 카르마를 만들어 내는

아무리 나무의 몸통을 잘라내도 뿌리가 남아 있는 한(사티물레), 그(탓) 나무는 다시 자라게 되어 있다(비파카). 그리고 나무를 그대로

두는 한 언젠가는 열매를 맺게 되어 있다. 삶(아유)은 마치 이러한 나무와 같고, 고통을 만들어내는 다섯 가지 원인들은 뿌리와 같다. 그리하여 **클레샤**의 근원까지 모두 제거되지 않는 한, 그러한 영혼은 계속 태어나는(자티) 윤회를 거듭하면서 현생이 아니면, 내생에서 자신이 만들어 낸 **카르마**의 경험들(보가)을 반드시 하게 되어 있다.

하지만 고통의 원인들, **클레샤**의 뿌리들까지 제거해버리면, 이러한 다섯 가지 고통들이 만들어 내는 효과들도 완전히 극복할 수 있다. 뿌리까지 없어진 나무는, 더 이상 생명의 싹을 틔우지 못하는 것처럼, **클레샤**의 근원까지 모두 제거된 영혼은, 더 이상 윤회를 하지 않기 때문에, 다시 어떤 **카르마**들을 만들어 내거나(보가) 경험하게 만드는 **카르마**의 법칙도 멈추게 된다.

14 *te hlada-paritapa-phalah punya-apunya-hetutvat*

테 흘라다-파리타파-팔라 푼야-아푼야-헤투트밧

이렇게 이어지는 삶에서도 잘못된 카르마의 열매는 슬픔이며 바른 카르마의 열매는 즐거움이다.

테(te): 그들 / 흘라다(hlada): 조이, 즐거움 / 파리타파(paritapa): 아픔, 슬픔 / 팔라(phalah): 열매 / 푼야(punya): 덕, 메리트 / 아푼야(apunya): 부덕不德, 비메리트 / 헤투트밧(hetutvat): 그로 인해

과거의 **카르마**로 인해 현재 나타나는 효과들에도 두 가지 유형

이 있다. 공덕(푼야)과 부덕(아푼야), 혹은, 즐거움(흘라다)과 슬픔(파리타파)의 열매이다. 메리트적인 **카르마**의 열매는 기쁨과 즐거움을 가져주고, 비메리트 적인 **카르마**의 열매는 슬픔과 아픔을 가져 준다. 어떤 나라 혹은 집안에서 출생하는가, 건강하거나 아니거나, 단명하거나 장수할 것 인가, 탁월한 외모, 재능과 소질 등을 타고났는가 아닌가 등등 다양한 형태로 이러한 메리트, 비메리트 적인 **카르마**들은 효과가 나타나게 될 것이다. 행복과 불행은 그가 타고난 경제적 혹은 사회적 여건에만 해당되지 않는다. 과거에 베푼 친절이나 선행들은 메리트를 만들어 내 행복의 느낌을 주게 될 것이며, 그렇지 못한 경우에는 비메리트로 쌓여서 고통과 괴로운 느낌에 시달리게 만들 것이다.

어떤 행위들이 공덕, 메리트(**푼야**), 혹은 부덕, 미메리트(**아푼야**)에 해당하는지, 개인, 집단, 인종, 종교, 문화, 철학, 사상, 국가 혹은 시대마다 모두 다양한 기준들이 적용된다. 그리하여 어떤 것이 옳고 그른지, 잘했거나 잘못했는지 쉽게 단순 논리로 규정지을 수는 없다. 그보다는 보편적이고 객관적인 도덕적 법칙들(**야마와 니야마**, 2장 29절 참고)을 이해하고 적용할 수 있어야 한다. 이러한 법칙들은 범우주적인 효과와 적용성을 가지고 있기 때문에, 수학적으로도 인과법칙의 효과들을 정확하게 계산해낼 수 있다. 메리트의 **카르마**들은 달콤하고 즐겁고 행복한 경험들, 미메리트의 **카르마**들은 괴롭고 고통스럽고 불행한 경험의 열매들을 맺게 될 것이다.

◆ 고통이 만들어 지는 원인과 효과(15-17절)

15　*parinama-tapa-samskara-duhkhair-guna-vrtti-vi-*
　　rodhac-ca duhkham-eva sarvam vivekinah

파리나마-타파-삼스카라-두카이르-구나-브르티-비로다치-차 두
캄-에바 사르밤-비베키나

삶은 불확실한 것이며 변화는 두려움을 불러오며, 그리고 마음
에 새겨진 인상들은 아픔을 가져온다. 이 모든 것이 분별의식을
가지고 있는 사람에게는 참으로 깊은 고통이다.

파리나마(parinama): 결과, 변화 / 타파(tapa): 예리하거나 깊은 고
통 / 삼스카라(samskara): 잠재적 인상 / 두카이(duhkhaih): 이러
한 3 유형의 고통 / 구나(guna): 본질, 성향 / 브리티(vrtti): 마음의 활
동 / 비로다치(virodhach): 그로 인해 / 차(cha): 그리고 / 두캄(duh-
kham): 고통 / 에바(eva): 단지 / 사르밤(sarvam): 모든 / 비베키나
(vivekina): 분별의식을 가진 이들

의식에 분별심(비베키나)을 계발한 이들은, 자신이 하는 경험이나
세상의 모든 것들을 비베키나의 렌즈를 통해 분석하고 걸러내게 된

다. 무엇이 진실인지 아닌지, 빛과 어둠, 행복과 불행, 성공과 실패 등의 차이점들을 완전히 이해할 수 있다. 궁극적으로 삶의 모든 경험들은 고통(두캄)이라는 사실도 알게 된다. 아무리 원하는 만큼의 모든 부, 파워, 성공을 얻어서 행복을 느낀다 하더라도, 이처럼 세상에서 얻게 되는 행복들은 반드시 책임과 의무라는 대가가 따르기 마련이다. 예를 들어, 마침내 원하는 직장을 구했녀라도 잠시 동안의 기쁨과 안도감이 지나고 나면, 날마다 출퇴근길의 교통지옥에 시달리고, 과도한 업무로 인한 잦은 야근이나 주말 근무, 회사 내에서의 동료나 상사간의 갈등, 사생활이나 가족생활의 희생, 스트레스로 인한 건강 위기 등등, 직장생활로 인해 감수해야 하는 책임과 의무, 고통 등 필연적인 결과로 이어진다. 그토록 원하던 집이나 부동산을 저축과 대출을 통해 마련했거나, 이상형 파트너를 만나 꿈같은 결혼과 가정을 이루는 데 성공하는 등등 인생의 어떤 경험이든지, 그 이면에는 책임과 의무, 성공과 실패에 대한 조급함, 불안함, 두려움과 같은 심리적인 고통이 깔려 있다. 그래서 아무리 즐거운 경험이라 하더라도 비베키나(분별의식)를 통해 자세히 분석해보면 고통의 경험을 동반한다는 것을 알 수 있다.

이러한 고통(두카이르)에는 세 가지 유형이 있다. 첫 번째는 삶의 불확실함으로 인한 변화(파리나마)의 고통이다. 어린 아이가 어른이 되고, 태어남이 있으면 죽음이 있고, 만남이 있으면 헤어짐이 있고, 성공이 있으면 실패가 있기 마련이다. 변화는 삶의 필연적인 과정이지만, 언제 어떻게 될지 모른다는 예리한 두려움과 불안(타파)가 두 번째 고통이다. 성공, 취득, 사랑, 등등 언젠가는 모두, 어떤 형태로든 불안함이나 두려움의 경험을 동반할 수밖에 없다. 세 번째는 습관으로 인해 남게 되는 인상(삼스카라)이다. 즐거움, 행복, 사치, 편안함 등 어떤 경험이든지 익숙해지게 되면 행여 잃을까 두려워진다. 현재의 안전함과 익숙함을 유지하고자 습관의 노예처럼 고통스러워진다.

설령 수행자라고 하더라도 마찬가지이다. 어떤 높은 경전, 철학, 종교, 과학, 사상, 영성을 배우고 터득한다 하더라도 본질적(구나스) 인 마음의 작용(브리티)으로 인해(비로다치), 속에서 일어나는 갈등을 벗어나기 어렵다. 어떤 마음의 고요함의 상태를 경험한다 하더라도 이내 익숙하고 시시 해진다. 그리하여(차) 더 심오한 지식과 **사마디** 경험을 줄 수 있는 높은 지식이나 스승을 원하는 내면의 갈등에 시달리게 된다. 비베키나로 인해 내면에 갈등을 일으킬 수 있는 요소가 남아 있는 한(에바), 삶의 모든 경험들(사르바)는 참으로 깊은 고통(두캄)이 된다.

16 *heyam duhkham-anagatam*

헤얌 두캄-아나가탐

그러나 아직 오지 않은 고통은 비켜갈 수 있어야 한다.

헤얌(heyam): 피해야 하는 / 두캄(duhkham): 고통, 괴로움 / 아나가 탐(anagatam): 미래, 아직 오지 않은 인과법칙에 따라 현재에 표출된 **카르마**적인 고통은 피할 수 없지만, 아직 오지 않은 고통은 피할 수가 있다. 과거의 카르마로 인해 현재에 도달한 카르마의 결과나 고통은 비켜갈 수 없기 때문에 반드시 완전히 겪고 경험해야만 한다. 그러나 미래의 고통이나 괴로움은 충분히 피해갈 수가 있다. 육체가 있는 한 생로병사의 과정에서 일어나는 고통을 피해갈 수 없다. 하지만 아직 오지 않은 미래의 생은 변화시킬 수 있다. 어떤 씨앗을 심었는가에 따라 어떤 곡물을 수확할지는 이미 정해져 있다. 수확물을 좋아하든 아니든 상관없다. 이미 심었으니 변경할 수 없다. 하지만 앞으로의 수확물은 원하는 대로 얻기 위해 씨앗이나 여건을 조정하고 변경시킬 수 있다. 설령 과녁이 빗나갔다 하더라도 한 번 쏜 화살은 다시 거두어들일 수 없지만 앞으로는 목표와 거리를 조정하여 원하는 곳을 향해 더 잘 쏠 수도 있는 것과 마찬가지이다. 아직 오지 않은(아나가탐) 카르마의 열매들을 조정하기 위해, 현재의 **카르마**들을 더 이행할 수 있다. 그리하여 미래의 고통과 괴로움(**두캄**)을 피해갈 수 있다(**헤얌**).

17　*drastr-drsyayah samyogo heyahetuh*

드라스트르-드르시야야 삼요고 헤야헤투

이러한 고통의 원인은 무한계 의식인 대자아가 현상세계에 의해 가려졌기 때문이다.

드라스트(drastr): 보는 이 / 드르시야야(drsyayoh): 보이는 / 삼요고(samyogah): 합치 / 헤야헤투(heya-hetuh): 피해야 하는 것들의 원인 아직 오지 않은 고통을 어떻게 하면 피할 수 있는가? 모든 카르마는 그에 상응하는 결과와 열매를 만들어 낼 것이다. 이것은 우주적인 법칙이다. 과거와 현재는 이미 축적되어진 조건상태로 있다. 좋은 카르마를 나쁘게 돌리거나 혹은 나쁜 카르마를 좋게 돌릴 수는 없다. 좋든 나쁘든 이미 무수한 전생을 통해서 만들어진 카르마들의 잔고는 반드시 겪어야 한다. 그러나 고통들을 만들어 내는 근원적인 원인(헤야헤투)에 대한 이해를 통해, 오지 않은 고통들, 아직 잠재적 상태로 있는 카르마의 효과들을 피할 수 있는 한 피하라고 파탄잘리는 기술하고 있다. 고통이 생기는 이유는 대자아의 무한계 의식이, 현상세계를 만들어 내는 제한적 의식에 의해 가려져 있기 때문이다. 그러므로, 보는 이(드라스트)와 보여지는 대상(드르시야야)의 합치(삼요고)를 통해, 주체(대자아)와 객체(현상세계)간의 유니온(요가)을 통해 이를 달성할 수 있게 된다.

◆ 현상세계(프라크리티)와 절대적 대자아(푸루샤)의
   관계성(18-24절)

18 *prakasa-krya-sthiti-silam bhuta-indriya-atmakam*
bhoga-apavarga-artham drsyam

프라카샤-크리야-스티티-실람 부타-인드리야-아트마캄 보가-아

파바르가-아르탐 드리쉬얌

현상세계는 구나스(Gunas) ― 사트바, 라자스, 타마스 ― 세 가

지 우주적 에너지 장의 작용이다. 이들은 특정한 요소나 감각 체

들로 형체를 취한다. 현상세계의 궁극적 목적은 우리에게 다양

한 경험을 제공하여 깨달음이라는 자유를 얻게 하기 위함이다.

프라카샤(prakasa): 빛, 깨달음, 사트바 / 크리야(krya): 행위, 액
션, 라자스 / 스티니(sthiti): 안정적인, 타마스 / 실람(silam): 자질들
이 있는 / 부타(bhuta): 요소들 / 인드리야(indriya): 감각 기관들 /
아트마캄(atmakam): 본성에 따른 / 보가(bhoga): 경험 / 아파바르
가(apavarga): 자유 / 아르탐(artham): 그를 위해, 목적 / 드르시얌
(drsyam): 보이는

보여지는 대상, 현상 세계는, 세 가지 자질(실람)들을 가지고 있

다. 우주적 에너지 장을 작용하게 하는 요소와 감각기관들로써, 빛

과 깨달음의 사트바(프라카샤), 행위와 액션의 라자스(크리야), 무겁고 안정적인 타마스(스티니) — 요소들(구나스)가 그것이다. 이러한 세 가지 요소들(부타)과 감각기관들(인드리야)이 같이 합쳐져서 현상세계(드라시얌)를 만든다. 보여지는 대상, 객체 혹은 현상세계가 가진 목적은 두 가지가 있다. 대자아(드라스트)가 다양한 경험들을 하게 하고, 또한 깨달음을 얻어 그로부터 자유로워지게 하기 위함(아파바르가-아르탐)이다.

현상세계(드라시얌)는 보여지는 모든 대상들을 의미한다. 눈으로만 보여지는 것뿐만 아니라, 다섯 감각기관들(인드리야; 시각, 촉각, 미각, 후각, 청각), 그리고 생각(마음, 마나스, Manas)을 통해 경험되는 모든 것들(아트마캄 보가)을 포함한다. 생각에는 네 가지 유형이 있다. 인지되는 것들을 통해 일어나는 생각, 그리고 추론, 기억, 혹은 느낌을 통해 일어나는 생각이 있다. 현상세계(드라시얌)는 이처럼 다양한 매체들을 통해 인지되는 모든 대상들로 이루어져 있고, 보는 이(드라스트)는 이를 인지하고 있는 주체를 의미한다. 인지대상이란 일상적으로 깨어 있는 의식 상태에만 국한된 것이 아니라, 잠을 자거나, 꿈을 꾸거나, 혹은 사마디 의식 상태에서 의식적으로나 무의식적으로 경험하게 되는 모든 현상들까지 포함한다. 드라시얌은 현상세계에서 형상화된 모든 것들로 이루어져 있다. 이들 현상세계는 대자아라고 하는 주체에게 다양한 경험들을 주기 위해 존재한다. 그리하여 궁극적으로 현상세계 너머에 있는 완전한 자유로움의 상태로 갈 수 있게 하기 위함이다.

19 *visesa-avisesa-lingamatra-alingani gunaparvani*

비세샤-아비세샤-링가-마트라-아링가니 구나파르바니

구나스는 다양한 레벨 - 표면적 수준, 보다 섬세한 수준, 인과적 수준, 그리고 미형상적 수준 - 에서 작용하고 있다.

비세샤(visesa): 표면적 수준 / 아비세샤(avisesa). 보다 섬세한 수준 / 링가마트라(lingamatra): 미미한 흔적이 있는, 인과적 수준 / 알링가니(alingani): 어떤 흔적도 없는, 미형상적 수준 / 구나파르바니(gunaparvani): 구나스들의 상태

구나스들이 있는 상태(**구나프라바니**)에는 네 가지 수준이 있다. 완전히 표면화되어 있는 수준(**비세샤**)는 바다 위에서 일렁거리고 있는 파도와 같은 상태이다. 보다 섬세한 수준(**아비세샤**)는 아직 파도의 형태는 아니지만 수면 바로 아래에서 느낄 수 있는 역동적 물결의 형태이다. 인과적 수준(**링가마트라**)은 잠수를 해서 보다 깊이 들어가면 느낄 수 있는 움직임이 거의 미미한 잠재적 파도의 형태이다. 아직 미형상화적 수준(**알링가니**)은 바다의 가장 밑바닥에서 아무 것도 보이거나 느껴지지 않는 칠흑 같은 어둠의 형태로 있는 수준이다.

이처럼 현상세계를 구성하고 있는 세 가지 **구나스**는 각자의 자질들에 따라 각자 다른 수준에서 다양한 형태로 형상화되어 가장 부정적이거나 가장 긍정적인 경험들까지 모두 주게 된다. **사트바**가 줄 수 있는 최상의 경험은 청명함, 순수성, 각성, 만족감과 같은 것이고, 무관심하거나 수동성은 최저의 경험이다. **라자스**가 줄 수 있는 긍정적

인 경험은 활동성, 탐구심, 노력 등일 것이고, 좌불안석이나 집착 등은 부정적인 경험이다. 타마스가 가진 최상의 저력은 안정성이며, 최저 수준은 게으름이나 부족한 주의력 등이다.

20   *drasta drsimatrah suddho'pi pratyaya-anupasyah*

드라스타 드르시마트라 슈도피 프라티야야-아누파시야

그러나 대자아의 영역은 무한하다. 마음의 내용물을 밝히고 있는 것이 바로 순수의식이다.

> 드라스타(drasta): 푸루샤, 보는 이 / 드르시마트라(drsimatrah): 보이는 것의 파워 / 슈도(suddho): 순수한 / 아피(api): 또한, 그렇지만 / 프라티야야(pratyaya): 개념, 마음의 내용물 / 아누파시야(an-upasyah): 주시하는, 밝혀주는

현상세계라는 객체가 존재하는 이유는, 이를 지켜보고 있는 대자아(드라스타)라고 주체를 위해서이다. 보는 이(드라스타)는 보이는 대상들(드라시얌)을 인지하고 있는 이로써, 만약 아무런 주체가 없고 객체만 있다면 현상세계는 존재할 아무런 명분이나 이유가 없게 된다. 감각기관들을 통해 들어오는 것들이 마음의 내용물(프라티야야)을 채우고 있으며, 이를 밝혀서(아누파시야) 인지할 수 있게 하는 이가 바로 마음의 주인인 순수의식(드르시마트라)이다. 순수의식의 대자아가 인지할 수 있는 대상이나 영역의 범위는 무한하고 제한이 없다. 하지만 (아피) 보는 이의 의식 수준에 따라 마음에 들어오는 대상, 감각기관을 통해 경험될 수 있는 대상만 인지할 수 있을 뿐이다. 같은 물질이

나 사람이지만 어린 아이 때나 어른이 되었을 때 각자 다른 경험으로 인지되는 것과 같은, 혹은 산 아래에 있을 때와 산의 정상에 있을 때 볼 수 있는 광경이 다른 것과 같다.

21 *tadartha eva drsyasyatma*

타드아르타 에바 드르시야시야-아트마

현상세계가 존재하는 원인은 대자아를 위해서이다.

타드라타(tadartha):(푸루샤)를 위해 / 에바(eva): 홀로, 단지 / 드라시야시야(drsyasya): 보여지는 이, 현상세계 / 아트마(atma): 아트마, 대자아

원래의 순수의식은 태양 빛처럼 자체적으로 밝고 무한하게 항상 빛나고 있다. 그러나 창조세계에서 이를 경험하는 이가 없다면 순수의식의 존재는 아무런 의미가 없다. 보여지는 대상, 경험을 주는 객체, 현상세계(드라시야야)는 이를 보는 이, 경험하는 주체, 대자아(아트마)의 존재가 필요하다. 그래야 창조세계가 계속 이어질 수 있기 때문이다. 현상세계가 존재하는 이유는 단지(에바) 대자아가 현상계 의식의 다양한 경험들을 할 수 있게 하기 위함(타드라타)이다. 물은 순수한 무색이지만 컵의 색깔에 따라 다른 색깔로 나타나 보이는 것처럼, 원래의 순수의식은 아무런 자질이나, 특성 등을 가지고 있지 않지만, 이를 담고 있는 개인적 의식 수준에 따라 각자 다른 수준의 경험이나 지식을 가지게 된다. 그리하여 대자아는 현상세계가 만들어

내는 다양한 경험들을 단계적으로 할 수 있게 된다.

22 *krtartham prati nastam-apy-anastam tad-anya-sad-haranatvat*

크르타르탐 프라티 나스탐-아피-아나스탐 타드-안야-샤다라나트밧

현상세계가 가진 제한성이 대자아를 깨달은 이에게는 사라진
다. 그러나 현상세계 자체가 소멸되는 것은 아니다. 깨닫지 못
한 이들을 위해 계속 존재하기 때문이다.

크르타르탐(krtartham): 목적이 충족된 이, 깨달은 이 / 프라티(prati):
~를 향해 / 나스탐(nastam): 파괴된. 제한성이 사라진 / 아피(apy):
그렇지만 / 아나스탐(anastam): 파괴되지 않은, 소멸되지 않는 / 타
드(tad): 그것 / 안야(anya): 다른 / 사다라나트밧(sadharanatvat):
평범한 이들을 위해, 깨닫지 못한 이들을 위해

현상세계가 가진 제한성으로부터 자유로워진 이, 현상계가 존재
하는 목적을 깨달은 이(크르타르탐)에게는 더 이상 창조세계가 이전
과 같이 보이지 않는다. 현상계가 가진 제한성이 사라져서(나스탐) 더
이상 매이지 않게 된 이, 태어난 목적을 깨달은 개인의식의 주체는 원
래의 순수의식 상태로 있는 대자아를 향해(프라티) 되돌아 간다. 그렇
다고(아피) 현상계 자체가 사라지는 것은 아니다(아나스탐). 아직 평범
한 의식 수준으로 있는 다른(안야) 이들도 역시 그러한 목적을 깨달
을 수 있도록(사다라나트밧) 현상세계는 계속 존재할 필요가 있기 때
문이다. 이는 마치 여행의 목적지에 도달한 승객에게는 기차가 더 이

상 필요하지 않지만, 다른 승객들을 위해서 기차는 계속 필요한 예와 같다.

23 *svasvami-saktyoh svarupa-upalabdhi-hetuh samyo-gah*

스바스바미-샥티요 스바루파-우팔랍디-헤투 삼요가

대자아가 현상세계에 의해 가려진 이유는 둘이 가지고 있는 진리가 발견될 수 있기 위함이다.

스바스바미(svasvami): 자신의 마스터, 현상세계 / 샥티요(saktyoh):
두 가지 파워의 / 스바루파(svarupa): 자신의 본질적 성향 / 우팔랍디
(upalabdhi): 이해하는, 발견하는 / 헤투(hetuh): 목적, 이유 / 삼요가
(samyogah): 함께 이루어지는, 요가가 이루어지는

보는 이와 보여지는 대상 간의 연결이 끊어진 이유는, 현상세계
(스바미)가 형상화하고 있는 다양한 경험들로 인해 실제로 경험하고
있는 이, 대자아(스바)가 가려져 있기 때문이다. 이처럼 가려지게 된
이유(헤나)는, 애초에 두 가지 파워(샥티요)가 가지고 있는 각자 다른
진리(스바루파)들을 발견하게 하기 위함이다(우팔랍디).

모든 지식은 가르치는 이와 배우는 이의 의식 수준에 따라 달라
진다. 같은 교실에서 똑같은 지식을 배우고 있더라도, 각 제자들이
가진 배움의 의도와 역량, 그리고 마스터의 의도와 역량은 모두 각자
다르다. 만약 제자들이 배우기 원하거나 배울 준비가 되지 않은 지

식들을 마스터가 가르치려고 하거나, 혹은, 가르침을 받고 있는 제자가 마스터에게 완전히 몰입되어 자신의 존재에 대해서는 까맣게 있다면 배움이나 가르침의 과정이 제대로 이루어질 수 없다.

그리하여 각자의 무지와 의식 수준마다 적절한 진리들을 발견할 수 있게 하기 위한 목적으로 대자아는 현상세계의 뒤에 참모습을 감추고 있다. 다른 둘이 가지고 있는 수준이나 목적(헤투)이 함께 합치될 수 있을 때(삼요가) 비로소 배우고자 하는 이가 원하는 진리, 마스터가 가르치고자 하는 진리도 같이 발견될 수 있기 때문이다.

24 *tasya hetur-avidya*

타시야 헤투르-아비디야

우리의 본성에 대한 무지가 바로 대자아가 가려진 원인이다.

타시야(tasya): 그것의 / 헤투(hetuh): 원인, 근원 / 아비디야 (avidya): 무지

여기에서의 무지(아비디야)는 고통을 일으키는 원인이었던 무지(클레샤)와는 다르다.

아비디야가 뜻하는 무지는, 제1장 16절에서 설명한 유한계 의식(프라크리티)이 현상세계를 채우고 있기 때문에, 본성적 자아를 의미하는 무한계 의식(푸루샤)에 대해 알지 못한다는 의미이다. 이러한 무지(아비디야)가 대자아를 가리고 있는 원인(헤투르)이라는 것(타시야)이다.

물질적 본성을 가지고 있는 **프라크리티**, 현상세계는, 본성적 대자아의 깨달음을 얻은 요기라고 해서 사라지지 않는다. 세상은 환상이거나, 혹은 요기가 깨어나야 하는 어떤 꿈이나 악몽이 아니다. "나"라는 이가 태어나기 이전이나 이후에도 여전히 존재하는 현실적 세상으로 다른 사람들도 계속해서 경험하고 체험할 수 있기 위해 필요한 삶의 현장이다. 무한게 의식(**푸루샤**)을 깨달은 요기에게도 여선히 현상세계는 존재하면서 현실적인 삶을 계속 이어갈 수 있게 한다. 하지만 **프라크리티**와 **푸루샤**의 차이점에 대한 무지의 베일이 사라졌기 때문에 평범한 세상이 주는 어떤 경험에도 더 이상 매이지 않게 된다. 세상의 어떤 것에도 아무런 매력이나 기피를 느끼지 않는, 마치 물 위에 새긴 글자처럼 아무런 인상이나 흔적을 남기지 않는 대자아를 깨달았기 때문이다.

◆ 깨달음의 지혜가 주는 자유로움(25-27절)

25　*tad-abhavat samyoga-abhavo hanam tad-drseh kaivalyam*

탓-아바밧 삼요가-아바보 하남 타드-드르세 카이발얌

무지를 깨게 되면 현상세계와 동일한 것처럼 여겨지던 대자아가 자유로워진다. 이러한 자유가 바로 깨달음이다.

탓(tat): 그것(무지) / 아바밧(abhavat): 없어짐으로 인해 / 삼요가(samyoga): 합치 / 아바바(abhavah): 결여, 없는 / 하남(hanam): 피하는, 자유로운 / 탓(tat): 그것 / 드르세(drseh): 보는 이의 / 카이발얌(kaivalyam): 완전한 자유, 완전한 깨달음

대자아를 가리고 있던 무지(**탓**)를 깨트리게 되면, 그 동안 **프라크리티**(현상세계)가 마치 **푸루샤**(대자아)와 동일한 것처럼(**삼요가**) 여기게 만들던 원인이 없어지게 된다(**아바바**). 무지를 만들어 내던 원인이 제거됨으로 인해(**하남**) 현상세계에 대한 관찰자(**드르세**)로서 존재할 수 있게 된다. 이것이 바로 진정한 자유로움의 상태, 완전한 깨달음(**카이발얌**)이다.

26   *viveka-khyatir-aviplava hanopayah*

비베카-크야티르-아비플라바 하노파야

무지는 대자아와 현상세계를 지속적으로 식별할 수 있을 때 깨
어진다.

비베카(viveka): 분별, 식별히는 / 그야디(khyatih): 의식하는 / 아비
플라바(aviplava): 변동이 없이, 지속적으로 / 하노파야(hanopayah):
피하는 수단

우리가 지식을 얻는 방법에는 여러 가지가 있다. 감각기관들을
통해서 얻거나, 이지나 추론을 통해서, 개인적 체험이나, 상상, 회상,
기억 등을 통해서, 혹은 다른 사람들에게 들어서 얻게 될 수도 있다.
하지만 이러한 방법들은 모두 **프라크리티**(현상세계) 영역에 속하기 때
문에, **푸루샤**(대자아)의 본성에 대한 지식을 얻고자 한다면, 무지(아비
드야)를 깰 수 있는 수단(하노파야)들이 될 수 없다.

무지(아비드야)를 깰 수 있기 위해서는 전혀 다른 유형의 지식과
수단이 필요하다. 이러한 영역의 지식은, 감각기관이나 이지, 혹은 어
떤 더 높은 인지 능력을 통해서가 아니라, 분별의식(비베카-크야티)을
통해서만 얻어질 수 있다. 이는 마치, 천문학적으로 행성들의 크기나
중력들을 재기 위해서는 수학적 계산방법을 사용해야 하는 것과 같
다. 태양과 달, 지구 사이의 거리를 재기 위해서는 실제 잣대가 아니
라 물리학적인 척도들을 사용해야만 하는 것이다. 마찬가지로, 무지

파탄잘리 요가 수트라

를 제거하고, 대자아에 대한 진정한 지식을 얻고자 한다면, 분별의식(비베카-크야티)을 통해서만 가능해진다. 비베카는 두 개의 다른 차이를 구별하거나 식별한다는 의미이다. 하지만 비베카-크야티는 분별할 수 있는 의식, 즉, 지속적으로 다름을 식별할 수 있는 능력을 키움으로 인해 계발되는 의식을 의미한다. 이를 통해 대자아와 현상세계의 다른 점을 지속적으로 식별할 수 있을 때, 비로소 무지(아비디야)도 깨어지게 된다.

27 *tasya saptadha pranta-bhumih prajna*

타시야 삽타다 프란타-부미 프라기야

이러한 지혜가 자라는 데는 일곱 단계가 있다.

타시야(tasya): 그것의, 푸루샤의 / 삽타다(saptadha): 일곱 단계 / 프란타-부미(pranta-bhumih): 가까운 영역, 마지막 단계 / 프라기야(prajna): 지혜

대자아(**타시야**)의 지혜(**프라기야**)를 주는 분별의식(**비베카-크야티**)이 자라기 위해서는 의식이 일곱 단계(**삽타다**)의 계발 수순을 단계적으로 거쳐야 한다. 일곱 단계의 의식은 서로 다른 수준에 있지만 동시에 서로 아주 가까이에 있다(**프란타부미**). 그래서 한 단계에서 다음의 더 높은 단계로 옮겨가는 것이 아주 미미한 차이로 오버랩 되어 있다.

의식이 경험을 통해 발전하게 되는 일곱 가지 단계는;

1) 먼저, 무엇을 피하거나 제거해야 하는지 깨닫게 된다.

2) 어떻게 피하거나 제거할 수 있을지 방법을 알게 된다.

3) 영적인 의식의 진보가 점차적으로 이루어지고 있음을 깨닫게 된다.

4) 의식의 충족과 성취감을 깨닫게 된다.

5) 체험과 자유로움이 가진 목적을 깨닫게 된다.

6) **구나스**의 균형적인 작용이 주는 충족감을 깨닫게 된다.

7) 마침내, 에고의식이 가진 본성에 대해 깨닫게 된다.

이러한 일곱가지 단계를 차례대로 거쳐서, 더 높은 수준의 의식, 분별의식(**비베카-크야티**)으로 계발된다. 그리하여 대자아(**푸루샤**)와 현상세계(**프라크리티**)의 다른 점을 식별할 수 있는 지혜(**프라기야**)도 자랄 수 있게 된다.

◆ 깨달음을 얻게 해주는 요가 - 아쉬탕가 요가(28-29절)

28 *yoganga-anusthanad-asuddhi-ksaye jnana-diptir-*
aviveka-khyteh

요강가-아누스타나드-아수디-크샤에 기야나-딥티르-아비베카-크
히테

순수의식과 현상세계간의 식별은 신경계가 수행을 통해 충분
히 정화되었을 때 생겨나는 지식의 빛으로 하게 된다.

요강가(yoganga): 요가를 하는 / 아누스타나(anusthana): 수행하는
/ 아수디(asuddhi): 불순함, 정화되지 못한 신경계 / 크사예(ksaye):
잃는, 제거하는 / 기야나(jnana): 영적 지식 / 딥티르(diptir): 광채, 빛 /
아비베카-크히테(aviveka-khyteh): 순수의식과 현상세계 간의 식별

요강가는, 요가 그리고, 수족을 의미하는 앙가가 합쳐진 단어이다.
파탄잘리의 **아쉬탕가 요가**(여덟 가지 수행법)를 행하면(아누스타나), 몸과
신경계에 누적되어 있는 불순함(아수디)이 깨끗하게 정화(크사예)가
된다는 의미가 된다. 팔다리와 같은 수족들은 각자 다른 신체부분인
동시에 한 몸으로 연결되어 있는 것처럼, **아쉬탕가**(여덟 가지)의 앙가(수

행법들)도 모두 요가라는 한 몸으로 연결되어 있다(요강가). 그래서 어떤 것이 더 우월하거나 먼저 행해야 한다는 의미가 아니라, 어떤 앙가(수행법)이든지 선택을 해서 지속적으로 수행을 하면 몸과 신경계를 정화시킬 수 있게 된다.

불순함을 제거(아수디-크샤에)해야 한나는 것은, 요가를 하는 본질적 목적이 우리의 신경계나 캐릭터에 누적되어 있는 바람직하지 못한 자질이나 요소들을 정화시키기 위함이라는 의미이다. 이러한 불순물들은 다섯 가지 클레샤(아픔, 고통)를 일으키는 원인들임으로 제거해버리는 것이 훨씬 유익할 것이다. 그렇지 않으면 몸과 마음, 영혼에 끊임없이 부정적인 영향과 콤플렉스를 만들어낼 것이기 때문이다. 그래서 규칙적인 아쉬탕가 요가 수행(아누스타나)으로 먼저 신경계를 정화시킬 수 있어야 한다는 것이다.

몸과 신경계가 충분히 정화되면 분별의식(비베카-크야티)이 자라나게 된다. 이러한 의식 상태에서는 자연스럽게 지혜와 지식(기야나)의 빛(딥타르)이 빛나게 되어, 순수하지 않은 것들을 분별할 수 있는 의식, 대자아와 현상세계 간의 차이점(아비베카-크야티)을 식별할 수도 있게 된다.

29 *yama-niyama-asana-pranayama-pratyahara-dhara-na-dhyana-samadhayo'stav-angani*

야먀-니야마-아사나-프라나야마-프라티야하라-다라나-디야나-

사마다요 스타브-앙가니

수행의 길로 아쉬탕가 요가가 있다. 야마(바른 세상의 법칙), 니
야마(바른 삶의 법칙), 아사나(바른 몸의 자세), 프라나야마(바
른 호흡법), 프라티야하라(바른 감각기관 조절), 다라나(바른
주의), 디야나(바른 사티), 사마디(바른 삼매)

야마(yama): 바른 세상의 법칙 / 니야마(niyama): 바른 삶의 법칙
/ 아사나(asana): 바른 몸의 자세 / 프라나야마(pranayama): 바른
호흡법 / 프라티야하라(pratyahara): 바른 감각기관 조절 / 다라나
(dharana): 바른 주의, 안정적 상태의 마음 / 디야나(dhyana): 바른
사티, 명상 / 사마디(samadhi): 바른 삼매, 순수의식 / 아스타(asta):
여덟 / 앙가니(angani): 파트들

파탄잘리는 제1장 2절에서 마음을 고요함 속으로 가라앉히는
것이 요가라고 정의하였다. 그러기 위해서는 **아쉬탕가 요가**로 지속적
인 수행을 해야 한다고 하였다. 시간과 공간, 시대와 문화를 초월하
여 누구에게나 적용될 수 있는 범 우주적인 요가 수행법, 파탄잘리의
아쉬탕가 요가는 여덟 가지 수행법으로 이루어져 있다.

아쉬탕가는 아스타(여덟)와 앙가(수족, 파트)가 합쳐져 만들어진 용
어이다. 즉 요가라는 몸통에 총 여덟 가지 수족이 있다는 의미가 된
다. 이 중에서 첫 번째부터 다섯 번째까지는 외부적 **앙가**들에 해당하
고, 여섯 번째부터 여덟 번째까지는 내부적 **앙가**들에 해당한다. 그런
데 전체 신체를 구성하고 있는 여러 바디 파트들 중에서 어느 하나

도 중요하지 않은 파트가 없는 것처럼 아쉬탕가 요가도 마찬가지이
다. 여덟 가지 수행법들이 함께 요가라는 몸통에 연결되어 있기 때문
에 모든 앙가들이 중요한 비중을 차지하고 있으며 궁극적으로 순수
의식을 계발하는 데 각자 필요한 역할들을 하게 된다.

아쉬딩가 요가의 가장 신두가 되는 두 앙가는, 먼저 세상과 삶을
살아가는 데 필요한 기본적인 자세를 계발하는 수행에 관한 것이다.
수행자가 본질적으로 지키며 살아야 하는 대내외적인 질서와 법칙
들을 의미한다. 첫 번째는 바른 세상의 법칙(야마)으로 대외적인 대상
들을 다루는데 있어 필요한 법칙들이다. 두 번째는 바른 삶의 법칙
(니야마)으로 내면적인 대상들을 다루는 데 있어 필요한 법칙들이다.

세 번째와 네 번째는 몸의 수행에 관한 것이다. 명상 수행에 적합
하도록 편안하고 바른 몸의 자세(아사나)를 계발하는 것이 세 번째,
그리고 마음의 활동들을 보다 더 잘 컨트롤할 수 있는 바른 호흡법
(프라나야마)을 계발하는 것이 네 번째 앙가이다.

다섯 번째는, 감각기관들의 수행에 관한 것이다. 마음을 끊임없
이 자극하고 흩어지게 만드는 감각기관의 활동들을 잘 컨트롤하여
의식이 한 방향으로 바르게 집중할 수 있는(프라티야하라) 능력을 키
우는 것이 다섯 번째 앙가이다.

여섯 번째, 일곱 번째, 여덟 번째 앙가는 함께 요가의 심장을 이루

는 명상의 **앙가**들이다. 명상을 통해 의식이 내면으로 향하게 될 때 자동적으로 일어나는 과정, 순수의식을 계발하는 수행에 관한 것이다. 여섯 번째는 마음의 활동(브리티)들이 잔잔해 지고 주의가 바르고 안정적으로 흐르고 있는 것(다라니), 일곱 번째는 마음이 점차 가라앉아 고요해진 상태에서 바른 사티를 유지하는 것(디야나), 여덟 번째는 고요히 가라앉은 마음이 그대로 바른 삼매, 순수의식 상태에 머물고 있는 것(사마디)이다. 파탄잘리는 명상에 해당하는 이들 세 **앙가**의 중요성을 특히 강조하면서 요가의 심장이라고 하였다.

모든 여덟 앙가들은, 나무에 달린 가지들처럼 몸통에 같이 연결되어 있다. 그래서 의식적으로 야마와 니야마를 수련하게 되면 나머지 앙가들도 자연스럽게 계발될 수 있는 밑바탕이 된다. 그리고 몸의 자세와 호흡, 집중력을 수련하게 되면, 자연스럽게 내면의 순수의식 세계로 들어갈 수 있는 다리 역할을 하게 된다.

◆ **야마**(바른 세상의 법칙) ―(30-31절)

30 *ahimsa-satya-asteya-brahmacharya-aparigraha ya-mah*

아힘사-사티야-아스테야-브라마차리야-아파리그라하 야마

바른 세상의 법칙에는 다섯 가지가 있다: 비폭력성, 진실성, 진정성, 정숙함, 비집착성

아힘사(ahimsa): 비폭력성 / 사티야(satya): 진실성 / 아스테야(asteya): 진정성 / 브라마차리야(brahmacharya): 정숙함 / 아파리그라하(aparigraha): 비집착성 / 야마(yamah): 세상의 법칙

　일반적으로 요가라고 하면 마치 몸을 가꾸기 위한 미용법이거나, 기계체조를 연상하게 하는 고난도의 운동기법으로 잘못 알고 있거나, 혹은 다양한 몸의 자세와 호흡법을 하는 데 초점을 맞추는 **하타 요가**만을 연상하는 경우가 흔하다. 혹은, 어떤 다른 요가 스쿨들에 의하면, 요가의 원래 목적이 신체적인 측면을 계발하는 데 있지 않기 때문에, 다양한 요가 자세와 호흡법들을 배우기 이전에 먼저 **야마**와

　　　　　　　　　　　　　　파탄잘리 요가 수트라

니야마의 수련을 요구하는 이들도 간혹 있다. 야마와 니야마는 수행자가 가진 삶에 대한 기본적인 자세를 교정하기 위한 수행법이기 때문에, 몸과 마음, 영혼의 전체적 안녕과 웰빙을 균형적으로 계발할 수있기 위해서는, 무엇보다도 먼저 기본적인 성품이나 자세, 태도가 운동이나 몸의 단련보다 더 중요하다는 것이 이들의 주장이다.

먼저, 바른 세상의 법칙(야마)에는 다섯 가지가 있다. 여기에서 야마는 "피해야 하는"이라는 의미를 가지고 있다. 우리가 세상을 살아가는 데 있어 가져야 하는 자세, 다른 사람들이나 그들과의 관계성을 맺을 때 어기는 것을 피해야 하는 다섯 가지 법칙들을 말한다. 비폭력성(아힘사), 진실성(사티야), 진정성(아스테야), 정숙함(브라마차리야), 그리고 비집착성(아파리그라하)이 그것이다.

파탄잘리가 어떤 도덕이나 윤리적인 법칙들을 규정하려는 의도로 야마 혹은 니야마를 기술하고 있는 것은 아니다. 그는 우리가 흔히겪는 마음의 고충, 어떤 것이 바르거나 아닌지, 어떻게 해야 할지 아닐지 하는 윤리적 딜레마에는 관심이 없다. 단지 우리가 요가 수행을하는 데 있어 무엇이 도움이 되거나 방해를 할지 담담하게 기술하고있을 뿐이다. 그는 요가 수행에 도움이 될 수 있는 라이프 스타일을권하고 있는 것이다. 야마와 니야마는 우리가 신체적, 언어적, 정신적모든 세 수준에서 어기는 것을 피하거나, 갖추어야 하는 자세들을의미한다.

31   *jati-desa-kala-samaya-anavacchhinnah sar-*
     va-bhauma mahavratam

자티-데샤-칼라-사마야-아나바치친나 사르바-바우마 마하브라탐

이 다섯 가지는 전 우주적인 법칙이다. 시, 공, 생, 환경에 제한
되지 않으며 함께 "위대한 세상의 법칙"을 형성한다.

자티(jati): 출신 계층 / 데샤(desa): 나라, 장소 / 칼라(kala): 시간 /
사마야(samaya): 상황, 환경 / 아나바치친나(anavacchhinnah): 비
조건적인, 비제한적인 / 사르바-바우마(sarva-bhauma): 우주적인,
세상의 모든 장소 / 마하브라탐(mahavratam): 위대한 법칙

누구나 요가 수행을 꾸준히 헌신적으로 하다 보면 분명하고 뚜
렷한 삶의 변화, 놀라운 성장이나 발전 등을 경험하게 된다. 더 나아
가서 놀라운 초능력이나 완전한 순수의식 상태까지도 계발할 수 있
게 된다. 그러나 사람마다 타고난 의식 수준이나 현재 처한 진화 상
태가 다르므로, 정신적 윤리적으로 아직 수용할 준비가 되지 않은
사람들에게는 섣불리 고도의 요가 수행법들을 가르치지 말아야 한
다. 파탄잘리는 우리가 수용할 수 있는 범위 내에서 단계적으로 이러
한 요가 수행법들에 대한 기술을 하고 있다. 그리하여 먼저 우리가
가진 삶에 대한 자세들을 살펴보는 것으로 시작하게 한다.

위대한 세상의 법칙(마하브라탐)은 전우주적으로 적용이 되는 다
섯 가지의 위대한 법칙들을 뜻한다. 마하(위대함)과 브라타(맹세)를 의
미하는 두 단어가 합쳐져서 만들어진 단어이다. 브라타(맹세)는, 종교

파탄잘리 요가 수트라

적으로 하는 다짐, 자신이 모시는 신의 은총을 구하기 위해 어떤 진중한 결의를 한다는 의미를 내포하고 있다. 예를 들어, 어떤 개인적인 염원을 이루기 위해서 백일, 천일, 만일 기도 등을 하는 식으로 은혜를 받기 위해선 특정한 조건이나 자격이 필요함을 함축하는 단어이다. 하지만 마하브라탐(위대한 맹세)이라고 하게 되면, 어떤 조건이나 자격도 필요치 않은(아나바치친나), 모든 상황이나 환경(사마야)하에서, 누구에게나 보편적이고 절대적(사르바 바우마)으로 적용이 되는 맹세를 의미한다.

첫째, 출신계층(자티)에 따라 달라지지 않는다. 어떤 신분이나 가족, 계층에 태어났던지 부와 재능, 남녀, 직위고하를 막론하고 태어난 모든 생명들에게 공통적으로 적용되는 맹세들이다. 둘째, 나라 혹은 장소(데사)에 따라 달라지지 않는다. 후진국 혹은 선진국에 태어났던지, 서울이나 부산에 있던지, 직장이나 학교 혹은 집에 있던지, 모국 혹은 외국에 있던지 등등 장소가 달라진다고 하여 이러한 맹세들의 적용여부성은 달라지지 않는다. 셋째, 시간(칼라)에 따라 달라지지 않는다. 젊거나 늙었거나, 아침 혹은 저녁이거나, 주중 혹은 주말이거나, 여름 혹은 겨울이거나, 바쁘던 한가하던, 근무 중이든 휴가 중이든, 언제 어느 시간이든지 한결같이 적용되는 맹세들이, 바로 위대한 세상의 법칙(마하브라탐)이다.

◆ 니야마(바른 삶의 법칙) —(32절)

32 *saucha-santosa-tapah-svadhyaya-is-*
vara-pranidhanani niyamah

사우차-산토샤-타파-스바디야야-이스바라-프라니다나니 니야마

바른 삶의 법칙에는 다섯 가지가 있다: 단순성, 만족성, 수련,
공부, 로드에 귀의함.

사우차(saucha): 청결성, 단순성 / 산토샤(santosa): 만족성 / 타
파(tapah): 수련 / 스바디야야(svadhyaya): 공부, 정제 / 이스바라
(isvara): 요가의 로드 / 프라니다나(pranidhana): 귀의 / 니야마(ni-
yamah): 삶의 법칙

다음으로, 바른 삶의 법칙(니야마)들이 다섯 가지가 있다. 야마는
외부적으로 어기는 것을 피해야 하는 바른 세상의 법칙들인 반면에,
니야마는 내부적으로 지켜야 하는 바른 삶의 법칙들을 의미한다. 이
러한 법칙들 역시도 신체적, 언어적, 정신적 모든 세 수준에게 같이
적용되고 지켜져야 한다.

먼저, **사우차**(청결성, 단순성)이다. 주변을 청결히 하고, 불필요한 것들을 정리 정돈하여 깨끗하고 단정함을 유지하는 습관은, 자동적으로 몸의 건강과 신체도 최상의 상태로 유지할 수 있게 해준다. 건강한 신체에 건강한 정신이 깃든다는 말처럼, 건강한 몸과 단정한 언어 습관은 마음도 단순하고 순수할 수 있도록 정화시켜준다.

다음으로 **산토샤**(만족성)은 마음과 하트의 자질을 의미한다. 외적으로 어떠한 여건이나 상황에 있던지, 아무리 고통스럽거나 힘들더라도, 내적으로 받아들이고 수용할 수 있는 긍정적인 마음의 자세를 뜻한다.

다음으로 **타파**(수련), **스바디야야**(공부), **이스바라 프라니다나**(귀의)이다. 앞(2장 1절)에서 이미 기술되었듯이, 이 세 가지의 **니야마**는 **크리야 요가**, 요가 수행을 위해서 필요한 실질적인 방도들을 함께 의미하기도 한다.

◆ 야마와 니야마의 반대성향을 극복하는 법(33-34절)

33   *vitarka-badhane pratipaksa-bhavanam*

비타르카-바다네 프라티팍샤-바바남

부정적 감정들이 우리를 압도할 때는 그 반대의 감정들을 계발
해야 한다.

비타르카(vitarka): 부정적 생각, 감정 / 바다네(badhane): 괴롭히는
/ 프라티팍샤(pratipaksa): 정반대 / 바바남(bhavanam): 계발하는

파탄잘리가 기술하고 있는 열 가지 법칙들은, 요가 초보자들이
지키고 수련하기에는 너무 어렵고 높은 수준의 잣대인 것처럼 느껴
질 수도 있지만, 한편으로 이러한 자질들을 어느 정도 갖추었다면
더 이상 초보자는 아니라는 의미이기도 하다. 이처럼 수용적이고 유
연한 자세들은 하루아침에 이루어지는 것이 아니라, 시간을 두고 천
천히 성과가 나타나기 시작한다. 야마와 니야마를 수련하기 시작하면
초기의 신선한 마음가짐과 열정으로 인해 처음 얼마간은 상당히 진
보를 이룰 수 있다. 하지만 습관적인 무의식이 가진 힘은 무서운 것

이어서, 자신도 깨닫지 못하는 사이에 부정적인 감정들이 다시 틈새를 비집고 올라오게 된다. 혹은 가끔씩 중간에 어떤 외적인 어려움이나 장애물들로 인해 수행의 길에서 상당한 셋백이나 후퇴를 하게 될 수도 있다. 우리가 살고 있는 세상에서는 언제나 옳고 바른 일들만 일어나는 것이 아니기 때문이다. 나와 다른 사람들의 감정, 이해관계 등이 얽히고설켜서, 각자의 좋은 의도에도 불구하고 예기치 못한 오해나 갈등, 감정 등(비타르카)으로 인한 수행의 방해(바다네)를 일으킬 소지들이 항상 존재하고 있다.

이처럼 부정적인 상황이나 감정들이 생겨날 때는, 그저 참고 억제하는 것으로는 충분하지 않다. 보다 효율적인 방법은 우리의 주의를 정반대 쪽(프라티팍샤)으로 돌리는 것이다. 나쁜 생각이나 건전하지 못한 충동, 부정한 성향들이 안에서 올라오게 되면 더 좋은 생각이나 긍정적인 영감을 줄 수 있는 대상이나 사람들을 찾아서 함께 시간을 보내는 것이다. 예를 들어, 어떤 사람이 잘못을 저질렀거나 자신을 속였을 때, 그에 대한 처벌이나 보복을 하고자 하는 감정이 압도적일 수 있다(바바남). 그럴수록 오히려 반감이나 원망의 감정만 커져서 자신의 일이 더욱 꼬이게 될 수도 있다. 그보다는 우리가 가진 부족함이나 실패의 경험을 있는 그대로 받아들이는 것이다. 더 큰 영감을 줄 수 있는 어떤 다른 가르침이나 대상, 보다 고무적이고 정직한 사람들을 찾아 함께 시간을 보내면서 다음에는 같은 실수나 실패를 반복하지 않을 수 있도록 긍정적인 내면 세상의 풍요로움을 키우는 것이다. 그리하면 수행을 방해하는 요소들(바다네)은 보다 효율적으로 제거하고 극복할 수 있게 된다.

34 *vitarka himsadayah krta-karitanumodita lobha-kro-dha-moha-purvaka mrdu-madhyadhi-matra duh-khajnanananta-phala iti pratipaksa-bhavanam*

비타르카 힘사다야 크르타 카리타누모디타 로바-크로다-모하-푸르바카 므르두 마디야디-마트라 두카기야아난타-팔라 이티 프라티팍샤-바바남

폭력성 등과 같은 부정적 감정들은 삶을 해친다. 우리 스스로 행하던, 다른 이들에게 유도를 하거나 사주를 하던 마찬가지이다. 이러한 감정들은 그 정도가 미미하거나, 적당하거나, 혹은 강렬하다는 차이는 있지만 우리 내면에 있는 욕심, 울분, 혹은 망상에서 유래되었다. 이에 대한 열매는 끝없는 무지와 고통이다. 이 점을 기억하려면 반대의 감정들을 계발해야 한다.

비타르카(vitarka): 부정적 감정들 / 힘사다야(himsadayah): 폭력성 등과 같은 것들 / 크르타(krta): 자신이 행하는 / 카리타(karita): 다른 이들이 행하는 / 아누모디타(anumodita): 인정하는 / 로바(lobha): 욕심 / 크로다(krodha): 분노, 화 / 모하(moha): 혼란 / 푸르바카(purvaka): 앞에서 이어지는 / 므르두(mrdu): 미미한 / 마디야(Madhya): 적당한 / 아디마트라(adhimatra): 강렬한 / 두카(duhkha): 고통 / 아기야(ajnana): 무지 / 아난타(Ananta): 영원한, 무한한 / 팔라(phala): 결과, 열매 / 이티(iti): 그처럼 / 프라티팍샤(pratipaksa): 반대편 / 바바남(bhavanam): 생각하는

파탄잘리 요가 수트라

폭력성 등과 같은(힘사다야) 잘못되었거나 부정적인 감정들(비타르카)에 대한 레머디는 반대편 자질들을 계발하는 것이다. 그렇지 않으면 이러한 폭력성들이 자신이나(크르티) 다른 사람들에게(카리타) 남기는 상처가 오히려 더 해악을 미치게 된다. 스스로 폭력성을 행하든지 혹은 다른 사람들이 폭력을 행하도록 사주나 유도를 해도 마찬가지이다. 예를 들어, 연인이나 부부 사이에 어떤 부정적인 사건이 생겼을 때, 서로 상대방 탓을 하면서 같이 싸우거나, 혹은 말로써 여자가 남자의 비위를 건드리거나 모욕을 주어서 남자가 폭력을 행사할 정도까지 만들었다면, 남자는 분노나 화를 적극적으로 표현한 것이고 여자도 수동적으로 표현한 것이기에 두 사람이 모두 서로에게 상처를 입힌 책임이 있는 것이다.

욕심(로바), 분노(크로다), 혼란(모하) 등과 같은 부정적 감정들은 비록 미약하거나(므르두), 적당하거나(마디야), 혹은 강렬하거나(아디마트라) 정도의 차이는 있지만, 누구에게나 남아 있는 고통의 원인들이다. 그리하여 고통(두카)이나 무지(아기야)로 인한 삶의 괴로움들은 끊임없이 계속 이어진다(아난다-팔라). 이를 극복할 수 있기 위해서는 (이티) 앞에서 기술하였던 것처럼 부정성과 반대되는(프라티팍샤) 긍정적인 생각과 자질(바바남)들을 계발함으로 고통과 무지로 인한 아픔들을 극복할 수 있게 된다.

◆ 야마와 니야마 수행의 효과(35-45절)

35 *ahimsa-pratisthayam tat-samnidhau vaira-tyagah*

아힘사-프라티스타얌 타트-사니다우 바이라-티야가

비폭력성에 굳건하게 자리하고 있으면 모든 주변 생명들이 우리에 대한 적대감을 멈추게 된다.

아힘사(ahimsa): 비폭력성 / 프라티스타얌(pratisthayam): 굳건히 자리잡은 / 타트-사니다우(tat-samnidhau): 그 영역 안에 / 바이라 (vaira): 적대감 / 티야가(tyagah): 버리는, 멈추는

아힘사는, 해하지 않음, 죽이지 않음, 비폭력성, 사랑 등을 의미한다. 적대감이나 적의, 미움이나 증오감이 없는 상태를 말한다. 비단 신체적이고 물리적인 의미에서만 아니라, 마음과 의식에도 해롭거나 폭력적인 생각이 없어야 함을 의미한다. 우리는 다른 사람 눈에 들어 있는 티끌은 잘 보지만, 자신의 눈에 있는 티끌을 보지 못하는 본성을 가지고 있다. 그래서 사랑과 화해, 비폭력이나 자연주의 등을 외치는 사람이나 단체들 중에서 자신과 관점이 다른 이들에 대해 의외로 아주 잔인할 정도로 폭력적인 비방이나 적대감을 전시하는 경우를 자주 볼 수 있다. 파탄잘리가 기술하는 비폭력성은 도덕적인 의

파탄잘리 요가 수트라

미가 아니라 어떤 형태로든 해로운 생각이나 폭력적인 언행은 마음의 평정심을 잃게 만들기 때문에 성공적으로 **사마디**에 들 수 없게 한다는 의미이다.

그러므로 비폭력성은 어떤 형태로든 트러블을 일으키거나, 언제 어디서든지, 비단 사람만 아니라 생명을 가진 세상의 모든 존재들에게 어떤 피해나 상처도 입히지 않는다는 뜻이다. 그러한 비폭력성의 자질들 안에(**타트사니다우**) 굳건하게 자리잡고 있으면(**프라티스타얌**), 그의 주변에 신비로운 에너지장, 특별한 아우라가 형성되어 누가 다가오든지 강렬한 영향력을 느끼게 만든다. 그리하여 주변 이들이 어떤 적대감(**바이라**)도 느끼지 않게 된다(**티야가**). 그는 모든 위험하고 해악적인 콤플렉스의 영향력으로부터 완전히 자유로워지게 된다.

36 *Satya-pratisthayam kriya-phalasrayatvam*

사티야-프라티스타얌 크리야-팔라쉬라야트밤

진실성에 굳건히 자리하고 있으면, 우리의 행동이 원하는 결과로 모두 이루어 진다.

사티야(satya): 진실성 / 프라티스타얌(pratisthayam): 굳건히 자리 잡은 / 크리야(kriya): 행위, 액션 / 팔라(phala): 결과, 열매 / 아쉬라 야트밤(asrayatvam): 기반, 토대

우리는 진실의 의미를, 단지 거짓말을 하지 않는다고 하는 스피치 측면에서만 이해하는 경향이 있다. 그러나 우리가 알고 있는 진실

은 대체로 상대적이고 정확하지 않은 경향이 있다. 진실과 진실성 사이에는 항상 주관성의 이입과 타협이 개입하기 때문이다. 그래서 설령 어떤 사실이 객관적으로 정확한 진실이 아니라고 하더라도 만약 자신이 진실로 믿고 있으면 그의 입장에서는 거짓말을 하지 않는 것이다. 사이비 종교에 빠진 사람들이 흔히 하는 맹종 적인 주장이나, 권력을 추종하는 성직인들이 온갖 진영논리들을 진실로 믿으면서 쏟아내는 말 등이 그러한 좋은 예들이다.

파탄잘리가 의미하는 진실성(사티야)는, 진실해야 함을 뜻하는 것이 아니라, 어떤 행위(크리야)로 나온 열매, 결과(팔라)에 대한 것이다. 그래서 의식이 진실성(사티야) 안에 굳건히 자리잡고 있다면(프라티스타얌), 그가 행하는 모든 액션들이 진실함에 기반(아쉬라야트밤)을 두고 있기 때문에 목표를 쉽게 성취하고 원(願)하는 결과를 이룰 수도 있게 된다는 의미이다.

역설적으로, 의식이 높고 진실한 사람이 하는 말들은, 모두 사실로 나타날 것이라는 말이 되기도 한다. 오랫동안 헌신적으로 수련을 하게 되면 수행자와 현실 사이에 어떤 특별한 관계성이 형성되게 된다. 혜안이 열려서 앞으로 일어날 일이나 사건들을 미리 알 수 있는 예지력이 생기거나, 시간의 제한성을 뛰어넘어 현실과 미래의 관계성을 조정할 수도 있다. 자연의 법칙은 언제나 한결같고 일정하기 때문에, 진실한 이가 가진 예민한 촉은 어떤 행동이 어떠한 결과를 만들어 내는지 잘 알 수 있다.

그리하여 진실성(사티야)에 의식의 토대를 두고 있는 사람이 하는 말이나 액션들은 모두 그대로 일어나게 된다. "너는 잘 될 거야, 너는 건강을 회복하게 될 거야, 너는 바르게 살고 성공할 거야" 혹은 요기나 구루가 "깨달음의 축복이 가득하기를, 천국에 가게 되기를!" 라는 은혜의 말을 해준다면 모두 사실로 이루어지게 될 것이다. 이러한 성자들의 축복을 구하기 위해 수많은 군중들이 항상 몰려드는 이유이기도 하다.

37 asteya-pratisthayam sarva-ratna-upasthanam

아스테야-프라티스타얌 사르바-라트나-우파스타남

진정성에 굳건히 자리하고 있으면, 온갖 부가 사방으로 들어온다.

아스테야(asteya): 정직함, 진정성 / 프라티스타얌(pratisthayam): 굳건히 자리잡은 / 사르바(sarva): 모든 / 라트나(ratna): 보석들, 부 / 우파스타남(upasthanam): 스스로 모습을 드러내는

아스테야는, 부정을 뜻하는 "아"와 "스테야(훔치는)"가 합쳐져서 "훔치지 않는, 정직한, 진정성"이라는 의미가 된다. 단순히 외적으로 남의 것을 탐하거나 훔치지 않는다는 개념이기 보다는, 우리가 가진 소유본능에 대한 기술을 하고 있다. 훔치는 행위는 내면에 있는 욕심이나 질투심이 외적으로 표현된 것이다. 하지만 실제로 남의 것을 절대 훔치지 않을 사람이라 하더라도 누구나 마음 속으로는 이러한 질투의 감정들에 쉽게 사로잡힐 수 있다.

아스테야는, 39절 수트라에 나오는 **아파리그라하**(비집착성)와 깊은 연관성을 가지고 있다. 세상에 있는 온갖 좋고 풍요로운 것들을 즐기는 것과, 그러한 것들을 소유하는 것은 서로 다른 개념이다. 부, 보석, 예술작품 등 아름다운 것들을 즐기기 위해서 반드시 내가 소유해야 할 필요는 없다. 잘 다듬어진 멋진 공원에 아름답게 핀 꽃들이 있는 것을 보고, 더욱 즐기기 위해서 꽃을 꺾어 집으로 가져와 화병에 꽂아 둔다면 얼마 지나지 않아 시들어 버릴 것이다. 귀하고 아름다운 것들을 칭송하고 감탄하고, 작가들의 놀라운 능력에 찬사를 보낼 수 있으면 풍요로움에 대한 기쁨이나 즐거움은 배가 될 것이다. 반드시 소유를 해야 즐거움이 더욱 늘어날 수 있는 것이 아니라 오히려 소유를 함으로 인해 가치가 더욱 줄어들고 제한되게 만든다. 그리하여 **아스테야**의 참다운 의미는 부정이 아니라 긍정적인 가치에 기준을 두고 있다. 남의 것이나 남의 영역을 존중하는 것을 뜻한다. 어떤 것이든 나의 소유가 아니라 다른 개인, 관공서, 정부 등에 소유인 것들, 비단 물건이나 물질적 재산뿐만 아니라, 지적 재산이나 작품 등도 모두 포함해서 다른 이들의 권리나 소유권들을 존중해 주는 것을 의미한다.

비집착성 안에 굳건히 자리잡고 있으면 세상의 온갖 보물들이 우리의 즐거움을 위해서 가능해지게 된다. 소유하는 것과 즐기는 것은 서로 아무런 상관이 없다는 것을 깨닫기 때문이다. 그러므로 남의 것을 질시하거나 탐하는 부정적인 마음의 자세보다는, 진정으로 존중을 해 주는 긍정적인 마음의 자세로 임할 때, 마치 모든 개울의

물들이 대양을 향해 흐르고 있듯이, 자연이 가진 풍요로움의 법칙이 작용하여 온갖 부와 귀한 보석들이 지동적으로 그에게 흘러 들어올 수 있게 된다. 진정성(아스테야)의 덕(德) 안에 굳건히 자리하고 있으면(프라티스타얌), 우리가 풍요로움을 즐길 수 있도록 온갖 부들(사르바-라트나)이 스스로 자신의 모습들을 드러내게(우파스타남) 되기 때문이다.

38 *brahmacharya-pratisthayam-virya-labhah*

브라마차리야-프라티스타얌-비르야-라바

정숙함에 굳건히 자리하고 있으면, 섬세한 에너지 장이 생성되어 나온다.

브라마차리야(brahmacharya): 성적 자제, 정숙함 / 프라티스타얌(pratisthayam): 굳건히 자리잡은 / 비르야(virya): 용맹함, 섬세한 에너지장 / 라바(labhah): 이득, 얻는

브라마차리야는, 브라마(창조주)와 차리야(행하는)라는 두 단어가 합쳐져 만들어진 말로써, 창조주 브라마가 세상을 위해 유익한 창조적 행위를 하는 것을 뜻한다.

정숙함(브라마차리야)은, 브라마 신과 같은 방식으로 창조적 행위를 하며 사는 것, 성(性)적 에너지를 잘 다스려서 바르고 정숙하며, 창조적이고 생산적으로 산다는 의미이다. 세상을 위한 유익한 행동

을 하고, 필요한 것들을 창조하며 살 수 있기 위해선, 마구잡이로 아무대로 사는 것이 아니라, 불필요한 것들에겐 에너지를 절제할 수 있어야 한다. 그런데 일부 수행자들 중에는 브라마차리야를 완전한 금욕이나 어떠한 성적 행위도 금하는 것이라고 잘못 해석하는 이들이 많다. 그러나 금(禁)한다 함은 이미 강렬한 부정성을 내포하고 있다. 파탄잘리 수트라는 어떤 부정(不定)도 권하지 않는다. 오히려 긍정(肯定)의 힘이 더 자연스러운 파워임을 여러 구절에서 강조하고 있다.

성(性)적 본성은 브라마 신과 같은 창조를 가능하게 하는 생명의 가장 근원적인 힘이기 때문에 억제하려 할수록 더욱 강렬하고 압도적으로 된다. 하지만 이처럼 파워풀한 성(性)적 에너지를 잘 다스려서 정숙함 안에 굳건히 자리하고(프라티스얌) 있으면, 브라마 신(神)의 창조적 파워, 용맹하고 섬세한 에너지 장(비르야)이 생성되어 창조적 이득(라바)을 볼 수 있게 된다. 자신의 삶과 세상을 위한 유익한 창조적 행위들을 가능하게 만든다. 비단 육체적인 레벨만 아니라, 정신적, 영적으로 용맹함(비르야)과 훌륭한 성취(라바)를 이룰 수 있게 한다.

39 *aparigraha-sthairye janma-kathanta-sambodhah*

아파리그라하-스타이르에 잔마-카탄타-삼보다

비집착성에 굳건히 자리하고 있으면, 존재의 본성과 목적이 이해된다.

아파리그라하(aparigraha): 비집착성 / 스타이르예(sthairye): 안정적으로 되는 / 잔마(janma): 출생, 생生 / 카탄타(kathanta): 어떻게,

앞의 수트라 37절에서 설명하였듯이, 비집착성(아파리-그라하)와 진정성(아스테야)는 서로 깊은 연관성을 가지고 있다. 흔히들 남들에 대한 어떤 시기나 질투를 하지 않는 것이 **아파리그라하**의 뜻인 것처럼 잘못 알고 있는 사람들이 많이 있다. 예를 들어 모임에 같이 간 남편이 그곳에 있던 다른 여자에게 시선을 주거나 매력을 느끼는 것을 보고 아주 스트레스를 받는 아내의 경우를 가정해보자. 만약 아내가 남편은 자신의 "소유"이기 때문에 자신만 쳐다보아야 하는 것이 당연하다고 여기고 있다면, 자신의 권리를 침해당한 것에 대한 질투를 느끼는 것이 된다. 하지만 다른 여자가 자신보다 더 젊고 예쁘거나 옷을 잘 입었기 때문이라면, **질투**가 아니라 자신보다 더 나은 것을 가진 사람을 향한 **시기**를 느끼는 것이 된다. 언어적인 표현을 잘못 사용하고 있는 것이다. 아내는 다른 사람이 가진 것들에 대한 질투가 아니라 부러움을 느끼고 있기 때문이다. 그녀에게 없는, 그녀가 가지지 못한 어떤 좋은 것을 가진 다른 사람들에 대한 적개심을 느끼고 있는 것이다.

이처럼, 남의 것을 훔치거나 탐하지 않는 진정성(아스테야)과 집착하지 않는 마음(아파리그라하)은 서로 불가분의 관계성을 가지고 있다. 남편이 과연 진정으로 그녀의 소유인가? 아내가 남편의 소유물이 될 수 없는 것처럼, 남편 역시도 자신의 개인적 성향에 따라 좋거나 싫어하는 마음, 매력이 끌리거나 끌리지 않는 것에 자동적으로 반응할 권리를 가지고 있다. 나의 것이라는 소유욕, 내 것으로만 지키고자 하는 욕심과 집착, 다른 사람들에 대한 질투와 시기심, 그리고 빌려주거나 나누기를 주저하는 마음 등은 모두 에고가 가진 욕망과 욕구가 표출된 것이다.

비집착성(아파리그라하)에 대한 이해가 안정될 수 있으면(스타이르예), 이러한 에고가 가진 왜곡된 관점들이 만들어 내는 다양한 부정적 감정들에 대한 이해(삼보다)가 생기기 시작한다. 어떻게 해서(카탄타) 인과의 법칙이 이어지는지에 대한 지식(삼보다)이 얻어지고, 새로운 생명(자티)으로 계속 태어나는 윤회를 거듭할 수밖에 없는지 이해가 된다. 이러한 이해는 삶이 어떤 소유에 관한 것이 아니라, 어떻게 살아야 하는가에 대한 것임을 깨닫게 만든다. 그리하여 가장 근원적인 질문, "인생이란 무엇인가? 나는 누구이고, 왜 태어났는가? 현재 삶에서 나는 무엇을 해야 하는가?"라고 하는 존재의 본성과 목적에 대한 탐구와 이해를 통해 궁극적인 자유를 얻을 수 있게 한다.

40 *sauchat-svanga-jugupsa parair-asamsargah*

사우찻-스방가-주구프샤 파라이르-아삼사르가

단순성은 육체와 동일시하는 무지를 깨트리며 다른 육체들과 접촉에서도 자유로워진다.

사우차(saucha): 청결함, 단순성 / 스방가(svanga): 자신의 신체, 육체 / 주구프샤(jugupsa): 무심한, 무관심한 / 파라이(pariah): 다른 이들과 / 아삼사르가(asamsargah): 비집착하는

파탄잘리 요가 수트라

이제 두 번째 앙가, 바른 삶의 법칙(니야마)에 관한 기술들이다. 먼저, **사우차**(청결함, 단순성)는 신체를 정갈하게 하고 주변을 정리정돈하는 습관이 중요함을 의미한다. 청결한 몸은 자연스럽게 그가 하는 말이나 생각, 의도, 마음까지도 깨끗하고 심플하게 만들기 때문이다. 그래서 인도 전통에서는 청결함을 유지하는 것을 신적(神的)인 자질로 여기며, 아침마다 의식을 하듯이 지극정성으로 집 안팎의 청소부터 깔끔하게 하는 것이 의례적인 관습으로 이어져 오고 있다.

제한된 의식으로 살아가는 이들은 육체와 에고를 동일시하게 된다. 마치 자신의 **스방가**(몸)가 "나"의 주체이고 본질인 것처럼 집착하는 무지로 삶을 고통스럽게 살고 있다. **주구프샤**(무관심한)는 육체에 대한 무관심을 의미한다. 육체는 생로병사의 과정을 피할 수 없고, 땀과 대소변이라는 더러운 분비물과 오염물을 계속 배설하는 추한 덩어리여서 회피를 해야 한다는 뜻도 내포하고 있다. 아무리 절세미인이나 미남이라 하더라도 외면의 아름다움이 내면의 추함까지 모두 가릴 수 있는 건 아니다. 설령 미인경연대회에서 우승을 했더라도 내면의 인품이나 지성이 부족하면 얼마 지나지 않아 그녀의 얕은 밑바닥이 다 드러나 대중들의 야유와 멸시의 표적이 되게 된다. 그래서 외면의 청결함을 지키는 것이 중요한 이유는, 몸이 나의 전부여서가 아니라 의식을 담고 있는 그릇이기에 항상 청결히 하고, 잘 가꾸고 보살펴야 한다는 의미이다. 아픔과 질병에 늘 노출이 되기 때문에 계속해서 씻고 닦으면서 청결함을 유지해야 하는 것이다.

이처럼 몸에 항상 신경을 쓰고 철저한 주의를 기울인다고 해서 몸 자체에 대한 어떤 무지, 환상을 가지라는 의미는 아니다. 건강한 신체는, 수행의 길에서 부닥치는 온갖 장애물들을 극복할 수 있는 저력을 주고, 영적 진보와 깨달음을 향해 순조롭게 나아갈 수 있게 하기 때문이다. 그리하여, 다른 이들(파라이)과 접촉에서 얻을 수 있는 불순한 것들, 어떤 신체적 질병이나 정신적 애환으로부터 영향을 받지 않을 수도 있게 된다(아삼사르가).

41 *sattva-suddhi-saumanasya-ekagrya-indriyajaya-atma-darsana-yogyatvani cha*

사트바-슈디-사움나시야-에카그리야-인드리야-자야-아트마-다르샤나-요기야트바니 차

그리하면 마음의 순수성, 유쾌함, 집중력, 감각기관 조절 그리고 깨달음 얻을 준비가 차례로 이어진다.

사트바-슈디(sattvasuddhi): 내면의 순수성, 마음의 순수성 / 사움나시야(saumanasya): 쾌활함, 유쾌함 / 에카그리야(ekagrya): 집중하는 / 인드리야자야(indriyajaya): 감각기관 조절 / 아트마-다르샤나(atma-darsana): 존재의 비전, 깨달음 / 요기야트바니(yogyatvani): 준비가 된 / 차(cha): 그리고

앞의 41절 수트라와 이어지는 설명이다. 몸을 청결히 하면 마음의 본질도 순수할 수 있게 한다. 정갈하고 단정한 외면은 자연스럽게 내면의 순수성(사트바슈디), 존재의 가장 본질적인 순수한 상태로

연결되게 한다. 어린아이처럼 순수한 하트의 상태로 되돌아 가게 되면, 그들의 맑고 청아한 웃음소리처럼 쾌활하고 유쾌한 자질(사움나시야)들도 함께 피어날 수 있다. 순수한 하트에 앵커를 내리고 있으면 마음의 활동들이 고요히 가라앉으면서 감각기관의 영향(인드리야자야)에서 자유로워지고, 한 대상에 집중할 수 있는(에카그리야) 능력도 향상될 수 있게 된다. 그리고(차) 존재의 비전(아트마다르샤나), 순수의식의 깨달음을 얻을 수 있는 준비(요기야트바니)가 점차적으로 갖추어지게 되는 것이다.

42 *santosad-anuttamah sukha-labhah*

산토샤드-아누타마 수카-라브하

만족성을 통해 어떤 것도 능가할 수 없는 행복이 얻어진다.

산토샷(santosat): 만족성 / 아누타마(anuttamah): 능가할 수 없는
/ 수카(sukha): 편안함, 쾌락, 행복 / 라바(labhah): 이득, 얻는

2021년 말 경제지표에 의하면 인도와 한국의 연간 1인당 GDP는 $2,465 대 $33,591이다.

그래서 인도처럼 정신문화와 영성이 풍요로운 나라가 왜 그렇게 대부분 가난하고 못사는지 이해하기 어렵다는 사람들을 흔히 볼 수 있다. 하지만 이렇게 말하는 사람들은, 가난을 괴로움과 동일시하고, 우울하고 비인간적인 삶의 여건에 시달리게 만든다고 믿기 있기 때문이다. 연간 소득이 한국의 10분의 1도 안되는 나라의 인도인들

에 비해 과연 한국인들은 그만큼 더 행복하고 높은 수준의 삶을 살고 있는가? 한국인들의 표정이나 행복도, 삶에 대한 만족도는 과연 인도인들에 비해 열 배 이상으로 우월하고 충족적인가? 근 20년 가까이 OECD 국가들 중에 한국이 자살률 1위를 유지하고 있다는 통계가 반영해주듯이, 물질적인 성장과 삶에 대한 행복이나 만족도 지수는 반비례하지 않는다 것을 알 수 있다.

만족함(산토샷)이란, 인도인들이 가장 중요하게 여기고 있는 행복의 비결이자 삶의 덕목들 중에 하나이다. 만족한다 함은 현재에서 어떤 부족함이나 아쉬움도 느끼지 않는다는 뜻이다. 그렇다고 해서, 앞으로 더 나아질 수 있는 여지가 없거나 노력을 포기하였다는 의미는 아니다. 좋든 싫든, 원하든 원하지 않던 불평하고 불만을 느낀다고 달라지는 것은 없다. 오히려 현재의 상황이나 여건을 거부하면 할수록 괴로움만 더욱 커질 뿐이다. 그런데 현재 어떤 즐거움이나 괴로움이 있더라도, 분별하지 않고 있는 그대로 수용하게 되면, 현재 나의 삶을 부정하지 않는 것이 되고, 나의 잘못이나 부족함도 회피하거나 외면하는 것이 아니라 더 낫게 채워질 수 있는 가능성을 열어주게 된다. 지금 모자란 상태에서도 만족할 수 있다면, 언제 어떤 상태에서도 행복(수카)을 느낄 수 있는 능력, 아무 것으로도 능가할 수 없는(아누타마) 행복의 가능성이 그만큼 커지게(라바) 되는 것이다.

43 *kayendriya-siddhir-asuddhi-ksayat-tapasah*

카엔드리야-시디르-아수디-크사얏-타파사

수련을 통해 육체와 감각기관이 완벽 해진다.

카야(kaya): 바디, 육체 / 인드리야(indriya): 감각기관 / 시디(siddhi):
완벽함 / 아슈디(asuddhi): 불순함 / 크샤얏(ksayat): 파괴 / 타파사
(tapasah): 자기단련, 수련

타파스(수련)는 시스템을 정화하기 위한 자기단련을 한다는 의미
이다. 출가자들처럼 어떤 거창한 맹세나 고행, 엄격한 금욕주의적 수
련이나 수행을 한다는 것이 아니라, 몸(**카야**)과 마음을 청결하게 하
고 감각기관(**인드리야**)을 조절할 수 있는 능력을 키울 수 있도록 자
기단련을 한다는 뜻이다. **타파스**는, "뜨거운(타파, Tapa)"에서 유래된
단어이다. 금과 은을 정제하는 과정에서 불순물을 제거하기 위해 뜨
거운 불로 달구는 것처럼, 자기를 단련하는 수행을 통해 육체에 쌓
인 불순물(**아슈디**)들을 제거(**크샤야**)함으로써, 신체와 감각기관을 완
벽하게(**시디**) 만들 수 있다.

수련이나 정화를 하는 과정은 가장 먼저 하타 요가부터 시작하
는 것이 좋다. 고급 레스토랑에서 코스메뉴를 시작할 때 식욕을 증
진시키기 위해 애프타이저(appetizer)부터 먼저 나오는 것처럼, 순수
의식의 **사마디** 경험을 위해선 가장 표면에 있는 육체와 호흡부터 정
화를 시킬 수 있어야 한다. 오랫동안 몸을 무신경하게 잘못 사용하
고 방치하고 함부로 대한 탓에, 마치 한 번도 제대로 청소를 하지 않
은 강물처럼 온갖 쓰레기들이 스트레스 형태로 우리의 신경계 시스

템 곳곳에 막힌 채로 있기 때문이다. 이러한 스트레스들은 육체적, 정신적으로 만병질환을 일으키는 근원이 된다. 그러므로 하타 요가를 통해 몸과 호흡이 효율적으로 기능하게끔 먼저 정화시키게 되면 자연스럽게 마음이 순수의식의 **사마디**를 경험할 수 있게 하는 훌륭한 도구가 된다.

44   *svadhyayad-ista-devata-samprayogah*

스바디야야드-이쉬타-데바타-삼프라요가

공부는 원하는 천상의 존재와 소통을 가져와준다.

스바디야야(svadhyaya): 자기 성찰, 정제, 공부 / 이쉬타-데바타
(ista-devata): 자신이 섬기는 신, 요가의 로드 / 삼프라요가(sam-
prayogah): 연결, 소통

스바디야야(공부)의 원래 의미는 눈을 감고 자신의 자아, 셀프를 관찰한다는 뜻이다. 눈을 감고 내면을 들여다보면서 꾸준하게 자기 성찰을 하는 명상과정을 통해 의식은 점점 더 순수한 상태로 정제되어 간다는 것이다. 마치 흙탕물처럼 무지와 고통으로 혼탁하던 의식이, 이처럼 명상으로 정제하는 과정을 통해 가라앉게 되면 원래의 맑은 물과 같은 순수의식이 그대로 드러나게 된다.

스바디야야가 가진 두 번째 의미는, 스바(나)와 아디야(공부)가 합해져서, 나에 대한 공부, 자기 공부를 한다는 뜻이 된다. 나에 대한 지

파탄잘리 요가 수트라

식을 주는 경전들, 베다스, 우파니샤드, 혹은 다른 신성한 가르침을 주는 고서들을 익히는 것이 필요하다는 의미이다. 미국에 이민을 가거나 미국인들과 제대로 소통하기를 원한다면, 무엇보다도 먼저 미국의 문화나 관습, 영어 등을 공부해야 하는 것처럼, 세상이 아니라 천상의 존재를 만나거나 교류할 수 있기 위해서는, 그에 대한 정보나 지식, 그리고 교류할 수 있는 소통의 수단, 언어를 먼저 배워야 하는 것이다.

그리하면 자신이 모시거나 만나기를 원하는 천상의 존재(이쉬타 데바타)와 접촉하거나 원활한 소통(삼프라요가나)도 이루어 질 수 있다.

45   *samadhi-siddhir-isvara-pranidhanat*

사마디-시디르-이스바라-프라니다낫

로드에 귀의함으로써 사마디 상태가 완벽 해진다.

사마디(samadhi): 초월의식 / 시디(siddhi): 완벽함 / 이스바라(is-vara): 신 / 프라니다나(pranidhana): 내맡김, 귀의

자신이 모시는 신에게 완전히 내맡김을 하는**(이스바라 프라니다나)** 수행은 제2장 1절에서 **크리야 요가**의 세 가지 수행법을 설명할 때도 이미 일차적으로 언급이 되었다. 하지만 파탄잘리가 여기에서 기술하고 있는 **이스바라 프라니다**는, 크리야 요가의 수행법으로써 의미하는 바와, 삶의 법칙**(니야마)**의 하나로써 의미하는 바와 약간의 차이가 있다.

앞에서 이미 몇 차례 설명되었듯이, 순수의식의 **사마디**에도 여러 가지 단계와 다른 급이 있다고 하였다. 제한적인 의식의 바로 너머에 있는 초월의식에서 경험하는 **사마디**는, 수행자가 자신에 대한 감각을 잃어버리게 되는, 마치 무당들이 경험하는 트랜스 상태와 비슷하다. 유체이탈이라도 하는 것처럼 몸에 대한 감각을 완전히 놓게 되면, 보나 깊고 고요한 의식 속으로 들어가면서 그곳에 있는 완벽한(시디) 정적과 합치의 상태에 머물 수 있게 된다. 여기에서 뜻하는 신(이스바라)은, 수행자가 평소에 깊이 생각하고 있는 초자연적인 힘을 의미한다. 종교인이라면 예수나 마리아, 혹은 부처 등이 그러한 힘을 의미할 수 있다. 힌두교이면 다양한 힌두 신들이 될 것이다. 무신론자라면, 대자연의 힘이 될 수도 있다.

이 수트라에서 기술하고 있는 것처럼, 몸과 마음에 쌓여 있는 불순물과 장애물들을 정화하기 위한 **니야마** 수행의 일부로써, 그러한 로드에 귀의를 하게 되면, 더 높은 단계의 완벽한 사마디를 경험할 수 있는 토대가 이루어질 수 있다. 그러므로 **야마**와 **니야마**의 자기수련 과정을 먼저 거치는 것이 수행자에게 필요한 준비 단계들이다.

◆ 세 번째, 네 번째, 다섯 번째 앙가
— 아사나, 프라나얌, & 프라티야하라(46-55절)

이제 실질적인 하타 요가와 명상 기법들에 대한 설명들이 이어진다. 여덟 가지의 아쉬탕가 요가 중에서, 처음의 세 앙가(아사나, 프라나얌 & 프라티야하라)는 하타 요가에 해당하고, 나머지 세 앙가(다라나, 디야나, & 사마디)는 명상, 혹은 라자 요가로 불리기도 한다. 하타 요가는 신체적인 단련과 명상수행을 위한 준비과정에 속한다. 라자 요가는 최상의 의식 수준을 경험할 수 있게 하는 명상기법으로 파탄잘리 가르침의 핵심에 해당한다. 하타 요가에 해당하는 세 가지의 앙가들은 순차적으로 행하는 것이 이상적인 수행방식이다. 라자 요가에 해당하는 앙가들의 수행방식에 대해서는 제3장에서부터 자세하게 기술하고 있다.

◆ 세 번째 앙가 — 아사나와 효과(46-48절)

46 *sthira-sukham-asanam*

스티라-수캄-아사남

바른 몸의 자세는 안정되고 편안해야 한다.

스티라(sthira): 안정적 / 수캄(sukham: 편안한 / 아사남(asanam):
몸의 자세

야마(바른 세상의 법칙)와 니야마(바른 삶의 법칙)를 실천하고자 할 때
자신의 의지나 마음만큼 잘 되지 않아 사람들이 쉽게 실망하거나 의
기소침하는 경우들을 자주 볼 수 있다. 아무리 열심히 수행을 해도
여전히 부족하고 고쳐야 할 점들도 많은 것을 깨닫기 때문이다. 우
리가 지향하는 어떤 변화나 완벽한 상태는 어느 날 갑자기 하루 아
침에 얻어지는 것이 아니라, 꾸준히 수행을 이어갈 때 일상의 작은
변화들이 일어나면서 그러한 결과들이 누적되어 천천히 이루어진
다. 예를 들어, 명상을 잘 할 수 있기 위해선 먼저 비폭력성(아힘사)부
터 성취해야 한다고 믿는다면, 아예 명상 근처에도 가보지 못한 채

파탄잘리 요가 수트라

결국에는 수행 자체를 포기하는 상황이 될 것이다. 라이프스타일을 변경하려는 노력이 명상을 하는데 많은 도움이 되는 것은 사실이다. 그러나 명상을 하는 자체가 우리의 라이프스타일을 보다 수용적이고 이상적으로 변화시키는 강력한 파워를 가지고 있기 때문에 오히려 **야마**와 **니야마**의 수행을 더욱 잘할 수 있는 효과를 내게 된다.

명상을 하고자 할 때도 마찬가지이다. 파탄잘리는 요가의 목적이 늘 움직이고 있는 마음을 고요하게 가라 앉히는 것이라고 하였다. 그런데 명상을 할 때 사람들이 가장 어려움을 겪는 부분은 와일드한 마음의 활동들을 어떻게 하면 고요하게 만들 수 있을지 잘 알지 못한다는 점이다. 마음의 본성이란 늘 분주하게 움직이는 것이기 때문에, 마음의 활동을 가라앉히려 할수록 더욱 강렬해질 수밖에 없다. 그래서 몸을 디스플린하는 **하타** 요가부터 시작하는 것이 더 효과적이다. 안정적인(**스티라**) 몸의 자세(**아사나**)는 호흡을 고르게 만들고, 편안한(**수캄**) 몸과 호흡은 마음을 정화하여 고요함 속으로 가라 앉을 수 있게 한다. 그리하여 의식은 점차적으로 순수의식을 경험할 수 있게 된다.

아사나(바른 몸의 자세)의 원래 의미는 "앉아 있다"라는 뜻이다. 하타 요가 수행을 통해 몸에 쌓여 있는 온갖 스트레스와 질병의 근원이 되는 불순물들을 먼저 제거할 수 있어야, 안정적으로(**스티라**) 앉아 있을 수 있고, 그리하여 어떤 불편함도 느끼지 않고 편안하게(**수캄**) 명상을 할 수 있는 준비가 갖추어지는 것이다.

47 *prayatna-saithilya-ananta-samapatti-bhyam*

프라티야트나-사이틸야-아난타-사마파티-비얌

바른 몸의 자세는 모든 노력이 이완되었을 때 마스터가 되며, 마음은 무한함 속에 들게 된다.

프라야트나(prayatna): 애를 씀, 노력 / 사이딜아(saithilya): 이완이 된 / 아난타(Ananta): 뱀들의 왕, 쿤달리니 파워의 마스터 / 사마파티(samapatti): 완전한 몰입, 무한함의 상태 / 비얌(bhyam): 하나가 되는

편안하고 바른 몸의 자세는, 애를 쓰거나 아주 어려운 요가자세를 강제로 수련한다고 해서 성취되는 것이 아니다(프라야트나). 어떤 강압적인 노력은 오히려 몸을 더욱 긴장되고 불편하게 할 뿐이다. 애를 쓰는 것을 멈춘 채 몸이 편안하고 이완(사이틸야) 되었을수록, 더 자연스럽게 명상을 잘할 수 있게 된다. 하지만 마음이 아직 명상을 할 준비가 되지 않았으면, 설령 기계체조선수처럼 환상적인 요가 자세(아사나)들을 할 수 있다고 하더라도, 깊은 내면에 있는 순수의식을 경험할 수 없다.

어떠한 강제적인 노력도 멈춘 채, 허리를 반듯이 하고 편안한 자세로 앉으면 마음의 활동은 자동적으로 고요하게 가라 앉게 된다. 이완된 몸의 자세는 호흡을 고르게 만든다. 고요함의 상태가 전신에 충만해지면, 감각기관들의 자연스런 집중상태(프라티야하라)가 따라서 일어나게 된다. 그렇게 가만히 의식에 주의를 기울이게 되면, 척추

파탄잘리 요가 수트라

를 통해서 흐르고 있는 신비로운 차크라 에너지들, 쿤달리니 파워(아난타)가 서서히 깨어날 수 있게 된다. 내면으로 향하는 마음은 궁극적으로 의식의 가장 깊은 곳에 있는 무한함 상태(사마파티)와 하나가 될 수 있게 된다. 몸과 마음이 순수의식 자체를 경험하고 영혼이 이와 하나가 되는 합치(요가)가 마침내 이루어지는 것이다.

48 *tato dvandvanabhighatah*

타토 드반드바나비가타

그러면 우리는 더 이상 상충적인 힘의 작용에도 영향을 받지 않게 된다.

타타(tatah): 그것으로부터 / 드반드바(dvandva): 반대되는 것들의 쌍 / 아나비가타(anabhighatah): 영향력이 없는

하타 요가 수행을 통해 몸이 가진 어떤 제한성에도 구속을 받지 않게 되면, 분주한 마음의 활동도 더 이상 요동치지 않고 고요함의 의식 상태에 지속적으로 머물 수 있게 된다.

우리가 살고 있는 물질적 세상은 서로 반대되는 세력들이 쌍을 이루고 있다(드반드바). 뜨겁거나 차가운, 젖었거나 마른, 딱딱하거나 부드러운, 달콤하거나 신, 여자와 남자, 빛과 어둠, 등등. 우리의 정신적 세계도 마찬가지로 온갖 반대되는 개념이나 의견으로 가득하다. 참과 거짓, 지식과 무지, 예와 아니오, 의혹과 분명함, 옳고 그름, 등

등. 우리의 감정 세계도 마찬가지로 서로 반대되는 느낌들을 끊임없이 만들어 내고 있다. 사랑과 미움, 원함과 기피, 두려움과 안정성, 좋고 싫음, 선과 악, 즐거움과 고통, 등등. 이처럼 서로 상충되는 것들의 리스트는 끝도 없이 이어진다.

파탄잘리는, 이러한 상충되는 세력들을(드반드바) 제거하라는 것이 아니라, 관리하는 법을 익히라고 기술하고 있다. 그렇지 않으면 이들은 계속해서 스트레스와 긴장을 초래할 것이기 때문이다. 행복하고 싶은데 반대로 슬픔을 느끼고 있고, 차분하게 평정심을 지키고 싶은데 반대로 걱정이나 우려를 하고 있고, 건강하고 싶은데 반대로 아프거나 질병에 시달리며, 마치 숨도 제대로 쉴 수 없을 정도로 꽉 동여맨 허리띠를 붙잡고 긴장을 하고 있는 것과 같다. 이처럼 답답한 상황들은 더욱 팽팽한 긴장을 초래할 뿐이다. 긴장된 의식 상태로 인해 고요함의 상태를 경험하는 것을 막는 것을 파탄잘리는 아비가타(영향력을 미치는)라고 표현하고 있다. 아나비가타(영향력이 없는)에서 "아"는 부정을 의미하는 단어임으로, 의식이 무한함 속으로 들어가는 요가 수행을 통해, 더 이상 그것 들로부터(타타)어떤 영향도 받지 않게 되었다는 뜻이 된다. 요가와 명상은 몸의 자세를 이완시키면서 어떤 것에도 비집착 할 수 있는 태도를 키워주기 때문이다.

파탄잘리 요가 수트라

◆ 네 번째 앙가 ─ 프라나야마와 효과(49-53절)

49 *tasmin-sati svasa-prasvasayor-gati-vicchhedah pra-nayamah*

타스민-사티 스바사-프라스바사요르-가티-비치체다 프라나야마

다음으로 호흡의 흐름을 멈추고 프라나를 증진시키는 바른 호흡법이다.

타스민(tasmin): 그것에 / 사티(sati): 본, 보다 / 스바사-프라스바사야(svasa-prasvasayah): 들숨과 날숨 / 가티(gati): 움직임, 흐름 / 비치체다(vicchhedah): 깨는, 멈추는 / 프라나야마(pranayamah): 호흡법

우리의 호흡은 총 네 단계로 이루어지고 있다. 먼저 들숨과 날숨이 있다(스바사-프라스바사야). 들숨과 날숨 사이에는 멈춤이 있다(비치체다). 호흡이란 마치 파도처럼 일어났다가 사라지는 과정을 되풀이하고 있다. 숨을 들이쉬면 잠시 멈추었다가 날숨으로 나가게 된다. 그리고 다음 숨을 들이쉬기 이전에 다시 잠시 멈춤이 있다. 이것이 호흡이 정상적으로 이루어지는 과정이다. 긴장되고 스트레스가

심할수록 호흡은 빨라지고 가파르게 된다. 반대로 편안하게 이완된 상태일수록 호흡도 천천히 느리게 일어나게 된다.

우리의 신경계 활동은 두 가지 시스템, 자율신경계와 말초신경계에 의해서 이루어지고 있다. 자율신경계는 교감신경과 부교감신경으로 이루어져 있기 때문에 어느 정도 의식적인 조절이 가능하다. 걷고, 말하고, 일을 하거나 놀거나 하는 등의 행위들은 모두 자율신경계에 속하는 근육들을 사용한다. 그래서 언제 할지 하지 않을지, 얼마나 오래 혹은 짧게 할지 본인이 의지적인 선택을 할 수 있다. 그에 비해 말초신경계는 의식적인 조절능력 밖에 있는 몸의 기능이다. 심장박동, 호흡, 소화, 땀 분비, 혈액순환 등의 기능은 말초신경계에 의해 자동적으로 이루어지기 때문에 의지적으로 선택을 할 수가 없다. 그런데 이러한 자동기능 중에서 호흡만 유일하게 의지적인 선택이 가능하다. 얼마나 천천히 빠르게 할지, 깊이 혹은 얕게 할지, 규칙적으로 혹은 비규칙적으로 할지, 혹은 원하는 대로 잠시 숨을 참고 쉬지 않을 수도 있다.

프라나야마(바른 요가호흡)는 호흡에 우리의 의식을 기울이는 것이다. 프라나는, 호흡 자체를 의미하는 것이 아니라, 생명을 지탱해주는 생명력, 기(氣)를 의미한다. 호흡의 흐름(가티)을 통해서 나오게 되는 생명의 에너지가 바로 프라나이다. 야마는 멈춤, 혹은 컨트롤하는 것을 의미한다. 그래서 프라나야마는 프라나가 나올 수 있도록 호흡을 디스플린하거나 컨트롤하는 것을 의미한다. 가티는, 호흡의 흐름을

파탄잘리 요가 수트라

조절하여 호흡의 리듬과 호흡수를 컨트롤하는 것이다. 들이쉬고, 멈추고, 내쉬고, 멈추고 하는 과정을 디스플린하는 요가호흡법(프라나얌)을 통해 몸의 **프라나**를 증진시켜 줄 수 있게 된다.

50 *bahya-abhyantara-stambha-vrttir-desa-kala-sam-khyabhih paridrsto dirgha-suksmah*

바히야-아비얀타라-스탐바브르티르-데사-칼라-삼키야비히 파리드르스토 디르가-숙시마

프라나는 날숨, 들숨, 혹은 사이 숨을 고르게 함으로써 늘어나게 된다. 숨의 볼륨이나 길이, 멈추는 빈도에 따라, 호흡은 느려지고 정제가 된다.

바히야(bahya): 외부의, 날숨 / 아비얀타라(abhyantara): 내부의, 들숨 / 스탐바-브르티르(stambhavrttir): 움직임을 억누르고 있는 상태, 멈춤 / 데사(desa): 장소, 깊이, 볼륨 / 칼라(kala): 시간 / 삼키야비히(samkhyabhih): 숫자 / 파리드르스타(paridrstah): 나타난 / 디르가(dirgha): 연장시키는 / 숙시마(suksmah): 섬세한

프라나(기氣)를 향상시켜주는 요가호흡법에는 여러 가지 방식들이 있다.

하타 요가의 전통 고서인 **하타 요가 프라디피카**(Hatha Yoga Pradipika)에서는 총 여덟 가지 **프라나야마** 방식들을 기술하고 있다:

1) 수리야 베다나(Surya bhedana), 2) 우제이(Ujjayi), 3) 시트카

리(Sitkari), 4) 싯탈리(Sitali), 5) 바스트리카(Bhastrika), 6) 바라마리 (Bharamari), 7) 무르치차(Murchcha), 8) 팔비니(Plavini).

하지만 여기에서 파탄잘리가 의미하는 **프라나야마**는, 특정한 호흡 법에 대한 기술이 아니라, 어떤 호흡법을 사용하던지 상관없이, 호흡 의 기본적인 요소들만 잘 조정하면 프라나를 늘릴 수 있다는 것이다.

호흡에는 세 가지 요소(브리티)가 있다. 먼저 날숨(비히야)이 있고, 들숨(아비얀타라)이 있다. 그리고 날숨과 들숨 사이에 멈춤(스탐바브르 티르)이 있다. 호흡이 일어나는 과정은, 먼저 숨을 내쉬고 들이쉰다. 그리고 들숨이나 날숨을 하고 난 후에 숨을 잠시 멈추고 있을 수도 있다. 이들 중에 한 가지, 혹은 세 가지 요소들을 모두 의도적으로 조정할 수도 있다(파리드르스타). 다양한 호흡운동을 이용해, 호흡을 깊이 혹은 얕게 하면서(데사), 숨이 가슴이나 복부, 갈비뼈 사이의 늑 간肋間, 혹은 발가락까지도 닿도록 할 수 있다. 각 호흡마다 얼마나 길게, 짧게 할지 호흡의 시간(칼라)도 조정할 수 있다. 얼마나 많이 혹 은 적게 할지 프라나야마의 횟수(삼키야비히)도 다양하게 조정할 수 있다.

이처럼 호흡법 수련을 정기적으로 행하게 되면, 호흡이 보다 섬 세하고 느려지면서 섬세한(숙시마) 에너지 장, 프라나(기)도 늘어날 수 있다(디르가). 그리하면 자연스럽게 시스템 전체를 순수한 상태로 정 화하고 정제하게 된다.

51 *bahya-abhyantara-visaya-aksepi chaturthah*

바히야-아비얀타라-비사야-악세피 차투르타

네 번째와 같은 프라나야마가 내면과 외면의 영역 너머로 우리를 데려다 준다.

바히야(bahya): 외면의 / 아비얀타라(abhyantara): 내면의 / 비사야(visaya): 영역, 범위 / 악세피(aksepi): 초월하는, 너머 가는 / 차투르타(chaturthah): 네 번째

파탄잘리가 호흡에는 세 가지 요소 — 들숨과 날숨 그리고 멈춤이 있다고 하였다. 프라나야마를 통해 이처럼 호흡에 대한 의식을 하거나, 호흡이 일어나는 과정에 대한 주의를 기울이게 되면, 다음으로 네 번째 요소(차투르타)가 생겨나게 된다. 앞의 수트라에서는 프라나야마 수련을 통해 호흡이 느려지고 섬세해진다고 하였다. 이제, 숨을 내쉬고 들이쉬는 과정(비사야)을 너머 가서(악세피), 아예 호흡이나 호흡을 하고 있다는 의식 자체도 하지 않는 상태까지 닿을 수 있다고 기술하고 있다.

먼저 다양한 요가자세 수련을 통해 몸이 편안하고 안정적으로 되면, 점점 더 몸이 자유로워지면서 몸에 대한 의식도 줄어들게 된다. 그리하면 의식은 자연스럽게 호흡으로 옮겨가게 된다. 프라나야마(호흡법) 수련을 통해 프라나가 증진되면 점차적으로 마음의 활동도 줄어들게 된다. 이러한 고요함이 깊어지게 되면 마음이 더 이상, 숨을

들이쉬든지 내쉬든지 인식을 하지 못하는 수준까지 이르게 된다. 이렇게 호흡 사이에서 의식의 흐름이 멈추는 상태를, 본인이 잘 알아채지 못하고 넘어가는 경우들이 자주 생겨난다. 마치 깊은 평정의 상태에 있으면 고요한 상태는 별로 인지하지 못하는 것과 같다.

명상의 목적은 마음이 고요한 상태에 머물게 하는 것이다. 프라나야마는 바른 호흡법을 통해 몸의 프라나를 늘리고 마음을 고요한 상태에 머물 수 있게 한다. 프라나야마를 처음 시작할 때는 들숨과 날숨, 멈춤의 깊이, 길이, 빈도 등을 컨트롤하게 된다. 하지만 네 번째 상태로 너머가게 되면 더 이상 호흡을 컨트롤하거나 변경시키려 하지 말고, 마치 제3자처럼 아무런 개입도 하지 않은 채 그저 지켜보고 있어야 한다. 호흡의 흐름에 어떤 변화가 일어나도 바꾸거나 멈추려 하지 않는다. 단순한 목격자처럼 지켜보면서 현재 일어나고 있는 호흡의 흐름에 합류해서 의식이 같이 흘러갈 수 있게 하는 것이 중요하다. 실제로 호흡은 우리의 폐(肺)가 하고 있는 것이며, "나"는 그저 호흡을 지켜보고 있는 관찰자에 지나지 않는다. 이러한 프라나야마는 "나"라는 관찰자를 내면과 외면의 영역 너머로 데려가서, 순수의식의 본성(本性) 안에 굳건히 자리잡을 수 있게 해준다.

52 *tatah ksiyate prakasa-avaranam*
타타 크시야테 프라카샤-아바라남
그러면 이지의 빛이 베일을 벗게 된다.

타타(tatah): 그러면 / 크시야테(ksiyate): 약해지는, 사라지는, 벗는 / 프라카샤(prakasa): 빛, 이지의 빛 / 아바라남(avaranam): 가리고 있는, 베일

혼탁한 흙탕물에 가려 보이지 않던 맑은 물의 본성을 되찾기 위해서는 계속 휘젓지 말고 그대로 두면, 자동적으로 흙이 바닥에 가라앉으면서 원래의 맑고 투명한 물의 본성이 드러나게 된다. 마찬가지로 항상 분주하던 마음의 활동들이 **아사나와 프라나야마**를 통해 고요히 가라앉으면(**타타**), 그동안 무지의 베일에 가려져 있던(**아바라남**) 투명한 본성이 그대로 모습을 드러내게 된다. 순수의식이 가진 이지의 빛(**프라카샤**)이 무지의 베일을 걷어내기 때문이다(**크시야테**).

그러면 지금까지 무엇이 이러한 빛을 가로막고 있던 것인가? 나의 진정한 본성, 참나의 빛을 막고 있었던 것은, 어느 누구도 아닌, 바로 나 자신이 가진 잘못된 정체성, 왜곡된 관점이나 비전 때문이었다.

지금까지 내가 나라고 알고 있던 모습이나 정체성이 잘못된 것이라면, 그렇다면 나의 참 모습은 무엇인가? 나의 진정한 정체성은 어떤 것인가? 오감으로 확인할 수 있는 몸은 진짜 내가 아니다. 항상 마음을 채우고 있는 온갖 생각, 사고, 기억, 감정, 믿음, 의지 등도 진짜 내가 아니다. 잠만 들면 몸과 마음에 대한 의식이 모두 사라지기 때문이다. 그러면 내가 가진 캐릭터, 개성, 성별, 가족, 친구, 학벌, 재산, 혹은 내가 속한 집단, 직장, 종교, 사회, 문화, 국적 등이 진

정한 나인가? 이러한 것들은 살면서 축적한 것들, 언제든 사라질 수 있고 임의대로 바꿀 수도 있는 외부적 여건이나 가치관들에 지나지 않는다.

마음의 활동이 점차적으로 가라앉아 고요함 속에 머물고 있으면, 지금까지 몸과 마음에 대해 가지고 있던 무지의 베일이 점차적으로 벗겨지면서, "참 나"가 가진 이지의 빛 자체로 빛날 수 있게 된다.

53 *dharanasu ca yogyata manasah*

다라나수 차 요기야타 마나사

그리고 마음은 안정적 상태로 준비가 되었다.

다라나수(dharanasu): 다라나에 있는, 안정적 상태에 / 차(cha): 그리고 / 요기야타(yogyata): 준비가 된 / 마나사(manasah): 마음

다라나는 "주의를 집중하다"라는 의미를 가지고 있다. 그러나 집중이라고 하면 마음과 주의를 한 곳에 고정시킨다고 하는 강압적인 뜻으로 오해를 사람들이 많다. 특히 명상 초보자들이 그렇게 생각하는 경우를 자주 볼 수 있다. 흔히들 마음은 원숭이와 같다고 표현한다. 평상시 우리의 마음은 온갖 생각과 상념으로 채워져 마치 수백 마리의 원숭이가 여기저기 마음대로 날뛰고 있는 것과 비슷한 상태에 있다. 그러한 원숭이들을 잘 다스리게 되면, 서유기에 나오는 망나니 손오공을 삼장법사가 잘 다스려서 함께 천축으로 가서 불경을

구할 수 있었던 것처럼, 바른 명상은 우리의 마음이 가진 무한한 잠재성과 파워들을 깨달을 수 있게 된다. 그러기 위해서는 마음을 안정적으로 유지할 수 있는 바른 주의와 집중(다라니)의 수련과 단련이 필요하다.

마음(마나스)이 가진 본성이란 늘 움직이는 것이다. 다라나는 강제적으로 주의를 집중하게 하는 것이 아니라, 마음이 자동적으로 끌리는 본성, 순수의식을 향해 안정적으로 흐를 수 있게 한다는 의미이다. 원숭이를 보다 효율적으로 훈련시키기 위해선 강제가 아니라 바나나를 주면서 서서히 회유를 시켜야 하는 것과 같다. 마음이 흩어지지 않도록 강요하는 것이 아니라, 고요히 가라 앉을 수 있도록 다른 해야 할 일들이나 더 좋은 경험들을 주는 것이다. 다양한 하타 요가 수행을 통해 몸에 대한 감각과 자신감, 편안함을 늘려주고, 프라나야마를 통해 몸과 마음을 정제하면서, 점차적으로 순수의식을 경험할 수 있는 준비(요기야타)도 갖추어질 수 있게 된다.

◆ 다섯 번째 앙가 — 프라티야하라와 효과(54-55절)

54 *sva-visaya-asamprayoge chittasya svarupa-anukara*

iva-indriyanam pratyaharah

스바-비사야-아삼프라요게 치타시야 스바루파-아누카라 이바-인

드리야남 프라티야하라

감각기관들은 마음이 가진 자연스런 내면적 흐름을 따라 감으

로써 감각대상들로부터 벗어나게 된다.

스바-비사야(sva-visaya): 자신의 감각 대상들 / 아삼프라요게(asam-
prayoge): 접촉되지 않는 / 치타(chitta): 마음 / 스바루파(svarupa):
자신의 모습, 자신의 내면적 흐름 / 아누카라(anukara): 모방하는, 따
라가는 / 이바(iva): ~처럼, ~으로써 / 인드리야남(indriyanam): 감각
기관들 / 프라티야하라(pratyaharah): 거두는, 벗어나는

다섯 가지 감각기능(시각, 청각, 후각, 미각, 촉각)이 만들어내는 다양
한 반응들은, 우리의 주의와 관심, 마음을 끊임없이 방해하고 산만
하게 하는 주요 원인들이다. 하지만 이들을 잘 다스리게 되면, 순수

의식을 경험하고 유지할 수 있는 긍정적인 수단이 될 수 있다. 오감 중에서 어느 한 가지 감각기능을 이용해 보다 생생하게 감각적 경험을 줄 수 있는 명상수단으로 활용하는 것이다.

프라티야하라(거두다)는, 마치 거북이가 팔다리를 안으로 거두듯이, 우리의 감각기능을 안으로 거두어 들인다는 의미를 가지고 있다. 어떤 물체나 대상(**비사야**)이 가진 빛이나 색깔, 형태나 모양 등은 언제나 우리의 주의를 끌고 있지만, 눈을 감으면 보는 것으로부터 벗어나게 된다. 그러면 마음(**치타**)은 더 이상 그러한 대상들이 만들어내는 감각적 효과들에 노출이 되지 않고, 감각기관들이 가진 자연스런 내면적 흐름을 따라 안으로 향하게 된다(**스바루파**). 외적인 것을 보는 것이 아니라 내적으로 느껴지는 감각들을 보고, 외적으로 들리는 소리들이 아니라 심장박동처럼 내적으로 들리는 소리들에 귀를 기울이는 것이다.

감각기관들(**인드리야남**)이란, 바깥에 있는 세상과 내면에 있는 마음을 서로 연결하는 다리와 같다. 그래서 마치 궁전으로 연결하는 다리를 접는 것처럼, 우리의 주의를 바깥 세상으로부터 거두게 되면, 내면에 있는 마음에 더욱 가까이 갈 수 있게 된다(**아삼프라요게**). 감각기관들을 거두면 외부적인 대상들이 만들어 내는 감각적 효과들로 더 이상 영향을 받지 않고 벗어날 수 있게 된다(**프라티야하라**). 감각기관들이 마음(**치타**)의 자연스런 내면적 흐름을 따라 감으로써(**아누카라 이바**) 더 매력적이고 순수한 의식 상태를 경험할 수 있기 때문이다.

55 *tatah parama vasyate-indriyanam*

타타 파라마 바시야타-인드리야남

그러면 감각기관들을 마스터할 수 있는 위대한 능력이 생기게
된다.

타다(tatah): 그러면 / 파라마(parama): 가장 높은, 위대한 / 바시아
테(vasyate): 컨트롤하는, 마스터하는 / 인드리야남(indriyanam): 감
각기관들의

사실상 감각기관의 기능들을 거두는 것은 그다지 어려운 일이
아니다. 복잡하고 시끄러운 시장통에서 자신이 사야 할 물건을 찾기
위해선 얼마나 쉽게 불필요한 대상들에겐 신경을 끌 수 있는가? 열
심히 책을 보고 있거나 어떤 일에 집중하고 있을 때 주변에서 들리는
소음이나 벌어지고 있는 광경들은 전혀 주목하지 못하는 경우도 얼
마나 자주 일어나는가? 어떤 생각이나 상상에 빠져 있느라 바로 옆
에 있는 사람이 하는 말을 듣지 못하는 경험도 아주 흔하다. 우리가
가진 감각기능들은 온갖 자극들에 계속 노출이 되어 있기 때문에,
우리가 주목하지 않는 한, 마음에 들어오지 않는다.

눈을 감고 명상을 할 때 단 5분이라도 편안한 몸의 자세로 가만
히 앉아 있으면, 마음은 자동적으로 고요한 상태로 들어가게 된다.
그러한 평정의 상태에서는 더 이상 앉아 있다는 촉감도 느끼지 않게
된다. 눈을 감고 있기 때문에 보이는 대상들로 인한 어떤 방해도 받

지 않는다. 입을 다물고 있기 때문에 미각의 감각도 쉬고 있다. 명상을 하는 중에 어디선가 음식 냄새가 나더라도 쉽게 후각의 스위치를 끄는 것으로 대응하면 별다른 방해가 되지 않는다. 만트라 진언을 하거나 심장박동처럼 내적으로 들리는 소리에 집중을 하게 되면 외부적으로 들리는 소리들에 대한 반응도 별영향을 미치지 못하게 된다.

이처럼 언제든 필요와 편의에 따라 감각기관들(인드리야남)을 거둘 수 있는 자연스런 능력을 잘 다스릴 수 있게 되면(타타), 이들이 가진 놀라운 기능들을 마스터하여(바시야테) 더 높고 위대한 능력을 키울 수 있는 다리가 된다.

이러한 능력들을 계발할 수 있게 하는 다양한 **프라티야하라** 수행법들이 있다. 내면의 소리에 귀를 기울이는 **나다 요가**, 만트라 진언을 행하는 **자파 요가**, 헌신적인 춤이나 음악을 하는 **바잔**이나 **키르탄 요가** 등등 사람들마다 선호하거나 각자의 타고난 성향에 적합한 방식들을 선택할 수 있다. 이들은 모두 감각기관들을 다스리고 정화하여, 감각적 의식이 내면으로 향할 수 있게 하기 위함이다. 바른 **프라티야하라** 수행법들은 궁극적인 깨달음의 상태로 데려다 줄 수 있는 다리가 된다.

성자 파탄잘리

제3장

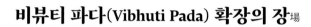

비뷰티 파다(Vibhuti Pada) 확장의 장場

◆ 파탄잘리 요가의 핵심 ― 산야마의 수행과 마스터리(1-7절)

1   *desa-bandhas-chittasya dharana*

데사-반다즈-치타시야 다라나

주의가 한 대상에 집중한 채로 유지되고 있을 때, 이것은 다라
나(Dharana)로 알려져 있다.

데사(desa): 장소, 그곳에 / 반다(bandha): 묶는, 주의를 묶어 둔 / 치
타시야(chittasya): 마음의, 주의의 / 다라나(dharana): 집중하고 있
는, 집중이 유지되는

지금까지 외적 앙가에 해당하는 다섯 앙가 — 야마, 니야마, 프라나야마, 아사나 & 프라티야하라 — 에 대한 기술을 하였다. 이제 내적 앙가에 해당하는 나머지 세 앙가 — 다라니, 디야나, 사마디 — 에 대한 기술이 이어진다. 파탄잘리는 특히 내적 앙가(다라나, 디야나, 사마디)가 요가의 핵심이라고 강조한다.

외적 앙가의 마지막에 나온 **프라티야하라**(바른 감각기관 조절)는 다라나, 디야나와 함께, 주의가 내면을 향하게 될 때 연속적으로 이어지는 의식의 흐름 과정을 형성한다.

다라나(주의, 집중)는, 마음이 하는 적극적인 액션을 의미한다. 마음의 본성이란 늘 움직이는 것이기 때문에 주의를 한 곳에 묶어(**반다**) 두기 위해 적극적인 의지를 사용한다는 뜻이다. 명상하는 대상이나 수단에 주의를 묶어서(**반다**) 마음이(**치타시야**) 그곳에(**데사**) 머물도록 집중을 시키는 것이다. 하지만 **반다**라는 단어를 제재하거나, 가두거나, 고정시키는 등의 강제성을 내포하는 의미로 이해하지 말아야 한다. 명상이란, 강압적인 의미와는 정반대 차원에 있으며, 편안하고 이완된 경험상태가 명상의 과정에서 일어나는 가장 본질적인 요소이기 때문이다. 명상의 수단으로 선택한 대상에 의식이 자연스럽게 머물 수 있도록 마음을 편안하게 해주는 것이 보다 정확한 **반다**의 개념이다. 마치 재미있는 영화를 보거나 책을 읽을 때 강제로 집중하려 하지 않아도 자연스럽게 몰입이 되는 것처럼 고요한 마음의 상태, 순수의식의 경험은 바른 삼매(**사마디**)로 향해 나아갈수록 더욱 분명해지기 때문에 의식은 자동적으로 한 곳에 머물 수 있게 된다. 그리하여 보다 진정한 의미의 주의와 집중(다라나)이 자연스럽게 일어난다.

2   *tatra pratyaya-ekatanata dhyanam*

타트라 프라티야야-에카타나타-디야남

의식이 주의대상으로 고르게 흐를 때, 이것은 디야나(Dhyana)로 알려져 있다.

타트라(tatra): 그곳에, 그리할 때 / 프라티야야(pratyaya): 의식의 근원, 의식을 채우고 있는 것 / 에카타나타(ekatanata): 한 곳에만 고정하는, 고르게 / 디야남(dhyanam): 명상, 디야나

명상을 하는 목적은 순수의식을 경험하고, 나아가서는 순수의식 자체와 하나가 되는 **사마디**를 깨닫기 위함이다. 그래서 의식이 주의를 주고 있는 대상에 집중(다라나)하다 보면, 벌이 꽃을 찾아가듯이 애를 쓰지 않아도 마음은 자동적으로 더욱 매력적인 것, 순수의식을 향해 움직여가기 마련이다.

내면을 향한 의식의 흐름이 자연스럽게 유지되고 있을 때(**타트라**) 연이어서 일어나는 고른 마음의(**에카타나타**) 상태, 주의를 기울이던 대상이 의식을 가득 채우고 있는(**프라티야야**) 명상의 상태에 있게 된다(**디야나**). 이는 마치 어둠 속에서 어딘가 희미한 빛줄기가 새어 나오는 것을 발견하고 그곳을 향해 가다 보면 어느새 환한 빛 속에

들어와 있는 것과 같다. 자신도 깨닫지 못하는 사이에 순수의식이 의식을 가득 채우고 있는 상태에 들어가게 되는 것이 명상(디야나)으로 알려져 있다.

3　*tadeva-artha-matra-nirbhasam svaru-pa-sunyam-iva-samadhih*

타데바-아르타-마트라-니르바삼 스바루파-순얌-이바-사마디

그리고 같은 의식이 본질적인 본성이 가진 순수상태로 무한한 것처럼 밝히며 나올 때, 이것은 사마디(Samadhi)로 알려져 있다.

> 타데바(tadeva): 같은, 같은 의식 / 아르타(artha): 명상의 대상, 본질적 대상 / 마트라(matra): 단지, 오직, 순수상태 / 니르바삼(nir-bhasam): 밝히며 나오는 / 스바루파(svarupa): 자신의 본성 / 순얌(sunyam): 빈, 무한한 / 이바(iva): 마치 ~처럼 / 사마디(samadhih): 사마디

일단 명상을 시작하면 의식의 흐름은, **다라나**(바른 주의)는 **디야나**(바른 사티)로, **디야나**는 **사마디**(바른 삼매, 순수의식) 단계로 자동적으로 옮겨가면서, 전체적인 명상의 과정이 연이어서 일어나게 된다. 먼저 다라나 단계에서는, 물질적 수준에 머물던 마음(**타데바**)이 명상의 대상을 향해 주의를 돌리게 된다. 다음으로 **디야나** 단계에서는, 마음이 주의를 기울이고 있는 명상의 대상(**아르타**)에 집중하면서 계속 머물고 있다. **사마디** 단계에서는, 마음이 집중하던 명상의 대상(**아르타**)과 하나가 되어, 본질적 본성이 가진 순수한 상태(**마트라**) 자체로 있게 된다.

그런데, 이 단계에서의 사마디는, 제1장 48절에서 기술한 **리탐바라** 수준의 사마디에 들어가기 위한 초기 1단계의 **사마디** 상태에 지나지 않는다. 앞으로 더욱 진화된 **사마디** 상태를 단계적으로 성취해 가는 동안, 명상을 하는 주체(명상자)나 명상의 대상(아르타)이 모두 사라져 버리는 무아의 경지경험을 하는 경우도 간혹 일어날 수 있지만, 이러한 초기 1단계 수준의 **사마디**는 아직 해당되지 않는다. 초기 1단계 **사마디**에서는, 오히려 명상을 위한 수단으로 선택했던 명상의 대상(만트라, 이미지, 차크라 포인트, 신의 이름 등)이 명상자의 의식을 완전히 채우게 된다. 예를 들어, **옴**의 소리로 명상을 하고 있었다면, 평소의 자의식이 아니라, **옴** 소리가 명상자의 의식을 완전히 지배하고 있는 상태가 초기 1단계 **사마디**이다. 그로 인해 명상자는 자신의 본성(스바루파)이 명상의 대상(이바)처럼 완전히 순수한 상태로 무한한(순얌)빛을 밝히며 나타나는(니르바삼) **사마디** 경험을 하게 된다. 이러한 경험들을 토대로 점차적으로 의식이 진화하여 깊은 **리탐바라 사마디** 상태에까지 도달할 수 있게 되는 것이다.

4 *trayam-ekatra samyamah*

트라얌-에카트라 산야마

다라나, 디야나, 그리고 사마디를 같이 수행하는 것은 산야마 (Sanyama)로 알려져 있다.

트라얌(trayam): 세 가지(다라나, 디야나, 그리고 사마디) / 에카트라 (ekatra): 함께, 같이 / 산야마(samyamah): 산야마 산야마는, 아쉬탕가 요가에서 내부적 앙가에 해당하는 세 가지(트라얌) 앙가 — 다라나, 디야나, 사마디 — 들이 연달아서 일어나는 과정 전체를 의미한다.

산야마의 산(sam)은 완벽한, 혹은 철저한의 뜻이며, 야마(Yama)는 컨트롤한다는 뜻이다. 그러므로 산야마는 명상을 하는 데 있어 마음이 집중하도록 완전히 컨트롤하고 있다는 의미가 된다. 이러한 산야마의 파워를 계발하는 것이 요가 마스터들이 초능력을 얻게 되는 비밀무기이기도 하다. 산야마의 파워는, 보다 섬세하고 높은 단계의 사마디를 향해 의식이 진화해 나가는 중에 매 단계마다 필요한 변화나 적응, 정화, 정제를 할 수 있게 하는 근원적인 토대가 된다. 진화의 중간과정에서 다양한 신기(神氣) 혹은 초능력들을 얻을 수 있게 하는 힘이기도 하다.

산야마의 세 가지 중에 어느 하나만 부족해도 완전한 산야마가 될 수 없다. 의식을 명상 대상에다 집중하는 행위(다라나), 명상의 대상이 가진 섬세한 면을 경험하는 상태(디야나), 명상의 대상 속에 완전히 채워져 있는 상태(사마디) — 세 가지(트라얌)이 연속해서 일어나야 완전한 산야마가 될 수 있다. 예를 들어, 명상의 대상이 의식 속에 아주 선명해서 명상자의 마음에 아무런 자의식이나 다른 상념들도 없을 수 있다. 하지만 여전히 명상을 하고 있는 주체(명상자), 그리고 명상의 대상(명상법)인 객체가 같이 공존하고 있는 복합적 의식 상태가 다라나(바른 주의) 단계이다. 그러다가 점차적으로 섬세해진 의식이 외부적 대상보다는 내부적으로 일어나고 있는 의식적 경험만 인식하고 있는 상태가 **디야나**(바른 사티)이다. 그러다가 내면의 경험들이 더욱더 선명해는 동시에, 어떤 개인적 자의식도 잃게 되는 상태가 1단계의 **사마디**(바른 삼매)이다. 이러한 세 가지 단계를 함께 묶어서 수행하는 것을 **산야마**라고 한다.

5 *taj-jayat prajna-alokah*

타즈-자얏 프라즈나-알로카

산야마를 마스터하면 최상으로 훌륭한 지식의 빛이 밝혀지게 된다.

탓(tat): 그것 / 자얏(jayat): 마스터하는 / 프라즈나(prajna): 최상의 지식 / 알로카(alokah): 빛이 나는, 비전

명상으로 완전한 몰입이 이루어지면, 명상의 대상에 대한 선명한 의식만 남아 있고 명상을 하고 있는 이에 대한 자의식은 없는 상태가 된다. 이를 **산야마**라고 한다. **산야마**를 계속 수행하게 되면 더 높은 단계의 집중력이 자라나서 명상의 대상이 가진 더욱더 높은 의식 수준이 형상화될 수 있게 한다. 예를 들어 만약 옴 명상을 하고 있다면, 옴 자체가 가지고 있는 섬세한 잠재성과 파워가 보다 높은 의식 수준으로 진화할수록 가장 선명하게 형상화될 수 있다.

만약 어떤 대상을 눈으로 보고 있다면, 시각이 가진 감각적 의

식을 이용하고 있는 것이다. 그런데 눈을 감은 채로 어떤 것을 보고자 한다면, 이는 마음의 눈이라는 정신적 의식을 이용하고 있는 것이다. 감각적 의식은 육체가 가진 감각기관과 물질적 대상이 가진 한계성에 제한되어 작용한다. 그러므로 제한된 정보와 지식만 얻을 수 있다. 그에 비해 정신적 의식은 본래 실체가 없는 마음이라는 기관에 바탕을 두고 작용하고 있다. 그러므로 무제한적인 정보와 지식을 얻을 수도 있다.

마음의 작용을 잘 다스려서 **산야마**의 파워(**탓**)를 완전히 마스터(**자얏**)할 수 있으면, 감각적 의식의 영역 너머에 있는 순수의식의 빛이 밝혀져서(**알로카**) 명상의 대상이 가지고 있는 최상의 지식(**프라즈나**)과 파워도 얻을 수 있게 된다.

6 *tasya bhumisu viniyogah*

타시야 부미수 비니요가

하지만 모든 지식의 계발 단계에는 각자 해당되는 산야마가 있다.

타시야(tasya): 그것의/ 부미수(bhumisu): 섬세한 상태들, 단계적으로 계발되는 상태들/ 비니요가(viniyogah): 적용되는, 해당되는

파탄잘리는 다라나, 디야나, 사마디를 합쳐서 산야마라고 하였다. 이러한 산야마를 수행하는 것(타시야)이 라자 요가(명상)이다. 그러므로 명상(라자 요가)은, 어떤 타입의 요가보다도 중요하고 가장 핵심적인 파

워들을 줄 수 있는 수행법이다.

지식은 의식 수준에 따라 달라지게 된다. 초등생이나 대학생이나 똑같이 한글로 된 책을 읽을 수 있지만 그들이 얻는 이해나 지식의 정도는 각자 다른 것과 같다. 마찬가지로 **산야마**는 같은 명상의 대상에 대해 다양한 의식 수준에서 공통적으로 적용할 수 있다. 하지만 각자가 있는 의식 수준이나 단계에 따라 적용되는 **산야마**의 파워도 달라진다(비니요가). 산야마를 하는 대상이 가지고 있는 잠재성이나 지식도 수행자의 의식 수준에 맞게 단계적으로 계발되어 나오게 된다(부미수).

7   *trayam-antarangam purvebhyah*

트라얌-안타랑감 푸르베비야

이것이 요가의 핵심으로써 앞에선 언급한 아쉬탕가 요가보다 훨씬 더 섬세하다.

트라얌(trayam): 세 가지를 함께 행하는 / 안타랑감(antarangam): 내적인 앙가들 / 푸르베비야(purvebhyah): 앞에서 나온 것보다 더욱

앞에서 기술한 다섯 가지 앙가들은 외부적 앙가에 해당하며, 이들 세 가지 앙가들은 내부적 앙가에 해당한다.

외부적 앙가 ― 야마, 니야마, 아사나, 프라나야마 & 프라티야하라 ― 들

은 피상적이며 외적 세상에 속한다. 이지, 사고, 사상, 캐릭터, 습관, 매너, 마음, 감각기관들, 프라나 등이 여기에 속한다. 그에 비해 **내부적 앙가 — 다라나, 디야나, & 사마디 —** 들은 보다 섬세하며 내적 세상에 속한다.

이러한 내부적 잉가 세 가지(트라얌)를 함께 행하는 섯이 요가의 핵심으로(**안타랑감**), 어떤 다른 **외부적 앙가들보다** 훨씬 더 섬세하고 깊은 심층의식 수준에서 작용하면서 **산야마**의 파워를 단계적으로 계발시키게 된다.

파탄잘리 요가 수트라

◆ 삼 단계적으로 일어나는 의식의 변형(8-12절)

8   *tadapi habirangam nirbijasya*

타다피 하비랑감 니르비자시야

그렇지만 산야마 조차도 순수한 무한계 의식의 밖에 있다.

타다피(tadapi): 그것 또한, ~조차도 / 하비랑감(habirangam): 외적인 앙가들 / 니르비자시야(nirbijasya): 씨앗이 남아 있지 않은 사마디, 순수한 무한계 의식

니르비자 사마디는, 인간이 경험할 수 있는 최상의 의식 수준, 순수 무한계 의식(니르비자시야)을 의미한다. 가장 깊고 섬세한 의식의 상태로써 내부적 앙가들(다라나, 디야나 & 사마디)조차도 니르비자 사마디에 비해 거칠고 외적인 수준에 해당할 만큼 높고 무한한 순수의식의 상태이다. 니르비자 사마디에서는 어떤 대상이나 인상의 씨앗도 남아 있지 않고, 오로지 순수의식만 남아 있다. 그에 비해, **사르비자 사마디**(아직 씨앗이 남아 있는)는, **사마디** 경험을 하기 위해서 아직 외적인 명상의 대상에 의존하거나, 사마디의 경험에 대한 인상들이 의식 속에 남아 있

기 때문에 니르비자 사마디보다 훨씬 더 외적인 수준의 사마디(하비랑감)에 해당하는 것이다.

제3장에서 기술하고 있는 **산야마**를 통해 얻어질 수 있는 다양한 초능력들도 사르비자 사마디에 속하기 때문에(타다피) 아직까지 **니르비자 사마디**, 완전한 자유와 해탈의 상태, 순수무한세 의식을 깨닫는 죄종적 수준은 아닌 것이다.

9 *vyutthana-nirodha-samskarayor-abhibha-va-pradurbhavau-nirodhaksana-chitta-anvayo nirodha-parinamah*

비유타나-니로다-삼스카라요르-아비히바바-프라두르바바우-니로다크샤나-치타-안바요 니로다 파리나마

니로다 파리나마(Nirodha Parinama), 제한적 상태의 변형은, 들락날락하는 마음의 인상으로부터 가라앉은 마음의 활동에 퍼져 있는 고요함으로 주의가 옮겨갈 때 일어난다.

비유타나(vyutthana): 거기에서 나오는 / 니로다(nirodha): 멈춘, 고요한 / 삼스카라요(samskarayoh): 잠재적 인상의 / 아비히바바 (abhibhava): 들어오는 / 프라두르바바우(pradurbhavau): 나가는 / 니로다크샤나(nirodhaksana): 일시적 고요함 / 치타(chitta): 마음 / 안바야(anvayah): 퍼져 있는 / 니로다(nirodha): 억누른, 제한적 상태 / 파리나마(parinamah): 변형

마음의 변형(**파리나마**)이 일어나는 과정은 세 가지 단계를 거치

파탄잘리 요가 수트라

게 된다. 먼저 첫 단계는, 가장 표면적인 레벨에서 일어나는 변형으로 여기에서 설명하고 있는 **니로다 파리나마** 단계이다. 다음에 오는 수트라들이 나머지 두 단계의 변형에 대해 기술하고 있다. 마음의 변형은 각자 단계마다 다르게, 다른 형태와 강도로 일어난다. 하지만 아주 기본적인 수행만으로도 제한된 의식 상태의 마음에 변형을 일으키게 하는 충분한 동기가 될 수 있다.

니로다 파리나마(제한적 상태의 변형)는, 마음(**치타**)이 고요함의 상태로 변형을 일으키고 있는 상태를 의미한다. 평소의 제한적 의식 상태에서는 활발한 마음의 활동들로 인해 고요함을 경험하기 어렵다. 그러나 규칙적이고 반복된 명상을 통해, 마음이 활발하거나 고요해지는 경험(**니로다크샤나**)을 되풀이하다 보면, 이처럼 고요한 경험 자체가 마음(**치타**)에 어떤 인상으로 남아(**안바야**), 고요하고 맑은 순수의식 상태를 더욱 안정적으로 하려는 변형이 일어나게 되는 것이다. 마치 호수 위에 바람이 세게 불면 거친 물결로 인해 주변 풍경이나 바닥을 제대로 볼 수 없지만, 일단 바람이 줄어들기 시작하면 잔잔한 표면 위에 서서히 대상이 비춰지는 것과 같다. 의식이 진화해 가는 각 단계마다 레벨에 맞추어 변형이 일어나지만, 일단 제한된 의식에서 순수의식으로 주의가 들락날락(**아비히바바-프라두르바바우**) 반복하다 보면, 이러한 경험 자체가 의식에 강렬한 인상(**삼스카라요**)을 남기게 된다. 그리하여 표면적인 마음의 상태에서도 이러한 고요함이 그대로 배여 있게 되는 것이다. 명상을 시작한 지 얼마 안된 사람이라도 이전에 비해 금방 더 차분하고 평정한 일상을 경험하는 경우가 그러한 예들이다.

10 *tasya prasanta-vahita samskarat*

타시야 프라산타-바히타 삼스카랏

이렇게 마음 안으로 고르게 흐르고 있는 고요함은 그 자체가
짐재적인 인상으로 남기 때문이다.

타시야(tasya): 그것의, 마음 안에 / 프라산타(Prasanta): 고요한, 평
화로운 / 바히타(vahita): 흐름 / 삼스카랏(samskarat): 잠재적 인상
으로 남아 있는

니로다 파리나마 단계에서 경험하게 되는 고요함은, 마음 안에(타
시야) 하나의 잠재적인 인상(삼스카랏)으로 남아서 이러한 평정성이
일상적으로도 고르게(프라산타) 유지되게 된다(바히타). 그리하여 비
록 수행자가 의식을 하든 하지 못하든 그의 삶에 변화가 크고 작은
변화가 일어나기 시작한다. 자신도 깨닫지 못하는 사이에 이전보다
화를 훨씬 덜 낸다거나 이해심이나 포용력 등이 늘어나서 가족이나
주변 사람들에게 "많이 변했다(긍정적으로)"는 표현을 듣는 경우도 자
주 있게 된다.

필자에게 요가와 명상을 배우고 규칙적으로 행하기 시작한지 얼
마 안된 여제자가 한 명 있었다. 올망졸망한 어린 자녀들을 4명이나
둔 워킹 맘이었는데, 남편도 외국으로 자주 출장을 다니느라 바빠

서, 거의 혼자서 직장과 가정을 돌보느라 날마다 동분서주하며 극도의 긴장과 스트레스에 시달리고 있었다. 어느 날 그녀가 말했다. "아이들과 남편이 많이 변했다. 예전보다 훨씬 더 협조적이고 엄마 말을 잘 듣는다. 형제들끼리 예전처럼 다투지도 않고 같이 잘 논다. 남편도 더 도와주고 이해를 잘 해준다"라는 것이다. 사실은 그녀가 변해서 예전보다 한층 더 침착하고 화를 덜 내는 엄마나 아내가 되었기 때문인데, 본인의 변화는 미처 눈치채지 못하고 가족들이 변했다고 생각했던 것이다. 그녀의 말에 의하면 아무리 바빠도 아침저녁으로 꼭 명상을 빼먹지 않는다고 했다. 그렇지 않으면 이내 아이들에게 화를 내고 목소리도 저절로 커진다고 했다. 아이들 입장에서는 엄마가 명상을 배운 이후부터 더욱 인자하고 참을성도 많아진 것을 느끼고, 엄마의 명상시간만 되면 절대로 방해하지 않고 협조하는 것이 자신들에게도 훨씬 이득이 된다는 판단을 했기 때문에, 아무리 배가 고프거나 급해도 엄마가 일단 명상 방에 문을 닫고 들어가면 조용히 기다려야 한다는 큐로 삼았던 것이다.

제한적 의식 상태에서는 외부적인 세상이나 일상적 삶에서 일어나는 온갖 복잡하고 다양한 경험, 일, 책임, 의무, 인간 관계성 등으로 인해 마음은 마치 풍랑을 겪고 있는 것처럼 쉼 없이 시달리고 있다. 그런데 **니로다 파리나마** 단계에서 순수의식이 가진 고요함을 일단 경험하고 나면, 그 자체가 그대로 고요한 잠재적 인상으로 남아 있게 된다. 그리하여 위의 여인 예시처럼, 예전과 똑같이 힘들고 바쁜 라이프 스타일이었지만, 한층 더 편안하고 안정적인 삶의 여유를 즐길 수 있게 된다. 외부적인 변화가 먼저 일어나는 것이 아니라, 내부적인 변형이 먼저 일어나서, 외부적인 변형도 자연스럽게 같이 유도될 수 있기 때문이다.

11 *sarvarthata-ekagratayoh ksayodayau chittasya sa-
madhiparinamah*

사르바르타타-에카그라타요 크샤요다야우 치타시야 사마디파리나마

사마디 파리나마(Samadhi Parinama), 고요한 상태의 변형은, 한 곳에 집중된 마음과 무한적 상태의 마음이 서로 반복될 때 일어난다.

사르바르타타(sarvarthata): 다양한 상태의, 무한적 상태의 / 에카그라타요(ekagratayoh): 한 곳에 집중된 마음 / 크샤요다야우(ksayo-dayau): 사라지고 나타나기를 반복하는 / 치타시야(chittasya): 마음의 / 사마디파리나마(samadhiparinamah): 사마디의 변형, 고요한 상태의 변형

앞에서 기술한 **니로다 파리나마** 단계에서는, 마음이 고요해지는 경험을 먼저 하게 되고, 반복적인 수행을 통해 마음의 평정이나 고요함을 유지할 수 있는 파워도 점점 더 늘어나는 것을 알 수 있다. 그러다가 어느 수준에 달했을 때 더 이상 집중력(**프라티야하라**)이 흐려지지 않고, 어떤 외부적인 요소나 감각적인 방해물들로 인해 마음의 평정을 잃어버리지 않는 상태(**니로다**)까지 도달할 수 있게 된다. 깊은 명상을 하는 중에 이러한 집중력의 포인트, 완전한 **니로다** 단계까지

이르게 되면, 갑자기 한층 더 높은 단계의 집중력과 고요한 상태가 반복되어 나타나는 지점으로 의식이 도약하게 된다. 두 번째 마음의 변형(파리나마)이 일어나는 단계로써, 사마디 파리나마(고요한 상태의 변형)이다.

사마디 파리나마 단계에서는, 주의가 한 곳에 완전히 집중하거나(에카그라타요), 혹은 마음의 활동이 사라졌다가 나타나기를 반복하는(크샤요다야우) 경험이 교대로 일어나고 있는 의식적 마음의 수준이다(치타시야). 완전한 순수의식의 깨달음을 향한 변형의 과정에 있으면서, 점차적으로 마음이 흩어지는 빈도나 정도도 줄어드는 동시에, 주의를 완전히 몰입할 수 있는 능력도 더욱 커지게 된다.

이 단계에서의 명상 경험은, 예를 들어 **만트라** 진언 명상을 하는 경우, **만트라**에 완전히 몰두하느라 다른 모든 잡념이나 생각이 사라지는 경험을 먼저 하게 된다(에카그라타요 상태) 그러다가 갑자기 어떤 특정한 생각이나 기억이 희미하게 떠올라서 만트라 진언을 방해하게 된다. 마음이 흩어진 것을 깨달으면서 다시 만트라 진언으로 되돌아 가는(크샤요다야우 상태) 경험이 서로 반복해서 일어나는 것이다. 이것이 바로 **사마디** 파리나마에서 일어나는 고요한 상태의 마음의 변형이다.

12   *tatah punah santoditau tulya-pratyayau chitta-sya-ekagrata-parinamah*

타타 푸나 산탸-우디타우 툴야-프라타야야우 치타시야-에카그라

타-파리나마

그리고 이로부터 에카그라타 파리나마(Ekagrata Parinama),
한 곳에 집중된 마음의 변형이 일어난다. 마음의 활동과 고요함
이 고르게 균형된 상태이다.

타타(tatah): 그러면 / 푸니(punah): 다시, 이로부터 / 신타(santa):
고요한 / 우디타우(uditau): 형상화된, 활동적인 / 툴야(tulya): 동등
한, 균형된 / 프라티야야우(pratyayau): 아이디어, 이미지 / 치타시야
(chittasya): 마음의 / 에카그라타(ekagrata): 한 곳에 집중된 / 파리
나마(parinamah): 변형

세 번째 단계 에카그라타 파리나마에서는, 니로다 파리나마에서 경험
하는 집중된 마음, 그리고 사마디 파리나마에서 경험하는 희미한 상념
과 집중이 반복되는 마음이 함께 모아져서(타타), 의식이 한 포인트,
내면의 절대적인 고요함(산타)을 향해 집중적이면서도 안정적으로
흐르고 있는 변형상태이다. 이들 세 단계 마음의 변형 과정들은, 모
두 외부적으로 받은 인상과 내면의 고요한 마음 사이에서의 상호관
계성을 다루고 있다.

먼저 니로다 파리나마에서는, 마음이 내면의 고요한 상태를 경험하
는 동시에 외부적으로 받은 인상들이 마음에 활동을 일으켜(우디타우)
주의가 계속 흩어지게 만든다. 그러나 고요함과 마음의 활동이 일어
나는 경험과정을 꾸준하게 반복 수행함으로써, 점차적으로 사마디 파
리나마로 연이어질 수 있게 된다. 이 단계에서는 외부적인 인상들로 인

한 마음의 활동들이 점차적으로 줄어들게 된다. 여전히 희미하게 잔재해 있지만 고요한 마음의 상태를 향한 의식이 훨씬 압도적이다.

마침내 에카그라타 파리나마로 넘어가게 되면, 마음의 활동과 고요함이 고르게(툴야) 균형을 이루는(프라티야야우) 상태의 변형이 일어난다. 이 단계에서는, 여전히 외부적 인상들이 잔재하지만, 그러나 더 선명하고 안정적이며 고요한 마음(치타시야)의 상태가 의식의 근원한 곳에 집중되어 있는(에카그라타 파리나마) 변형이다. 이러한 변형은 스크린 위에 상영하고 영화를 보는 것에 비유해 볼 수 있다. 한 편의 영화는 여러 시간과 장소에 나누어 촬영하고 편집하여 만들어진 것이다. 그런데 관람하는 관객의 입장에서는 한 번에 연속적으로 제작된 것처럼 보이며 각각 연결된 장면들 사이에 있는 미세한 갭들을 알아채기가 어렵다. 마찬가지로 에카그라타 파라나마에서는 마음의 활동들이 여전히 움직이고 있지만 고요한 마음의 상태가 훨씬 더 집중적이기 때문에 그러한 미세한 마음의 움직임을 미처 인식하지 못하는 단계이다.

이렇게 세 단계로 일어나는 변형은 마음의 근본토대부터 완전히 구조적으로 바꿀 수 있는 잠재성을 가지게 된다. 그리하여 새로운 형태의 마음과 존재로 다시 태어날 수 있게 하는 전환이 이루어진다.

◆ 물질계와 감각 센스계의 상호작용과 변형(13-15절)

13   *etena bhuta-indriyesu dharma-laksa-na-avastha-parinama vyakhyatah*

에테나 부타-인드리예수 다르마-락샤나-아바스타-파리나마 비야키야타

이러한 것들은 마음의 변형이다. 대상에 작용되고 있는 것들 − 자질, 형태, 그리고 상태 − 도 비슷하게 설명되어 있다.

에테나(etena): 이것으로 / 부타(bhuta): 원소들 / 인드리예수(indri-yesu): 감각 기관들의, 마음의 작용 대상들 / 다르마(dharma): 자질 / 락샤나(laksana): 형태 / 아바스타(avastha): 조건, 상태 / 파리나마(parinama): 변형 / 비야키야타(vyakhyatah): 설명된

이렇게 마음이 세 단계의 **사마디**에 걸쳐 변형이 이루어 지듯이(에테나), 5원소들(**부타**)과 마음의 작용을 일으키는 10가지 감각기관들도(**인드리예수**) 같은 단계로 변형이 이루어진다. 물질적 대상은 5원소들(흙, 물, 불, 공기 & 에테르)로 구성되어 있다. 이러한 원소들의 작용은 5가지 감각기관들(눈, 코, 귀, 입 & 피부)과, 그에 상응하는 5가지 인지

기관(시각, 후각, 청각, 미각 & 촉각)들, 총 10가지 감각기관들의 상호작용에 의해서 이루어진다. 하지만 마음이 이들과 연결이 되지 않는다면, 감각기관들이 일으키는 감각적 충동들이 의식에 전달되지 않는다. 예를 들어 깊은 잠을 잘 때는 주변에서 어떤 소리가 들리거나 일어나더라도 알지 못하거나, 감기가 들어 코가 막혔을 때 아무리 향기롭거나 고약한 냄새가 나더라도 맡지 못하는 것, 혹은 바로 옆집에서 무슨 일들이 일어나고 있는지 자신의 눈에 보이거나 들리지 않으니 알 수가 없는 것 등과 같다. 마찬가지로 세상에서 어떤 일들이 일어나고 있든지, 마음이 관여되지 않으면 아무런 감각적 반응이나 충동, 작용도 일으킬 수 없다.

이렇게 대상에 작용하고 있는 원소와 감각기관들을 연결하고 있는 마음(치타)에도 세 가지 단계에 걸쳐 변형(파리나마)이 일어나게 된다 — 자질(다르마), 형태(락샤나), 조건상태(아바스타).

- 자질의 변형(다르마 파리나마) — 대상이 가진 자질들과 연관된 마음의 변형
- 형태의 변형(락샤나 파리나마) — 대상이 가진 특성과 연관된 마음의 변형
- 조건, 상태의 변형(아바스타 파리나마) — 대상이 가진 조건이나 형태와 연관된 마음의 변형

물질적 대상이 가지고 있는 자질, 형태, 그리고 상태들에 연관하

여 일어나는 마음의 작용은 각자의 **사마디** 단계마다 다른 수준이나 강도로 조정되고 인지되어 변형이 일어나게 한다. 같은 미술 재료이지만 유치원생 혹은 전문 예술가인가에 따라 작품의 질, 형태, 상태가 각자 다르게 만들어지는 경우와 비슷하다. 3단계에 걸쳐 일어나는 마음의 변형(**니로다 파리나마, 사마디 파리나마, 에카그라타 파리나마**) 과정에서 이러한 물질적 내상에 작용되고 있는 요소들노 마찬가지로 다른 변형과정을 거치게 된다.

14 *santa-udita-avyapadesya-dharma-anupati dharmi*

샨타-우디타-아비야파데시야-다르마-아누파티 다르미

각 대상들은 그것의 과거, 현재, 그리고 미래의 자질들을 담고 있다.

샨타(santa): 평화로운, 잠재된, 과거의 / 우디타(udita): 형상화된, 현재의 / 아비야파데시야(avyapadesya): 형상화되지 않은, 미래의 / 다르마(dharma): 자질들 / 아누파티(anupati): 공통적인 / 다르미(dharmi): 자질의 요소들

모든 대상이나 물질들에게는 어떤 시간, 장소, 모습, 형태, 여건, 조건하에서도 변하지 않은 채 지탱해주고 있는 근원적인 힘이 있다. 변화무쌍함 속에 있으면서 절대 변화하지 않는, 모두에게 공통적으로(**아누파티**) 핵심적인 내면의 자질(**다르미**)이 바로 그러한 힘이다.

사과와 배는 씨앗의 형태로 있을 때는 서로 다른 자질들을 가

지고 있음을 식별하기 어렵다. 나무로 자라서 열매를 맺어야 비로소 알 수 있다. 하지만 씨앗의 형태로 있을 때(우디타) 이미 어떤 나무의 씨앗인지 하는 과거(샨타)와 앞으로 어떤 나무로 자라게 될지 하는 미래(아비야파데시야)를 모두 담고 있다. 마찬가지로 갓 태어난 여아 혹은 사춘기의 소녀가 앞으로 자라서 어떤 아이를 낳고 어떤 엄마, 혹은 할머니가 될지 현재로서는 알 수가 없다. 그러나 그녀의 영혼이 환생을 거듭해가는 동안, 형성해 놓은 과거의 인연이 앞으로 어떤 관계성의 인연으로 표출되게 될지 모두 카르마의 법칙에 의해 이미 정해져 있다. 이렇게 존재하는 모든 대상들은 그 안에 과거, 현재, 미래의 자질들을 모두 담고 있다. 단지 시간과 공간이라고 하는 변화의 과정들만 거치면 되는 것이다.

15 *krama-anyatvam parinamanyatve hetuh*

크라마-아니야트밤 파리나마니야트베 헤투

대상의 다양함은 진화를 주도하는 자연법칙에 의해 일어난다.

크라마(krama): 질서, 자연법칙 / 아니야트밤(anyatvam): 다른 점, 다양함 / 파리나마(parinamah): 변형, 진화 / 아니야트베(anyatve): 다양한 / 헤투(hetuh): 원인, ~에 의해

　　세상에 존재하는 모든 것들은 끊임없는 변화의 과정 속에 있다. 어떤 것도 고정되어 있거나 영구한 것은 없다. 씨앗은 자라서 나무가 되고 열매를 맺으며 다시 씨앗으로 되돌아 간다. 봄은 여름이 되

고, 가을과 겨울이 되고 다시 봄이 되는 것처럼, 또한 무형의 자궁에서 생명으로 잉태되어 태어난 아기가 어린 아이로 자라고, 성인이 되고, 노인이 되고 다시 무형으로 되돌아가는 것처럼, 세상과 물질, 사람들은 그렇게 쉼 없이 외적인 변화를 거듭하고 있다. 하지만 그러한 변화 속에서도 변하지 않고 남아 있는 어떤 한결같은 힘이 있다. 삶과 세상, 그리고 우주의 질서를 유지하고 삭동시키고 있는 절대적인 자연법칙(크라마)이 바로 그것이다. 자연법칙은 세상과 우주의 다양한 대상들이 다양한 형태로(아니야트밤) 변화를 거듭하게 만드는 근원적인 힘이다. 자연법칙이 가진 목적은 더 나은 형태로 성장과 진화(파리나마)를 하게 하기 위함이다.

우리의 몸과 마음은 늘 변화하고 있지만 그러나 내면에 있는 나라는 자아는 변하지 않는 것도 그러한 자연법칙에 속한다. 한 줌의 진흙을 잘 다듬어서 항아리를 만들고, 다시 깨서 더 낫고 멋진 도자기로 만드는 것처럼, 애벌레가 나비가 되고, 강아지가 개가 되는 것처럼, 우리의 몸이나 마음 역시도 특정한 상태에 있을 때 어떤 특정한 방식으로 단계적인 변형을 지나가게 된다. 영혼이 가진 목적은 생과 생을 거듭하면서 이러한 변형, 성숙과 진화를 경험하고, 궁극적으로 완벽하게 자유로운 상태, 깨달음을 달성하고자 하는데 있다. 그러한 목적을 달성할 때까지, 영혼이 앞으로 어떤 모습으로 진화를 하게 될지, 어떤 성향이나 잠재성이 이면에서 작용하고 있는지, 이는 모두 인과의 법칙이라고 하는 자연법칙에 따라 결정되게 된다. 이렇게 다양한 원인들(아니야트베-헤투)로 인해 다양한 변화를 일으키면서

파탄잘리 요가 수트라

성장과 진화를 거듭하게 만드는 근원적인 힘이 바로 자연법칙이다.

세 가지의 **사마디** 상태를 지나고 있는 마음이 삼단계적으로 변형을 경험하고 있을 때, 물질적 대상이 가지고 있는 자질, 형태, 그리고 상태들도 마음이 어떤 단계의 변형을 지나고 있는가에 따라 다르게 각자의 단계에 상응하는 수준으로 인지가 되게 된다. 어떤 사물을 멀리서 혹은 보다 가까이서 보고 있을 때 각자 다른 모습으로 눈에 들어오는 것과 같다. 파탄잘리에 의하면, 이처럼 세 가지 유형으로 일어나는 마음의 변형 능력을 어떤 대상에 어떻게 적용하는가에 따라 그에 상응하는 초능력 파워들을 마스터할 수 있게 된다고 한다. 다음의 수트라부터 이러한 초능력의 파워들에 대한 기술이 이어지고 있다.

◆ 시디(초능력) 파워들에 대한 지식과 산야마(16-48절)

16 *parinama-traya-samyamad-atita-anagata-jnanam*

파리나마-트라야-산야마드-아티타-아나가타-기야남

이러한 세 가지 변형에 대한 산야마는 과거와 미래에 대한 지식을 가져온다.

파리나마(parinama): 변형 / 트라야(traya): 세 가지 / 산야맛 (samyamad): 산야마는 / 아티타(atita): 과거 / 아나가타(anagata): 미래 / 기야남(jnanam): 지식

세 가지 변형(파리나마-트라야)이라 함은, 니로다, 사마디, 그리고 에카그라타 사마디를 뜻한다. 이러한 삼 단계의 변형에 대해 산야마를 행하게 되면, 과거와 미래에 대한 지식을 알 수 있다.

산야마는 행하는 것은, 다라나, 디야나, 그리고 사마디(6번째, 7번째 & 8번째 앙가)를 함께 하는 것, 즉, 명상을 함을 뜻한다. 먼저 **프라티야하라**(5번째 앙가)를 통해, 감각기관들을 조절하고 주의를 모아서 집중하

면서 **산야마**를 행하면, 서서히 이러한 세 가지 **사마디** 단계에 걸쳐 마음의 변형이 일어나게 된다. 주의가 한 방향을 향해 집중하게 되면 그동안 주의를 산만하게 하고 마음을 방해하던 요소들이 서서히 정리되고 제거되기 시작한다. 이러한 방해물들이 완전히 제거되었을 때 마음(치타)은 아주 섬세 해져서 시간의 한계성이나 공간이 주던 제약도 초월할 수 있게 된다. 예지력이 생겨나서 과거에 일어난 일이나(아티타), 앞으로 미래에 일어나게 될 일들(아나가타)에 대한 지식(기야남)을 얻게 된다.

17 *sabda-artha-pratyayanam-itaradhyasat-sam-*
karas-tat-pravibhaga-samyamat-sarvabhuta-ru-
ta-jnanam

사브다-아르타-프라티야야남-이타라디야삿-산카라스-탓-프라비바가-삼야맛-사르바부타-루타-기야남

한 대상에 대한 인식은 보통 혼돈되어 있다. 그것이 가진 이름, 형태, 그리고 그것에 대한 아이디어가 모두 서로 겹쳐져 있기 때문이다. 이러한 세 가지의 구분에 대한 산야마를 함으로써, 살아있는 모든 생명들의 소리를 이해할 수 있다.

사브다(sabda): 단어, 이름 / 아르타(artha): 대상, 형태 / 프라티야야남(pratyayanam): 생각, 아이디어 / 이타라디야삿(itaradhyasat): 서로 뒤섞인 정신적 인상들 / 산카라(samkara): 혼란, 혼돈 / 탓(tat): 그것 / 프라비바가(pravibhaga): 분리된, 구분 / 산야맛(samyamat): 산야마로 / 사르바부타(sarvabhuta): 살아있는 모든 생명들 / 루타(ruta): 언어, 소리 / 기야남(jnanam): 지식, 이해

어떤 대상에 대한 이해는, 그것이 가지고 있는 이름, 의미, 그리고 대상을 인식하는 이의 이념이나 사상, 문화 또는 의식 수준의 차이로 인해 혼란스럽거나 잘못 오해를 하게 될 소지가 높다. 똑같은 음식이나 과일이라고 하더라도 자신이 익숙하든지 아닌지, 좋아하거나 아님에 따라, 맛있거나 맛없거나 결정되는 예를 들 수 있다. 한국인들에겐 얼큰하고 구수한 김치찌개 냄새가 서양인들에겐 아주 고약하고 역겨운 냄새로 코를 막게 만들 수도 있다. 반면에 서양인들이 즐기는 피자나 버터로 범벅이 된 쿠키들이 전형적인 한국인들의 비위에는 맞지 않을 수 있다. 그리고 인도나 회교인들처럼 손으로 음식을 먹는 문화가 일본처럼 깔끔한 식탁매너가 중요한 문화에서는 큰 실례가 될 수 있다.

이처럼 간단한 예들 외에도 어떤 특정한 대상이나 사물, 사람들에 대해 무수하게 다양하고도 많은 방식의 풀이나 이해, 오해를 할 수 있는 소지들이 널리고 널려 있다. 그 대상이 가지고 있는 이름(사브다), 형태(아르타), 그리고 그것에 대해 각자 가지고 있는 생각(프라티야야남)이나 인상들이(이타라디야샷) 모두 겹치고 뒤섞여서 혼란(산카라)을 야기하기 때문이다.

그러므로 그러한 대상(탓)이 가지고 있는 이름, 형태, 그리고 생각을 각자 분리하여(프라비바가) 산야마를 하는 수행을 하게 되면, 살아 있는 모든 생명체(사르바부타)들이 하는 소리나 언어(루타)들을 모두 다 이해할 수 있는 지식이(기야남) 생긴다고 한다. 예를 들어, 인도에

파탄잘리 요가 수트라

서 신성한 동물로 숭배를 받고 있는 소에 대해 산야마를 하고자 할 때, 먼저 "소"라는 이름, "소"의 모습, 그리고 자신이 "소"에 대해 가지고 있는 생각 — 이 세 가지를 각자 분리하여 **산야마**를 하게 되면, 그러면 소가 하는 소리들을 이해할 수 있는 지식이 얻어진다는 것이다. 다른 어떤 다른 생명체들도 마찬가지 방식으로 **산야마**를 하게 되면 그들의 언어를 이해할 수 있게 된다.

18 *samskara-saksatkaranat-purva-jati-jnanam*

삼스카라-삭샷카라낫-푸르바-자티-기야남

잠재적 인상들의 직접적인 경험을 통해 전생에 대한 지식이 온다.

삼스카라(samskara): 잠재적 인상 / 삭샷카라낫(saksatkaranat): 직접 인지하거나 경험하는 / 푸르바(purva): 이전의, / 자티(jati): 출생, 생(生) / 기야남(jnanam): 지식

마음에 새겨지는 인상(**삼스카라**)들은 두 가지 유형으로 남게 된다. 기억과 잠재된 기억들이다. 기억은 잠재의식 속에 남아서 언제든 필요할 때 의식적으로 상기해낼 수 있다. 잠재된 기억들은 무의식 속에 남아서 언제든 돌발적으로 의식하지 못하는 사이에 나타날 수 있다.

잠재의식 속에 남아 있는 **삼스카라**들은 구체적인 순서대로 일어나도록 정렬을 시킬 수 있다. 하지만 무의식 속에 남아 있는 **삼스카**

라들은 분명하거나 어떤 구체적인 순서를 따라 나타나지 않는다. 무의식적인 **삼스카라**는 우리가 수많은 전생(**푸르바-자티**)을 통해서 행한 액션이나 받은 인상들의 총체적인 형태를 하고선 어딘가에 있는 우주적인 메모리칩에 모두 고스란히 저장되어 있다. 그중에서 현생에 할당된 몫의 카르마(**프라라브다 카르마**)는 어느 정도이고, 어떤 효과들을 내게 될지는 아무도 미리 알지 못하고 알 수도 없다. 현재 삶의 과정을 통해서 서서히 효과들이 나타날 때만 감지할 수 있을 뿐이다. 동시에 우리가 현생에서 행하고 있는 모든 의식적인 행동이나 인상들은 다시 잠재의식 속에 더해져서 현생이 아니면 미래 생에서 효과가 나타나게 되어 있는 것이 인과법칙의 원리이다.

그러므로 이러한 **삼스카라**들, 의식적이거나 무의식적으로 남아 있는 잠재적 인상들에 대한 **산야마**를 행하게 되면, 이전의 생(**푸르바-자티**)에 대한 지식(**기야남**)을 얻을 수 있다.

19 *pratyayasya para-chitta-jnanam*

프라티야야시야 파라-치타-기야남

그것들 상태의 직접적인 경험을 통해 다른 마음의 자질들을 알 수 있다.

프라티야야시야(pratyayasya): 마음의 내용물들, 자질들 / 파라 (para): 다른 / 치타(chitta): 마음 / 기야남(jnanam): 지식 마음에 남아 있는 인상(삼스카라)들에 대한 **산야마**를 통해 전생의 경험들을 직접 체험할 수 있다. 이러한 체험들이 늘어나면, 자신의 전생뿐만 아니라, 다른 사람의 생각(**파라-치타**)이나 마음(**프라티야야시야**)들도 알 수 있는(**기야남**) 독심술의 파워가 계발된다. 다른 사람들의 마음을 마치 책처럼 읽을 수 있다는 것이 아니라, 그들의 마음이 가진 자질들을 알 수 있는 **시디**(초능력) 파워를 의미한다.

20   *na cha tat-salambannam tasya-avisayibhutatvat*

나 차 탓-살람반남 타시야-아비사이부타트밧

우리가 알 수 있는 것은 자질들이지, 내용물이 아니다. 그러한 것들은 산야마 영역 내에 있지 않기 때문이다.

나(na): 아닌 / 차(cha): 그리고 / 탓(tat): 그것 / 살람반남(salam-bannam): 도와주는, 알 수 있게 하는 / 타시야(tasya): 들어 있는 것, 내용물 / 아비사이부타트밧(avisayibhutatvat): 산야마의 영역이 아니기 때문에

산야마를 통해 다른 사람들의 마음을 알 수 있는 능력이 생겨난다 함은, 무슨 생각을 하는지 하는 구체적인 내용이 아니라(**타시야**), 어떤 의도나 자질들을 가지고 있는지 마음의 성향을 알 수 있다는 의미이다(**살람반남**). 산야마의 영역에 속하는 것은 마음이 가진 본질적 자질들이며, 그 안(**탓**)에 들어있는 내용물이 아니다(**나**).

예를 들어, 어떤 사람의 얼굴이나 표정, 분위기와 몸 제스처 등을

통해 그가 화가 났거나, 미움이나 증오, 두려움에 차 있거나, 혹은 연애나 사랑에 빠져 있다는 사실 등을 알 수 있지만, 구체적으로 무엇이 분노와 두려움을 불러 일으키게 만들었는지, 어떤 사람을 사귀고 있는지 하는 디테일은 본인이 직접 말해주지 않는 한 제3자는 알 수가 없다. 그리고(차) 다른 사람이 하는 생각의 내용은 일반적인 정보나 지식의 영역에 속하기 때문에, 산야마의 내상에 속하시 않는다(아비사이부타트밧).

21 *kaya-rupa-samyamat-tad-grahya-sakti-stambhe chaksuh-prakasa-samprayoge'ntardhanam*

카야-루파-삼야맛-탓-그라히야-삭티-스탐베 착수-프라카샤-삼프라요겐 타르다남

몸 형태에 대한 산야마를 통해 무형이 될 수 있다. 관찰자의 눈과 바디에 반영된 빛 사이의 접촉을 깨뜨리기 때문이다.

카야(kaya): 바디, 몸 / 루파(rupa): 형태 / 산야맛(samyamat): 산야마를 통해 / 탓(tad): 그것 / 그라히야(grahya): 관찰자 / 삭티(sakti): 파워 / 스탐베(stambhe): 정지된, 반영된 / 착수(chaksuh): 눈 / 프라카샤(prakasa): 빛 / 삼프라요가(samprayoga): 접촉을 막는, 깨뜨리는 / 안타르다남(antardhanam): 보이지 않는, 무형의

인도의 유명한 구루였던 **아난다마이마**(Anandamayi Ma, 1896-1982)는, 아주 장시간 동안 자신의 몸 뿐만 아니라 주변에 대한 감각이 전혀 없어지는 **사마디** 상태에 자주 빠지곤 했다. 그녀가 자주 식음도

잘 잊고 시공의 개념도 사라지는 초월적 상태에 너무 오랫동안 들어가 있는 것이 걱정스러웠던 제자들은, 강제로라도 그녀의 입에 음식을 먹이고 물을 마시도록 하면서 돌봐야 하는 경우도 흔히 있었다. 어느 날, 그녀의 아쉬람을 방문하고 있던 한 서양인 사진작가가, 앉은 자세로 **사마디** 상태에 들어가 있던 그녀의 몸 주변에서 신비로운 광채가 뿜어져 나오고 있는 것을 목격하고 재빨리 카메라를 꺼내 사진들을 찍었다. 하지만 막상 사진을 현상하고 보니 그녀의 모습은 전혀 찍히지 않았고 중앙에 있는 흰 빛덩어리를 둘러싼 둥근 원형의 테두리만 잡혔을 뿐이었다. 나중에 **사마디**에서 깨어난 **아난다마이마**가 그에게 말했다. 초월적 상태에 빠져 있는 요기들의 모습을 공공연하게 외부에 전시하게 되면 일반 대중들을 쉽게 미혹에 빠뜨릴 수 있기 때문에, 일부러 자신의 모습이 카메라에 잡히지 않도록 **시디** 파워를 썼다는 것이었다. 차후의 기록을 남기기 위한 목적이라고 그가 간청을 하자, 그녀의 허락하에 다시 사진을 찍을 수 있었다. 이번에는 그녀의 모습이 제대로 잡혔다.

사마디에 있는 아난다마이마

파탄잘리 요가 수트라

요기가 자신의 모습(스바-루파)에 대한 **산야마**를 행하게 되면, 의지적으로 무형이 될 수 있는 파워(**샥티**)를 가질 수 있다. 이러한 파워는 자신의 몸에서 나오는 아우라의 빛이 일시적으로 멈추게(**스탐베**) 함으로써 관찰자(그라히야)의 눈이나 몸에(**착수-프라카샤**) 접촉이 되지 않도록 할 수 있다(**삼프라요가**). 마치 투명인간처럼 되어(**안타르다남**) 같은 공간 내에 있는 상대가 그의 존재를 느낄 수는 있지만 눈으로 보지는 못하게 할 수 있는 시디 파워이다.

22   *sopakramam nirupakramam cha karma tat-samya-mad-aparanta-jnanam-aristebhyo va*

소파크라맘 니루파크라맘 차 카르마 탓-삼야맛-아파란타-기야남-아리스테브요 바

카르마의 열매는 그 사람에게 **빨리** 혹은 **늦게** 되돌아올 수 있다. 카르마의 열매에 대한 **산야마**를 통해 죽음의 시간에 대한 선지식이 오고 오멘들을 이해할 수 있다.

소파크라맘(sopakramam): 카르마의 열매 / 니루파크라남(nirupa-kramam): 잠재적인 카르마 / 차(cha): 그리고 / 카르마(karma): 행위, 활발한 / 탓(tat): 그것 / 산야맛(samyamad): 산야마를 통해 / 아파란타(aparanta): 죽음 / 기야남(jnanam): 지식, 이해 / 아리스테비야(aristebhyah): 오멘들을 / 바(va):

개인적 바디를 지탱하고 조정하고 있는 힘, **카르마**는 크게 세 가지로 나눌 수 있다.

첫째, 형상화된 카르마, **프라라브타 카르마**(Prarabda karma)이다. 흔히들 말하는 사주팔자, 우리가 타고난 환경, 현실, 숙명에 해당하는 고정적인 카르마로서 자유의지로서도 바꿀 수가 없는 카르마이다. 현재 우리가 타고난 환경이나 삶은, 과거에 지은 카르마가 형상화 된 **프라라브다 카르마**로서, 자유 의지로 바꿀 수가 없다.

둘째, 아직 씨앗의 형태로 남아 있는 **산치타 카르마**(Sanchitta karma)이다. 마치 곡식의 씨앗처럼 적절한 시기와 여건이 마련되는 대로 싹이 트게 될 카르마이다. 우리가 가지고 있는 성향, 버릇, 습관, 기질, 재능 등은 **산치타 카르마**로서, 언제든 적절한 환경이나 때가 되면 형상화될 카르마이며 자유의지로 바꿀 여지가 어느 정도 있다.

셋째, 아직 형성되지 않은 **아가마 카르마**(agama karama)이다. 현재 우리가 하는 행위로 인해 만들어 지게 될 미래의 카르마이다. 아가마 카르마는, 아직 만들어 지지 않은, 공의 상태로 있는 카르마, 그러나 현재의 행위로 인해 만들어 지고 있는 카르마의 영역이다.

수트라 22절에서는 두 유형의 카르마 열매에 대해서만 기술하고 있다. 빨리 도달한 카르마의 열매(소파크라남)는 과거에 행한 카르마가 현재 형상화된 1번째의 프라라브다 카르마 유형에 해당한다. 늦게 오게 될 카르마의 열매(니루파크라남)는 잠재적인 씨앗의 형태로 남아 있으면서 언젠가는 형상화되게 될 2번째의 **산치타 카르마** 유형에 속한다. 파탄잘리는 아직까지 3번째 유형의 카르마에 대해선 설명하지 않

파탄잘리 요가 수트라

고 있다.

이러한 1번째와 2번째 카르마의 열매에 대한 산야마를 통해 언제 죽게 될지 미리 알 수 있는 파워(**아파란타-기야남**), 그리고 주변에서 일어나고 있는 현상이나 징후들을(**아리스테브요-바** 이해할 수 있는 **시디**파워가 생기게 된다.

23   *maitry-adisu balani*

마이트리-아디수 발라니

친절함, 자비심, 그리고 행복함에 대한 산야마를 통해, 이러한 자질들이 꽃 피게 된다.

마이트리(maitri): 친절한 / 아디수(adisu): 등등 / 발라니(balani): 파워들, 자질들

제1장 33절에서 친절함, 자비심, 행복 그리고 치우치지 않는 평정심은 수행자들이 계발해야 하는 네 가지 하트의 자질들이라고 하였다. 그리하면 마음이 청명하고 고요해질 수 있다. 이러한 자질들에 각각 **산야마**를 행하게 되면, 해당하는 특정한 파워들이 하트에 계발되게 된다.

24   *balesu hasti-bala-adini*

발레수 하스티-발라-아디니

코끼리 혹은 다른 생명들이 가진 강인함에 대한 산야마를 통해, 우리는 그러한 강인함을 얻게 된다.

발레수(balesu):파워들에 대한 산야마를 통해 / 하스티(hasti): 코끼리 / 발라(bala): 저력, 강인함 / 아디니(adini): 등등

어떤 대상이나 동물, 사람이라도 선택해서 **산야마**를 행할 수 있다. 그리하면 수행자가 원하는 **시디파워**를 얻을 수 있다. 만약 코끼리, 사자, 혹은 호랑이 같은 동물들처럼 강한 저력을 가지기 원한다면, 해당 동물의 가진 강인함에 대한 **산야마**를 행함으로써 그러한 저력을 얻을 수 있다. 만약 코끼리가 가진 강인함의 저력이나(**하스타-발라**), 사자 혹은 호랑이가 가진 강한 정신적 저력, 혹은 날렵함의 저력 등(**아디니**)을 얻고 싶다면, 그러한 자질들에 대한 산야마를 통해(**발레수**) 원하는 시디파워들을 얻을 수 있게 된다.

25 *pravrtty-aloka-nyasat suksma-vyavahita-viprkrs-ta-jnanam*

프라브르티-알로카-니야삿 숙시마-비야바히타-비프라크르쉬타-기야남

내면의 빛을 움직이는 것을 통해 우리는 섬세하거나, 눈에서 숨겨져 있거나, 멀리 있는 것을 볼 수 있게 된다.

프라브르티(pravrtty): 초인적 감각들, 내면의 것들 / 알로카(aloka): 빛 / 니야삿(nyasat): 내보냄으로, 움직여서 / 숙시마(suksma): 섬세

파탄잘리 요가 수트라

한 / 비야바히타(vyavahita): 숨겨진 / 비프라크르시타(viprkrsta): 멀리 있는 / 기야남(jnanam): 지식

수트라 25절은 천리안의 파워에 대한 수트라이다. 내면의 빛(프라브르티-알로카)을 조정함으로써 그러한 초능력이 얻어질 수 있다. 프라브르티는, 제1장 36절에서 기술한 순수한 내면의 빛(죠티스마티)과 같은 의미를 가진 단어이지만, 그러나 내면의 빛을 조정하거나 움직일 수 있는 "능력"을 더욱 강조하고 있다(니야삿). 이러한 능력을 계발함으로써, 수행자는 어디든 들어갈 수 있고, 아무리 섬세하거나(숙시마), 숨겨져 있거나(비하야히타), 혹은 아무리 멀리 있는 것(비프라크르시타)들도 볼 수 있는 파워가 얻어진다. 설령 땅 밑에 묻혀져 있는 보물이거나, 미세한 원자나 몸의 세포까지도 볼 수 있게 하는 능력이다(기야남).

26 *bhuvana-jnanam surye samyamat*

부바나-기야남 수리에 삼야맛

수리야에 대한 산야마를 통해 전우주의 다양한 영역에 대한 지식이 온다.

부바나(bhuvana): 태양계의, 전 우주의 / 기야남(jnanam): 지식 / 수리예(surye): 태양에 대한, 수리야에 대한 / 산야맛(samyamat): 산야마를 하는

태양(수리야)에 대한 산야마를 통해 지구가 속한 태양계 혹은 전체 우주(부바나)가 작용하는 법칙에 대한 지식(기야남)들이 얻어질 수

있다.

여기에서 **수리야**(태양)는 다양한 의미로 해석될 수 있다. 하늘에 떠 있는 실제의 태양을 의미하거나, 몸의 척추를 통해 흐르고 있는 **슈슘나**(Sushumna) **쿤달리니** 파워 중에서 **수리야 나디**(양의 에너지), 혹은 깨달음의 파워를 가진 영안(靈眼) 등을 의미할 수도 있다. 수리야에 대한 산야마를 행함으로써 태양계의 천문학적 구조뿐만 아니라, 모든 정신적, 영적 영역, 그리고 전체우주의 다양한 영역까지 모두 이해할 수 있는 지식이 얻어질 수 있다.

27   *chandre tara-vyuha-jnanam*

찬드레 타라-비유하-기야남

찬드라에 대한 산야마를 통해 정렬된 스타들에 대한 지식이 온다.

찬드라(chandra): 달, 찬드라 / 타라(tara): 스타들 / 비유하(vyuha): 정렬된 / 기야남(jnanam): 지식

태양계에서 지구를 포함한 모든 행성들은 태양을 중심으로 회전하고 있다. 그런데 달만 유일하게 지구를 중심으로 회전하고 있다. 태양은 모든 행성들의 로드이며, 달(**찬드라**)은 밤하늘에 반짝이는 무수한 스타들(**타라**)의 로드이다. 태양은 지구상의 생명들에게 빛을 제공하는 생명의 원천으로 낮을 주관한다. 달은 밤을 주관하며, 낮의 뜨거운 태양 빛을 받아 식혀서 밤에 식물과 생명들에게 휴식과 안식

을 제공한다. 달에 대한 산야마를 통해, 어두운 밤하늘에 정렬된(비유하) 무수한 스타들에 대한 지식(기야남)이 얻어진다.

28 *dhruve tad-gat-jnanam*

디루베-탓-갓-기야남

디루바에 대한 산야마를 통해 스타들의 움직임에 대한 지식이 얻어진다.

디루베(dhruve): 고정된, 북극성, 은하 / 탓(tad): 그것 / 갓(gat): 움직임 / 기야남(jnanam): 지식

디루바는 "고정된"이라는 뜻을 가지고 있다. 비록 태양이 전체 태양계를 이끌고 은하를 중심으로 회전하고 있지만, 그러한 천문학적 지식이 부족하던 고대 시절에는, 북극성이 하늘에게 가장 고정되어 있는 것처럼 보였기 때문에, 여기에서 파탄잘리가 기술한 디루바를 북극성이라고 해석하는 이들이 많다. 하지만 북극성도 태양계에 속하기 때문에, 우주에서 가장 고정된 것(디루베)은 북극성이 아니라 은하이다.

이러한 디루베(은하)에 대한 산야마를 통해, 행성과 스타들의 움직임(갓)에 대한 원리나 법칙, 다른 모든 천문학적 지식(기야남)들이 얻어질 수 있다.

29 *nabhi-chakre kaya-vyuha-jnanam*

나비-차크레 카야-비유하-기야남

나비(Nabhi) 차크라에 대한 산야마를 통해 신체구조에 대한 지식이 얻어진다.

나비(nabhi): 배꼽, 나비 / 치그레(chakre): 센터, 차크라 / 카아 (kaya): 바디, 신체 / 비유하(vyuha): 정렬된, 구조 / 기야남(jnanam): 지식

사람의 신체에는 약 72,000개 정도의 **나디**(Nadi, 에너지 채널)들이 있다. 그중에서 척추를 통해 흐르고 있는 일곱 개 **차크라**(에너지 센터)가 가장 중요한 **나디**들이다. 이러한 일곱 개 **차크라**들 중에서 3번째 마니푸라(Manipura) **차크라**는 배꼽의 뒤쪽 근처에 위치하고 있는데, 여기에서 파탄잘리가 기술하고 있는 **나비 차크라**와는 다른 에너지 채널이다.

나비 차크라는 배꼽의 중앙에 위치하고 있다. **나비 차크라**에서 다른 많은 **나디**들이 뻗어져 나와서 몸의 각자 다른 파트들로 흩어져 있다. 태아의 모습으로 자궁에 있을 때 탯줄을 통해 어머니의 몸으로부터 영양분과 산소를 공급받으며 생명체로 완성할 수 있었던 흔적이 남은 신체파트가 바로 배꼽이다. 그래서 여기에 있는 **나비 차크라**에 대한 산야마를 하게 되면 신체구조(비유하)에 대한 지식(기야남)을 얻을 수도 있게 되는 것이다.

30   *kanthakupe ksut-pipasa-nivrttih*

칸타쿠페 크수-피파사-니브르티

목 안의 빈 공간에 대한 산야마를 통해 배고픔과 목마름이 멈추어진다.

칸타쿠페(kanthakupe): 목 안의 공간에 대한 산야마를 하는 / 크숫(ksut): 배고픔 / 피파사(pipasa): 목마름 / 니브르티(nivrttih): 멈추는

우리가 섭취한 음식물은 식도를 통해 위로 들어가게 된다. 식도는 목 안의 빈 공간으로 인체에 침을 분비하는 침샘이 있는 곳이다. 침샘에서 흘러나오는 액체로 인해 목마름이나 배고픔의 감각을 일으키게 된다. 이러한 식도에 대한(칸타쿠페) 산야마를 통해, 침샘의 액체가 분비되는 것을 조절할 수 있다. 그리하여 목마름(피파사)이나 배고픔(크숫)을 느끼는 것도 멈출 수 있게(니브리티) 된다.

31   *kurma-nadyam sthairyam*

쿠르마-나디얌 스타이르얌

쿠르마 나디에 대한 산야마를 통해 안정성이 얻어진다.

쿠르마나디얌(kurmanadyam): 쿠르마 나디에 대한 산야마를 하는 / 스타이르얌(sthairyam): 안정성

쿠르마는 "거북이"라는 의미이다. 쿠르마 나디는, 척추의 맨 아래에 있는 1번째와 2번째 차크라 사이에 위치한 거북이 모양의 특별한 에

너지 채널을 칭한다. **쿠르마 나디**는 척추 아래에서부터 목에 있는 식도까지 뻗어져 있으며, 신체와 마음의 안정성을 조정하는 역할을 담당하고 있다. 신체적, 정신적인 안정성 뿐만 아니라, 명상을 할 때 안정적으로 앉아 있을 수 있는 능력까지 포함한다.

이러한 구르마 나디에 대한 산야마를 함으로써 몸과 마음이 전반적으로 더욱 안정적이 될 뿐만 아니라, 초능력적으로 강인하고 안정적인 **시디**파워를 얻을 수 있게 한다.

32   *murdha-jyotisi siddha-darsanam*

무르다-죠티시-시다-다르사남

크라운 차크라의 빛에 대한 산야마를 통해 깨달은 마스터들을 볼 수 있다.

무르다(murdha): 사하스라라(sahasrara), 크라운 차크라 / 죠티시 (jyotisi): 빛의 / 시다(siddha): 깨달은 마스터 / 다르사남(darsa-nam): 영적인 비전을 얻는, 보는

무르다(murdha)는 "사하스라라"라고 칭하는 크라운 **차크라**를 의미한다. 일곱 번째의 크라운 **차크라**는 우리의 신체내에 있는 것이 아니라 머리 너머에 있다. 신체 내에 있는 다른 여섯 **차크라**들이 모두 완전한 조화를 이루게 되면 척추 맨 아래에서 꼬리를 튼 채 잠을 자고 있던 쿤달리니 에너지가 깨어나서 머리 맨 위에 있는 크라운 **차크라**까지 뻗

치면서 강렬한 빛을 사방으로 발산하게 된다.

여기의 빛은 양 미간 사이에 위치하고 있는 6번째 **아기야**(영안) **차크라**와 연결이 되었을 때 뿜어져 나오게 된다. **크라운 차크라**에 대한 산야마를 통해 **아기야 차크라**의 빛이 활성화되었을 때 영안(靈眼)이 열리어 높은 신들이나 영험한 마스터들을 볼 수 있는 영적인 비전들을 얻을 수 있게 된다.

33 *prtibhad-va sarvam*

프르티바드-바 사르밤

직관적 인지가 가진 선명함에 대한 산야마를 통해 모든 것들이 알아질 수 있다.

프라티바(prtibha): 직관, 직관적 인지 / 바(va): 혹은 / 사르밤(sar-vam): 모든 것들

직관적인 인지능력(**프라티바**)에 대해서는 제2장 44절에서 다시 보다 자세하게 설명하고 있다. **프라티바**는 일반적인 수준의 직관력과는 차원이 다른 최상급 수준의 직관력이다. 어떤 이지나 논리적인 과정을 거치지 않고 직관적으로 얻어지는 지식으로서 사마디의 높은 의식 상태를 단계적으로 경험하게 됨에 따라, 점점 선명해지게 되는 지식의 빛을 의미한다.

직관적 인지(프라티바) 능력을 얻게 되면, 지금까지 기술한 모든 초능력 파워들은 동시에 얻을 수 있다. 그러므로 개개의 파워들에 대한 **산야마**들을 별도로 하던지, 혹은, 직관적 인지능력을 계발하는 산야마를 다이렉트로 하게 되면, 모든 것들(사르밤)을 알 수 있는 파워가 생긴다.

34 *hrdaye chittasamvit*

흐르다에 치타삼빗

아나하타(Anahata) 차크라에 대한 산야마를 통해 순수한 마음의 치타(Chitta)가 온다.

흐르다예(hrdaye): 하트 차크라에 산야마를 하는 / 치타삼빗(chittasamvit): 의식에 대한 깨달음, 순수한 마음에 대한 의식

아나하타 차크라는 하트 주변에 위치하고 있는 4번째 **차크라**를 의미한다. 아나하타 **차크라**에 대한 **산야마**를 하게 되면 자신의 마음이 가진 순수한 본성에 대한 지식을 얻게 된다. 이러한 지식으로 인해 순수의식에 대한 깨달음을 얻게 된다.

35 *sattva-purusayor-atyanta-asamkirnayoh pratyaya-avisesobhogah pararthatvat sva-artha-samyamat-purusa-jnanam*

사트바-푸루사요-아티얀타-아산키르나요 프라티야야-아비세소보

가 파라르타트밧 스바-아르타 삼야맛-푸루샤-기야남

대자아와 마음의 내용물은 완전히 다르다. 외면적 충족을 향하는 평상시 우리의 경험은 둘 사이의 다른 점을 구분하지 못한다. 내면적 충족에 대한 산야마를 통해 대자아의 지식이 온다.

사트바(sattva): 마음의 내용물 / 푸루사요(purusayor):푸루샤의, 대자아의 / 아티얀타(atyanta): 아주, 완전히 / 아산키르나요(asam-kirnayoh): 다른, 별개 / 프라티야야(pratyaya): 의식 / 아비세사(avisesah): 다르지 않은, 구분이 되지 않는 / 보가(bhogah): 일상적 경험 / 파라르타트밧(pararthatvat): 객관적인 경험, 외면적 충족 / 스바(sva): 자신의 / 아르타(artha): 주관적인 경험, 내면적 충족 / 산야맛(samyamat): 산야마를 하는 / 푸루샤(purusa): 푸루샤의 / 기야남(jnanam): 지식

파탄잘리는 다시 한번 **푸루샤**(대자아, 대영혼)와 **프라크리티**(물질적 세상, 현상계)의 관계성과 차이점에 대해 강조설명하고 있다. **푸루샤**는 신과 아트만(대영혼)의 영역이고, **프라크리티**는 물질과 육체로 구성된 세상의 영역이다. 대체로 우리는 몸과 마음이 누리는 물질적 세상의 편안함이나 쾌락에 빠져, 진정한 참나, 대영혼 혹은 신의 영역에 대해 무지한 채로 살아가고 있다. 이러한 무지로 인해, 마음(**치타**)과 **푸루샤**(대영혼)이 서로 아주 다르고 본성적으로 분리가 되어있다는 사실을 알지 못한 채 살아가고 있다. 물질적 세상(**프라크리티**)에서 작용하고 있는 마음(**치타**)는 이 둘이 같은 것인줄 잘못 알고 있지만, 마음(**치타**) 안에 있는 것들(**사트바**)과, 순수의식(대자아, **푸루샤**) 안에 있는 것들은 서로 완전히 별개이고 아주 다르다.

평상시 우리의 마음은 외면적 세상에서의 경험과 충족을 얻기 위해 주관적 의식이 바깥으로 향하게 된다. 무지로 인해, 이러한 경험들이 객관적이고 전체적인 줄 잘못 알고 있다. 그런데 주관적 의식을 내면으로 돌리게 되면, 순수의식과 마음(치타)이 아주 다르다는 사실을 알게 된다. 외면적으로 얻는 충족(파라르타트밧)은 상대적이고 제한적인 반면에, 내면적으로 얻는 충족은 절대적이고 무제한적이다. 그러므로 내면적 충족(아르타)에 대한 산야마를 하게 되면 대자아(푸루샤, 대영혼)에 대한 이러한 지식을 얻을 수 있다.

36 *tatah pratibha-sravana-vedana-adarsa-asvada-varta jayante*

타타 프라티바-쉬라바나-베다나-아다르사-아스바다-바르타 자얀테

이러한 지식에서 직관적인 선명함, 가장 섬세한 청력, 가장 섬세한 터치, 가장 섬세한 시력, 가장 섬세한 미각, 가장 섬세한 후각이 생기게 된다.

타타(tatah): 그것으로부터 / 프라티바(Pratibha): 초월적인 감각들, 직관 / 쉬라바나(sravana): 청력 / 베다나(vedana): 촉각 / 다르샤(darsa): 시력 / 아스바다(asvada): 미각 / 바르타(varta): 후각 / 자얀테(jayante): 만들어 지는, 생기는

이러한 대자아의 지식을 얻게 되면, 가장 직관적이면서도 초월적인 감각들(프라티바)을 가질 수 있게 된다. **프라티바**는, 신체에 제한된

감각기관들이 아니라, 순수의식이 가진 아주 섬세하고 미묘한 감각기관들에서 나오는 능력들을 의미한다.

초월적인 감각기관들은 신체적 감각기관들처럼 일반적이고 물질적 대상에 제한되지 않는 감각적 기능이다. 직관적으로 선명하게 알 수 있는 가장 섬세한 촉의 감각, 가장 섬세한 청력(쉬라바나), 촉각(베다나), 시력(다르샤), 미각(아스바다), 그리고 후각(바르타)적 감각이 생겨나게 된다(자얀테). 하지만 이러한 섬세한 감각적 능력들은, 텔레파시나 천리안 등과 같은 신기(神器)들과는 다르므로 혼돈하지 말아야 한다. 신기(神器)들은, 평상시의 의식 수준에서 특정한 방식을 통해 계발할 수 있는 초인적인 능력들이다. 하지만 가장 섬세하고 초월적인 감각능력들은 대자아(푸루샤)에 대한 산야마를 통해서만 얻어질 수 있는 순수의식의 시디파워들이기 때문이다.

37 *te samadhav-upasarga vyutthane siddhayah*

테 사마다브-우파사르가 비유타네 시다야

이러한 것들은 순수한 무한계 상태에 비해 열등하다. 하지만 아직 섬세한 수준에서 작용하고 있는 마음이 가진 완벽함들이다.

테(te): 그들, 이러한 것들 / 사마다우(samadhau): 사마디에, 순수한 무한계 상태에 / 우파사르가(upasarga): 장애물, 열등한 / 비유타네(vyutthane): 외부로 올라오는 섬세한 상태 / 시다야(siddhayah): 초능력들, 완벽한 마음의 능력들하지만 아무리 대단하고 놀라운 초능력들(시다야)이라도, 무한계 적이고 순수의식 자체인 **사마디(사마다우)** 상태에 비해 열악한 능력들이며, 오히려 **사마디**를 얻는 데 방해물(우파사르가)로 작용할 수 있다. 이러한 초능력들이 생기게 되면, 수행자의 의식이 **사마디** 상태에 안정적이고 영구적으로 자리잡을 수가 없게 만든다. 마음 안에 새겨진 섬세한 인성들로 인해(비유타네) 마음의 활동들(브리티)이 의식 속에 일어나면서, 외부적 세상을 향해 나오도록 만들기 때문이다.

초능력들은 평상시 세상에서 활동을 할 때 도움이 된다면 필요에 따라 사용할 수도 있다. 하지만 목발이나 차는 목적지로 데려다 주기 위한 임시수단들에 지나지 않는 것처럼, 중간에 생겨날 수 있는 이러한 놀라운 초능력들은 사마디를 얻는데 어느 정도 도움이 될 수는 있다. 그러나 일단 목적지에 도착하면 목발이던 차든 더 이상 필요하지 않은 것처럼, **푸루샤**(대자아)를 향한 수행의 길로 나아가는 데 있어 이러한 초능력들은 임시적 현상이나 수단에 지나지 않기 때문에 어떤 집착도 내려놓고, 오직 순수의식의 **사마디**를 계발하는 데만 집중할 수 있어야 한다.

38 *bandha-karana-saithilyat-prachara-samvedanach-cha chittasya para-sarira-avesah*

반다-카라나-사이틸얏-프라차라-삼베다낫차 치타시야 파라-사리라-아베샤

몸에 대한 집착이 놓아지고 마음의 움직임에 대한 지식이 완벽

파탄잘리 요가 수트라

해지면, 다른 몸에 들어갈 수 있는 능력이 생긴다.

반다(bandha): 묶는, 집착 / 카라나(karana): 원인 / 사이틸얏
(saithilyat): 놓는 / 프라차라(prachara): 지나는, 움직이는 / 삼베다
낫(samvedanach): 지식으로 / 차(cha): 그리고 / 치타시야(chitta-
sya): 마음의 / 파라(para): 다른 이의 / 사리라(sarira): 바디 / 아베샤
(avesah): 들어가는

다른 이의 몸에 들어갈 수 있는 파워는 아주 높은 단계의 초능력이다. 수행자가 자신의 몸에서 빠져나와 다른 사람의 몸에 들어갈 수 있기 위해서는, 무엇보다도 자신의 몸에 대한 집착이 놓아져야 하기 때문이다. 윤회를 거듭하게 하는 근원적인 원인(카라나)은 몸에 대한 애착, 죽음에 대한 두려움, 그리고 고통을 일으키는 무지 때문이다. 오랜 수행과 산야마를 통해(삼베다낫) 마음의 움직임(프라차라)을 일으키던 고통의 원인들이 제거되고 몸에 대한 집착이 놓아질 수 있게 되면, 그동안 섬세한 바디(치타시야)와 육체적 바디를 같이 묶고 있던(반다) 줄이 느슨하게 되면서, 의지적으로 자신의 몸에서 벗어나 다른 이의 몸(파라-사리라)에 들어갈 수(아베샤) 있는 시디능력이 생기게 된다.

39 *udana-jayaj-jala-panka-kantakadisv-asanga ut-krantis-cha*

우다나-자야즈-잘라-판카-칸타카디스브-아사나 우트크란티스-차

몸에서 일어나는 프라나, 우다나(Udana)를 마스터하면, 물, 진

흙, 그리고 가시와 같은 것들과 접촉을 피하고 프라나를 위로
오르게 할 수 있다.

우다나(udana): 다섯 가지 프라나들 중의 하나, 우다나 / 자얏(jayat):
마스터하면 / 잘라(jala): 물 / 판카(panka): 진흙 / 칸타카디수(kan-
takadisu): 가시 등과 같은 / 아상가(asanga): 접촉되지 않는, 피하는
/ 우트란티(utkrantih): 부양하는, 위로 오르는 / 차(cha): 그리고

요가철학에 의하면 우리의 몸에는 약 72,000개가 넘는 에너지 채
널(나디)들이 흐르고 있는 프라나 바디가 있다고 한다. 프라나(Prana)는
생명력의 기(氣)와도 같은 것이다. 프라나 바디는 총 다섯 가지 프라나 ─
프라나, 아파나, 사마나, 우다나, 비야나 ─ 로 이루어져 있다.

먼저 1번째 프라나(Prana)는 메인 프라나와는 다른 서브(sub) 프라나
를 의미한다. 신체에서 후두에서부터 횡격막 윗부분까지 부분에 위
치하고 있으며, 심장과 폐, 그리고 호흡이나 혈액순환, 음식을 삼키
는 등의 행위처럼 가슴영역에 일어나는 모든 활동들을 담당하고 있
다. 서브 프라나는 위로 향하는 에너지 기류를 가지고 있다.

2번째 아파나(Apana) 프라나는, 신체에서 배꼽과 성기까지의 골반
부분에 위치하고 있으며, 신장, 방광, 배설, 생식기 영역에서 일어나는
모든 활동들을 담당하고 있다. 몸의 가스, 풍, 대소변, 태아의 출생
등이 모두 아파나 프라나가 하는 역할이다. 아파나 프라나는 아래로 향
하는 에너지 기류를 가지고 있다.

파탄잘리 요가 수트라

3번째 사마나(Samana) 프라나는, 배꼽과 갈비뼈 사이까지 부분에 위치하고 있으며, 두 개의 반대되는 에너지들, 서브 프라나와 아파나 프라나를 같이 균형 잡는 역할을 담당하고 있다. 에너지가 너무 위로 향하게 되면 변비의 예처럼 배설활동 등이 순조롭지 못하게 된다. 너무 아래로 향하게 되면 설사와 빈뇨증처럼 음식이나 영양분이 몸에 제대로 흡수되지 못하고 계속 빠져나가게 된다. 사마나 프라나는 옆으로 움직이는 에너지 기류를 가지고 있다. 마치 시계추처럼 양쪽으로 움직이면서 위로 향하는 서브 프라나와 아래로 향하는 아파나 프라나 에너지들이 고르게 흐를 수 있도록 한다.

4번째 우다나(Udana) 프라나는, 팔과 다리, 그리고 머리 부분에 위치하고 있으며, 모든 감각기관과 액선기관이 하는 모든 활동들을 담당하고 있다. 자발적, 비자발적 신경계에서 일어나는 모든 활동들을 조절하고 있다. 우다나 프라나는 에너지가 전류의 빛이 회전하는 형태로 팔과 다리, 그리고 머리 부분에서 돌아가고 있다.

5번째 비야나(Vyana) 프라나는, 몸의 전체에 퍼져 있는 생기(生氣)로써, 여분의 에너지를 비축하는 저장고 같은 역할을 담당하고 있다. 다른 프라나들이 도움이 필요할 때 보충해주는 역할을 한다. 모든 근육운동과 다른 프라나들 사이에서 균형을 잡아주고 있다.

우다나 프라나의 센터는 목에 위치하고 있지만 에너지가 머리 위쪽으로 향해 흐르도록 움직인다. 산야마를 통해 우다나 프라나에 대한

마스트리를 하게 되면, 손발 아래에 있는 물, 진흙, 가시 등과 같은
물질과 몸이 닿지 않도록 하고 공중으로 부양할 수 있는 초능력이
생기게 된다.

40   *samana-jaya-jvalanam*

사마나-자아-즈발라남

**몸을 보살피는 프라나, 사마나(Samana)를 마스터하면, 몸은
눈부신 빛으로 반짝거린다.**

사마나(samana): 사마나 바유, / 자야(jaya): 마스터하는 / 즈발라남
(jvalanam): 광채가 나는, 눈부시게 빛나는

사마나 프라나는 몸에 위액(胃液)과 위열(胃熱)을 만들어 내어 음식
이 제대로 소화될 수 있도록 한다. **사마나** 프라나는 심장과 배꼽 사이
의 영역에서 움직이고 있다. **사마나** 프라나의 불과 열 에너지에 대한 산
야마를 통해, 몸 전체에 광채가 나듯이 눈부신 빛으로(**즈발라남**) 반짝
거리게 된다.

41   *Srota-akasayoh-sambandha-samyamad-divyam srotram*

쉬로타-아카사요-삼반다-산야맛-디비얌 쉬로트람

**청력과 아카샤(Akasha)의 관계에 대한 산야마를 통해, 천인과
같은 청력이 얻어진다.**

파탄잘리 요가 수트라

쉬로타(Srota): 귀, 청력 / 아카샤요(akasayoh): 공간, 스페이스 / 삼반다(sambandha): 관계성 / 산야맛(samyamad): 산야마를 하는 / 디비얌(divyam): 디바인, 천인 / 쉬로트람(srotram): 청력

공간(아카샤)은 소리를 전달하는 매체이고, 귀는 소리를 듣는 감각기관이다. 공간과 소리의 관계성에 대한 **산야마**를 하게 되면, 물리적인 영역에서 일어나는 소리들과는 다른 초물리적 소리들을 들을 수 있는 능력이 생기게 된다. 소리들은 공간 내에 퍼져서 언제나 계속 이어지고 있다. 이러한 소리들은 실제로 들을 수 있는 물리적인 소리들일 수도 있고, 혹은 공간에 내재해 있는 어떤 파동이나 울림과도 같은 초물리적 소리들일 수도 있다.

우리의 귀는 어떤 특정한 영역 내에서 일어나는 소리들만 들을 수 있다. 하지만 **아카샤**는, 소리를 전달하는 매체이기 때문에, 어떠한 유형의 소리들이라도 모두 전달할 수 있는 능력을 가지고 있다. 소리의 파동은 한 장소에서 다른 장소로 전달되는 데 어느 정도 시간이 걸린다. 한번 일어난 소리는 결코 사라지는 것이 아니라, 공간 어딘가에 유형이나 무형의 형태로 저장이 되어 있다가 언젠가 반드시 전달이 되게 된다. 임금님 귀는 당나귀 귀라는 스토리의 예처럼, 대나무밭에 구덩이를 파고 임금님의 당나귀 귀라는 비밀을 내뱉었던 이발사의 말이, 나중에 대나무가 자라서 바람이 불 때마다 새어 울려 퍼져서 결국에는 전체왕국의 사람들이 알게 되었던 이야기도 있다. 마찬가지로 우주 혹은 신들의 세상처럼 초자연적이고 초물리적 영역에서 일어나는 소리들은 단절된 채로 물리적인 세상 영역에 전달

되지 않는 것이 아니라 어딘 가에 저장되어 계속 이어지고 있다.

그러므로 청력과 **아카샤**의 관계에 대한 **산야마**를 통해, 이처럼 인간의 청력 범위 너머에 있는 가장 섬세하고 초물리적 소리들까지도 들을 수 있는 천인(**디바인**)의 청력(**쉬로트람**)과 같은 파워가 얻어지게 된다.

42   *kaya-akasayoh sambandha-samyamal-laghu-tu-la-samapattes-cha-akasa-gamanam*

카야-아카사요 삼반다-삼야말-라구-툴라-사마파테스-차-아카사-가마남

몸과 아카샤의 관계, 그리고 솜털과 같은 가벼움에 대한 산야마를 통해, 원하는 대로 공중을 떠 다닐 수 있다.

카야(kaya): 몸 / 아카사요(akasayoh): 공간의, 스페이스의 / 삼반다(sambandha): 관계성 / 산야맛(samyamat): 산야마를 하는 / 라구(laghu): 빛, 가벼움 / 툴라(tula): 솜, 솜털 / 사마파테(samapattes): 마음에 들어가는, 마음이 원하는 대로 / 차(cha): 그리고 / 아카샤(akasa): 아카샤의, 공중의 / 가마남(gamanam): 지나가는, 떠다니는

툴라는, 마치 솜처럼 아주 가벼워서 공중에 떠다닐 정도로 섬세한 털 같은 것을 의미한다. 몸과 **아카샤**의 관계에 대한 **산야마**를 하면서 자신의 몸이 솜털처럼 가벼워지는 것에 집중하게 되면, 몸이 공중으로 떠오를 수 있는 능력이 생겨난다. 실제로 몸이 공중으로 부양

을 하거나 여기저기 떠다닐 수 있게 된다는 것이 아니라, 몸은 그대로 있는 채로 서틀 바디가 육체로부터 분리되어 공간이동이 가능하게 된다는 뜻이다. 실제의 몸은 인도의 아쉬람에 있는 구루가 분신술을 사용해 다른 지방이나 나라에 있는 제자들에게 나타났다는 목격담들을 간혹 들을 수 있는 것도 이러한 초능력이 발휘된 예에 속한다.

43 *bahir-akalpita vrttir-mahavideha tatah prakasa-avarana-ksayah*

바히-아칼피타 브리티-마하비데하 타타 프라카샤-아바라나-크샤야

몸의 경계 밖에서 작용하고 있는 마음은 마하비데하(Mahavideha) − "바디 너머에 있는 위대한 상태"로 알려져 있다. 이것은 분별력의 빛을 가리고 있는 베일을 파괴시킨다.

바히(Bahih): 외적인, 밖의 / 아칼피타(akalpita): 상상하기 어려운 / 브리티(vrttir): 마음의 상태 / 마하비데하(mahavideha): 육체, 바디 너머에 존재하는 / 타타(tatah): 그것은 / 프라카샤(prakasa): 빛 / 아바라나(avarana): 가리고 있는, 베일 / 크샤야(ksayah): 방해하는, 파괴하는

마하비데하는, 육체적인 바디가 없이 기능하는 "바디의 너머에 있는"이라는 뜻으로, 아주 위대하고 우주적인 상태의 마음을 의미하는 단어이다.

우리의 마음은 두 가지 형태의 마음, 개인적 그리고 우주적인 마

음으로 이루어져 있다. 개인적인 마음은, 현재 삶을 살아가는 동안 배우고 경험하면서 축적된 인상들과, 이전의 무수한 전생을 거쳐 잠재의식 속에 남아 있는 인상들을 합해서 이루어져 있다. 개인적 마음에 들어 있는 내용은 **삼스카라**의 형태로 과거에 만들어진 인상들에 의존하고 있다. 그에 비해 우주적인 상태의 마음은 초자연적이고 보편적인 형태를 가지고 있다. 개인적인 마음은 다양한 유형의 인상들로 이루어져 있는 반면에, 우주적인 마음은 원래의 근원적인 마음으로, 모든 사람들이 가진 각자 다른 마음들의 공통적인 토대를 형성하고 있는 마음이다.

개인적인 마음은 감각기관들이 외부적 세상과 접촉을 하는 것에 달려있다. 예를 들어, 글로벌 문화가 활발해지기 이전의 과거시대에는, 열대지역에 태어나서 자란 사람들이 사계절에 대한 지식이나 경험이 없기 때문에 한겨울에 뼈를 깎는 듯한 추위를 느끼는 것이 무엇인지 알지 못하는 경우에 비유할 수 있다. 개인적인 마음은 자신의 감각기관을 통해 직접 접촉한 것들에 대한 인상들로 이루어져 있기 때문에 육체에 의존하고 있다.

우주적인 마음은 개인의 육체에 의존하지 않는다. 예를 들어 동양이나 서양사상의 차이, 한국인이나 미국인의 다른 국민성과 같은 보편적인 특성들은 개인적 육체에 의존하는 것이 아니라, 지역적이고 집단적인 성향에 의존하고 있기 때문에 개인적인 마음이 아니라 우주적인 마음에 속한다. 이처럼 육체와 시공에 의존하지 않으며, 무

제한적이고 무한계적인 마음의 상태가 바로 우주적인 신(神)의 마음
이다.

그러므로 개인적 마음에 들어있는 모든 경험에 대한 인상들을
제거하게 되면, 우주적인 마음만 남게 될 것이다. 이러한 우주적 마
음의 상태에 개인적 마음이 안정되게 되면, 개인의 의식을 둘러싸고
있던 무지의 베일이 파괴되어진다. 우주적 마음에 대한 **산야마**를 통
해 **삼스카라**적인 인상들이 마음에 남는 것을 계속 지워가다 보면, 개
인적 마음은 육체와 감각기관의 작용 들로부터 점점 더 자유로워지
게 된다. 독립적으로 작용하고 있는 우주적인 마음에 앵커를 내릴
수 있게 되는 것이다. 이러한 마음의 상태가 **마하-비데하**이다.

44 *sthula-svarupa-suksma-anvaya-arthavattva-samya-mad-bhutajayah*

스툴라-스바루파-숙시마-안바야-아르타바트바-산야맛-부타자야

다섯 원소들 — 흙, 물, 불, 공기, 스페이스 — 이 가진 형태, 자
질, 본질, 그리고 이러한 형태, 자질, 본질 간의 관계와 진화적
목적에 대한 산야마를 통해, 원소들의 마스터리가 얻어진다.

스툴라(sthula): 거친, 표면적 모습 / 스바루파(svarupa): 참 모습, 자
질 / 숙시마(suksma): 섬세한 / 안바야(anvaya): 꿰뚫는, 관계를 알
아보는 / 아르타바트바(arthavattva): 목적을 달성하는, 진화적 목적
/ 산야맛(samyamad): 산야마를 하는 / 부타자야(bhutajayah): 원소
들을 마스터하는

물질적 세상은 5원소들(흙, 물, 불, 공기 & 에테르)로 이루어져 있다. 이들 다섯 원소들은 각자 다섯 가지 상태를 가지고 있다.

1) 형태(스툴라): 각 원소들이 진 가장 거칠고 표면적인 모습, 외부에 드러난 모습
2) 자질(스바루파): 각 원소들이 가진 참 모습이나 숨은 자실, 본성
3) 본질(숙시마): 각 원소들이 가진, 보다 섬세한 자질, 본질적인 자질들
4) 본질 간의 관계(안바야): 각 원소들 안에 내포되어 있는 우주적인 본질과의 관계
5) 진화적 목적(아르타바트바): 각 원소들마다 가지고 있는 진화적인 목적

다섯 가지 원소가 가진 각자 다섯 가지 상태에 대한 **산야마**를 통해, 이러한 다섯 가지 원소들을 마스터할 수 있는 초능력(**부타자야**)이 생기게 된다.

다섯 원소들에 대해 **산야마**를 하는 대상은,

1) 먼저 각 원소들이 가진 형태들에 대한 **산야마**를 한다 — 흙, 물, 불, 공기, 에테르
2) 각 원소들이 가진 자질(기본성향)들에 대한 **산야마**를 한다 — 흙(냄새), 물(유동성), 불(열), 공기(움직임), 에테르(소리)

3) 다음으로 각 원소의 본성적 자질들에 대한 **산야마**를 한다 —
   흙(냄새나는), 물(흐르는), 불(형상을 만들어 내는), 공기(접촉하는),
   에테르(소리가 나는)

4) 다음으로 각 원소가 가진 우주적 형태, 모든 원소들에게 공통
   적이고 본질적인 자질들에 대한 **산야마**를 한다.

5) 다음으로 각 원소가 가진 기능이나 진화적 목적에 대한 산야
   마를 한다.

45   *tato' nimadi-pradurbhavah kayasampat-tad-dhar-
ma-anabhighatas-cha*

타토 니마-아디-프라두르바바 카야삼팟-타드-다르마-아나비가타
스-차

원소들의 마스터리를 통해 여덟 가지 신체적 완벽함이 온다:
몸을 원자 사이즈로 줄이거나, 아주 가벼워지거나, 아주 무거워
지거나, 아주 커지거나, 멈출 수 없는 의지력을 계발하거나, 원
소들을 조정하거나, 물질을 만들어내거나 사라지게 만들거나,
모든 원하는 것들을 성취하게 된다. 이에 더하여, 몸은 완벽해
지며 야마도 해칠 수가 없게 된다.

타타(tatah): 그것으로부터 / 아니마디(animadi): 아니마 등등의 신
비로운 파워 / 프라두르바바(pradurbhavah): 나타나는 / 카야삼팟
(kayasampat): 완벽한 상태의 몸 / 탓(tad): 그것 / 다르마(dharma):
기능 /아나비가타(anabhighatah): 해칠 수 없는, 죽음도 해할 수 없
는 / 차(cha): 그리고

수트라 44절에서 기술한 산야마를 통해 다섯 원소들을 마스터하게 되면 다음으로 신체를 여덟 가지 형태로 완벽하게 할 수 있는 초능력이 오게 된다.

1) **아니마**(Anima): 몸을 원자 사이즈로 줄일 수 있는 능력

2) **라기마**(Laghima): 몸이 빛처럼 가벼워질 수 있는 능력

3) **가리마**(Garima): 몸이 아주 무거워질 수 있는 능력

4) **마히마**((Mahima): 몸이 아주 커질 수 있는 능력

5) **프랍티**(Prapti): 몸이 어디든 갈 수 있고 아무것도 멈출 수 없는 의지력

6) **바쉬트바**(Vashitva): 모든 물질이나 대상, 원소들을 조정할 수 있는 능력

7) **이쉬트바**(Ishitva): 모든 물질들을 만들어내거나 사라지게 할 수 있는 능력

8) **프라카미야**(Prakamya): 원하는 모든 것들을 충족시킬 수 있는 능력

여덟 가지 형태로 성취한 몸은 완벽해지고, 육체가 가진 모든 제한이나 한계로 인한 어떤 장애물도 극복할 수 있게 된다. 그리하여 죽음의 신 **야마**(Yama)도 그를 해칠 수가 없게 된다. 죽음의 시간이 되었을 때 야마가 그를 데려가는 것이 아니라, 자신이 원할 때 야마를 호출하여 죽을 수 있는 자유를 얻게 되는 것이다. 바가바드 기타의 영웅, **비쉬마**(Bhishma)는, 아버지에 대한 지극한 효심으로, 자신이 원

할 때 죽을 수 있는 분(Boon)을 받게 되었던 예도 이러한 **시디능력**을
의미한다.

46 *rupa-lavanya-bala-vajra-samhananatvani kaya-sampat*

루파 라반야-발라-바즈라-삼하나낫트바니 카야-삼팟

**완벽한 몸은 아름다움, 우아함, 강인함, 그리고 금강석처럼 단
단함을 가지고 있다.**

루파(rupa): 형태, 모습, 아름다움 / 라반야(Lavanya): 우아함 / 발라
(bala): 저력, 강인함 / 바즈라삼하나낫트바니(Vajrasamhananat-
vani): 천둥이나 금강석처럼 단단한 / 카야(kaya): 신체적 / 삼팟
(sampat): 부, 풍요로움

완벽한 몸이 가진 아름다움이란 못생김과 반대되거나, 미모가
빼어나거나 하는 등의 외모적 상태를 의미하는 것이 아니다. 성형이
나 화장, 헬스 등으로 다듬어진 외모는 아무리 아름답고 멋지다 하
더라도, 피상적이고 시간이 지날수록 점점 시들어갈 수밖에 없다. 그
에 비해 내적으로 완벽한 상태에 이른 사람은 강인한 존재감이 외적
으로 표출되어, 몸도 존재적 아름다움(**루파**)과 우아함(**라반야**), 그리
고 금강석처럼 단단한(**바즈라사하나낫트바니**) 신체의 아우라(**카야**)를
자연스럽게 발산하게 되는 것이다(**삼팟**).

47 *grahana-svarupa-asmita-anvaya-arthavat-*
tva-samyamad-indriya-jayah

그라하나-스바루파-아스미타-안바야르타밧트바-산야맛-인드리
야자야

인지적 파워에 대한, 감각기관 자체에 대한, "나"라는 감정을
만들어 내는 대상에 대한, 감각기관들이 가진 이러한 면들 사이
의 관계에 대한, 그리고 이들이 가진 진화적 목적에 대한 산야
마를 통해 감각기관들의 마스터리가 얻어진다.

그라하나(grahana): 인지적 파워 / 스바루파(svarupa): 참 본성, 참
모습 / 아스미타(asmita): 에고, "나"라는 개인 감정 / 안바야르타밧트
바(anvayarthavattva): 진화적 목적을 알아보는 / 산야맛(samya-
mad): 산야마를 하는 / 인드리야자야(indriyajayah): 감각기관들을
마스터하는

다섯 가지 감각기관들을 조정하고 마스터할 수 있기 위해서는
다음과 같은 감각기관들이 가진 특성들에 대한 **산야마**를 모두 함께
행해야 한다:

1) 인지적 파워(그라하나): 감각기관을 통해 인지할 수 있는 능력
2) 감각기관들의 자체 모습(스바루파): 감각기관들이 가진 본질
   적 자질들
3) 에고 혹은 개인성(아스미타): "나"라는 개인적 감정이 감각기관
   들을 통해 표출되는 것

4) 감각기관들 간의 상호관계성과 진화적인 목적(안바야르타밧트
바): 감각기관들이 서로 동시에 연결되어 기능하는 관계성과
상응하는 목적

예를 들어 산책거리에서 목줄이 끊어져 있는 대형 개를 마주했
을 때, 눈으로 보아 개라고 하는 사실을 인지 알 수 있고, 개가 내는
소리나 촉의 감각으로 위험한지 아닌지 파악하고, 주변에 주인이 있
는지 없는지 확인하며, 다치지 않기 위해서 달아날지 어떨지 등의 우
리는 적절한 대처를 할 수 있다. 이처럼 어떤 예기치 못한 상황에 달
했을 때, 모든 감각기관들이 따로 작용하는 것이 아니라 같이 연결
되어 동시적으로 감각적 반응을 일으키게 된다. 감각기관들은 어떤
위협이나 안정함을 감지하고 생존본능에 따른 적절한 반응을 하기
위한 공통적 목적을 가지고 있기 때문이다.

이러한 모든 감각적 기관들로 하는 인지적 파워 등등에 대한 산
야마를 같이 행함으로써 감각기관들을 마스터(인드리야자야) 할 수
있는 시디능력이 얻어지게 된다.

48 *toto manojavitvam vikarana-bhavah prdha-
na-jayas-cha*

토토 마노자비트밤 비카라나-바바 프라다나-자야스-차

그러한 결과로, 감각기관들은 생각의 속도와 같이 움직일 수 있
으며, 몸과는 독립적으로 작용하게 된다. 이것이 바로 자연에

대한 마스터리이다.

타타(tatah): 그것으로부터, 그러한 결과로 / 마노자비트밤(mano-javitvam): 마음, 생각의 속도 / 비카라나바바(vikaranabhavah): 감각기관들로부터 자유로운 / 프라다나자야(prdhanajaya): 프라크리티를 정복하는, 자연법칙을 마스터하는 / 차(cha): 그리고

산야마를 통해 감각기관들을 마스터하게 되면 다음과 같은 위대한 능력들이 생긴다.

1) 생각의 속도와 같이 움직일 수 있는 능력(마노자비트맘)
2) 몸과 같은 외부적 수단에 의지하지 않고 기능할 수 있는 능력(비카라나바바)
3) 물질적 세상(프라크리티)을 완전히 컨트롤하고 자연법칙을 마스터할 수 있는 능력(프라다나자야)

아인슈타인의 상대성 원리는 만약 빛의 속도보다 더 빠르게 움직일 수 있으면 시간여행을 통해 현실을 바꿀 수도 있다는 물리학적 가정을 제시하고 있다. 그런데 빛의 속도보다 더 빨리 움직이는 것이 생각의 속도이다. 단 1초 안에 일어날 수 있는 생각이나 속도는 세지도 측정할 수도 없을 만큼 광대하고 빠르게 움직인다. 산야마를 통해 감각기관을 마스터하게 되면, 눈을 사용하지 않고도 볼 수 있고, 다리를 사용하지 않고도 원하는 곳을 갈 수 있게 되는 등, 인지범위가 감각기관이 가지고 있는 시공적 제한이나 한계를 완전히 넘어서

작용할 수 있게 된다. 자연법칙을 마스터하는 능력을 얻게 되는 것이다. (프라다나자야)

◆ 카이발얌 의식(완벽한 깨달음)의 위대함과 전지전능함(49-55절)

49   *sattva-purusa-anyata-khyati-matrasya sarva-bha-va-adhisthatrtvam sarvajnatrtvam cha*

사트바-푸루샤-안야타-크야티-마트라시야 사르바-바바-아디스타 트르밤 사르바기야나트르트밤 차

자기 마음의 가장 섬세한 레벨 – 투명한 이지와 대자아 사이의 차이 점을 깨달은 이는 모든 창조세계에서 최고의 위대함을 즐기게 된다. 그는 아무 것도 모르는 게 없다.

사트바(sattva): 섬세한 마음의 / 푸루샤(purusa): 셀프, 대자아 / 안야타(anyata): 다른 점, 차이점 / 크야티(khyati): 의식하는, 깨달은 / 마트라시야(matrasya): 단지, 오직 / 사르바(sarva): 모든 / 바바(bhava): 존재의 상태들, 창조세계 / 아디스타 트르트밤(adhistha-trtvam): 최상의 위대한 / 사르바 기야트르트밤(sarvajnatrtvam): 전지전능한, 모르는 것이 없는 / 차(cha): 그리고

마음을 의미하는 두 단어 — **치타**(Chitt)와 **푸루샤**(Purusa)의 차이

파탄잘리 요가 수트라

점은, 마치 물에 비춰진 달과 하늘에 있는 달이 서로 다르면서도 같은 달을 의미하는 것과 같다. 소자아(小自我, self)의 이지적인 마음과 대자아(大自我, Self)의 우주적인 마음 간의 차이인 것이다. 모세, 예수, 모하마드 등과 같은 예언자들이 신의 대변인으로 추앙을 받고 있는 대표적인 에들처럼, **산야마**를 통해 에고가 가진 가장 맑고 투명한 이지가 **이스바라**(Ishvara, 신)가 가진 무한한 대자아와 서로 다르면서도 같다고 하는 마음의 가장 섬세한 레벨까지 깨달을 수 있게 되면, 나와 신(God)은 하나가 되어 작용한다. 이처럼 나의 마음과 신의 마음이 같은 레벨에서 작용하는 상태를 깨닫게 되면, 마음(**치타**)이 가진 한계성에서 자유로워지면서, 전지전능하고(**사르바 기야트르트밤**) 무제한적인 지식을 가진 대자아(**푸루샤**)의 본성에서 기능할 수 있다. 그리하면 창조세계에 존재하는 모든 것들 중에서 최고로 위대함을 누리게 되고, 모르는 것이 없고, 모든 것을 알 수 있는 능력을 얻게 된다.

50 *tad-vairagyad-api dosa-bija-ksaye kaivalyam*

타드-바이라기야드-아피 도샤-비자-크사에 카이발얌

그리고 이러한 상태에 대한 집착마저도 없을 때, 속박의 가장 근원적인 씨앗마저도 파괴되며, 완벽한 깨달음이 오게 된다.

탓(tad): 그것/ 바이라기야(vairagyad): 비집착 / 아피(api): ~조차도 / 도샤(dosa): 손상된, 속박하는 / 비자(bija): 씨앗 / 크샤예(ksaye): 파괴하는 / 카이발얌(kaivalyam): 완벽한 깨달음

카이발얌이라는 단어가 의미하는 깨달음에 달하기 위해선 여러

단계의 사마디 수준을 거쳐야 한다. 한 단계의 사마디 경험을 통해 깨달음을 얻는다고 해서 거기에서 모든 것이 종결되는 것이 아니라, 사마디는 동굴 건너편에 있는 완벽한 깨달음 상태를 향한 깊은 동굴 입구에 들어선 것과 같다. **카이발얌**이라는 단어가 내포하고 있는 완벽한 순수의식의 상태, 환하고 밝은 빛에 도달하기 위해선, 두 마음이 하나가 되는 상태, 대자아의 전지전능함과 무한한 파워, 모든 지식을 누릴 수 있는 상태에 대한 집착 마저도 놓을 수 있어야 한다(바이라기야-아피). 아무리 위대한 경험이나 높은 단계의 사마디 수준에 달했다 하더라도 장애를 만들어 언제든 다시 추락할 수 있는 위험성이 있기 때문이다.

환생이나 윤회를 계속하게 만드는 **삼스카라** 혹은 근원적인 씨앗도 불에 태워져 파괴된 상태(**크사예**)의 사마디에 달하기 위해선, 단계적인 **사마디** 경험을 거쳐가는 동안 생겨날 수 있는 어떠한 초능력이나 위대함도 연연하지 않고 놓을 수 있어야 한다. **카이발얌** 수준의 사마디에 도달해야만, 어떠한 이중성도 모두 사라지고, 그리하여 석가모니 부처가 얻었던 수준의 사마디 상태, 영원한 신성의 자리, 완벽한 깨달음이 올 수 있게 된다.

51 *sthany-upanimantrane sanga-smaya-akaranam punar-anista-prasangat*

스타니-우파니만트라네 상가-스마야-아카라남 푸나르-아니스타-프라상갓

파탄잘리 요가 수트라

천상의 이들이 내미는 초대장의 유혹에 즐거움이나 자긍심으로 반응하지 말아야 한다. 이것은 진보를 막을 것이며, 언제든 추락할 수 있기 때문이다.

스타니(sthani): 신들의, 천상의 이들 / 우파니만트라네(upaniman-trane): 초청하는 / 상가(sanga): 집착하는, 즐기는 / 스마야(smaya): 자부심, 자긍심 / 아카라남(akaranam): 하지 않는 / 푸나(punah): 다시 한번 / 아니스타(anista): 바람직하지 못한 / 프라상갓(prasangat): 되돌아오는, 다시 추락하는

산야마를 통해 여러 **시디**(Siddhi) 파워를 얻을 수 있을 만큼 높은 수준의 **사마디**의 경험과 정화된 의식의 순수함을 얻은 수행자들에겐 하늘도 반응하고 천상에 살고 있는 데바들조차도 매력을 느끼게 된다. 그리하여 수행자가 어떤 믿음이나 영적 배경을 가지고 있든지 그에 상응하는 천상의 인물이나 신령, 성자(**스타니**)들이 그들 앞에 나타나서 천상세계에 갈 수 있는 초대장(**우파니-만트라네**)을 내밀 수도 있다. 이처럼 영검한 신령이나 데바들이 찾아오는 비전이 일어나면, 황홀함이나 자부심으로 대응하기가 쉽다(**상가-스마야**). 아무리 훌륭한 비전이나 초능력이라 하더라도 완벽한 깨달음을 향해 길을 나아가는 데 있어 유혹에 빠지게 하는 장애물이 될 수 있기 때문에, 행여 즐거움이나 자부심 등으로 반응하게 되면 곧바로 집착과 **삼스카라**로 이어지게 된다. 만약 그렇게 되면, 다시 한 번(**푸나**) 추락할 수 있는 위험성(**아니스타-프라상갓**)이 있으니 어떤 데바들의 유혹이라도 빠지지 않도록(**아카라남**) 조심해야 한다.

52   *ksana-tatkramayoh samyamad-vivekajam jnanam*

크샤냐-탓크라마요 산야맛-비베카잠 기야남

지금 순간과 이어지는 순간들에 대한 산야마를 통해 가장 섬세한 분별력의 지식이 생겨난다.

크샤나(ksana): 지금, 지금 순간 / 탓크라마요(tatkramayoh): 이어지는 순간들에 / 산야맛(samyamad): 산야마를 하는 / 비베카잠 (vivekajam): 깨달음으로 생겨난 섬세한 분별력 / 기야남(jnanam): 지식

한 편의 드라마나 영화는 수없이 많이 찍은 장면들을 연결시켜 하나의 필름으로 만들어진 것이다. 그런데 시청하고 있는 관객의 입장에서는 화면 사이의 연결성이나 차이점이 보이지 않고 모두 하나의 필름인 것처럼 여겨진다. 그에 비해 배우들이나 영화제작에 참여하는 일들을 하는 사람들의 눈에는 화면과 화면 사이에 있는 미묘한 차이나 변화, 전환점 등이 더 잘 보이게 된다.

마찬가지로 지금 순간(크샤나)에 일어나고 있는 어떤 일들이, 깨어 있지 않은 수준의 의식을 가진 사람에게는 독립적이고, 단면적 혹은 단편적으로 보이지만, 그러나 깨어 있는 수준의 의식을 가진 사람에게는, 과거에 어떤 연유로 인해서 현재의 일들이 생겨났는지, 그리고 앞으로 어떠한 결과를 낳게 될지 하는, 과거, 현재, 미래로 시간이 이어지는 순간들을 모두 볼 수 있다.

크샤나는 가장 작은 단위의 시간을 의미하는 단어이다. 시간(칼라, Kala)은 영원히 연이어서 일어나고 있는 찰나의 순간들을 하나의 필름처럼 연결한 것과 같은 개념이다. 이처럼 찰나의 시간과 시간 사이의 차이점을 구분할 수 있는 능력이 바로, **산야마**를 통해 생겨난 섬세한 분별력(비베카잠)의 지식을 의미한다. 비베카는 "분별력"을 의미하는 단어로써, 영원한 것과 영원하지 않은 것, 참인 것과 참이 아닌 것, **푸루샤**(대자야)와 **프라크리티**(물질적 현상세계)의 차이를 분별할 수 있게 하는 능력을 의미한다.

그러므로 지금 순간(크샤나)과 이어지는 순간들(탓크라마요)에 대한 산야마를 통해 이처럼 섬세한 차이들을 구분할 수 있는 분별력의 지식이 생겨나게 된다.

53   *jati-laksana-desair-anyata-anavachchhedat-tulyay-os-tatah prtipattih*

자티-락샤나-데사이르-안야타-아나바치치헤닷-툴야요스-타타 프르파티

이러한 지식은 외형적으로 모두 동일하게 보이는 두 대상의 다른 점을 구분할 수 있게 해준다.

자티(jati): 출생, 생 / 락샤나(laksana): 특성들 / 데사요(desayoh): 장소들의 / 안야타(anyata): 다른 점, 차이점 / 아나바치헤닷(anav-achchhedat): 정해진 것이 없는 탓으로 / 툴야요(tulyayoh): 두 개의 비슷한 대상들의 / 타타(tatah): 그것으로부터 / 프르티파티(prtipattih): 지식

이처럼 궁극적인 진리와 지식을 분별할 수 있는 능력을 얻은 이에게는, 외형적으로 똑같은 것처럼 보이는 두 다른 현실, 두 다른 장소, 두 다른 물질 혹은 두 대상이 가진 섬세한 차이점들을 알 수 있게 된다. 이처럼 의식이 시공의 한계를 넘어서까지 계속 유지되는 능력으로 인해, 과거, 현재, 미래로 이어지는 출생(자티)들의 성격이나 특성(락샤나)까지 알 수 있다. 생과 생을 통해 태어난 장소, 캐릭터, 신분, 직위 등은 달라지더라도 이면에 있는 의식, 영혼은 계속 이어지고 있기 때문이다(데사이르-안야타).

하지만 일반적 의식 수준을 가진 이들에게는 이러한 차이들이 이해하기가 어렵다. 항아리나 도자기, 벽돌이나 조각상 등은 외관상으로 보면 각자 독특하고 다른 대상인 것처럼 보이지만, 이들은 모두 같은 흙을 재료로 해서 만들어진 것이다. 순수한 흙의 상태로 있을 때는 무엇을 만들지 아직 정해진 것이 없지만(아나바치체닷), 그러나 흙을 빚어서 그릇이나 항아리를 만들거나, 벽돌을 만들어서 집을 짓는데 사용하는 등 쓰여지는 용도를 각자 정할 수 있는 것이다.

산야마를 통해 분별력의 지식을 얻게 되면, 이처럼 외형적으로 서로 다르게 보이거나, 혹은 동일하게 보이는 대상들의 섬세한 차이점을 구분할 수 있게 한다.

파탄잘리 요가 수트라

54 *tarakam sarva-visayam sarvatha-visayam-akramam cha-iti viveka-jam jnanam*

타라캄 사르바-비사얌 사르바타-비사얌-아크라맘 차-이티 비베카-잠 기야남

가장 섬세한 분별력의 수준에서 생겨난 지식은 우리를 가장 머나먼 곳까지 데려다 준다. 이러한 지식은 직관적이고, 전지전능하며, 시공의 모든 구분 너머에 있다.

타라캄(tarakam): 초월적인, 직관적인 / 사르바 비사얌(sarv-avisayam): 모든 대상들의, 전지전능한 / 사르바타 비사얌(sarvatha-visayam): 모든 시공의 / 아카라마(akrama): 순서, 구분 너머에 있는, / 차(cha): 그리고 / 이티(iti): 끝에, 먼 곳에 / 비베카잠(vivekajam): 깨달음으로 생겨난 섬세한 분별력 / 기야남(jnanam): 지식

아카라마는 일상적 삶의 경험필드 너머에 있는 영역을 뜻하는 단어로써, 이러한 분별력의 지식은 평범한 영역 너머 가장 끝에 있고 멀리 있는 곳(이티)까지 데려간다는 것을 의미하고 있다. 무지와 고통으로 점철된 평범한 의식세계 수준을 건너갈 수 있게 해주는 파워의 지식(비베카잠-기야남)이다.

가장 섬세한 것까지 구분할 수 있게 하는 이러한 지식은, 산야마를 통해 순수의식의 깨달음을 얻었을 때 생겨나게 된다. 순수의식 수준에서 얻게 되는 지식은, 일반적인 수단이나 방법을 통해 얻은 정보

지식과는 달리 직관적이며, 부분적이 아니라 전체적이며, 일시적이거나 제한된 지식이 아니라, 시공의 한계나 구분을 모두 초월하고 있는 전지전능한 파워의 지식이다(사르바 비사얌, 사르바타 비샤얌).

55 *sattva-purusayoh suddhi-samye kaivalyam-iti*

사트바-푸루샤요 수디-삼에 카이발얌-이티

그리고 선명한 이지가 대자아처럼 순수할 때 카이발야 (Kaivalya), 완벽한 깨달음이 온다.

사트바(sattva): 순수한 마음, 선명한 이지 / 푸루샤요(purusayoh): 대자아의 / 수디(suddhi): 정화된, 순수한 / 삼예(samye): 같아지는, / 카이발얌(kaivalyam): 완벽한, 완전한 깨달음 / 이티(iti): 끝에

개인의 마음(치타)이 가진 제한된 의식 수준이 완전히 정화되어 순수의식 자체로 되면, 무지의 베일이 벗겨지면서 선명한 이지가 모습을 드러내게 된다. 선명한 이지를 깨닫게 된 소자아(小自我)가 더욱 정화되어(수디-삼예) 대자아와 똑같이 순수한 상태(사트바-푸루사요)를 이루었을 때, 그리하면 영원한 **카이발얌**, 살아있는 동안 지상의 천국을 누릴 수 있는, 완벽한 깨달음을 얻게 된다.

파탄잘리 요가 수트라

신성의 소리 "옴" 만달라

제 4장

카이발야 파다(Kaivalya Pada) 완벽한 깨달음의 장場

◆ 섬세한 레벨의 삼스카라들(1절)

1 *janma-usadhi-mantra-tapah-samadhi-jah siddha-yah*

잔마-오사디-만트라-타파-사마디-자 시다야

깨달음은 태어날 때 이미 가지고 있을 수도 있다, 혹은 약초, 만
트라, 수련, 그리고 사마디로 계발할 수도 있다.

잔마(janma): 출생, 태어남 / 오사디(osadhi): 약초 / 만트라(man-
tra): 만트라 / 타파(tapah): 수련, 정화 / 사마디(samadhi): 사마디 /
자(jah): 그곳에서 나오는 / 시다야(siddhayah): 시디들, 사마디 파워

삼스카라가 만들어내는 타고난 성향들을 극복하고 높은 사마디

파워들을 얻게 하는 방법으로 몇 가지가 있다. 이러한 방법들을 이용해 정상적인 수행과정을 통해 단계적으로 진화해가는 경우보다 훨씬 빠르게 완벽한 깨달음 상태를 계발할 수 있다.

먼저, 어떤 사람은 태어날 때부터 이미 깨달은 소울일 수도 있다. 전생에 상당한 수준의 의식적 진화를 이루었지만 그러나 완벽한 깨달음의 단계까지는 미처 완성을 하지 못했던 경우이다. 이런 요기들은 상당히 높은 수준의 영적 자질들을 가진 채 태어났기 때문에 현생에서 약간의 수련만 하여도 바로 완벽한 깨달음을 얻을 수 있게 된다. 바가바드 기타 제6장을 통해 크리슈나가 설명하고 있는 것처럼 요가의 길에서 했던 수행들은 어떤 경우에도 잃어지지 않는다. 어떤 행위나 수련을 행했던지 **아스트랄 바디**에 **삼스카라**로 그대로 남아 있기 때문에 설령 다른 존재의 상태로 다시 태어난다(**잔마**) 하더라도, 맨 처음 단계에서부터 완전히 새로 시작을 하는 것이 아니라 전생에서 멈추었던 단계에서부터 계속 이어서 시작을 하게 되기 때문이다. 이러한 이유로 인해 특별한 재능들을 가지고 태어난 천재들이 어릴 때부터 비상한 능력들을 바로 발휘하게 되는 예들도 자주 생기게 되는 것이다. 아무리 탁월하고 놀라운 재능, 어려운 스킬이라 하더라도, 충분한 시간과 연습, 수련을 하게 되면 누구든 계발할 수 있다. 그렇지만 어떤 사람들은 다른 이들에 비해 훨씬 쉽고 자연스럽게 다양한 방면의 재능들을 발휘하는 예들을 볼 수 있는 이유도 전생에서 가지고 넘어온 경우에 해당한다. 마이클 잭슨이나 다른 음악천재들처럼 어릴 때부터 음악이나 노래에 탁월한 재능을 보인 예들도 그러한 경우이다.

특정한 약초(오사디)들을 이용해 완벽한 깨달음의 파워를 얻을 수도 있다. 여기에서 약초라 함은 코카인. 대마초 혹은 LSD와 같은 환각제들이 아니라 특별한 효능들을 가진 자연산 약초들을 의미한다. 환상적인 경험들을 유도하기 위해 환각세들을 이용하게 뇌면 초월적 사마디 경험을 일시적으로 할 수 있는 효과는 있을지 모르나, 질병이나 우울증, 신경계 불안정증 등과 같은 심각한 후유증들을 장기적으로 일으키게 된다. 아유르베다, 한의학, 혹은 도교의 도인들에 의하면 깊은 산 속에서만 찾을 수 있는 신비로운 효험들을 가진 약초들이 있다고 한다. 이러한 약초들은 사마디 파워를 계발하는 데 도움이 될 수 있다.

만트라 명상법을 통해 사마디 파워를 빠르게 계발할 수도 있다. 다양한 파워를 가진 만트라들의 종류는 무한할 정도로 많다. 하지만 여러 만트라들을 많이 한다고 해서 영험한 효험들이 모두 나타나는 것이 아니라, 어떤 만트라이든지 자신에게 적합한 만트라를 선택해 집중적으로 명상수련을 해야 특정한 효험이나 사마디 파워들을 얻을 수 있게 된다. 정화(타파)를 위한 수련을 집중적으로 행함으로써 사마디 파워가 빠르게 얻어질 수도 있다. 앞 장에서 이미 기술하였던 대로 다양한 초능력과 사마디 파워들을 키워주는 산야마 수련법들이 여기에 해당한다.

2　　*jatyantara-parinamah prakrty-apurat*

자티얀타라-파리나마 프라크리티-아푸랏

어떤 새로운 상태의 존재로 변해 가든지, 이는 모두 본성의 완벽함이 이미 내재하고 있던 잠재성을 발현시킴으로 나타나는 과정이다.

자티얀타라(jatyantara): 다른 생의, 새로이 태어나는/ 파리나마 (parinamah): 변형/ 프라크리티(prakrty): 완벽한 본성 / 아푸랏 (apurat): 만들어지는, 발현되는, 넘쳐나는

　　물이 얼면 얼음이 되고, 끓이면 수증기가 되고, 공중으로 올라간 수증기는 구름이 되어 다시 비가 되어 개울이나 강에 흐르는 물로 되돌아오게 된다. 이처럼 여러 형태로 외적인 변화과정을 거치는 동안에도 물이라고 하는 내적인 자질은 변함이 없었던 것처럼, 소울이 완벽한 깨달음을 향해 나아가는 중에 윤회를 통해 여러 가지 단계나 형태를 취하게 된다. 석가모니의 전생이야기를 기록한 **본생담**

本生譚(Jataka, 자타가)에 의하면, 고대인도의 석가왕국의 왕자로 태어나기 이전에, 천상의 데바, 국왕, 대신, 장자, 서민, 도둑, 코끼리, 원숭이, 공작, 물고기 등 다양한 형태로 환생을 거듭하면서 많은 덕을 쌓아, 마침내 현생에서 석가모니로서 완벽한 깨달음을 완성할 수 있었다고 한다. 이처럼 석가모니가 환생을 거듭하는 동안 외형적으로는 다양한 생명의 형태들을 취하고 있었지만 내적으로 보살행을 행하던 보살의 자질은 변함이 없었던 것처럼, 다른 모든 영혼들도 마찬가지로, 한 생에서는 인간으로 태어났다가 다른 생에서는 동물, 식물로 퇴화할 수도 있고, 혹은 더 나은 직위의 사람이나 천인으로 진화할 수도 있다. 그러나 어떤 변화의 과정을 지나거나 외적으로 다양한 모습을 취하더라도, 소울의 내면에 있는 근원적인 자질에는 영향을 미치지 않는다. 어떤 새로운 존재의 상태로 변해서 태어나더라도(자티얀트라-파리나마), 이미 내면에 있는 완벽한 신성의 잠재성을 표출하기 위한 진화적인 단계이기 때문이다(프라크리티-아푸랏).

3 *nimittam-aprayojakam prakrtinam-varana-bhe-das-tu tatah ksetrikavat*

니미탐-아프라요자캄 프라크르티남-바라나-베디스-투 크세트리카밧

그러나 어떤 변화의 뚜렷한 연유는 사실상 생겨나지 않는다. 이들은 단지 자연스런 성장을 막는 장애물들을 제거할 뿐이다. 마치, 농부가 씨를 뿌리기 위해 땅을 가는 것과도 마찬가지이다.

니미탐(nimittam): 도구, 연유 / 아프라요자캄(aprayojakam): 간접적인, 뚜렷하지 않은 / 프라크르티남(prakrtinam): 다양하게 자연스

런 성향들로 인해 / 바라나(varana): 장애물 / 베다(bhedah): 제거하는 / 투(tu): 그렇지만 / 타타(tatah): 그러므로 / 크세트리카밧(kse-trikavat): 농부처럼

완벽한 깨달음을 향해 나아가는 중에 취하게 되는 다양한 존재의 형태나 변화들은, 소울이 가장 높은 존재의 상태로 완성을 이루기 이전에 거치게 되는 자연스런 진화의 과정들이다. 하지만 소울이 진화하는 과정은 수직적으로 일어나지 않는다. 석가모니의 본생담本生譚 예들을 통해서도 알 수 있듯이, 한 생에서 인간으로 태어났다고 하여 다음 생에서 반드시 더 높은 단계에 있는 인간이나 데바 등으로 태어나는 것이 아니라, 오히려 돼지, 소, 사슴, 비둘기, 뱀, 벌레 등처럼 생태계에서 더 낮은 단계에 있는 생명체로 환생하게 될 수도 있다. 왜 이러한 역변화들의 진화 과정이나 일들이 일어나는지에 대한 뚜렷한 연유는 알 수 없다. 이는 마치, 높은 산의 정상을 향해 산길을 오르고 있는 중에는 무수한 덤불과 나무에 가려서 현재 자신이 제대로 된 길을 가고 있는지 아닌지 확인할 수 있는 방법이 없는 것과도 비슷하다. 한치 앞도 제대로 보이지 않는 산을 홀로 오르다 보면 온갖 의혹이나 불확실함을 경험할 수밖에 없다. 그럼에도 불구하고 꾸준히 오르다 보면 마침내 정상에 오를 수 있게 된다. 그리고, 정상에 서서 자신이 올라온 길을 내려다보면 그때서야 자신이 어떤 길로 들어섰고 왜 돌아올 수밖에 없었는지 하는 이유들도 비로소 이해할 수 있게 되는 것이다.

마찬가지로, 꾸준한 수련과 명상 수행은 의식과 마음(치타)에 변형을 이룰 수 있는 저력을 주게 된다. 그리하여 왜 장애물이나 어려움이 생겨나는지 연유는 알 수 없지만, 농부가 씨를 뿌리기 위해 땅을 먼저 일구는 것과도 같은 이치로, 타고난 성향에 아직 남아 있는 **삼스카라**로 인해 완벽한 깨달음을 향해 나아가는 데 방해가 되거나 장애물들이 있으면 소울 레벨에서 자연스럽게 제서하고 성화를 해 나가게 된다.

파탄잘리 요가 수트라

◆ 에고 마인드의 변형(4-5절)

4   *nirmana-chittany-asmita-matrat*

니르마나-치타니-아스미타-마트랏

모든 마음들은 에고 − "나"라는 분리된 감각에 의해 만들어 졌다.

니르마나(nirmana): 창조, 만들어진 / 치타니(chittany): 마음들의 /
아스미타(asmita): 에고, "나"라는 감각 / 마트랏(matrat): 홀로, 분
리된

아스미타는 나라는 분리된 에고 감각(**마트랏**)을 의미한다. 우주의
식과 개인의식, 우주적 영혼과 개인적 소울, 혹은 대자아와 소자아
사이의 분리의식을 만들어내는(**니르마나**) 원인으로, 나라는 이가 모든
생각과 행위의 주체로 여기는 자기중심주의적 감각을 뜻하고 있는
단어이다.

하늘에 떠 있는 달은 원래 하나이지만, 아래에 있는 바다, 강, 호
수, 물잔 등에 비춰진 달은 여러 모습을 하고 있듯이, **푸루샤**(대자아)

라고 하는 원래 하나의 마음이, 개인영혼(소자아)을 담고 있는 무수한 바디들마다 나라는 분리된 에고 마음들을 만들어 내게 된다. 이처럼, 원래의 오리지널은 하늘에 떠 있는 달이지만 아래에 비춰진 무수한 달들에게, 크고 작은 에고의 모습으로 각자 홀로 존재하는 듯한 감각을 만들어내는 근원적인 힘은 바로, 다양성과 변화를 통해 끊임없이 진화를 하게 만드는 자연법칙에 있다. 자연법칙은, **푸루샤**의 완벽한 깨달음을 얻을 수 있을 때까지, **프라크리티**(물질적 세상)에 무수하게 많은 다른 마음들(**치타니**)을 만들어내어 다양한 경험과 지식들을 쌓을 수 있도록 관장하는 근원적인 힘을 의미한다. 하지만 분리된 에고 마음들은, 파탄잘리가 제2장 5절을 통해 기술하였듯이, 근원적인 무지로 인해 각자가 세상의 중심에 있는 오리지널 마음이라는 환영을 유지한 채, 나라는 독립적인 개인성들을 표현할 수 있도록 여러 형태와 모습으로 살아가고 있다.

5   *pravrtti-bhede prayojakam chittam-ekam-anekesam*
프라브르티-베데 프라요자캄 치남-에캄-아네케샴

이러한 개인성의 모든 표현들은, 아무리 높은 수준으로 계발되었더라도, 진화의 세력이 가진 충동성이다.

프라브리티(pravrtti): 활동, 충동성 / 베데(bhede): 다른 차이와 연결되는 / 프라요자캄(prayojakam): 움직이는, 진화하는 / 치탐 (chittam): 마음의 힘, 세력 / 에캄(ekam): 하나의, 개인의 / 아네케샴 (anekesam): 많은 표현들의

2023년 현재 전 세계적으로 약 80억 인구가 있으니, 원래의 하나인 마음(에캄)이 약80억 유형의 각자 다른 에고, 다른 모습의 개인성(아네카샴)들로 표출되었다고 할 수 있다. 이러한 에고들마다 각자 독특하면서도 다양한 성향들을 표현하고 있으며, 서로 진화하고 있는 의식적 단계들도 모두 다르다. 이들 중에 어떤 에고들은 새롭게 만들어진 어린 영혼의 수준일 수도 있고, 또 다른 에고들은 이미 수없이 많은 윤회와 계발 과정을 지나온 성숙한 영혼으로 약간의 수행만으로도 완벽함을 깨달을 수 있는 수준에 있을 수도 있다. 그러나 어떤 모습이나 의식 수준에서(프라요자캄) 에고의 개인성(치탐)을 표출하고 있다하더라도, 이들을 움직이고 있는 공통적인 배후 세력, 근원적인 힘은, **푸루샤**라는 원래의 유일한 마음(대자아)을 완벽하게 깨달을 수 있을 때까지 진화를 추진하는 세력의 충동성(프라브리티), 바로 자연법칙이다.

◆ 카르마와 삼스카라의 관계성(6-11절)

6   *tatra dhyanajam-anasayam*

타트라 디야나-잠-아나사얌

이 들 중에, 오직 명상으로 태어난 마음만이 계속 욕망을 만들
어 내는 어떠한 잠재적 인상들로부터도 자유롭다.

타트라(tatra): 거기에, 그들 중에 / 디야나잠(dhyanajam): 명상에서
태어난 / 아나사얌(anasayam): 과거에 만들어진 잠재적 인상들

아스미타가 만들어 내는 나라는 에고 마음들은 근원적인 무지로
인해 각자 독자적인 개인의 정체성을 유지하면서 살아가는 동안 다
양한 감각적인 충동과 욕망, 경험들을 하게 하고, 이로 인한 잠재적
인상(삼스카라)들을 의식 속에 누적하게 만든다. 에고 마음이 어떤 행
위와 경험을 하더라도, 설령 산야마를 통해 얻은 순수한 초능력의 힘
이라 하더라도, 이들은 모두 의식 속에 거칠거나 혹은 섬세한 인상
들을 남기게 된다. 이러한 삼스카라들은 인과의 법칙을 통해 생과 생
을 통해서라도 전달이 되어 고통과 윤회를 이어가게 하는 직접적인

파탄잘리 요가 수트라

원인으로 작용한다. 그리하여 **카이발얌**, 완벽한 깨달음을 얻는데 장애물들을 계속 만들어 내게 된다.

하지만 에고 마음이 명상을 통해 순수의식을 경험하게 되면, 어떤 충동이나 욕망의 **삼스카라**들이 작용하는 원인들을 알 수 있게 된다. 그리하여 인과법칙의 효과들도 더 이상 생겨나지 않도록 멈출 수가 있게 된다. 순수의식에서 생겨나는 마음은 **나**라는 제한된 에고 마음으로부터 자유롭기 때문에, 미처 완결되지 못한 과거의 어떤 잠재적 인상들이 아직 남아 있더라도(**아나사얌**), 더 이상 아무런 영향을 미칠 수가 없다. 마치 방수 옷을 입고 있듯이, 순수의식에서 **태어난 마음(디야나잠)**이 하는 행위나 경험들은 아무런 흔적도 의식 속에 남기지 않기 때문에 모든 **삼스카라**들의 효과들로 자유로워질 수 있게 된다.

7   *karma-asukla-akrsnam yoginas-trividham-itaresam*

카르마-아수클라-아크르스남 요기나스-트리비담-이타레삼

깨달은 이의 행위는 검지도 희지도 않다. 그러나 다른 이들의 행위는 세 가지 유형이다.

카르마(karma): 행위, 액션 / 아수클라(asukla): 희지 않은 / 아크르스남(akrsnam): 검지 않은 / 요기나(yoginah): 요기들의 / 트리비담(trividham): 세 가지 유형 / 이타레삼(itaresam): 다른 이들의

자기 중심적이고 제한적인 에고 마음이 만들어 내는 무지와 인과법칙에 대한 깨달음을 얻은 요기들(**요기나**)은 더 이상 어떤 **삼스카**

라로부터도 자유로울 수 있게 된다. 이들이 가진 에고 마음은 이미 순수의식의 마음과 하나가 되었기 때문이다. 그리하여 이들이 행하는 어떤 행위나 액션(카르마)들도, 더 이상 인과의 법칙에 영향을 받지 않을 수 있게 된다.

순수의식을 깨딜은 요기들이 하는 행위나 액션들은 에고 의식을 가진 이들이 하는 행위나 액션과는 다른 차원에서 이루어지게 된다. 세상에서 행해지는 모든 행위와 액션에는 분명한 동기가 있고 그에 따른 결과도 반드시 있게 된다. 그런데 요기들이 어떤 액션을 행할 때 개인적 동기가 아닌 순수의식에서 나온 동기로 하기 때문에, 그들의 행위 역시 어떤 뚜렷한 개인적 특성이나 색깔이 결여되어 있다. 이들은 에고 의식이 이면에 없기 때문에, 세상사람들의 기준으로 옳거나 옳지 않은 일, 좋은 일이거나 나쁜 일 등으로 구분하지 않으며, 이들이 하는 행위들도 어떤 뚜렷한 목적이나 동기도 결여된 듯한 검지도 희지도 않은 것처럼 보이게 된다(아수클라-아크르스남). 그들은 단지, 자연법칙의 진화를 추진하는 근원적인 세력, 순수의식을 채널하기 위한 도구로서, 자신이 단지 해야 할 행위들을 자율적으로 계속할 뿐이기 때문에 미래에 어떤 결과나 효과가 나타나더라도 더 이상 영향을 받지 않게 되는 것이다.

그에 비해, 다른 이들이(이타레삼) 에고 의식으로 하는 액션이나 행위들은, 좋거나 나쁜 혹은 혼합된 동기들을 가지고 있기 때문에, 그에 따른 결과나 효과들도 좋거나, 나쁘거나, 혼합되어 나타난다(트리비담). 이들은 낮은 수준의 몸과 마음, 감각기관들을 도구로 해서 카르마들을 행하기 때문에, 좋고 나쁜 카르마 혹은 혼합된 카르마의 효과들의 영향, 고통과 무지의 경험들을 반복하면서 살아가게 된다.

8 tatas-tadvipaka-anugunanam-eva-abhivyaktir-vasananam

타타스-타드비파카-아누구나남-에바-아비비약티르-바사나남

그 들 행위는 각자의 본성에 따라 적절한 시기에 열매를 맺게 할 씨앗들을 남기게 된다.

타타(tatah): 그것으로부터 / 타드비파카(tadvipaka): 그것들이 숙성하는, 시기가 적절한 / 아누구나남(anugunanam): 그에 맞게, 각자의 본성에 맞게 / 에바(eva): 단지 / 아비비약티(abhivyaktih): 형상화, 열매를 맺는 / 바사나(vasana): 잠재적 욕망, 씨앗

바사나는 씨앗을 뜻한다. 어떤 행위나 경험을 하던지 그로 인한 잠재적인 인상이 의식 속에 씨앗으로 남아서 언젠가는 싹을 틔우고 열매를 맺게 만든다는 의미이다. 에고 의식을 가진 이들이 하는 행위에는 세 가지 유형이 있고, 그에 따른 결과도 각각 세 가지로 나타난다고 하였다. 어떠한 유형이나 동기로 행한 액션이든지 연관된 인상(바사나)들은 잠재적 의식 속에 씨앗의 형태로 남게 된다. 아직 씨앗의 형태로 있을 때는 사과 혹은 배의 씨앗인지 알 수 없지만, 씨앗을 뿌리고 적절한 비료와 물, 빛을 쬐면서 시간을 두고 기다리면 열리는 열매가 사과인지 배인지 알 수 있다. 마찬가지로, 에고 의식으로

행한 좋거나 나쁘거나, 혹은, 혼합된 동기의 액션들은 적절한 시기에 본성에 맞는 효과들로 나타나게 될 것이다(타드비파카). 좋은 동기로 행한 액션들의 열매는 기쁨과 행복일 것이고, 그렇지 못한 경우에는 고통과 불행, 혹은 행복과 불행이 뒤섞인 형태로 경험하게 될 것이다. 그러나 아직 바사나(씨앗)의 형태로 의식 속에 남아 있을 때는 어떤 유형의 열매(아비비약티)를 거두게 될지 판별하기 어렵다.

9   *jati-desa-kala-vyavahitanam-api-anantaryam smr-ti-samskarayor-ekarupatvat*

자티-데사-칼라-비야바히타남-아피-아난타리얌 스므르티-삼스카라요-에카루파트밧

기억과 인상들도 비슷한 형태를 가지고 있다. 이들은 우리가 가진 성향들로 나타난다. 계속하여 우리들 삶을 유형 지우는 식으로 작용한다. 비록 원인이 결과들로부터 시간, 장소, 혹은 다른 생 등으로 분리되었더라도 말이다.

자티(jati): 타고난 성향들 / 데사(desa): 장소 / 칼라(kala): 시간 / 비야바히타남(vyavahitanam): 분리된 / 아피(api): ~조차도, 되었더라도 / 아난타리얌(anantaryam): 원인에 따른 결과, 계속 이어지는 것들/ 스므리티-삼스카라요(smrti-samskarayor): 기억과 인상들에 / 카루파트밧(ekarupatvat): 형태가 같기 때문에, 비슷한 형태

카르마의 법칙은 시간과 공간의 제한 너머에서 작용하고 있는 범우주적 법칙이다. 소울이 한 생에서 다른 생으로 계속 옮겨가며 수없

파탄잘리 요가 수트라

이 많은 윤회를 반복하게 만드는 근원적인 힘인 것이다. 이러한 카르마에는 세 가지 유형이 있다.

1) **산치타**(Sanchitta, "총체적")
2) **프라라브다**(Prarabda, "형상화된")
3) **아가마**(Agama, "형성되고 있는")

무수한 생을 통해 누적된 **카르마**들은 1번째 유형의 **산치타 카르마**에 해당한다. 2번째 유형의 **프라라브다 카르마**는 현생에서 이미 형상화가 된 카르마로써, 우리가 태어날 때 과거 생에 행한 행위들의 결과로 현생에 열매를 맺도록 할당된 **카르마**에 해당한다. 그리고 3번째 유형의 **아가마 카르마**는 현재 만들어지고 있는 카르마에 해당한다.

현재 처한 삶이나 환경에서 어떻게 대처하고, 어떤 유형의 동기로 살고, 행동할지 하는 것은 잠재의식 속에 새겨진 기억과 인상들(**스므리티-삼스카라요**)에 의해 결정되며, 이러한 행위들은 또 다시 다른 레벨의 **바사나**를 만들어서 앞으로 열매를 거두게 될 미래의 씨앗, 미래 생에 거두게 될 카르마들을 결정하게 된다. 이러한 카르마의 법칙으로 인해, 소울은 과거 생에서 형성된 기억이나 인상들을 **바사나**의 형태로 그대로 고스란히 간직하게 된다(**카루파트밧**). 그래서 비록 육체는 다른 생生, 장소, 혹은 시간(**자티-데사-칼라**)에 갈 때마다 다르게 바뀌지만, 소울이 가진 개성이나 성향 등은 생과 생을 통해 계속 이어지게 된다(**아난타리얌**). 평소에 아주 덕이 높고 선행을 많은 하는 사람임에도 불구하고 불행한 시련을 많이 겪거나, 반대로 온갖 악행을 많이 저지르고 악명이 높은 사람들이 호가호의 하는 경우들처럼, 현재 그가 경험하고 있는 좋고 나쁜 카르마의 효과들에 대해 어떤 뚜렷한 원인이나 이해를 하기 힘든 일들이 자주 일어나는 이유도 그 때문이다. 이처럼 비록 원인이 결과들로부터 분리되었더라도, 같은 소울이 윤회를 통해 계속 이어지면서 우리들 삶을 유형 지우게 만들고 있다.

10 *tasam anaditvam cha-asiso nityatvat*

타삼 아나디트밤 차-아시소 니티야트밧

그리고 성향들은 시작도 없이 이어진다. 이들을 유지하는 근원적인 힘, 충족을 향한 욕망이 영원히 이어지기 때문이다.

타삼(tasam): 거기에 있는 성향들 / 아나디트밤(anaditvam): 시작도 없이 이어지는 / 차(cha): 그리고 / 아시사(asisah): 살려는 의지, 충족을 향한 의지 / 니티야트밧(nityatvat): 영원함으로

잠재의식 속에 새겨진 기억이나 인상들(타삼)은, 애초에 언제 어떻게 어디에서부터 시작되었고, 앞으로도 얼마나 계속 이어질지 알 수가 없다. 이처럼 시작도 끝도 알 수 없는 **바사나(아나디트밤)**는, 모든 생명들이 공통적으로 가지고 있는 본능, 욕망의 충족을 향한 본성적 성향에 근원을 두고 있다. 본능적으로 살려고 하는 의지(아시사), 안전함을 추구하고 더 나은 행복과 충족을 원하는 욕구 등은, 바사나

파탄잘리 요가 수트라

를 만드는 근원적인 힘으로 존재하는 모든 생명들 안에 내재해 있는 근원적 충동성, 시공을 초월하여 영원히 이어지고 있는 자연법칙에 토대를 두고 있다.

이러한 욕망의 충족을 향한 자연법칙의 충동성과 마찬가지로, 잠재의식 속에 **바사나**로 남아 있는 **카르마**적인 성향들은 시작도 끝도 없이 계속 유지되고, 윤회를 거듭하면서까지 영원히 이어지게 되는 것이다.

11 *hetu-phala-asraya-alambanaih samgrhitatvad-es-am-abhave tadabhavah*

헤투-팔라-이쉬라야-알람바나이 삼그르히타트밧-에삼-아바베 타다바바

그들은 인과법칙의 사이클을 통해, 물질적 대상에 대한 마음의 굴레로 유지된다.

헤투(hetu): 원인 / 팔라(phala): 결과, 효과 / 아쉬라야(asraya): 지원하는, / 아람바나이(alambanaih): 물질적 대상들 / 삼그르히타드밧(samgrhitatvad): 같이 묶여 있기 때문에, 마음의 굴레가 되는 / 에삼(esam): 이들 중에 / 아바베(abhave): 사라지는 것들 / 타다바바(tadabhavah): 그들의 사라짐

카르마적인 성향들을 만들어내는 바사나는 시작도 없이 계속 이어지고 있다. 하지만, 제2장에서 기술하였던 대로 고통의 원인을 알

면 고통을 멈출 수도 있었던 것처럼, 무엇이 **바사나**를 만들어 내는지 원인을 알게 되면, 어떻게 **바사나**의 효과들을 멈출지 알 수도 있다.

　바사나가 생겨나는 이유는 **클레샤**들 — 무지, 에고주의, 집착, 기피, 그리고 죽음에 대한 두려움 — 때문이다. 바로 이들 다섯 유형의 **클레샤**들이 인과법칙을 통해 **카르마**적인 성향들을 계속 이어지도록 지원하고 있는 것이다. **클레샤**들은 물질적 대상에 대한 욕망과 충동이 계속 일어나도록 마음의 굴레가 되어 같이 묶고 있다. 그래서 **클레샤**들을 제거하게 되면, **바사나**들도 자연스럽게 멈출 수가 있게 된다. 원인(**헤투**)이 없으면, 결과(**팔라**)도 없게 된다. 마찬가지로 지원(**아시라야**)하는 힘이 없으면, 더 이상 생겨나는 대상(**아람바나이**)도 없을 것이다.

　만약 **클레샤**들이 완전히 사라지면, 잠재적 인상을 만들어 내는 **바사나**도 사라지게 된다(**아바베**). **바사나**가 사라지면, 인과법칙의 사이클을 통해 작용하던 마음(**치타**)도 사라지게 된다. 나라는 에고를 지탱하고 있는 마음(**치타**)이 사라지면, 즐거움이나 쾌락, 욕망과 충동, 집착 등의 형태로 물질적 대상에 묶이게 만들던 고통의 원인이나 결과들도 모두 사라지게 된다(**타디바바**).

◆ 칼라(시간)와 구나스(본질적 특성)의 관계성(12-14절)

12 *atita-anagatam sva-rupato'sty-adhvabhedad-dhar-manam*

아티타-아나가탐 스바루파토스티-아드바베닷-다르마남

과거와 미래는 한 대상 안에 존재한다. 그리고 대상이 가진 특성들의 다름에 의해 일어난다.

아티타(atita): 과거 / 아나가탐(anagatam): 미래 / 스바루파타 (sva-rupatah): 그것의 본질적 형태안에, 한 대상 안에 / 아스티(asti): 존재하는 / 아드바베닷-다르마남(adhvabhedad-dharmanam): 타 고난 자질들의

우리는 세상이 돌아가고 진행되는 과정을 시간(Time)으로 잰다. 시간에는 과거, 현재, 그리고 미래가 있다. 현재의 시점을 기준으로, 이전은 과거, 그리고 이후는 미래에 해당한다. 시간이란 개념은 기준에 따라 짧게 혹은 길게, 찰나의 순간 혹은 영원히 무한하게 늘려서 적용할 수도 있다. 오늘을 기준으로 어제와 내일이 있고, 올해를 기준으로, 작년과 내년, 현재 중년의 나이를 기준으로 젊을 때와 늙었을

때, 혹은 현생을 기준으로 전생과 후생 등으로도 적용시킬 수 있다.

마찬가지로, 오늘이 내일의 과거가 되고, 오늘의 내일은 현재가 되지만, 한 해, 두 해 혹은 어느 정도 오랜 시간이 지나면, 아주 까마득한 과거가 될 것이다. 현재 어떤 일이 있었던지 시간이 지나면 과거 속에 사라지고, 아직 오시 않았던 미래의 일들은 현재가 되어 일어나고 있을 것이다. 막 사춘기에 접어든 청소년에게는, 걸음마도 제대로 하지 못하고 뒤뚱거리던 유아기 시절은 과거이고, 앞으로의 진로와 결혼, 직장, 노후 등의 시기는 아직 잠재적인 형태로 있지만 그러나 곧 오게 될 미래에 해당한다. 현생의 기준으로 본다면, 전생은 과거에, 내생은 미래에 해당한다. 나라는 에고 안에는(스바루파타), 과거 생에 행한 카르마의 결과로 인해 현생에서 할당된 **프라라브다 카르마**의 분량이 있고, 현재 생에서 계속 만들어지고 있는 **아가마 카르마**가 있고, 그리고 미래의 내생에서 나타나게 될 **산치타 카르마**가 있는 것이다.

같은 이치로 현재 밥상 위에 올라온 밥의 과거는 논에서 나온 쌀이었고, 미래는 몸 안에 영양분으로 섭취되어 배설물로 나와 다시 자연으로 순환되는 것이다. 이처럼 현재 세상에 존재하는 모든 사물이나 대상에는, 과거와 미래가 동시에 존재하고 있다. 시간도 마찬가지로, 현재의 시간 안에, 과거와 미래의 시간이 함께 공존하고 있다. 그리고 각 대상이나 사물들마다 현재 가지고 있는 특성들이, 과거와 미래라는 시간의 프레임 내에서, 이미 형상화되었거나, 아직 잠재적인 형태로 언젠가는 형상화될 미래로 남아 있게 된다.

그러므로 어떤 대상이나 사람이 타고난 본질적 자질들(아드바베닷-다르마남)은 같지만, 과거와 현재, 혹은 미래의 모습들이 서로 다른 듯이 보이는 이유는, 과거와 현재, 미래가 서로 다른 시간과 공간 안에 존재하고 있기 때문이다(아스티).

13   *te vyakta-suksma-gunatmanah*

테 비약타-숙스마-구낫트마나

표출된 특성들이 현재이다; 표출되지 않은 특성들은 과거, 그리고 미래이다. 모두가 세 구나스의 작용이다.

테(te): 그들은 / 비약타(vyakta); 형상화한, 현재 / 숙시마(suksma): 섬세한, 표출되지 않은 / 구낫트마나(gunatmanah): 구나스들의 본성

구나스(사트바, 라자스, 그리고 타마스)는 개인과 우주가 작용하는 가장 기본적인 원칙들을 구성하는 요소들이다. **구나스**의 다양한 조합으로 인해 세상에 존재하는 모든 대상이나 물질들이 생겨나게 된다. 이미 형상화되었거나 혹은 아직 형상화되지 않은 상태로 세상에 존재하는 모든 것들은, **구나스**의 작용에 의해 생겨난 것들이다. 구나스가 작용하는 영역에는, 비단 물질적, 정신적, 영적 대상들뿐만 아니라, 과거, 현재, 미래의 시간적 개념도 모두 세 구나스가 개입을 하게 된다.

예를 들어, 성냥개비의 본질적인 목적은 불을 붙이는 것이다. 성냥개비로 만들어지기 이전의 나무는 과거에 해당한다. 아직 나무의 모습으로 있을 때는 굳이 성냥개비가 아니라 다른 다양한 용도로 사용될 수 있는 특성과 가능성을 가지고 있었다. 하지만 현재에는 성냥개비라고 하는 불을 붙이기 위한 도구로서의 특성만 가지고 있고, 앞으로 태워지면 새로 남게 될 미래의 득성을 가지고 있다.

이렇게 한 대상의 특성이 형상화 된 상태가 현재이며(비약타), 이미 과거에 형상화되었거나, 혹은 아직 형상화되지 않은 특성들은 미래에 해당한다(숙시마). 이들 대상이 가진 과거, 현재, 미래의 특성들은, 구나스의 본성이 시간적 개념과 같이 작용을 하여 표출되거나 혹은 표출되지 않은 특성으로, 한 대상 안에 같이 존재하고 있다.

14 *parinama-ekatvad-vastu-tattvam*

파리나마-에카트밧-바스투-타트밤

어느 순간에서든 어떤 대상의 상태는 그 안에서 작용하고 있는 구나스의 독특한 상태에 의해 일어난다.

파리나마(parinama): 변형된 상태 / 에카트밧(ekatvad): 하나로 작용하는 / 바스투(vastu): 대상 / 타트밤(tattvam): 본질, 독특한 상태

구나스들은 변형의 과정을 지나가게 된다. 이러한 변형이 일어나는 단계나 과정, 모습에는 대상들마다 각자 독특하고 특이한 특성

파탄잘리 요가 수트라

들에 따라 생겨나게 된다. 어떤 대상이든지, 현재에 있는 모습은(파리나마), 그 안에서 작용하고 있는 **구나스**들의 독특한 상태(타트밤)에 의해 이루어지고 있는 변형과정이다.

　　구나스들이 구체적으로 무엇인가에 대한 정확한 번역이나 형이상학적 이해를 하기는 어렵다. 그러나 중국 고대 사상에서 중시한 음양과 태극(太極) 에너지의 개념과 상응하는 면이 강하다는 정도로 이해할 수 있다. 태극은 음양 사상과 결합하여 만물을 생성시키는 우주적인 근원적 힘이다. 마찬가지로, **사트바**는 양(陽), **타마스**는 음(陰), 그리고 **라자스**는 양과 음의 에너지 중간에서 활동을 일으키는 태극과 같은 힘이다. 이러한 세 **구나스**들 간의 상호작용으로 인해, 세상에 존재하는 모든 생물과 무생물, 유기와 무기, 혹은 물질적, 정신적, 영적인 대상, 그리고 지구와 행성들, 전 우주적 영역까지도 모두 만들어지게 된다.

　　구나스들의 다양한 조합으로 인해 어떤 대상이 가지고 있는 본질적인 자질들이, 섬세하거나 혹은 거칠거나, 또는 다른 다양한 모습 등으로 각자 특이하게 변형이 되는 것이다. 이는 마치, 같은 부모 밑에서 태어나고 같은 방식으로 캐어와 양육을 받으면서 자라난 여러 형제들이, 모두 각자 타고난 본질적인 성향이나 캐릭터, 잠재성에 따라 전혀 다른 삶을 이루고 살아가게 되는 것과 같다.

◆ 인지적 마인드 레벨과 인지적 마음의 관계성(15-21절)

15   *vastusamye chittabhedattayorvibhaktah panthah*

바스투삼에 치타베다타요르비박타 판타

두 비슷한 대상이 서로 다르게 보이는 것은, 그들을 인지하는
마음이 서로 다르기 때문이다.

바스투삼예(vastusamye): 대상의 같은 점, 비슷한 점이/ 치타베닷
(chittabhed): 마음의 다름에 의해 / 타요(tayoh): 이들 두 가지 중에
/ 비박타(vibhaktah): 분리된 / 판타(panthah): 나타나 보이는

같은 지식이나 대상이라 하더라도, 인지하는 이의 의식적 수준
에 따라 서로 다르게 나타나 보인다. 예를 들어, 같은 교사에게 같은
시간과 교실에서 똑 같이 배운 지식이라 하더라도, 학생들마다 인지
수준이나 집중력, 이해력, 그리고 응용력이 각자 다르기 때문에, 전혀
다른 테스트 결과가 나오게 되는 경우와 비슷하다. 설령 같은 사람
이라 하더라도, 그를 미워하거나 혹은 좋아하는 사람의 눈에는, 각
자 다른 사람처럼 비춰지는 것도 마찬가지 예이다.

파탄잘리 요가 수트라

어떤 대상이나 사물이든지, 이를 인지하는 마음의 상태나 의식 수준이 다를 때(치타베닷), 아무리 서로 같거나 혹은 객관적으로 비슷한 대상이라 하더라도(바스투삼예), 아주 다르게 나타나 보이게 된다(비박타-판타).

16   *na cha-eka-chitta-tantram vastu tad-apramanakam tada kim syat*

나 차-에카-치타-탄트람 바스투 타드-아프라마나캄 타다 킴 시얏

어떤 대상의 존재 여부는 하나의 마음에 달려있지 않다, 만약 그랬다면, 그 마음에 인지되지 않을 때는 어떻게 될 것인가?

나(na): 아닌 / 차(ch): 그리고 / 에카치타(eka- chitta): 하나의 마음 / 탄트람(tantram): 의존하는, 달려있는 / 바스투(vastu): 대상 / 탓 (tad): 그것 / 아프라마나캄(apramanakam): 인지되지 못한 / 타다 (tada): 그러면 / 킴(kim): 어떻게 / 시얏(syat): 그렇게 되는

어떤 사물이나 대상에 대한 인지는 감각기관들을 통해 이루어진다. 하지만 인지 대상의 존재 여부는 하나의 마음이나(에카치타), 혹은 다른 형태의 어떤 이지적 지식 등에 의존하지 않는다(탄트람). 예를 들어, 서울에 살고 있는 사람에겐 어촌이나 농촌에 사는 사람들이 겪는 풍랑이나 가뭄 같은 어려움을 잘 알지 못한다. 비록 뉴스를 통해 보더라도 자신의 몸이나 감각기관에 들어오는 실제 경험이 아니기 때문에 동정은 할 수 있지만 직접 체감적으로 알기는 어렵다. 자신의 마음이 인지하는 직접적인 현실은 아니라고 하여(아프라마나

캄), 지구 정반대편에서 전쟁이나 기근으로 날마다 수없이 많은 생명들이 죽어가고 있는 일들이 마치 드라마나 영화에서 일어나는 가상적인 현실로 되는 것이 아닌 예들도 마찬가지 이치이다.

이처럼 어떤 현실이나 대상의 존재(바스투) 여부는 하나의 마음에 의존하지 않는다.

현상계 세상에서 일어나는 모든 일들은 각자 다른 마음들이 가진 인지능력과 주관적 세계관에 의존하고 있다. 그렇기 때문에, 만약 어떤 이가 영원한 깨달음을 얻었다고 하여, 현상계 세상이 모두 함께 사라지는 것이 아니라 여전히 깨닫지 못한 다른 사람들을 위해 존재하고 있다. 세상은 나라는 이의 마음이 인지하기 훨씬 이전부터 존재해 왔고, 나라는 이의 마음이 사라진 이후에도 계속해서 존재할 것이다. 하지만 나의 마음이 인지할 수 있는 세상은, 내가 태어남으로 인해 시작하고 내가 죽음으로 인해 끝이 난다. 그럼에도 불구하고 세상이 계속 존재하는 이유는, 하나의 마음에 의존하고 있는 것이 아니라, 이를 인지하는 다른 무수한 마음들이 있기 때문이다.

17 *taduparaga-apeksitvach-chittasya vastu jnata-ajna-tam*

타두파라가-아페크시트바츠-치타야시야 바스투 기얀타-아기얀탐

어떤 대상은 마음에 들어올 때만 경험된다.

타두파라카(taduparaga): 마음의 대상에 대한 반영 / 아페크시트밧(apeksitvat): 필요하기 때문에 / 치타시야(chittasya): 마음의 / 바스

파탄잘리 요가 수트라

투(vastu): 대상 / 기얀타(jnata): 알려진/ 아기얀탐(ajnatam): 알려지지 않은

어떤 대상이 가진 정보나 지식은 그것을 인지하고 생각하는 마음이 있어야 유용성이 있게 된다(타두파라카). 아무리 흙 속에 묻힌 다이아몬드가 눈앞에 있더라도, 그것의 가치를 알아보는 마음이 없다면(아페크시트밧), 그저 여기저기 굴러다니는 흔한 돌처럼 다름없게 되는 것과 같다.

마찬가지로 아무리 어떤 훌륭한 지식이나 대상(바스투)이더라도, 인지적 대상이 마음에 들어오지 않는 한 그것이 가진 지식이나 가치는 아무런 소용이 없게 된다. 고전이나 경전, 수트라에 높은 깨달음에 대한 지식이 있더라도, 그것을 인식하는 마음(치타)이 없다면 그저 오래된 책 속에나 있는 글자들에 지나지 않는다. 마음이라는 감각기관에 들어올 때만 이러한 가르침들을 익히고, 생각해보고, 실천해보는 등의 경험과 수련과정을 거치면서, 진정한 가치를 가진 지식으로 빛을 발할 수 있게 되는 것이다(기얀타-아기얀탐).

18 *sada jnatas-chitta-vrttayas-tatprabhoh puru-sasya-aparinamitvat*

사다 기야타스-치타-브르타야스-탓-프라보 푸루샤시야-아파리나미트밧

그러나 마음 자체는 항상 경험되고 있다. 불변하는 대자아에 의해 언제나 주시되고 있기 때문이다.

사다(sada): 항상 / 기얀타(jnatas): 알려진, 경험하는 / 치타브르타야
(chitta-vrttayah): 조정된 마음의, 마음 자체는/ 탓프라보(tatprab-
hoh): 그것의 마스터(대자아) / 푸루샤시야(purusasya): 푸루샤의 /
아파리나미트밧(aparinamitvat): 변하지 않는, 불변하는

대상에 대한 인지는 세 가지 수준에서 이루어진다.

1) **푸루샤**(대자아)

2) 마음(치타)

3) 인지의 대상

푸루샤는 영원하고 불변하는 대자아로써 시간과 공간의 영향을
받지 않는다. 그러므로 감각기관과 시공의 영향을 받고 있는 마음
(**치타**)를 알 수 있다. 그에 비해 마음(**치타**)은 인지하는 대상을 알 수
있으나, 마음 자체가 일어나고 있는 근원(**탓프라보**)을 알지는 못한다.
이는 마치 영화관에서 상영되고 있는 필름에 비유할 수 있다. 영화가
스크린 위에 플레이 되고 있는 것처럼, 마음(**치타**)의 활동들은 대자아
(**푸루샤**) 위에서 펼쳐지고 있다. 마음(**치타**)은 배경에 있는 스크린(대자
아)의 존재를 알지 못하지만, 스크린은 자신이 켜 놓은 화면 위에서
펼쳐지고 있는 필름의 존재를 알고 있다. 그래서, 아무리 멋진 영화
를 만들었더라도 플레이 할 수 있는 스크린(대자아)이 없으면 무용지
물 인 것처럼, 언제나 그 자리에 변함없이 영원히 머물고 있는 영혼의
토대, 대자아의 빛이 있어야 마음(**치타**)은 인생이라는 변화무상한 활
동들을 경험할 수 있게 되는 것이다.

파탄잘리 요가 수트라

이렇게 마음은 시간, 공간, 자질, 인지 등을 통해 세상이 항상 변화하고 있는 것을 경험하고 있다(치타브르타야). 그런데 변화들이 일어날 수 있기 위해서는, 변화하지 않는(아파리나미트밧) 배경이 뒤에서 받쳐주어야 가능해진다. 대자아는 영원하고 불변하는 모습(푸루샤시야)으로 마음(치타)을 비춰주면서 마음이 하는 경험들을 늘 주시하고 있다.

19   *na tat-svabhasam drsyatvat*

나-탓-스바바삼 드르시야트밧

마음은 자체적 빛으로 빛나지 않는다. 마음 또한, 대 자아에 의해 밝혀지는, 하나의 대상이기 때문이다.

나(na): 아닌 / 탓(tat): 그것 / 스바바삼(svabhasam): 자체적으로 빛나는 / 드르시야트밧(drsyatvat): 인지할 수 있는 것의(대자아에 의해 밝혀지는)

제1장 17절에서 기술하였던 것처럼, 명상을 통해 마음의 활동(치타-브리티)이 고요히 가라앉으면서 마음(치타)은 단계적으로 깊은 사마디의 영역들을 경험할 수 있게 된다. 하지만 아무리 섬세한 마음의 상태라고 하더라도 순수의식의 빛에 의해 비춰지는 하나의 대상일 뿐이기 때문에(드르시야트밧), 마음(치타)을 통해 대자아(푸루샤)를 깨달을 수는 없다.

태양은 자체적으로 빛을 내는 발광체이지만, 달은 자체 발광체가 아닌 탓에 태양의 빛을 반영만 할 수 있을 뿐이다. 마찬가지로 영혼은 자체적으로 빛을 밝히지만(스바바샴), 마음은 그렇지 못하다. 마음(치타)이 밝혀지기 위해선 이를 비춰주는 영혼(푸루샤, 대자아)의 빛이 필요하기 때문이다.

20 eka-samaye cha-ubhaya-anavadharanam

에카사마에-차-우바야-아나바다라남

자체발광이 아님으로 인해, 마음은 어떤 대상과 마음 자체를 동시에 인식할 수가 없다.

에카사마예(ekasamaye): 동시에 / 차(cha): 그리고 / 우바야(ubha-ya): 양쪽의 / 아나바다라남(anavadharanam): 인식할 수 없는

마음(치타)은 영혼의 빛을 받아 반영을 할 수는 있지만, 자체적으로 빛을 밝힐 수 없다는 한계성을 가지고 있다. 이러한 제한성으로 인해, 마음이 감각기관을 통해 어떤 대상을 인지할 때, 인지하는 주체와 인지되는 객체를 동시에(에카사마예) 인식할 수가 없다(아나바다라남). 마음은 한 번에 한 대상만 인지할 수 있기 때문에, 대상이 만들어내고 있는 특정한 경험, 혹은 이러한 경험을 하고 있는 이에 대한 지식을 각각 할 수밖에 없는 제한성을 가지고 있다.

예를 들어, 어떤 사람을 처음 만나거나, 특정한 장소에 처음 갔

을 때 아주 익숙하고 편안한 느낌을 받게 되는 경우가 있다. 분명히 낯선 사람이거나 장소인 데도 왜 그렇게 매력적인 경험을 하게 되는 건지 마음은 알지 못한다. 아마도 전생에 깊은 인연이 있기 때문일 수도 있고, 혹은 앞으로 좋은 관계성으로 발전할 가능성이 있기 때문일 수도 있다. 하지만 이처럼 묘한 느낌에 대한 보다 완전한 이해를 할 수 있기 위해선 시간이라는 매개체가 필요하다. 현재의 마음은 그저 편안하다는 경험만 인지할 수 있을 뿐이다. 이처럼 마음이 가진 한계성으로 인해, 어떤 경험, 혹은, 그러한 경험을 하고 있는 이에 대해, 마음은 한 번에, 양쪽 대상(**우바야**)이 아닌 한 대상만 인식할 수 있다.

21 *chittantaradrsye buddhi-buddher-atiprasangah smrti-samkaras-cha*

치탄타라드르시에 부디-부디에르-아티프라상가 스므르터-삼카라스-차

마음은 또한, 더 섬세한 어떤 다른 마음에 의해 밝혀지지도 않는다. 만약 그랬다면, 끝없이 이어지는 불합리적인 마음들, 그리하여 기억의 혼돈이 생겨나기 때문이다.

치탄타라드르시예(chittantaradrsye): 하나의 마음이 다른 마음에 의해 인식되는/ 부디-부데(buddhi-buddheh): 인식하는 것들의 인식 / 아티프라상가(atiprasangah): 불합리적인/ 스므르티(smrti):기억 / 산카라(samkarah): 혼란 / 차(cha): 그리고

우리가 가진 하나의 마음은, 비록 전생에서 이전된 잠재의식을 배경으로 하고 있지만, 태어날 때는 아직 어떤 구체적인 내용물은 없는 무(無)의 상태로 시작한다. 그리고 살아가는 동안 삶의 경험이 축적됨에 따라 마음의 내용물들도 점차적으로 채워지게 된다. 하나의 마음은 한 번에 한 대상만 인지할 수 있는 한계성을 가지고 있다. 현생에서 나의 감각기관으로 식섭 경험한 대상이 아닌 것들에 대해서는 마음이 인식할 수도, 기억할 수도 없다. 그렇기 때문에, 만약 나의 마음이 아닌, 다른 더 섬세한 어떤 마음이나(**부디-부데**), 혹은 무수한 전생의 마음들이 동시에 일어나고 있다면(**치탄트라드르시예**), 하나의 마음이 아닌 여러 개의 마음이 될 것이기에, 얼마나 불합리하고(**아티프라상가**) 혼란스럽게(**산카라**) 될지 상상할 수 있을 것이다.

　　좋은 예로, 태어날 때 전생의 기억(**스므리티**)을 그대로 가지고 오는 이들이 가끔씩 있다. 혹은 무당이나 심령술사들처럼 다른 마음과 기억을 가진 혼(魂)에게 빙의憑依가 되어 자신을 완전히 망각하고 이상한 행동들을 전시하는 경우들도 자주 볼 수 있다. 이러한 예들은, 세상 사람들의 호기심을 자극하여 한동안 많은 관심을 끌기도 하지만, 그러나, 장기적으로는 기억의 혼돈이나 불분명한 정체성, 신경불안증으로 쇠약해진 몸 등으로 인해, 정상적인 삶을 살 수 없을 정도로 불행해지거나, 정신병원에 입원해야 할 정도로 폐인이 될 수도 있는 심각한 후유증을 낳게 된다. 20세기에 미국의 유명한 초능력자로 알려진 **에드가 케이시**(Edgar Cayce)는 잠자는 예언가로 불리기도 하는데, 그는 소파에 누워서 잠자는 상태에 들어가야만 온갖 예언을 할

　　　　　　　　　　　　　　　　파탄잘리 요가 수트라

수 있었으며, 깨어난 이후에는 자신이 무슨 말을 했고 어떤 일이 일어났는지 전혀 기억을 하지 못했다. 그는 살아생전에도 허약한 건강에 시달리다가 과로로 인해 뇌출혈로 67세의 나이에 세상을 떠나야만 했다.

22 *chitter-apratisamkramayas-tadakara-apattau sv-*
abuddhi-samvedanam

치테르-아프라티산크라마야스-타다카라-아파타우 스바부디-삼베
다남

대자아의 부동적인 의식이 이지의 형태를 취할 때, 그것은 의식
적인 마음이 된다.

치테(chitteh): 의식의/ 아파라티산크라마야(apratisamkramayah):
하나에서 다른 것으로 전달되지 않는, 부동적인 / 타다카라(tadaka-
ra): 자신의 형태 / 아파타우(apattau): 성취한, 이룬, 취한 / 스바부디
(svabuddhi): 자기 인지 / 삼베다남(samvedanam): 알고 있음으로

하나의 마음(치타)이 가진 인지능력은 에고가 가진 이지적 의식
수준에 의해 결정된다. 하나의 마음(치타)은 생과 생을 통해 이어지면
서 변형의 과정을 거치게 되는데, 에고 의식이 가진 특정한 이지적 수
준이나, 집중력(프라티야하라)에 따라 마음이 인지할 수 있는 범위와
진화의 수준도 정해지게 되는 것이다. 그에 비해, 대자아(푸루샤)가

가진 오리지널 마음은 완전한 순수의식 자체이기 때문에, 어떤 움직임이나, 이동, 변형도 일어나지 않는 부동적인 의식 상태(아파나티샨크라마야)로 항상 존재하고 있다.

하나의 마음(치타)은 이러한 대자아(푸루샤)의 오리지널 마음, 무한계 의식에 근원을 두고 있다. 규칙적인 명상을 통해 **사마디** 경험이 확고해지게 되면, 마음(치타)은 점점 더 자신의 근원적 마음에 대한 인지와 연결할 수 있는 집중력도 커지게 된다. 그리하여 대자아의 순수의식 파워가 의식적 마음(치타)에 선명한 이지적 파워로 자기 모습(타다카라)을 취하게 된다.

에고 마음이 가진 불안정하고 불확실한 한계로부터 점차 자유로워지면 대자아의 부동적 의식 상태에 보다 확고하게 머물 수 있으면(아파타우), 의식적인 마음은 순수의식 자체가 되어 하나의 마음(치타)과 오리지널 마음(푸루샤)이 위대한 합일을 이루게 된다.

23   *drastr-drsya-uparaktam chittam sarvartham*

드라스트르-드르시야-우파락탐 치탐 사르바르탐

대상과 대자아가 함께 혼색된 마음은 모든 것을 포용하게 된다.

드라스트르(drastr): 보는 이, 대자아 / 드르시야(drsya): 프라크리티, 대상 / 우파락탐(uparaktam): 혼색된 / 치탐(chittam): 마음 / 사르바르탐(sarvartham): 모두 포용하는 오리지널 마음과 합일을 이룬 하나의 마음(**우파락탐**)은, 평범한 수준의 에고 마음에서부터 높은 수준의 에고 마음까지 모두 인지하는 초월적 마음의 수준에서 작용하게 된다.

초월적 마음은 에고 의식이 완전히 정화되어 순수의식 자체로 작용하는 상태, 물질적 대상을 인지하는 주체와 이를 반영하는 객체를 동시에 알고 있는 수준의 마음이다. 모든 물질적 대상(**프라크리티**)의 다양성이 모두 유일성의 대자아(**드라스트르**)가 하는 표현임을 이해하게 되었으며, 물질적 세상과 대상(**프라크리티**)에서 작용하고 있는 자연법칙, 모든 다양성과 질서를 관장하고 있는 우주적 대법관의 실체(**푸루샤**)를 깨달았기에, 초월적 마음은 하나의 마음(**치타**)이 가진 한계성으로부터 자유로워져서 상대성과 절대성의 모든 것을 포용할 수 있게 된다(**사르바르탐**).

24 *tad-asamkhyeya-vasanabhis-chittam-api parartham*
samhatya-karitvat

타드-아삼키예야-바사나비스-치탐-아피 파라르탐 삼하티야-카리트밧

그리고 마음은, 수없이 다른 성향 들에도 불구하고, 대자아를 위해 존재하고 있다. 대자아는 마음에 의존하기 때문이다.

탓(tad): 그것 / 아상키예야(asamkhyeya): 셀 수 없는, 수 없는 / 바사나비(vasanabhih): 다양한 성향들 / 치탐(chittam): 마음 / 아피(api): 그렇더라도 / 파라르탐parartham): 푸루샤를 위해, 대자아를 위해 / 삼하티야-카리트밧(samhatya-karitvat): 연관된 행위 때문에

에고 마음(탓)들은 수도 셀 수 없을 정도로 다양한 성향과 인상(바사나비)들을 가지고 있다. 하지만 대자아와 직접적으로 연결된 에고 마음은, 여전히 수없이 많은 생각과 상념(바사나비)에서 완전히 자유롭지 못하더라도, 대자아를 위해서 행위를 하게 된다. 에고 마음이 가진 다양성은 대자아의 유일성에 근원을 두고 있기 때문에, 에고 마음이 작용하는 이유도 대자아를 표현하기 위한(파라르탐) 것임을 깨달았기 때문이다.

순수의식이라는 절대적 상태의 대자아는, 에고 의식이라는 상대적 상태의 중간 매개체를 통해서만, 자연법칙의 목적을 실현할 수 있게 된다. 자연법칙이 가진 목적이나 충동성은 물질적 대상(프라크리티)이 가진 다양성으로 절대적 존재(푸루샤)의 유일성을 향한 변화와 진화를 거듭할 수 있게 하는 것이다. 그리하여 에고 마음은 대자아의 위대함을 궁극적으로 성취할 수 있게 된다.

25   *visesa-darsina atmabhava-bhavana-vinivrttih*

비세샤-다르시나 아트마-바바-바바나-비니브르티

대자아의 위대함을 본 이에게는, 대자아의 본성에 대한 모든 혼란이 사라진다.

비세샤(visesa): 탁월한, 위대한 / 다르시나(darsina): 그것을 본 사람은 / 아트마바바(atmabhava): 자아 의식, 대자아의 본성 / 바바나(bhavana): 느낌, 혼란된 느낌 / 비니브리티(vinivrttih): 완전히 멈추는, 사라지는 다르샨은 "본다, 만나다, 접견하다" 등의 뜻이지만, 일상적이고 평범한 만남이 아니라, 어떤 특별한 대상이나 위대한 인물을 만나서 영광스럽다는 뜻을 내포하고 있다. 구루나 스승, 지도자와 같은 높은 영성이나 직위를 가진 인물들이나 신성을 접견하는 은총을 입었을 때 주로 사용하는 단어로써, 다르시나는 그러한 인물들은 접한 사람을 의미한다.

에고 마음의 한계성에서 벗어나, 대자아의 위대함을 접견하는 은총을 입은 사람에게는, 지금까지 하나의 마음이 대자아의 본성(아트마바바)에 대해 가지고 있던 온갖 무지나 혼란들이 사라지게 된다(바바나-비니프리티). 그리하여 이제는 에고 마음이 순수의식 자체로 있게 된다.

26   *tada viveka-nimnam kaivalya-pragbharam chittam*

타다 비베카니므남 카이발리야-프라그바람 치탐

그러면, 진정으로 마음은 대자아를 모든 행위와 분리된 존재로 경험하기 시작한다. 그리고 자연스럽게 깨달음을 향해 끌리게 된다.

타다(tada): 그러면 / 비베카니므남(vivekanimnam): 분별적 이지의 성향이 있는 / 카이발야-프라그바람(kaivalya-pragbharam): 깨달음을 향해 끌리는 / 치탐(chittam): 마음

모든 혼란과 무지가 사라지고 순수의식 자체로 있게 된 에고 마

음은, 마치 벌이 꿀을 향해 자연스럽게 끌리듯이, 에고 의식의 이면에 감추어진 채로 있던 대자아의 본성을 향해 끌리기 시작한다. 여전히 에고 의식이 만들어 내는 마음(치타)을 매체로 하여 생각과 사고를 하고, 액션을 행하면서, 물질적 세상에서 작용하고 있지만, 동시에 마음(치타)과 대자아(푸루샤)가 서로 다르다는 것을 잘 알고 있다(비베카니므남). 에고 의식은 단지 대자아의 무한계 의식을 채널하고 있는 도구에 지나지 않는다는 사실을 깨닫게 되는 것이다. 그리하여 그가 하는 모든 사고와 행위의 주체는 제한된 마음의 에고가 아니라, 무한한 마음의 주인공인 대자아가 되어 물질적 세상(프라크리티)의 경험들을 하기 시작한다. 그리고 의식적 마음(치탐)은 자연스럽게 보다 깊은 내면의 자리, 영원한 깨달음의 자리(카이발야-프라그바람)을 향해 더욱더 끌려 들어가게 된다.

◆ 명상을 방해하는 삼스카라들 (27-28절)

27 *tachchhidresu pratyayantarani samskarebhyah*

타츠치히드레수 프라티야얀타라니 삼스카레비야

이러한 분별력을 방해하는 모든 생각들은, 아직 남아 있는 잠
재적 인상들로부터 생겨난다.

타츠치히드레수(tachchhidresu): 중간 사이에/ 프라티야얀타라
니(pratyayantarani): 다른 방해하는 생각들의 / 삼스카레비야
(samskarebhyah): 잠재적 인상들에 의해

일시적으로 대자아가 가진 순수본성에 대한 경험을 한 에고 의
식은, 마음(치타)과 대자아가 서로 다른 것에 대한 이지적 분별력을
가지게 된다. 그리하여 영원한 깨달음의 자리(카이발얌)를 향해 보다
안정적이고 확고하며 강도 높은 수행을 계속 이어가게 된다. 그러나
아무리 탁월한 수행으로 높은 의식 수준에 달한 요기라고 하더라도,
영원한 깨달음(카이발얌)을 얻기 전까지는 아직까지 잠재의식 속에
수행을 방해하는 **삼스카라**, 전생의 인상들이 남아 있다(**삼스카레비야**).

파탄잘리 요가 수트라

그리하여 수행을 하는 중(타츠치히드레수)에도 계속 의식 속에 올라와 방해들을 만들어 내게 된다(프라티야얀타라니).

28 *hanam-esam klesavad-uktam*

하남-에삼 클레샤바드-욱탐

이러한 인상들은, 고통의 원인을 제거하는데 사용하라고 했던 방법과 같은 식으로 제거되어야 한다.

하남(hanam): 파괴하는, 제거하는 / 에삼(esam): 이들 중에 / 클레샤밧(klesavad): 클레샤들처럼 / 우크탐(uktam): ~라고 했던 것처럼

잠재의식 속에 씨앗의 형태로 남아 있는 **삼스카라(에삼)**들은 계속해서 이지적 분별력을 혼탁하게 만들고, 무지와 혼란, 고통을 초래하여 언제든 다시 추락을 시킬 수 있는 가능성을 가지고 있다. 그리하여 씨앗이 싹트지 못하도록 아예 태워버리는 것처럼 의식 속에 남아 있는 잠재적 인상들을 완전히 제거(하남)해 버릴 수 있어야 한다. 그러기 위해서는, 제2장에서 다섯 가지 클레샤들(클레샤밧)을 제거하기 위해서 아쉬탕가요가를 행했던 것처럼(우크람), 의식 속에 남아 있는 **삼스카라들**에도 아쉬탕가 요가 수행법을 이용하면, 비단 에고 마음 수준의 무지뿐만 아니라, 보다 높은 의식적 단계에서도 마찬가지로 분별력을 흐리게 만드는 원인들을 제거할 수 있게 된다.

29   *prasamkhyane'py-akusidasya sarvatha viveka-khy-*
      ater-dharma-megha samadhih

프라산키야네피-아쿠시다시야 사르바타 비베카-키야테르-다르마-

메가 사마디

마음의 가장 섬세한 면과 대자아 사이에서 완전한 분별력을 얻

은 이는, 더 이상 배워야 할 어떤 높은 지식도 없다. 이것이 바

로 다르마 메가 사마디(Dharma Megha Samdhi) – 구름 한

점 없이 청명한 진리의 상태이다.

프라산키야네(prasamkhyane): 최상의 명상 / 아피(api): ~조차도 /
아쿠시다시야(akusidasya): 아무런 관심도 남지 않은 이의 / 사르바
타(sarvatha): 모든 방식으로 / 비베카-키야테(viveka-khyateh): 분
별 적인 이지로 / 다르마-메가(dharma-megha): 다르마가 쏟아져
내리는 / 사마디(samadhih): 사마디

선명한 분별력의 이지가 완전히 확고해지고, 잠재의식 속에 남아

있는 어떤 **삼스카라**의 씨앗까지도 모두 제거된 요기에게는, 가장 섬

세한 의식 상태, 순수의식 자체로 있는 최상의 명상 상태 — 다르마 메가 사마디 — 에 머물게 된다.

최상의 명상 상태에 도달한 요기는, 어떤 욕망이나 관심도 남아 있지 않은(아쿠디다시야) 완전한 초연함(바이라기야)을 마스터하였다. 어떤 것을 얻거나 어디든지 가고자 하는 희망이나 관심도 모두 사라졌으며, 완벽한 깨달음(카이발얌)을 얻고자 하는 욕망조차도 회피할 정도의 의식 수준에 달하였다. 계속해서 수행을 이어가지만, 그러나 어떤 것을 얻거나 깨닫고자 하는 아무런 의도도 집착도 없다.

이러한 사마디 의식 상태에 도달하게 되면 더 이상 알아야 하거나, 깨닫거나, 혹은 배워야 할 어떤 지식이나 진리도 없다. 분별력의 이지(비베카-키야테)가 순수의식과 일체가 되었기에, 마치 구름 한 점 없는 맑은 하늘처럼 어떤 혼란이나 무명(無明)도 사라진, 청명한 진리 자체로 머물고 있기 때문이다.

30   *tatah klesha-karma-nirvrttih*

타타 클레샤-카르마-니르브르티

이 상태는 고통의 원인을 파괴하며, 카르마의 굴레도 사라지게 된다.

타타(tatah): 그 이후에 / 클레샤(klesha): 손상된 / 카르마(karma): 행위들 / 니르브르티(nirvrttih): 멈춤, 사라지는 다르마 메가 사마디 상태에 의식이 머물게 되면, 더 이상 어떤 잠재적 인상도 남아 있지 않기에, 모든 고통의 원인이 되었던(클레샤) 씨앗들도 완전히 제거할 수 있게 된다. 그리하면 지금까지 에고 마음에 적용되는 인과법칙(카르마)도 더 이상 적용되지 않는다(니르브르티). 이처럼 높은 의식 수준에서 행하는 어떤 생각이나 행위들은 더 이상 에고 마음에 기준을 두고 있지 않기 때문에 인과법칙에 따른 효과들을 내는 것이 아니라, 자연법칙이라는 대자아의 충동성에 따른 효과들을 내게 된다. 이러한 대자아의 진화적 목적에 맞는 사고와 행위들은 어떤 카르마의 굴레에서도 자유로울 수 있게 한다.

31 tada sarva-avarana-mala-apetasya jnan-asya-anantyaj-jneyam-alpam

타다 사르바-아바라나-말라-아페타시야 기야나시야-아난티야즈-기야얌-알팜

비순수성의 베일로부터 자유로워진 지식은 한계가 없다. 어떤 지식도 이것이 가진 빛에 비하면 미미하다.

타다(tada): 그러면 / 사르바(sarva): 모든 / 아바라나(avarana): 커버하고 있는, 베일이 쓰여져 있는 / 말라(mala): 불순한 / 아페타시야(apetasya): 그것이 제거된 이의 / 기야나시야(jnanasya): 지식의 / 아난티얏(anantyat): 무한한, 영원성 / 기예남(jneyam): 알 수 있는 지식 / 알팜(alpam): 아주 적은, 미미한

마음(치타)의 본성은 순수성(사트바)이며, 사트바의 본성은 지식과

깨달음이다. 그런데 **타마스**(어둠)가 가리고 있으면 마음을 혼란스럽게 하며, **라자스**가 주도적이면 마음의 활동과 자극을 부추긴다. 하지만 **타마스**와 **라자스**가 가리고 있는(아라바나) 비순수성(말라)의 베일이 걷혀지면(아페타시야), 본래의 순수한(사트바) 본성이 그대로 드러나면서 빛을 밝히게 된다.

마음(**치타**)은 본성적으로 깨달음의 능력을 가지고 있기 때문에, 이처럼 마음을 가리는 장애물이 없을 때, 어떤 막힘도 없이 자유롭게 어디서든 갈 수 있고, 언제든 없는 곳이 없고, 시공까지 초월하여 작용할 수 있게 된다. 그리하여 세상에서 작용하고 있는 자연법칙에 대한 모든 지식들(기야나시야)을 저절로 알 수 있게 된다.

에고 의식의 마음은 몸과 감각기관, 그리고 **삼스카라**의 영향 하에서 작용하기 때문에, 아무리 탁월한 능력이나 훌륭한 지식이라 하더라도 모두 시공의 한계성 안에 제한된 능력이고 지식일 수밖에 없다. 예를 들어, 현생에서 노벨과학상을 받을 만큼 훌륭한 과학적 지식과 명성을 얻었다 하더라도, 죽은 후에 내생까지 이러한 지식과 능력들을 그대로 가져갈 수는 없다. 그래서 다음 생에 다시 태어나면, 비록 **삼스카라**로 인해 과학적 영역에 대한 남다른 관심을 보이겠지만, 이전처럼 훌륭한 업적을 이루기 위해서는 다시 열심히 공부와 연구, 노력을 해야만 한다.

그에 비해 순수의식의 마음은, 시공 너머에서 작용하는 범우주적 자연법칙, **사트바** 본성 안에 내재하고 있는 깨달음의 영역을 채널하기 때문에, 얻을 수 있는 지식이나 앎의 범위도 그만큼 무한하고 영원하게 된다(**아난티얏**). 이러한 의식 수준을 가진 사람은 마음에서 모든 **타마스**와 **라자스**의 본성이 사라졌기 때문에, 몸의 감각기관들이 만들어 내는 인상들이나 **삼스카라**에 더 이상 영향을 받지 않게 된다. 그리하여 에고 의식의 제한된 마음에서 얻은 일반적 지식들은 아무리 놀랍고 뛰어나다 하더라도, 순수의식의 깨달은 마음에서 얻은 지식(**기야남**)들에 비해 아주 미미하고 제한적(**알팜**)일 수밖에 없다.

32 *tatah krtarthanam parinama-krama-samapatir-gunanam*

타타-크르타르타남 파리나마-크라마-사마파티르-구나남

이러한 사마디는 구나스들의 변형을 완성시키며, 진화의 목적을 충족시킨다.

타타(tatah): 그 이후에/ 크르타르타남(krtarthanam): 그들의 목적을 이루었기에, 진화의 목적을 충족시킨 / 파리나마(parinama): 변형의 / 크라마(krama): 과정 / 사마파티(samapatih): 마지막, 끝난 / 구나남(gunanam): 구나스들의

구나스들이 가진 원래의 목적은 에고 의식이 순수의식을 향해 진화해 가는 과정(**크라마**) 중에 다양한 물질적 경험(**프라크리티**)들을 제공하여 필요한 변형(**파리나마**)과 충족을 얻을 수 있게 하기 위함이다. 그리고, 물질세계(**프라크리티**)의 목적은 변화의 경험들을 통한 진화적

변형을 완성하여, 궁극적으로 대자아(푸루샤)의 순수의식과 완전한 합일을 이루기 위함이다.

그러므로, 물질세계(프라크리티) 안에서 계속 일어나고 있는 변형들(파리나마-크라마)들은, 세 구나스의 변화무쌍한 본성적 성향들이 끊임없이 서로 상호작용을 하면서 역동적인 변화들을 일으키고 있기 때문이다. 하지만 일단, 푸루샤의 순수의식이라는 진화적 목적을 달성하게 되면, 이러한 구나스들이 가진 원래의 목적도 완성이 되었기에 더 이상 존재할 이유가 없어진다. 마치 무대위에 선 무용수가 관객들에게 보여줄 춤을 다 추고 나면 더 이상 춤을 출 필요가 없어지는 것과 같다. 공연이 끝나면 무용수도 관객도 모두 목적을 달성하였기에 각자의 자리로 되돌아 가고 텅 빈 무대만 남게 되는 것처럼, 프라크리티라는 현상세계의 무대 위에서 다양한 현상들을 만들어 내던 구나스(구나남)라는 무용수의 임무도, 깨달음의 순수의식에 안착하는 진화적인 목적을 이룬 후에는(사마파티) 더 이상 필요하지도 존재할 이유도 없어지게 되는 것이다.

33   *ksana-pratiyogi parinama-aparanta-nirgrahyah*
kramah

크샤나-프라티요기 파리나마-아파란타-니르그라히야 크라마

이제 칼라를 통해 펼쳐지던 진화의 과정이 이해되었다.

크샤나(ksana): 지금 순간, 이제 / 프라티요기(pratiyogi): 해당하는
/ 파리나마(parinama): 변형 / 아파란타(aparanta): 마지막에는 / 니

르그라하야(nirgrahyah): 완전히 이해할 수 있는 / 크라마(kramah):
과정

구나스들은 항상 움직임 속에 있으면서 마치 순간순간들(크샤나)이 시간(칼라) 속에 연속적으로 이어진 듯한, 어떤 전체적 흐름으로 나타나 보이게 만든다. 그러한 흐름을 우리는 물질적 세상의 현실로 경험하게 되며, 순간과 순간늘이 함께 연결되어진 것은 진화가 일어나고 있는 과정(크라마)을 의미한다.

프라티요기는, 이러한 순간들이 시리즈로 이어지면서 우리의 진화가 계속 이루어지고 있다는 것을 의미한다. **프라크리티** 내에 있는 물질적 대상들은 시간(칼라) 속에 존재하면서 다양한 경험과 변형을 통해 진화의 과정을 완성하게 된다. 이처럼 물질적 대상이나 존재의 상태가 진화하며 일어나는 변형에는 다섯 가지 과정이 있다:

1) 미형상화 된 상태에서 형상화된 상태로 진화되는 변형
2) 미네랄에서 식물로 진화되는 변형
3) 식물에서 동물로 진화되는 변형
4) 동물에서 인간으로 진화되는 변형
5) 인간에서 최상의 인간으로 진화되는 변형

이처럼 단계적으로 변형이 일어나는 진화의 과정은 가장 섬세한 의식 상태, 순수의식 자체로 있는 최상의 명상 상태(다르마 메가 사마디)를 이루었을 때 비로소 멈추게 된다. 신체적, 정신적으로 완전한

파탄잘리 요가 수트라

변형이 이루어지고, 이러한 진화의 과정도 완전히 이해할 수 있게 된 (니르그라하야) 영혼은 더 이상 환생을 하지 않는 완벽한 깨달음(목샤)에 도달했기 때문이다.

34 *purusartha-sunyanam gunanam pratiprasavah kaivalyam svarupa-oratstha va chitisaktir-iti*

푸루샤르타-순야남 구나남 프라티프라사바 카이발얌 스바루파-오라티스타 바 치티삭티르-이티

구나스들은 이제 목적이 충족되었기에, 원래의 조화로운 상태로 되돌아 간다. 그리고 자체가 가진 절대적 본성에 영원히 자리한 채, 순수하고 무한한 의식만 남아 있다. 이것이 카이발야(Kaivalya), 깨달음이다.

푸루샤르타(purusartha): 푸루샤의 목적 / 순야남(sunyanam): 원래의 빈 상태로 / 구나남(gunanam): 구나스들의 / 프라티프라사바(pratiprasavah): 자체적 의지, 본성 / 카이발얌(kaivalyam): 깨달음 / 스바루파(svarupa): 자신의 본성 / 프라티스타(pratistha): 자리하고 있는 / 바(va): 혹은 / 치티삭티(chitisaktih): 푸루샤 / 이티(iti): 이것이 모두이다.

물질적 세상(프라크리티)을 구성하는 주세력이자 요소들이었던 **구나스(구나남)**는, 더 이상 변형이 가능하지 않은 상태에 도달하는 목적(**푸루샤르탐**)을 충족하였기에, 원래의 무無의 자리(**순야남**), 창조세계의 근원으로 되돌아 가게 된다. 절대적이고 무제한적인 **푸루샤**의 본

성(스바루파), 원래의 조화로운 상태로 되돌아 가서(프라티프라사바), 자체의 본성인 순수의식 안에 홀로 영원히 자리하게 되는 것이다(프라티스타).

카이발얌은 완전히 홀로 인 상태, 잴 수도 없을 만큼 무한한 자유로움과 순수한 수시력注視力만으로 홀로 있는 뿌루샤(치타샥티)의 상태를 의미한다. 그런데 여기에서 홀로 있다 함은, 물질적 세상(프라크리티)으로부터 분리된 채 홀로 되었다는 뜻이 아니라, 세 대상(보는 이, 보는 과정, 보여지는 이)이 모두 하나로 합일(요가)을 이루었기에 홀로 된 것, 소자아小自我 안에 있던 영원한 신성의 자리, 항상 그곳에 머물고 있던 대자아를 완전한 깨달았기에 홀로 있음을 의미한다.

이것이 바로 카이발얌, 절대적 본성의 순수하고 무한한 의식만 남아 있는 상태이다. 참나의 진정한 모습을 되찾았으며, 영원히 참나의 상태로 있는 완벽한 목샤(깨달음)에 도달하였음을 의미한다. 라마나 마하리쉬의 "나는 누구인가?"라는 화두에 대해, 소함(Soham) — 내가 바로 그것이다, 내가 바로 참나이다 — 라는 답을 마침내 찾게 된 것이다.

그리고 그곳은, 잴 수도 없을 만큼 무한한 아난다, 환희와 축복, 기쁨과 조이, 행복이 있는 영원한 지상의 천국이다.

파탄잘리 요가 수트라

가네샤(Ganesha) — 신성한 소리 "옴"의 로드

⊰ 후기 ⊱

- 우리가 인생에 대해 잘 모르는 이유 -

삶은 축복인가, 아니면 고통인가?

아마도 많은 사람들이 고통이라고 대답할 것이다.

그렇다면 누가 축복이라고 대답할까?

싸이처럼 〈강남스타일〉 한 곡으로 2012년 후반에 전 세계를 말춤으로 같이 뛰게 만든 사람? 아니면 미국 최초로 흑인 대통령이 된 오바마? 혹은 동양인으로 최초로 아카데미 조연상을 수상한 한국의 윤여정 배우, 아카데미 여주연상을 수상한 말레이시아의 미셸 유(Michelle Yeoh)?

정말 그럴까? 정말 가지고 싶은 것을 다 가질 수 있고, 만사가 원하는 대로 형통이 되면 우리는 삶을 축복이라 할 수 있을까? 글쎄… It depends….

파탄잘리 요가 수트라

성聖 마하리쉬 스승님께서 자주 하시던 말씀 중 하나가 "삶은 축복이다(life is bliss)"였다. 원래 회의적이고 염세적인 기질이 강했던 나는 그 말을 믿지 않았다. 당시에는 힌두이즘에 빠져 있던 때라 불교의 사성제와 팔정도에 관해선 아직 잘 모르던 때이기도 했다. 그러나 부처님의 말씀에 대해 아직 몰랐었다 하더라도 내가 그동안 살아온 경험에 반영했을 때 삶은 분명히 즐겁기보다는 힘든 것이었다.

그런데 말이라도 자꾸만 반복하다 보면 정말 그런 걸로 느껴질 수 있는 것일까?

돌이켜보면 나의 인생에서 참으로 아름다웠던 시절을 꼽는다면 단연 미국 유학시절 5년동안 살았던 패어필드(Fairfield, IA)에서의 시간이다. 사람들은 패어필드를 지상의 천국(Heaven on Earth)이라고 불렀다. 그곳에 사는 사람들은 참 소박하고 친절하며 인정도 많았다. 모두들 천사 같았다. 그들은 모두 스승님의 말씀을 그대로 믿고, 삶은 축복이라고 외우며 다녔다. 패어필드는 거친 바깥세상과는 전혀 다른 따뜻한 영적 온기가 넘치던 곳이어서 누구나 한번 들어가면 빠져나오기가 쉽지 않은 곳이기도 하였다.

그렇지만 나는 좋든 싫든 쉽게 안착하는 스타일이 못되었다. 사는 게 너무 잘나가면 은근히 사지육신이 근질근질해지고 머릿속에 온갖 망상이 들어오기 시작했다. 그렇다고 사는 게 조금 어려워지면 마치 어깨에 쌀가마라도 짊어진 듯이 피해망상증으로 오래 고뇌하는 성격도 되지 못했다. 잘되면 잘되는 대로, 못되면 못되는 대로 나는 뭔가를 향해 항상 몸과 정신을 휘젓고 있어야만 적성이 풀리는 듯하였다. 그래서 패어필드를 떠났다. 더 늦기 전에, 더 안착해서 정말 빠져나오기 힘들어지기 전에, 한번 진짜 세상을 살고 싶은 강한 열망 때문이었다.

그래서 남편의 나라 말레이시아에 놀 박이 어린 아들과 함께 무턱대고 왔다. 처음에는 마치 로빈슨 크루소가 무인도에 뚝 떨어진 기분이었다. 그런데 세월이 지나고, 어느정도 안정이 되어갈까 싶으니, 나는 또, 휘젓고 있었다. 오랫동안 소원한 채 살았던 그리운 조국으로 눈을 돌리니, 외국인들의 눈으로 바라보는 한국은 정말로 화려했다. 그러나 정작 한국 안에 살고 있는 사람들, 학생이나 부모, 청년이나 중, 노년 등과 같은 사회구성원들, 그리고 한국의 미래를 걱정하는 남녀 지성인들은 어쩜 그렇게 한결같이 어둠의 목소리들로 한탄하고 있었던지…. 그래서 그들이 빛을 향해 마음을 돌릴 수 있도록, 삶은 고통이 아니라 축복이라는 데 더 공감을 느낄 수 있도록 어떤 작은 도움이라도 되고 싶었다. 오랫동안 사용하지 않아 녹슬 대로 녹슨 한글 실력의 끝자락을 붙들고 실을 뽑아내는 누에처럼 혼자 씨름하면서, 빛의 과학이라고 칭하는 죠티샤(베딕 점성학)를 한국에 소개하기 위해 몇 년 동안 홀로 고군분투하였다. 점성학 관련 저서 5권을 출간하고, 컴맹에 가까웠던 수준으로 유튜브라는 낯선 세상에 무작정 발을 디디어 점성학 영상들과 함께 파탄잘리 수트라와 바가바드 기타를 소개하는 영상들을 열심히 올리기도 했다. 누가 읽는지도 모르고, 누가 알아주는지도 모른 채, 그저 내 안에 있는, 외면

파탄잘리 요가 수트라

하며 살기 힘든 "움직임"의 속성때문에, 나는 계속해서 그렇게 뭔가를 하며 바쁘게 살고 있었다.

그런데 비단 나만 아니라, 다른 사람들도 마찬가지로 인생의 세월 속에서, 가족과 사회, 직장에서, 어디서 어떤 모습으로 각자 자리를 잡고 있던지 계속 뭔가를 하고 있지 않으면 충족되지 않는 한결같은 속성 때문에, 우리는 열심히 몸과 마음을 움직이며 바쁘게 살아갈 수밖에 없다. 이러한 "움직임"의 속성은 바로 **구나스**(Gunas)에서 연유된다. **구나스** 간의 상호작용으로 인해 다양한 인생의 경험들을 하게 되고, 고통과 축복이라는 삶의 과정을 계속 이어가게 되는 것이다. 여기에서 축복이라 하면 **사트바**에 가깝고 고통이라 하면 **타마스**에 가깝다. **라자스**는 중간에서 균형을 유지하려는 역동적인 힘으로써, 우리가 삶을 축복이라 우기던, 고통이라 우기던 **라자스** 때문에 절대 어느 한 쪽으로만 계속 치우칠 수 없게 하는 것이 바로 **구나스**가 내포하고 있는 삶의 진리이다.

이러한 **구나스**의 작용으로 인해, 삶에 일어나는 모든 현상은 언제나 움직임 속에 있게 된다. 오르막길이 있으면 반드시 내리막길이 있기 마련이고, 내리막길이 있으면 반드시 오르막길이 다시 나타나기 마련이다. 그런데 우리가 가진 좁은 비전은 삶을 "축복"으로 경험하고 있을 때는 "고통"의 시간을 기억하지 못하고, "고통"을 경험하고 있을 때는 "축복"의 시간을 기억하지 못한다. 그래서 "축복"이던 "고통"이던 우리는 현재 겪고 있는 경험에만 집착하여 놓치지 않기 위해, 혹은 벗어나기 위해 바둥거린다. 그래서 혹자는 "삶은 고통"이라고 하는 것이다.

그런데 좀 더 자세히 들여다보면, 삶은 고통도 축복도 아니고 그저 "아름다운" 것이다. 왜 아름다운가 하면 삶을 산다는 자체가, 동시에 즐거움이거나 고통일 수도 있기 때문이다. 단지 보는 시각과 바른 이해에 달려있을 뿐이다. 그래서 꾸준한 배움과 성찰로 지식과 앎이 늘어갈 수 있고, 세월이 흐를수록 노화로 인한 퇴화가 아니라, 성숙함이 더해지는 진화를 하여 삶이 내포하고 있는 진리들에 점점 눈을 떠가는 과정이, 삶을 얼마나 아름답고 축복으로 만드는지 모른다. 삶은 삶 자체로, 사람들은 사람들 자체로 완전하고 완벽하다는 것을 알면서 살 수 있다는 것이 얼마나 눈물겹게 아름다운지 모른다. 흔히 불교를 접하는 사람들이 석가모니 부처가 하신 말씀을 잘못 이해하여 "삶은 고통이다"라고 종종 말한다. 그런데 석가모니께서는 절대로 "삶은 고통이다(Life is Suffering)"이라고 하지 않으셨다. 대신 "삶에는 고통이 있다(There is Suffering)"라고 하셨다. 삶의 고통이 무엇인가 하면, 바로 "생로병사" 현상이다. "태어나고 늙고 병들고 죽는 것"이 고통이 아니라 이러한 삶의 현상에 대해 각자가 가진 성향(구나스)에 따라 "다양한 반응"을 일으키는 것이 고통이라고 하셨다. 생로병사란 생명이 가진 모든 존재들이 당연히 거쳐야 할 과정일 뿐인데 주관적으로 해석하여 싫거나 좋거나 하는 리액션들을 일으키는 것이 바로 "고통"이라고 하셨다.

그렇다면 어떻게 "고통"을 극복할 수 있는가? 라고 사람들은 물을 것이다. 극복하려 하는 것이 아니라 "반응, 혹은 대처(Response)"하는 법을 익히는 것이다. "고통"이던 "축복"이던 삶에서 일어나는 모든 대소사들을 있는 그대로, 다가오는 그대로 경험하고 익히고 배우면서, 너무 좋아하지도 말고, 너무 슬퍼하지도 말고, 인생에서 일어나는 온갖 역전易傳 앞에서 언제나 한결같을 수 있는 잔잔한 주시인注視人의 시각을 가슴 한 곁에서부터 유지하는 것이다. 마치 흙탕물을 자꾸만 휘 저으면 계속 물이 흐려질 수밖에 없고, 가만히 놓아두면 자연히 가라앉아 수면의 맑은 물이 드러나는 것과 같은 이치이다.

그리하면 깨달음의 길, 영원한 행복의 길이 열린다. "깨달음"이란 어느 날 갑자기 번개처럼 얻어지는 후광의 빛이 아니라 하루하루, 한 달 한 달, 한 해 한 해, 한 생애 한 생애를 거듭하면서 꾸준히 쌓이게 되는 진리의 길이다. 영원한 행복으로 인도하는 그 진리의 길을 걷고자 한다면 우리는 어떻게 해야 하는가? 머리를 깎고 한겨울에 얼음물에 들어가 냉수목욕도 마다 않는 수행자의 결의를 따라해야 하는가?

아니다!
고통스러운 삶이던, 축복을 만끽하고 있는 삶이던, 현재 당신이 처하고 있는 삶에서
오늘 하루, 이 시간에, 너무 어느 쪽으로도 치우치지 말고, 바른 생각을 하여 마음을 정갈히 할 수 있고, 당신과 주변에 이득이 되는

바른 말과 행동을 하고, 몸을 해하거나 사기를 치거나, 부정한 방법이 아닌, 올바른 방법으로 생계를 이어갈 수 있게 되면, 당신의 삶에 조화와 평정이 깃들게 된다. 영원한 행복을 유지시켜주는 이러한 조화의 평정의 힘은 바른 노력을 기울이는 데서, 바른 집중력을 유지하는 데서, 바르게 깨어 있는 의식으로부터 유래된다.

우리가 인생에 대해 잘 모르는 이유는, 이처럼 우리 모두에게 있는 세 구나스의 본성이 평형을 유지하려 함이란 사실을 모르고, 축복이든 고통이든, 긍정적이든 부정적이든, 좋든 싫든, 너무 한 쪽으로만 치우치려고들 하기 때문이다.

그저 있는 그대로 오늘 하루 만족하고 행복하고 감사하면서 내일도 모레도 그런 식으로 계속해서 노력하며 살 수 있다면, 우리 모두가 살고 있는 삶은 정말 아름답고 완전하다…:

옴 푸르나마다 푸르나미담
푸르낫 푸르나무다치야테
푸르나시야 푸르나마다야 푸르나메바시씨야테

옴 샨티 샨티 샨티!

저것(절대주)은 완전하다. 이것(창조계)도 완전하다.
완전한 것에서 완전한 것이 생성된다.

파탄잘리 요가 수트라

완전한 것에서 완전한 것을 빼면 완전함만 남아 있다.

옴, 평화, 평화, 평화!

삶과 세상과 사람들은 있는 그대로 완벽하다. 삶은 음과 양의 기운이 교차하면서 흥興과 쇄殺가 떴다가 졌다가 하는 것이다. 비가 내린 후 맑은 하늘이 나타나는 것처럼, 태어나는 사람들이 있기에 죽는 사람들도 있는 것이고, 아픈 사람들이 있기에 건강이 중요한 삶의 가치가 되는 것이고, 나쁜 사람들이 있기에 좋은 사람들도 있는 것이고, 무식이 있기에 지식이 있는 것이고, 실패가 있기에 성공이 있는 것이다. 마찬가지로 모난 사람들이 있는가 하면 둥그런 사람들도 있는 것이고, 작은 사람, 큰 사람 등도 있는 것이다. 이 모두는 그저 다양한 삶의 자연스러운 현상일 뿐이다.

우리의 인생은 모두 각자 있는 그대로, 생김새 그대로 완전하고 완벽하다. 그런데 우리는 자신이, 자신의 인생이나 생김새가 완벽하지 않다고 생각한다. 완벽하지 않은 이유가 바로 다른 사람들, 교육 제도, 사회, 국가 심지어는 불행한 시대에 태어난 탓이라고 불평하고 이간질을 한다. 스스로가 끼고 있는 색안경이 불완전하기에 모든 게 불완전하게 보이는 줄 모르고, 완벽한 삶과 세상 그리고 사람들을 탓한다. 그리고는 세상과 사람들을 바꾸려고 혈안이다.

그런데 그게 그리 쉬운가? 한 나라 대통령도 바꿀 수 없었던 세상과 사람들을 일개 개인들이 바꾸고자 서로 아옹거리며 싸우고들 난리다. 우리는 자청해서 스스로의 삶을 모두 완전하지 않게 만들고 있다. 그러면서 다른 사람들 때문에 자신들이 슬프고 불행한 삶을 살고 있다고 여긴다.

행복하고 완전한 삶을 위해 더 쉬운 방법은, 자신이 끼고 있는 색안경을 밝은 색깔로 바꾸는 것이다. 왜 자꾸만 바깥 세상을 바꾸려 드는가? 자신의 안경에 낀 먼지만 닦으면 될 것을. 자신의 마음을 들여다보고 흐려진 의식을 정화시키면 될 것을. 하늘이 흐리면 그냥 조금 기다리다 보면 곧 맑고 푸르른 하늘이 드러나게 되어있다. 현재 우리가 처한 삶을 빛낼 수 있는 가장 최상의 방법은 있는 그대로 만족하고 즐기면서 더 만족하고 즐길 수 있도록 꾸준히 노력하며 정진하는 것이다.

스스로가 부족하다고 여기면 바꾸려 하기 보다는 더 채워 나갈 수 있도록 노력하고,

사람들이 불친절하고 불신적으로 군다면 스스로 먼저 친절하고 신뢰할 수 있는 사람이 되도록 노력하고,

현 교육제도가 전인을 생성하는데 결함이 있다고 생각한다면 통째로 바꾸려 하기보다는 보완해서 더 나아질 수 있는 방법을 물색하면 되고,

세상이 자신에게 불공평하다고 여겨진다면 먼저 자기 스스로 작은 것에서부터 더 정의롭고 공평할 수 있도록 노력하는 것이다.

이런 식으로 자기 내면에서부터 풍족함이나 완벽함을 먼저 다질 수 있게 된다면 우리에게는 다른 이들과 나누어 가질 수 있는 몫도 자연히 더 많아질 수 있는 것이다.

그리하면 우리의 내면에, 우리의 삶에, 우리가 사는 세상에 자연스레 더 풍족한 행복과 평화가 깃들게 되는 것이다.

우리들 모두 마음의 눈을 정화하여 불완전함을 보기보다는 완전함을 더 볼 수 있는 혜안이 열렸으면 하는 강한 염원으로, 30여 년 전에 처음 만났을 때부터 필자에게 그러한 혜안을 가질 수 있도록 수양修養의 지팡이가 되어 곁을 지켜온 『파탄잘리 요가 수트라』를 부족하나마 나름대로 번역하고 주석을 달아 세상에 내어놓게 되었다.

그리하여 우리 모두 함께,
고대 인도의 성자 파탄잘리가 제시한 몸과 마음, 그리고 영혼의 요가 수트라 돛단배를 타고,
두카와 삼스카라의 막막한 대항을 같이 건너서
카이발얌, 영원한 신성의 자리, 지상의 천국에 살 수 있게 되기를 바란다.

"Yoga is the stilling of turning thoughts."

요가 치타 브리티 니로다

(요가 스튜디오에 항상 걸어 놓았던 파탄잘리의 수트라 소절)

파탄잘리 요가 수트라

가네샤(Ganesha) — 요가, 명상 & 점성학의 로드

참고서적

1. Effortless Being, The Yoga Sutras of Patanjali,
   by Alitair Shearer, Wildwood House Ltd, 1982, ISBN 0-04-440520-0

2. The Yoga Sutras of Patanjali,
   by Alistair Shearer, Bell Tower, New York, 2002, ISBN 0-609-60959-9

3. Yoga, Discipline of Freedom,
   by Barbara Stoller Mille, Bantam Books, 1995, ISBN 0-553-37428-1

4. The Yogasutra of Patanjali,
   by Pradeep P. Gokhale, Routledge publishers, 2020, ISBN 978-0-367-40898-5

5. The Yoga Sutras of Patanjali,
   by Edwin F. Bryant, North Point Press, 2009, e-ISBN 978-4299-9598-6

6. A Search In Secret India,
   By Paul Brunton, Random House, 1934, ISBN 18844130436

7. The Power of Now,
   by Eckhart Tolle, New World Library, USA, 1999, ISBN 978-0-340-73350-9

8. The Feeling Buddha,
   By David Brazier, Constable Publishers, 1997, ISBN 1-84119-351-8